二十世纪的英国经济

——“英国病”研究

罗志如　厉以宁　著

创于1897 商務印書館 The Commercial Press

2013年·北京

图书在版编目(CIP)数据

二十世纪的英国经济:"英国病"研究/罗志如,厉以宁著.—北京:商务印书馆,2013
ISBN 978-7-100-09435-1

Ⅰ.①二… Ⅱ.①罗…②厉… Ⅲ.①经济史—研究—英国—20 世纪 Ⅳ.①F156.195

中国版本图书馆 CIP 数据核字(2012)第 217923 号

二十世纪的英国经济
——"英国病"研究
罗志如 厉以宁 著

商 务 印 书 馆 出 版
(北京王府井大街36号 邮政编码100710)
商 务 印 书 馆 发 行
北 京 市 艺 辉 印 刷 厂 印 刷
ISBN 978-7-100-09435-1

2013年6月第1版 开本 850×1168 1/32
2013年6月北京第1次印刷 印张 19 3/8

定价: 48.00元

目　录

下编 回春无术

——"英国病"对策的剖析

导　　论

一

英国的极盛时代早已成为历史的陈迹。二十世纪的英国经济史，是这个曾经煊赫一时的殖民帝国不断衰落和解体的无情的记录。英国经济的衰落和英国殖民体系的瓦解，是一个不依英国资产阶级意志为转移的客观过程。从这一点来说，研究二十世纪英国经济的变化与研究十八至十九世纪的英国经济具有同样重要的意义。对二十世纪英国经济的研究，可以清楚地说明一个历史上最早建立资产阶级专政，最早确立资本主义生产关系，以及最早进行资本主义工业化的国家，在达到它的极盛阶段之后，遇到了哪些矛盾，这些矛盾是怎样产生和发展起来的，它们怎样使英国经济从高峰一步一步衰落下来，以至于陷入当前的困境，患上了所谓"英国病"。"停停走走"的经济、通货膨胀—失业并发症与国际收支危机的交织、收入分配与经济效率之间的矛盾、地方经济发展的不平衡性和分权主义日益严重的趋势，这就是"英国病"的主要症状。虽然其中某些症状在其他发达的资本主义国家中也有所表现，但在其他任何一个发达的资本主义国家，这些症状都不如在英国那样严重。“英国病”不等于一般所谓工业化以后社会的病症，而是最早实现工业化的资本主义国家特有的病症。“英国病”也不能简单地归结为资本主义经济的“衰老症”。英国资本主义经济的“衰老”固然是英国患病的一个重要的原因，但“英国病”的社会经济含义，要比这广泛得多、深刻得多。因此，对于现代英国经济所患上的这种“英国病”，不能停留于一般性的讨论和分析，而应当从英国资本主义发展的社会历史背景着手分析，这就是本书所要探讨的主题。

本书共分上下两编。上编的标题是：“问题何在？——‘英国病’的诊断”，下编的标题是：“回春无术——‘英国病’对策的剖析”。上编首先探讨英国经济“患病”的经过，叙述英国的“病史”；接着从“世界工厂”的遗产、殖民帝国的后果、福利国家的负担和传统精神的枷锁这四个方面，对“英国病”的根源进行分析。上编各章所得出的结论是：英国在资本主义发展过程中曾经成为“世界工厂”；英国在将近四百年的时间内，通过海上霸权的确立而建立了一个庞大的殖民帝国；英国由于工人运动开展较早和工会力量的强大，以及由于工人运动中改良主义思想的严重影响，在英国资产阶级为了缓和阶级矛盾而采取的福利措施的条件下，福利国家的主张不仅较早得到传播，而且也被几个资产阶级政党接受，作为施政的目标；此外，英国历史上资产阶级与封建王权、贵族势力之间的密切联系和英国资产阶级革命的不彻底，使得英国上层建筑领域内长期保留了不少旧的东西，使英国有一个倾向于保守的文化传统；——这一切都对二十世纪的英国经济发生了重要的影响。

英国是最早进行资本主义工业化的国家，“世界工厂”的地位曾经是英国经济的骄傲，但它同时却给英国留下了陈旧的生产部门、墨守成规的技术、落后的经营管理方式等遗产，成为英国工业发展过程中的阻力。殖民帝国的“业绩”曾经是英国资产阶级引以自豪的东西，它也确实给英国资产阶级带来庞大的财富，但随着时间的推移，因殖民扩张而建立的大英帝国解体了，然而它给英国留下来的一大堆问题，至今仍然使英国的统治集团深为苦恼。畸形的经济结构、资本和人才的外流、国际收支的恶化、海外利益集团的“离心离德”，凡此种种，莫不是当前英国经济中无法回避的难题，它们也都是殖民帝国的后果。福利国家原是企图以此缓和国内阶级斗争，有利于维持国内经济稳定的，但福利支出的增加却引起了财政赤字剧增、企业的低效率等等，结果，英国在福利问题上陷入了骑虎难下的境地。福利国家不仅变成了压在英国经济之上的一个沉重的包袱，而且是使人们对国家经济前景失去信心的一种销蚀剂。至于传统精神这个历史的产物，也是我们在分析英国经济时不能忽视的重要因素。门第观念、等级制度、守成思想等等，从本质上说是与资本主义生产方式不相容的东西，然而在英国资本主义发展过程中不仅普遍存在，而且起过重要作用。它们有形或无形地阻碍着英国社会经济中的创新和变革。它们阻碍着拔尖人物在本国充分施展自己的才能，使他们或者被埋没，或者不得不转移国外，寻找发迹的机会。所以，总的说来，“英国病”的根子究竟在哪里？根子在英国的历史中。“世界工厂”的遗产，殖民帝国的后果，福利国家的负担，传统精神的枷锁，结合在一起，造成了现代英国经济特有的所谓“英国病”。

本书下编包括以下各章：首先分析二十世纪英国经济政策的

指导思想的演变，说明最近七八十年内，英国的经济政策在"英国病"的各个阶段主要是根据什么样的理论制定的，作为英国经济政策的指导思想的资产阶级经济学说在政策目标和政策手段这两大方面各有什么样的显著变化；接着从英国经济中已经付诸实施的各种医治"英国病"的对策来论述英国经济的某些问题，这里包括国有化的过程和后果、需求管理、工资与物价管制的措施、企业界的创新和提高经济效率的努力、所谓"民主社会主义"的试验、调整国际经济关系的各种尝试。我们主要根据英国经济中的实际情况来说明这些医治"英国病"的处方的无效性，以及它们使"英国病"的病情复杂化的原因。实际情况表明，"英国病"不是在现存英国制度之下所能医治得了的，企业、工会、政府"三伙伴关系"的协调只不过是少数人的心愿；改良主义色彩的各种结构改革的尝试同样无济于事；北海油田的开发起不到使整个国民经济好转的作用，技术创新也不可能成为灵丹妙药。特别是，这一切对于信任危机是无能为力的。看来，停停走走的局面将继续存在，通货膨胀—失业并发症与国际收支危机的交织不可能消除，低效率的难题不可能得到解决，而地方分权主义的倾向则有进一步加剧的可能。英国衰老了，她像一个患病的老妇人一样，蹒跚地走向八十年代。即使英国资产阶级及其各个政党竭尽一切努力来进行修补，英国经济在资本主义世界的相对地位还会不可避免地进一步下降，"英国病"难以摆脱。英国将不得不继续吞咽它作为世界第一个进行资本主义工业化的国家、最大的殖民帝国以及自诩为典型的福利国家种下的苦果。

以上就是本书的基本论点。这个基本论点在某些方面与当前某些研究英国经济的国外学者持有的看法相似，不过在论证上有所不同。在本书的有关章节中，我们将会分析国外学者的某些论断并给予评价。但在国外，至今还有一些人根本否认“英国病”的存在。例如1978年4月在美国康奈尔大学举行的一次关于英国问题的讨论会上，勃兰克(S. Blank)的观点就是十分引人注意的。他认为第二次世界大战以后的英国经济不仅不是一种病态的经济，而且可算得上是欧洲的第一个经济奇迹，因为从劳动生产率、工业投资、生活水平和国际收支方面看，英国比过去都大大改善了。[①] 这里显然涉及如何看待战后英国经济的变化的问题。我们不打算简单地否定这种解释。我们认为，只有在结合英国经济的具体情况进行分析时，才能对问题作出正确的解释。这也就是我们在书中强调历史过程分析的一个原因。

二

虽然历史过程分析应当成为理论和政策分析的背景，但我们不准备采取传统的编年式或大事记的写法，而宁肯采取这样一种论述方式，即假定这七八十年间英国经济史上的若干重大事件对本书的读者来说是已知的，并假定读者已具备一定的英国经济史知识，无需我们从头叙述。我们相信读者可以在一部较详细的现代英国史或现代英国经济史教科书中找到有关事件进程的叙述。

假定最近七八十年间英国经济史上的若干重大事件对读者来

① 《经济学家》，1978年4月22日，第26—27页。

说是已知的,这并不等于说我们打算把本书写成一本不涉及具体历史事件的关于英国现代资本主义的经济理论著作。那不是本书的目的。至少从主观意图上说,我们力求做到理论和历史的综合考察。在本书中,有两章是按年代顺序写的,一是第一章"历史的回顾:帝国在解体中",另一是第六章"二十世纪英国经济政策的理论基础"。这两章都从二十世纪初年写起,按时间顺序,一直写到七十年代末。相同的是,这两章都是作为引子(上下两篇的引子),为紧接着的几章提供一个历史背景。不同的是,第一章所谈的是这七八十年间英国怎样逐渐衰落下来,怎样患上了特有的"英国病",病情怎样越来越恶化。第六章所谈的则是英国资产阶级及其统治集团怎样制定确保英国的既得利益和医治"英国病"的对策,以及作为这些对策的指导思想是怎样逐步形成的。二十世纪的英国经济史,在我们看来可以划分为这样五个阶段:(一)极盛时代的尾声(1901—1918 年);(二)"英国病"的初期(1918—1929 年);(三)危机和战争的双重打击(1930—1945 年);(四)帝国解体过程中的惨淡经营(1946—1967 年);(五)"英国病"的激化(1967 年以后)。本书第一章和第六章都按照这样的阶段划分来撰写,论述的方式是统一的。这样,对其他各章所着重探讨的经济理论问题的了解,可能有所裨益。

我们在把最近七八十年的英国经济史分为上述五个阶段时,为什么不以 1917 年作为一个重要的划分阶段的标志呢?对于世界历史进程来说,1917 年显然是一个非常重要的年份,它标志着世界历史中一个旧时代的结束,一个新时代的开始。但在具体考察英国经济史时,无疑可以发现第一次世界大战对英国以后经济发展过程的不可低估的影响。英国既是第一次世界大战的胜利者，又是第一次世界大战的失败者。英国赢得了战争，但输掉了帝国。当最终打败德国的胜利喜讯传到伦敦时，英国朝野上下的那种兴高采烈的情绪，以及巴黎和会上英国代表以胜利者自居的那种盛气凌人的态度，只不过是一种表面现象。实际上，这已经是帝国解体的序幕，帝国再也不能按照以往的那种方式统治下去了。所以无论从国内还是国际的角度来看，1918 年第一次世界大战的胜利，都是英国经济史上的一个极其重要的转折点。前一阶段英国资本主义发展过程中就已存在的各种尖锐复杂的问题，这时充分暴露出来。

维多利亚时代（1837—1901 年）是英国经济的极盛时代。1851 年伦敦博览会的开幕，向全世界表明了英国在工业和技术方面当时所处的领先地位。十九世纪的下半期英国经济仍以中等的速度持续增长。八十年代以后，英国并不因美国在工业生产总值和煤、钢等重要工业品产量方面超过了自己而感到不安，因为英国的海上霸权和殖民大国的地位还不曾受到威胁，英国在武器生产和造船等重要工业部门方面仍占据优势，特别是英国在国际金融方面的地位是非常稳固的，它不认为美国经济力量已经成为足以动摇自己的地位的挑战者。在庆祝维多利亚女王临朝六十周年的盛典时，英国资产阶级仍是那样充满了信心，似乎今后的一切都会像过去一样地顺利。1901 年左右，英国的极盛时代达到了顶点，以后它再也没有越过这个极限。

1899—1902 年的英布战争以英国胜利而告结束。英国把南非这块垂涎已久的土地纳入了自己的统治范围。英布战争已经是帝国主义国家为了重新瓜分世界而进行的一次战争,是英德两个帝国主义国家不久以后在世界范围内争夺霸权的大战的一次预演。从英布战争结束之日起,到第一次世界大战为止,英国大体上还保持了十多年的好光景。这就是本书第一章和第六章考察的第一阶段;我们称之为"极盛时代的尾声"。这种提法是有一定根据的。从表面上看,这段时期似乎还是平静的,帝国的威风不减当年,例如在摩洛哥危机中仍能对德国施加一下压力,迫使它作出妥协。当时的英国经济还是活跃的、有起色的。然而也正是在这段时间内,德国的工业产值超过了英国;美国与英国之间的差距拉大了;电机、内燃机、化学工业等新工业部门中,英国显得越来越落后于其他先进工业国。不仅如此,英国对国外市场的依赖性越来越加深,英国经济的食利者的性质越来越明显,英国国内经济结构的缺陷暴露得越来越充分。因此,即使英国赢得了第一次世界大战的胜利,但大战对英国经济本身则是沉重的打击。英国并没有通过战争而改善自己的经济状况,更不用说恢复维多利亚时代那种极盛的局面了。

1929 年爆发了资本主义历史上最严重的一次经济危机。英国和资本主义世界的其他国家一样,受到这次经济危机的沉重打击。但对英国来说,从 1929 年起,经济生活中所发生的变化尤其值得注意。这一方面是因为从第一次世界大战起英国就已经患了"英国病",经过 1929 年危机的打击,病情恶化了;另一方面则因为英国资产阶级为了应付经济危机,防止"英国病"的恶化,在政策和企业经济活动中都开始了一种新的趋向。这就是由自由放任政策转向国家干预经济的政策,以及企业垄断化和技术改造的加紧推行。

第二次世界大战对英国经济的打击要比第一次世界大战的打击厉害得多。英帝国主义对殖民地的控制大大削弱了。1945 年起,民族解放运动的高涨,加速了英帝国的解体。英国资产阶级为了维护摇摇欲坠的殖民统治,为了使自己的经济适应于战后的新的国际形势,同时也为了尽快地恢复战争给英国经济造成的破坏和缓和国内的阶级矛盾,英国采取了一系列不同于战前的经济政策,三十年代产生的凯恩斯经济学从这时起在英国奠定了正统的地位,成为英国政府制定经济政策的基本理论依据。凯恩斯主义与费边派思想的结合、需求管理与福利国家措施的并用,又成为战后英国国内经济政策的特征。从 1945 年到 1966 年,英国在这二十年左右的时间内,国内和国际经济关系都得到了某些调整,经济一般说来还是比较平稳的,不曾发生过较大的震荡。这段时间内英国所发生的经济危机既不像三十年代危机那样猛烈,也不像七十年代那样错综复杂。

1967 年前后对英国经济而言又是一个重要的转折点。由于整个资本主义世界的经济状况受到美国经济显然恶化的影响,以及英国经济中前一时期积累下来的各种问题的大暴露,战后二十年的比较平稳的局面再也维持不下去了。以 1967 年英镑贬值作为信号,英国经济转入了停停走走、通货膨胀—失业并发症与国际收支危机交织的"英国病"新阶段。英国资产阶级及其政府从此不得不穷于应付越来越困难的处境。但一个个处方都收不到预期的效果,"英国病"仍在继续深化的过程中。

由此可见,把二十世纪的英国经济分为上述五个阶段,是基本上符合英国经济发展和变化的实际状况的。

三

纯经济分析方法认为影响经济变化的仅仅是若干经济方面的因素，而假定社会、制度因素和政治因素是已知的、不变的和不介入的。这种分析方法显然不足以说明实际的经济变化状况。

我们认为，在分析二十世纪的英国经济，并对“英国病”的原因、过程和后果作出理论解释时，应当联系与英国经济变化有关的技术方面和上层建筑方面的问题加以探讨。例如：

第一，二十世纪以来，特别是第二次世界大战结束以来，资本主义国家的技术迅速进步与“英国病”的深刻化和复杂化有什么关系？英国经济怎样去适应这种世界性的技术进步，而世界性的技术进步又怎样影响着英国经济？当前的“英国病”能否通过另一次巨大的技术变革而有所起色？或者说，创新浪潮能否使英国经济再次进入高度繁荣？

第二，三十年代以后，英国政府在经济中所起的作用越来越大，这是人所共知的事实。那么，政府所起的越来越大的作用与“英国病”的深刻化和复杂化之间究竟是什么关系？根据英国经济的实际情况来判断，能不能这样认为，政府的干预和调节既有加重“英国病”的一面，又有暂时缓和“英国病”的某些症状的一面？反过来看，“英国病”的持续和发展曾经在哪些方面促使英国的政治结构发生变化，并且正在或将在哪些方面影响英国的政治结构？

第三，资产阶级经济学说中，非正统的经济学说是怎样产生和发展起来的？它们与“英国病”之间存在着什么样的关系？它们代表着英国资产阶级中哪一部分人的利益，反映着哪一部分人的愿望？在“英国病”日益严重和资产阶级学者对之束手无策的新形势下，那种憎恶工业文明、谴责现代化的经济思想，为什么在二十世纪七十年代的英国竟会出现，这难道不值得我们去研究吗？更重要的是，为什么在经历了凯恩斯时代之后，经济自由主义思想会逐渐抬头，国家干预主义思潮的阵地则似乎有所收缩？这又应怎么解释？

第四，从更广泛的意义来说，一般的社会思潮对英国经济的变化有何影响？例如，门第观念在英国确实是存在的。在分析美国经济时可以把类似的问题搁到比较次要的地位，而在分析英国经济时却不可能回避它，因为它与社会职业的流动性、利益集团的构成、移民以及与此有关的资本和人才的外流等经济问题密切有关。又如，守成思想在英国也比其他主要资本主义国家浓厚些。关于这些，部分是由于英国近代历史上的特殊地位形成的民族优越感至今仍然起着作用，部分是由于英国作为第一个进行资本主义工业化的国家长期保存着历史的遗迹，所以墨守成规、抵制创新、维持现状的思想牢固地支配着较多的英国人。这些对于“英国病”不是没有影响的。

我们在分析二十世纪英国经济时，准备联系到上述这些方面的问题进行研究。我们希望把本书当作对二十世纪英国社会、政治、经济和意识形态的综合考察的结果。换言之，我们在这里所试图进行的是一种跨学科的研究；我们把对“英国病”的研究当作一门与理论经济学、经济学说史、经济史、社会学都有联系的边缘学科来看待。我们愿意在这方面作一些尝试。

四

要研究"英国病",就必须把二十世纪的英国经济放到世界经济的格局中加以研究和分析,而不能离开世界经济来孤立地讨论英国经济的变化。现代英国经济总被看成是开放经济的典型。应当从英国经济的具体历史条件和现实条件出发,研究英国经济与世界经济的相互关系,进而说明"英国病"的特殊性和难以在现存制度结构之中得以消除的原因。

从历史上看,英国经济与欧洲经济是不能分开的。英国经济最初是以欧洲为原料产地和主要市场发展起来的。英国经济不可能离开欧洲。从维多利亚时代开始,欧洲对英国经济的重要性相对说来有所下降,其时间大约为一个世纪左右。而从第二次世界大战结束以后,由于英帝国的逐渐解体,欧洲对英国经济的重要性又不断增加起来。值得注意的是,这时英国经济之需要欧洲超过了欧洲经济之需要英国。英国终于"回到"了欧洲。这不单纯是历史的循环,而且是历史的嘲弄,因为英国被认为是在趾高气扬、活力正旺的年头"离开"欧洲的,当她"返回"欧洲时,却是老态龙钟,病魔缠身,步履维艰了。

英国经济与美国之间的关系的变化同样被认为是富有戏剧性的。那种把北美十三州脱离英国而独立说成是英国从此注定走向衰落的论点,未免渲染得太过分了。那种把南北战争后资本主义生产方式在全美国范围内的确立看作对英国经济的致命打击的说法,也近乎是夸张。事实上,十九世纪后半期美国西部边疆的开发,确实是促进英国经济增长的一个有利因素。边疆是资本的天堂,是英国资本的天堂,这是不可否认的。从经济角度来看,十九世纪后半期的美国在一定意义上仍可以被看作是欧洲资本(其中首先是英国资本)的殖民地。第一次世界大战使局面改观,而这正是"英国病"开始的年份。从此,在大西洋的这一边,帝国在解体,"英国病"在加重;在大西洋的那一边,暴发户急剧兴起,金元势力迅速扩张。到了第二次世界大战结束后,连平分秋色都成了可望而不可即的奢想。不了解英国经济与美国之间这种关系的变化,也就不可能了解英国经济之所以"离开"欧洲而又"返回"欧洲的过程。

英国历史上长期经营而建立起来的殖民大帝国,是建立在宗主国的绝对军事优势和经济优势的基础之上的。这种军事优势和经济优势就是当时维持殖民帝国的基本手段。所谓古典式的殖民主义方式,在十九世纪的英国是最为典型的。然而,自从英国经济相对衰落,军事优势开始削弱,经济优势也逐渐消失之后,昔日建立的殖民体系主要靠什么来维持呢?特别是对那些经济上有较快发展的移民殖民地,靠什么来加强其向心力,减少其离心力呢?因此,英联邦的建立和扩大,只能被看成是衰落中的英国用以维持过去的殖民体系的一种新方式。英联邦的建立和扩大,自始至终与"英国病"的深刻化和复杂化不可分开。没有"英国病",就不会出现英联邦。但实际上,英联邦的建立和扩大对于"英国病"来说,具有双重的作用:既有减轻"英国病"某些症状的作用,同时又有加深"英国病"的作用。这两方面的作用中究竟哪一方面是主要的,要随英国经济和世界经济中其他条件的变化而定。

以上是分别从英国同某一特定地区或国家的关系来探讨的。要弄清楚二十世纪英国经济在整个世界经济格局的地位，还应当研究英国经济与资本主义世界经济危机和周期变动之间的关系。第二次世界大战前的几次重要的世界性经济危机固然需要考察，当前的经济危机，特别是资本主义世界性的通货膨胀与经济停滞的并发症更值得研究。这里涉及一个重要的经济理论问题，这就是经济危机和通货膨胀从一国向一国的“传递”机制的问题。若干次经济危机并非首先爆发于英国，但“瘟疫”是怎样“传染”给英国的？它又怎样从英国“传染”给另一些地区和国家？应当怎样解释这些问题？我们准备在评论当前西方经济学界某些流行的观点的同时，提出自己的不成熟的看法。

五

根据实际情况出发来分析现代英国经济，这是研究英国经济问题时应当遵循的科学态度。

我们可以看到：三十年代大危机之后，至少到目前为止，还不曾发生过类似的大危机；英国的生产力发展速度虽然相对落后于其他一些主要资本主义国家，但它仍然是在发展着，而且其速度大于五十年以前的那些年份；英国国民的平均收入仍然在增长；严重的失业和通货膨胀还不至于使英国经济陷入崩溃的境地；资产阶级政府的福利措施尽管有很大的欺骗性，并且对社会经济产生一系列新的问题，但不能认为它们在维持低收入者的最低限度生活水平方面不起作用;狄更斯时代的那些凄惨景象即使还可以发现,谁都不再认为它们仍具有普遍性;……对这一切,我们不仅要承认它们,更重要的,是要对它们作出解释。我们既要指出二十世纪英国经济的严重问题及其面临的在现存制度结构之内无法解决的难题,也要说明当前英国经济中出现的某些新情况,它们形成的原因及其所产生的重要影响。

在理论上,这里有两个重要的问题。第一个问题是:今天英国的生产关系是否还在一定程度上适应于生产力的发展?第二个问题是:在二十世纪的英国,是否存在着一些阻碍着英国经济的衰落,使之不至于崩溃的有力因素?说得更明确些,是什么力量在挽救着英国,使它在帝国解体的过程中不至于陷入经济破产的境地?

关于第一个问题,我们认为,不能说今天英国的生产关系已经完全不适应于生产力的发展了。具体地说,三十年代英国企业结构和经营管理方式的重大变革,以及六十年代以来这些方面的再一次重大变革,从本质上看是垄断资本统治的加强的结果,但也未尝不是为了适应生产力的发展而采取的调整生产关系的措施;战后英国在收入分配领域内实行的"民主社会主义试验",以及在所得税、遗产税等方面的所谓改革,无疑是英国资产阶级为了缓和国内阶级矛盾而玩弄的新花招,但不能否认这些也是分配形式的某种程度的调整,以便借此多少促进生产力的发展;此外,五十年代以后,英国经济中的一个十分显著的变化就是保守党执政时开始的计划化的进行。这是资本主义计划化,是国家垄断资本主义发展的反映,但与第二次世界大战以前的英国经济相比,集中计划管理和计划调节工作的出现应当被看成是生产关系一定程度的变化的结果。马克思和恩格斯在《共产党宣言》中曾经指出:“资产阶级除非使生产工具,从而使生产关系,从而使全部社会关系不断地革命化,否则就不能生存下去。反之,原封不动地保持旧的生产方式,却是过去的一切工业阶级生存的首要条件。生产的不断变革,一切社会关系不停的动荡,永远的不安定和变动,这就是资产阶级时代不同于过去一切时代的地方。”[①]可见,生产力和生产关系的不断变动,是资本主义生产方式的固有的特征,不能认为在资本主义制度下,生产力和生产关系是停滞不变的、僵硬不动的。当然,这里所谈的生产关系的变化,决不是指资本主义生产关系发生了实质性的变化,而是指资本主义生产关系内部的调整,是局限在资本主义生产方式范围之内的、局部的变化。如果我们看不到这一点,那就很难了解现阶段英国经济的特征。试问:假定最近二三十年来英国的资本主义关系没有发生上述这些变化,英国资产阶级根本不想把生产关系的某些方面调整得多少适应于生产力性质的要求,英国的生产力有可能继续增长吗?承认今天英国的生产关系在一定程度上还适应着生产力的发展,并不等于否认英国资本主义制度的腐朽性或寄生性。这是两个不同的问题。

关于第二个问题,即二十世纪的英国是否存在着某些阻碍经济衰落的有力因素。在我们看来,这种因素的确存在,并且正在发挥有力的作用:一个因素是英国全民族的科学文化水平,另一个因素是英国社会上的资产阶级民主意识。

一个国家,如果本国人民中大多数人科学文化水平很低,愚

---

① 马克思和恩格斯:《共产党宣言》,人民出版社,1970年,第27页。

昧、盲从、迷信，如果他们还受到封建专制意识的严重束缚，他们所处的环境又是扼杀一切科学文化成就的、缺乏资产阶级民主的封建专制、家长式的、法西斯主义的统治，那么，当促使它经济高涨的有利条件消失之后，它的经济一旦衰落，必然急转直下，趋于崩溃而不可收拾。十七世纪以后的西班牙封建经济，就是这样一个例子。但今日的英国并非如此。

今日英国有较高的全民族科学文化水平。英国人民对国际上新的科学技术成就和英国当前所处的国际地位是有所了解的。守成思想固然存在，但归根结蒂，英国人民能够接受新事物，引进新成果。国际间的密切交往也使他们的眼界比较开阔。另一方面，虽然英国还保留了较多的传统精神的旧东西，如门第和等级观念，但资产阶级民主意识的传统同样是根深蒂固的。列宁指出："资产阶级民主同中世纪制度比较起来，在历史上是一个大进步，但它始终是而且在资本主义制度下不能不是狭隘的、残缺不全的、虚伪的、骗人的民主，对富人是天堂，对穷人和被剥削者是陷阱和骗局。"[①]这就是资产阶级民主的本质。但由于它毕竟不同于中世纪的制度，所以它还能使英国的统治阶级采取比较灵活的维持资本主义制度的策略。例如，容许选民在某种条件下对执政党及其政府的政策公开评论，对丑行进行揭露和谴责，对负责官员的失职行为加以抨击和通过一定程序使之离开职守。这一切都起着多少缓和国内矛盾的作用，同时也迫使英国的资产阶级政府使自己不断去适应变化了的客观形势，而不拘守某种僵硬不变的统治手法。

① 列宁："无产阶级革命和叛徒考茨基"，载《列宁全集》第28卷，第225页。

因此，英国全民族的科学文化水平和资产阶级民主意识，表现为一种潜在的力量，起着阻碍英国经济崩溃的作用。如果没有这两种因素的作用，英国经济状况将比目前的处境还要困难得多。当然，我们在分析英国经济时，既要注意到这些因素起着阻碍英国经济顺着下坡路一直滑下去的作用，但也不能予以夸大。英帝国的解体和英国经济的衰落，是由英国经济的内在矛盾所决定的，这是不可阻挡的历史趋势。上述这些因素的存在和发挥作用，并不能改变总的历史趋势，而是使英国经济向下滑的速度变慢一些，向下滑的过程曲折一些，甚至能够使得在向下滑行的过程中出现暂时的停顿或回升。

那么，英国经济的近期前景将怎样？

正如不能割断现状与历史的联系一样，前景与现状之间的联系也不可能割断。对前景的预测，应当建立在对历史和现状的科学分析之上。我们不把英国经济当作一个封闭经济来看待。英国经济除了受各种国内的因素的制约而外，还在较大程度上受到欧洲、美国和全世界政治经济重大事件的影响。前景预测不可避免地要受到一系列可能发生的新情况的干扰。因此，我们只能根据自己所估计到的因素的作用进行探讨，判断英国经济可能的演变趋势，而不可能有更多的奢望。

在预测英国经济前景时再追溯往事，应当说是很能引起人们兴趣的。

四百年前，当德雷克的海盗船完成了公海上的劫掠，耀武扬威地返回英伦，向伊丽莎白一世奉献自己的贡物的时候；二百年前，当英国军队在普拉西战役中击溃印度军队，使印度次大陆逐步沦为英国殖民地的时候；一百年前，当英国买下苏伊士运河公司的股票，从而成为东西方交通咽喉的有力控制者的时候，英国资产阶级中有谁曾想到今日英国经济的困境和“英国病”对这个久已染病的“老人”的折磨？历史洪流滚滚向前。它冲垮了不可一世的庞大的英国殖民帝国，但冲刷不掉英国殖民帝国给世界和给它本国经济留下的烙印。痼疾难医，“英国病”将拖下去，这就是英国经济的近期趋势。然而，今天的世界形势以及英国与其他国家之间的关系，已大大不同于四百年前、二百年前，甚至一百年前。世界在迅速改变着自己的面貌，生产力的发展急剧地加快了。今天的英国处在这样一个国际环境中，“英国病”的拖延及其不可能在现存制度结构下治愈的前景，能不引起英国社会各阶层有识之士思考么？我们承认，英国全民族的科学文化水平较高，英国社会上资产阶级民主意识较浓，这些正起着阻碍英国经济顺着下坡路一直往下滑的作用。但是，从另一个角度来看，较高的全民族科学文化水平和社会上较浓的资产阶级民主意识，未尝不是掀起意识形态领域内一场新的风暴的有利条件。这些阻碍英国经济衰落的因素，很可能也成为对当前无法解决“英国病”问题的资本主义制度和形形色色资产阶级经济学说进行挑战的有力因素。尽管目前还看不到这场风暴的来临，但今后随着“英国病”的拖延和矛盾的进一步激化，意识形态领域内的冲突将更加尖锐，这是可以预料的。

上编　问题何在？

——“英国病”的诊断

第一章　历史的回顾：帝国在解体中

第一节　极盛时代的尾声，1901—1918

维多利亚女王在1901年去世。她临朝的六十四年(1837—1901年)，是英国经济的极盛时代。她作为这个庞大的殖民帝国的象征，受到了像西塞尔·罗德斯这样狂热的殖民主义分子的崇敬。这是完全可以理解的，因为这六十四年，正是英国在经济上、军事上、版图上急剧膨胀的时期。

在维多利亚去世前的两年，即1899年，英国为了吞并布尔人在南非建立的两个共和国——德兰士瓦和奥兰治，而发动了英布战争。支持布尔人的是英国遇到的最有力的、也是当时刚出现的竞争对手——德国容克资产阶级。英国向南非扩张政策的积极推行者罗德斯所说的"帝国就是饭碗问题"或靠"占领新的领土来安置过剩的人口"，只不过是蛊惑人心的一种说法，是英国殖民主义为了独霸世界、奴役各国人民的一个借口①。实际上，英布战争是

① 在这里应当指出，把向殖民地的移民视作英国的"安全活塞"的观点，例如保罗·纳普伦德(Paul Knaplund)在《英联邦和帝国：1901—1955》(伦敦，1956年，第19页)中所写的，不仅夸大了移民出境在缓和英国阶级斗争中的作用，而且掩盖了英国的帝国主义扩张本质。

英德斗争的缩影，是第一次世界大战的预演。它是帝国主义者为了重新瓜分殖民地而挑起的一场肮脏的战争。索耳兹伯里的保守党内阁为了英国资产阶级的利益，坚持要在南非确立英国的统治地位，一再投入重兵，终于在维多利亚去世后一年，迫使布尔人在和约上签字。布尔共和国不再存在，布尔人承认维多利亚的继承人爱德华七世的统治权。

至此，英国殖民帝国权势达到了顶点。从西半球的加拿大、英属圭亚那、西印度群岛上的若干岛屿，到新西兰、澳大利亚、巴布亚，到英属婆罗洲、马来亚、新加坡、缅甸、印度和锡兰、亚丁，再到肯尼亚、乌干达、苏丹、南北罗得西亚、南非，一直到西非的加纳、尼日利亚和欧洲西部的马耳他、直布罗陀，这个庞大的殖民帝国是空前的。如果再把受英帝国控制的亚洲、非洲、拉丁美洲一些国家包括进去，二十世纪最初几年的英国殖民帝国确实是古往今来无与伦比的。

达到极盛时代顶点的英帝国远非当年的罗马帝国或西班牙帝国所能比拟。英国是以自己经济上的强大实力和显著优势而支撑和经营这一大片殖民地的。英国不仅是殖民地的占领者或勒索者，而且是殖民地的经营者，是以资本主义方式来盘剥殖民地的“精明的”宗主国。源源流入英国本土的投资收益和商业利润，加强了英国的经济实力。不仅如此，到二十世纪初年，英国把自己的殖民地和保护国同本土一起，结合成为一个有机的生产体系：英国向这些殖民地和保护国输出主要工业部门的产品（铁路车辆、钢轨、机器、棉毛织品等），而从后者输进原料（棉花、羊毛、有色金属)和食品。

在这极盛时代的尾声,英国并未因美国和德国在工业生产总值或某些主要工业品产量方面超过自己而受到实际上的威胁。伦敦城仍然是世界金融的大本营,伦敦城的一些著名的家族,像洛特希尔德、巴林、巴克莱、史密斯家族等,势力继续扩大。[①] 英国的金融巨头们是当时世界上最权威的人士。1907 年资本主义世界经济危机也不曾动摇英国在世界金融、贸易、海运,甚至传统出口工业品生产方面的领先地位。这个时期内,来自美国和德国竞争的威胁在当时报刊上是被夸大的,其原因在于:一是军火工业的某些资本家认为有必要渲染这种威胁的存在,以促使政府增加武器的订货;二是比较有眼光的资产阶级政客和经济学家从工业生产增长率的国际比较中发现了问题,认为从长期趋势来看,英国现存的经济优势将会难以维持。当然,这些都不等于说在爱德华七世的年代(1901—1910 年),英国作为最大的殖民帝国和经济实力最雄厚的国家的优势地位已经被美国和德国所取代。

考察 1870—1913 年的英国经济增长率,并不能得出英国经济已经衰落或趋于停滞的结论,至多只能认为英国增长的速度相对地落后于美国和德国而已。

下面这个统计表可以说明问题:[②]

---

① 鲁宾斯坦(W. D. RubinStein):"现代英国的财富、名流和阶级结构",载《过去和现在》杂志,1977 年 8 月,第 115—116 页。

② 安古斯·马迪森(Angus Maddison):"英国能增长多快?",载《劳埃德银行评论》,1966 年 1 月,第 2 页。

	1870—1913 年国内生产总值平均年增长率	1870—1913 年平均每个就业者产量的年增长率
英 国	2.1%	1.0%
美 国	4.3%*	1.9%*
法 国	1.6%	1.4%
德 国	2.9%*	1.6%*
意大利	1.4%	0.8%

* 1871—1913 年数字。

经济增长率是不可能反映全部问题的，还必须从资本输出数额的变化和主要工业部门的状况来进一步考察。英布战争以后，英国对外资本输出不断增加，其绝对数额和增长的幅度都大于当时其他一些资本主义国家。这一时期英国的资本输出中，借贷资本输出与生产资本输出同样重要，而且资本输出的增长与出口贸易额的增长是一致的。二十世纪初年在英属殖民地和一些经济上受英国或其他帝国主义国家控制的国家内，掀起了一股铁路建筑热潮。英国作为出口钢轨和铁路车辆的主要国家，捞到的好处最多。当时英国生产的钢轨，有三分之二是供输出的。

作为英国当时工业支柱的三个最重要的部门——煤炭、棉纺织和造船工业，在二十世纪的最初十年内都经历过迅速增长的阶段。以煤炭工业而言，尽管机械化程度不如美国，但投资、产量和出口数量都有很大增长。棉纺织工业的情况与此类似。1905—1908 年间，英国新建成的棉纺织工厂约一百二十个，它们共拥有纱锭一千万至一千二百万枚。这个数字超过了当时德国棉纺织工业纱锭的总数。在英国棉纺织工业历史上，还从来没有一段时间有这样高的生产能力增长率。在造船工业中，由于军事订货的增加和世界海运业的急速发展,拥有当时最先进造船设备的英国各大造船厂处于兴旺时期。正是在这些造船厂中,造出了当时英国海军实力的标志——无畏舰,以及世界第一流的货轮和客船。1905—1907年是英国造船工业空前活跃的时期,每年都有一百万吨位的船只下水,这是前所未有的现象。造船业的兴旺是这些年英国经济繁荣的有力支柱。[①] 此后,英国造船业的兴旺一直保持到1914年。1905—1914年,英国完成的船舶总吨位超过了本国历史上以往任何十年。这十年是英国造船工业的黄金时代。总之,在二十世纪初年,我们不仅看不到英国这三个最重要的工业部门的停滞或衰落;相反地,我们却看到它们的急剧扩大。尽管这种情况被人们称为英国煤炭工业、棉纺织工业和造船工业的最后一次增长热潮,或被称为停滞和衰落前夕的"回光返照",但这也足以说明,把二十世纪初年的英国经济视为走下坡路的经济的说法,并没有事实依据。

1907年资本主义世界经济危机对英国经济确有一定的影响。这次经济危机开始爆发于美国。1900年以来,在美国出现的交易所投机狂热和公司合并的浪潮,以及美国银行信用事业的迅速扩张,促成工业品价格不断上升。但这种高涨的基础是不牢固的,钢铁和建筑材料的生产过剩很快就暴露出来。1907年春天,美国发生了人们竞相抛售铁路公司和工业公司股票的现象,接着发生存户向银行提取存款和银行要求工商业企业迅速偿还贷款的情况。

① 克拉潘(J. H. Clapham):《现代英国经济史》下卷,剑桥大学出版社,1938年,第51页。

金融危机和工业生产过剩危机交织在一起，并通过美国和西欧国家的信贷和贸易关系，使西欧受到了严重的波及。伦敦当时是世界金融中心，英国是美国的主要债权国。英国资本广泛参预了美国的股票投机活动。此外，英国资本也在德国、法国、荷兰、比利时和俄国的证券市场上进行投机。因此，1907 年经济危机对英国的影响首先是在金融和证券交易领域内，而后通过银根的紧缩、股票价格的下跌、出口量的减少，再影响到英国的工业生产。

由于 1907 年经济危机是世界性的，英国无论在国际经济的相对地位方面，还是在国内经济增长方面都不是唯一受到影响的国家，因此不能过高地估计这次经济危机对英国经济地位变化的作用，也不能认为通过这次经济危机使英国经济地位或经济政策发生了转折。

二十世纪初年是英国极盛时代的尾声，1907 年经济危机只不过是这个尾声中的一段插曲。在经历了 1907—1908 年波动之后，英国工业很快又继续扩大生产能力和增加产量。英国的资本输出和出口贸易额并未因 1907 年经济危机而呈现衰落的趋势。1907—1909 年间，英国的净资本输出仍然达到 3.63 亿英镑之多。[①] 直到第一次世界大战爆发，英国资本输出和出口贸易额都是增加的。从 1880 年到 1913 年，英国按人口平均的国民收入，增加了三分之一。而在国民收入中，归于财产(资本)的比例在 1880 年是 37.5%，在 1913 年仍是 37.5%，但来自国内来源的收入中，

---

① 凯恩克罗斯(A. Cairncross):《1870—1913 年本国和外国投资》，剑桥，1953 年，第 180 页。

归于财产（资本）的比例则由1880年的34%降为1913年的31%。这表明了财产收入增长之中，来自国外来源的财产收入增加得更快。这就是对外投资带来的利益。①

就英国国内经济的一般状况来看，二十世纪初年英国的经济基本上是繁荣的。1907年经济危机期间，由于生产的暂时下降，失业人数有所增加。但时间并不久，失业率又降到危机前的水平。工商业企业倒闭的户数和破产时的负债额在二十世纪初年没有显著的变化，甚至比十九世纪八十年代和九十年代内还有所减少。

英布战争结束后，英国政府的基本政策目标是维持帝国的现存地位和既得利益。既然英国至今仍然是第一个殖民大国、第一个海军强国、第一个金融和贸易大国，来自美国和德国的对英国国际经济地位的实际威胁并不存在。既然英国国内经济仍处于增长、繁荣之中，英国统治阶级中的大多数人对此相当满意，十九世纪后半期以来的政策被认为是无需修改的。1905年，自由党重新当政。虽然自由党在竞选中声称要实行不同于前十年一直执掌政权的保守党的国内措施，但事实是：英国的基本国策未变。自由党上台后所推行的海军扩建计划，以维持英帝国的海军优势，防止对英国海军强大地位的实际威胁的产生作为考虑的出发点。因此，它坚持要以超过德国海军实力一倍的方针来限制德国海军的扩张和提高自己的海军的作战能力。自由党上台后加强与俄国的联系（1907年英俄协约是这一联系的产物），其政策目标与保守党执政时加强与法国联系（1904年英法协约是这一联系的产物）的政策

① 罗斯托（W. W. Rostow）：《十九世纪英国经济》，牛津，1948年，第104页。

目标是一致的，这就是：力图确保英国作为第一个殖民大国的既得利益，使它们不至于在未来的国际竞争中受到损害。

在这极盛时代尾声的最后几年，尽管英国政府的领导人如劳合·乔治之流，总是把“和平”二字挂在嘴边，尽管在海牙的国际会议上，在两次摩洛哥危机、波斯尼亚危机、两次巴尔干战争期间，英国政府总是呼吁“和平”，但这些都不是英国自认为军事和经济力量已经衰落，不得不以迁就和妥协的方式来购买“和平”的表现。英国的态度实际上是相当强硬的，它不准备让步。它认为自己有力量来保卫从远东到直布罗陀，从开普敦到苏伊士的英帝国“生命线”。第二次摩洛哥危机中英国带有摊牌性的强硬态度，就是一个证明。这与二十年后，张伯伦匆匆往返于伦敦、慕尼黑之间，为保持“和平”和维护现状而不惜一再退让的情况截然不同，因为到了二十世纪三十年代后期，英国的经济和军事实力都非第一次世界大战前夕可比了。

第二节　“英国病”的初期，1918—1929

毫无疑问，如果 1914 年不爆发第一次世界大战，那就有可能使主要资本主义国家陷入一场生产过剩的经济危机，因为在 1913 年下半年和 1914 年上半年，存货不断增多，工业品销售量逐渐减少，价格呈现下跌的趋势。[①] 看来这场经济危机将是普遍性的，英

---

① 霍夫曼(W. G. Hoffmann)：《1700—1950 年的英国工业》，牛津，1955 年，第 54 表。

国不可能例外。但从当时资本主义世界的政治经济形势来分析,还不能得出正在来临的或已经逼近的经济危机促使第一次世界大战在1917年7—8月间爆发的结论。战争的准备过程早已开始,两个帝国主义集团一经形成,它们随时有可能动手厮打起来。这是一场为了重新瓜分殖民地和势力范围,确定世界霸权的帝国主义战争。应该说,两次巴尔干战争都可能成为第一次世界大战爆发的导火线,因为战争的条件实际上已经成熟。但大战并未因此爆发,这主要是由于两个帝国主义集团中的每一方都认为自己在未来的战争中取胜的把握还不够大,不妨再等一等。从这个意义上说,战争可以在经济高涨时爆发,也可以在经济危机或萧条时爆发。第一次世界大战与1913—1914年的经济形势并无必然的联系。这与第二次世界大战的爆发有显著的不同。道理是很清楚的:二十世纪初年,任何一个帝国主义国家都不存在大规模的失业人口和长期萧条现象,它们没有必要把用战争来刺激经济作为摆脱长期萧条的手段。

战争终于因萨拉热窝暗杀事件而诱发。促使英国直接参战的理由并不是对塞尔维亚命运的关心,也不是对比利时无故遭到德军入侵的同情,而是出于英国当时基本国策的考虑,即维持帝国的现存地位和既得利益。在英国资产阶级看来,如果听任德奥联军囊括巴尔干半岛,打通到伊斯坦布尔的陆上道路,英国在中东、近东甚至印度的利益就会遭到直接的损失,其后果是不堪设想的。另一方面,如果容许德军侵占比利时,击败法国,独霸西欧大陆,那么英国的经济利益将受到严重的威胁,英国将被孤立在欧洲之外,甚至英伦三岛的安全也失去了保障。因此,英国必须为帝国利益而战。与第二次世界大战初期所不同的另一点是：1914 年，英国政府在号召本国人民参加战争时，并不像 1939 年那样把战争与制度的选择（资产阶级民主制还是法西斯制度）、意识形态问题（资产阶级民主主义还是纳粹主义）联系起来，而是在抽象的“公理”、“正义”、“人道”的幌子下，要公民们为帝国的荣誉而战斗。

这是一场为维护英国殖民帝国的既得利益的战争，但却是一场对英国来说得不偿失的战争。

表面上看，当英国投入战争后，与军事有关的部门由于得到政府的大笔订货而迅速增长。劳动力供给也显得十分紧张，各部门普遍感到人力不足。军事工业与某些重工业部门的利润大大增加，股票行情上升。然而，即使从英国国内经济状况来分析，英国也为战争付出了沉重的代价。庞大的军费开支使财政赤字剧增。为了弥补财政赤字，英国不仅大量增发公债，而且增加了纸币的发行量。流通中的货币数量迅速增加。停止银行券的黄金兑现，实际上等于结束了传统的金币本位制度。英国的战时通货膨胀是严重的。物价普遍上涨。

问题不限于此。庞大的军费开支以及向国外购买军需物资和居民生活资料的开支，使英国的国际收支状况发生急剧变化。特别是由于战争期间英国传统出口品生产的减少和出口贸易额的大幅度下降（特别是棉纺织品、煤炭和机器出口总值的下降），英国不得不靠变卖自己持有的一部分国外有价证券和向美国借债来弥补国际收支逆差。第一次世界大战使英国和美国在国际金融中的相对地位颠倒了过来。英国从对美国的债权国变为美国的债务国。伦敦不再是世界唯一的金融中心。英镑的稳定地位因英国的金融实力的削弱和英国国际金融地位的下降而发生了动摇。

极盛时代的英国不仅是金融实力和传统工业品出口竞争能力最强,而且也是海上势力最强的帝国主义国家。但第一次世界大战摧毁了英国的商船的70%,英国的海军也因战争而大大削弱。正如大战结束时英国失去了国际金融方面的最强国的地位一样,英国也丧失了长期保持的海上霸权。

第一次世界大战的结果,使英国殖民帝国赖以维持的两个有力的手段——英国的经济力量和英国的海上霸权——大为削弱。虽然英国作为战争胜利者,再次扩大了殖民地面积(前德国殖民地坦噶尼喀、西喀麦隆、西南非洲,前奥斯曼帝国领土的一部分如伊拉克、约旦、巴勒斯坦都变为英国的殖民地或成为受英国统治的地区),并且巩固了自己在东非、南非和中东的阵地,但这仅仅是一种表面现象。这时不仅英国本身的经济和军事实力不如往昔,而且整个世界形势也已改观。

十月社会主义革命的胜利有力地推动了殖民地人民的民族解放斗争的发展。在十月革命的影响下,英国统治下的印度、埃及都掀起了规模浩大的反对英帝国主义的新的斗争高潮。阿富汗、伊朗等国的人民强烈要求摆脱英国的控制。而在中国和土耳其,在十月革命影响下不断高涨的民族解放斗争,也都把英帝国主义当作主要的敌人之一。

当然,如果要说英国殖民帝国这时已无法维持自己的统治,那是不确切的。英国对殖民地的反抗采取了镇压措施,并在镇压的前提下,加紧培植自己的代理人。英国政府清楚地察觉到,不能按照十九世纪的那种方式继续统治下去了,对殖民地、附属国和自治领，开始采取适应于新形势的新统治策略。

对殖民地和附属国，英国统治者感到单靠武力不足以应付战后出现的新情况，于是作出某些非实质性的让步或让步的许诺。例如，在1919年颁布的印度政府组织法中，英国对省一级的行政机构的组织作出某些新的规定，把教育、公共卫生、公共工程、农业之类的事务移交给地方立法机关和对这些立法机关负责的地方官员去办理，这就给予印度资产阶级以较多的参预地方行政的机会。但印度的最高行政权以及省一级的司法、警政、税务大权，仍控制在英国殖民当局或由它任命并对它负责的地方官员的手中。这在实质上虽无变化，但至少意味着殖民统治形式的一种改革。在埃及，鉴于1919年起埃及各阶层人民反英斗争的高涨，英国不得不于1922年取消埃及的保护国名义，承认埃及独立，而只限于在苏伊士运河区继续进行军事占领。在阿富汗，英国由于入侵失败，而在1919年退出阿富汗。在伊拉克，英国也在1921年被迫承认伊拉克独立，而保留驻军权和治外法权等特权。

对自治领，英国所作的让步要大得多。第一次世界大战以前，随着英国的移民殖民地的经济发展和本地资产阶级力量的壮大，它们对英国的离心力也不断加强。早在1867年，英国就允许在加拿大建立自治领。1914年，加拿大取得了较完整的国内事务自治权。澳大利亚于1901年成为英国的自治领。1907年，新西兰也获得自治领的地位。英国在南非的开普、纳塔尔、德兰士瓦和奥伦治四个省(州)组成了南非联邦(1910年)，作为英国的自治领。这些自治领并不因自己已经争取得到的内部自治权而满足。它们要求扩大自治权和减少对英国的依附性。第一次世界大战爆发后，由于各自治领与英国的政治经济利益的基本一致性，这些离心倾向暂时有所缓和。但大战一结束，由于战争中英国力量的大为削弱，离心倾向迅速增长了。正如保罗·纳普伦德曾经指出的，各自治领大规模参加第一次世界大战的行动，不仅刺激了它们政治上分治倾向，使它们进一步察觉到自己与英国本土之间的利益一致性与差距，而且由于各自治领都派出了兵士直接参战，并取得了战果，从而提高了自治领对自己力量的估计，这进一步扩大了自治领的离心趋势。[①] 但战后，英国资产阶级中一些仍然采取旧眼光来看待各自治领同英国之间关系的人，总希望把各自治领保留在帝国的结构之内，甚至寄希望于建立一个大英帝国联邦，以便用诸如宪法之类的条文把各自治领的离心倾向抑制住。但这些希望全都落空。各自治领在经济方面的发展和自身的军事实力的逐步壮大，特别是它们对英美两国实力对比变化的敏感性，以及它们的离心活动在一定程度上受到美国的鼓励和支持，使得英国再也不能像过去那样容易地驾驭各个自治领了。1921 年的帝国会议通过了不解决任何具体问题的空洞决议，它只是一般性地声明英国与各自治领之间有必要保持联系，并就重要问题定期地举行磋商，而否定了制定帝国成文宪法的必要性。

隔了两年，在 1923 年举行的帝国经济会议上，虽然通过了有关英国与各自治领经济关系的重新安排的若干重要决议，但由于英国本身政局的动荡，由于保守党内阁的下台和 1924 年 1 月麦克唐纳的工党内阁的建立，这些决议暂时未能付诸实施。1923 年通

---

① 保罗·纳普伦德:《英联邦和帝国:1901—1955》,伦敦,1956 年,第 57—58 页。

过的决议（包括组成帝国经济委员会，以统筹安排英国与各自治领以及印度等地的经济关系），直到1924年年底保守党再次执政以后，才成为事实。1924年年底起，保守党政府执行的有关英国与各自治领之间经济关系的政策的中心思想，是英国与各自治领双方在贸易互惠问题上各作出一定的让步，即自治领的产品输入英国时，要受到照顾，而英国产品输往各自治领时，也应受到照顾。与其说这种措施是放弃自由贸易传统、走向工业保护主义的一个步骤，还不如说它是英国与各自治领之间经济关系的重新调整，因为这意味着力量削弱了的英国为了适应战后的新形势，不得不使自己与各自治领处于接近于平起平坐的地位。就这一点来说，这种关系已不同于十九世纪甚至二十世纪初期的关系了。

英帝国对殖民地和自治领的控制力量的减弱、各自治领离心倾向的加强，与二十年代英国国内经济的长期停滞是联系在一起的。这段时期英国国内经济特征是：开工不足，生产设备闲置，传统工业品生产没有恢复到战前的最高水平，出口萎缩，高失业率，经济效率低。除了通货膨胀这一症状在当时还未具备之外，我们通常所说的“英国病”的症状，在二十年代内已经呈现出来，只是其严重程度远远不如以后那样，而且各个症状之间交织和错综复杂的程度也不如以后那样。所以我们把英国经济的这一时期称作“英国病”的初期。

“英国病”的病根在于英国历史中。“英国病”在二十世纪二十年代的发作，受到特定的政治经济环境的影响。如果英国的经济没有遭受第一次世界大战这样的突然打击，虽然“英国病”迟早也会发作出来，但时间也许会拖得更长久一些。身上已有病根的病人,最怕剧烈的震荡和突然的打击。英国经济也是这样。加之,战争结束后不久又爆发了1920年经济危机。在战争期间萎缩的民用工业部门,本来指望可以在战争结束以后恢复和发展起来,然而1920年经济危机的爆发使这种打算成为泡影。煤炭、棉纺织品、造船工业部门因国内市场狭窄和出口遇到困难,不可能恢复元气。甚至在度过1920年经济危机之后的整个二十年代内,它们始终是停滞的。

二十年代英国国内工人阶级斗争的高涨,是这一时期英国政治与经济的另一重要特征。战后初期,在十月革命影响下,英国工人运动进入一个新阶段。煤矿工人和铁路工人先后展开声势浩大的要求提高工资水平和改善生活条件的罢工斗争。特别是在1920年期间,英国工人阶级为了反对包括英帝国主义在内的帝国主义列强干涉苏俄,展开了全国性的斗争。这场斗争具有鲜明的反对帝国主义侵略和反对垄断资本统治的政治色彩。在英国经济长期停滞期间,1925年6月,英国煤矿业资本家为了加强同德国煤矿业的竞争,要求取消最低工资限额,并减少工资的10%(以后又决定将工作日从七小时延长到八小时)。英国煤矿工人坚决抗议资本家的这些无理决定。铁路工人和运输工人采取联合行动,以拒绝运煤来支持煤矿工人的斗争。英国政府面临这种威胁,暂时作出让步,同意对煤矿工业的情况进行调查,并答应由政府拨款来弥补工资缩减后工人遭受的损失。但政府的让步只是为资本家加强对工人的压榨争取时间。到1926年4月,政府停止津贴,并要求劳资双方接受政府调查委员会建议时,资方表示拒绝,宣布继续坚持延长工时和减低工资,并以大批解雇工人作为威胁。工人于是以 1926 年 5 月 4 日的总罢工来答复。这是一场全国性的总罢工，除矿工以外，铁路、运输、机械、建筑、印刷业、电力等行业的工人都参加了。全国交通断绝，报纸停止出版。总罢工因工会上层领导人的妥协而只坚持了九天。煤矿工人的单独罢工行动延续了半年左右，最后仍告失败。但总罢工这一事件本身不仅显示了英国历史上罕见的工人阶级一致行动的巨大力量，而且使英国经济遭受严重的损失。总罢工期间英国经济处于瘫痪状态。罢工事件的失败使英国的劳动人民遭到更大的苦难，失业增加了，贫民增多了，矿工的生活状况恶化了。这些都对此后英国经济产生了不利影响。

总之，第一次世界大战把战后十年与战前十年分为两个截然不同的阶段。战前十年虽然已经是英国极盛时代的尾声，但英国经济力量还是强大的，英国对帝国各个部分的控制还是有力的；而战后十年却是“英国病”的初期，英国经济力量削弱了，经济长期停滞，国内阶级矛盾激化，而英国对帝国各个部分的控制也不如以往，特别是对各自治领的控制大大削弱了。所以，战后十年，既是“英国病”的初期，也是英帝国解体的开始。

第三节 危机和战争的双重打击，1930—1945

英国是在二十年代长期经济停滞的基础上爆发三十年代经济危机的。这次严重的经济危机开始于美国。通过国际贸易和国际金融等渠道，英国很快受到美国经济危机的影响。外来的震动和冲击使英国国内经济中原来就存在的各种矛盾激化了。1930年第一季度起,工业生产指数和进出口贸易指数都显著下降,失业人数激增。到1932年第三季度,英国的经济危机达到了最严重的地步,失业人数接近三百万人,失业率高达23%。但英国在经济方面受破坏的程度仍然不如其他主要资本主义国家那样厉害,这主要由于英国在第一次世界大战结束以后就不曾出现过高涨。此外,考虑到英国是一个进口大量农产品的国家,三十年代经济危机期间,世界市场上农产品价格猛跌,而英国对进口食物的需求又是缺少弹性的,这种情况也在一定程度上减轻了危机对英国经济的打击。①

三十年代经济危机发生于"英国病"开始之后。它一方面加重了"英国病",另一方面又使得在这以前英国政府力图医治"英国病"而采取的某些措施全部失效。例如,为了挽救第一次世界大战以来英镑的不稳定地位,英国在1925年恢复了金本位制(金块本位制),而三十年代经济危机爆发后,由于英国贸易逆差扩大,国外投资收入和海运收入锐减,国际收入逆差猛增,英国不得不于1931年9月放弃金本位制,实行英镑贬值。又如,为了缓和国内失业者的不满情绪,特别是鉴于二十年代内不断掀起罢工的教训,英国政府修改了历史上早已存在的济贫法的实行办法,由郡议会代替乡区议会行使济贫的职权,以减少济贫工作中的徇私舞弊和不公正的行为,此外还增加了给老年人、残废者、孤儿寡妇的救济

---

① 金德伯格(C. P. Kindleberger):"对外贸易与增长:1913年以来英国的经验教训",载《劳埃德银行评论》,1962年7月,第26页。

费。但三十年代经济危机爆发后，失业率大大提高，城乡劳动者的生活状况恶化了，点滴的救济费根本无济于事，而政府的财政困难甚至还成了压缩失业救济金和其他救济费的理由。

三十年代经济危机期间，英帝国的解体过程加快了。这主要反映于英国与各自治领之间的关系方面。加拿大、澳大利亚、新西兰、南非联邦都是资本主义经济有较高发展程度，并同世界市场关系比较密切的英国自治领。它们同英国本土一样，也遭到三十年代经济危机的打击。它们这时所考虑的主要问题是：怎样使自己早日摆脱经济危机的困境，恢复和发展自己的经济？摆在它们面前的是两种对策，一是尽力维持同英国经济的某些联系，以同舟共济的方式，度过这一段困难时期；二是设法减少同英国经济的某些联系，另谋出路，以免“病情”比自己远为严重的英国经济连累了自己。这两种对策乍看起来是矛盾的，实际上却可以同时并用，以前一种办法来应付目前的困难，以后一种办法作为长久之计。各个自治领当时正是这样考虑的。这样，在三十年代内，英国与各自治领的政治经济关系发生了一些变化：

第一，1932年7月在渥太华召开的帝国会议上，受到严重经济危机侵袭的各自治领同英国一样，抱着共同度过危机造成的困境的心愿，建立了关税同盟性质的帝国特惠制。根据协定，英国对于由自治领（还包括非自治领的英国殖民地在内，因为殖民地也参加了渥太华会议）输入的商品可以享有减税或免税的特惠，而自英国输往各自治领（包括英国殖民地）的商品同样可以享有减免税收的特惠。帝国特惠制对英国和对各自治领都有一定的好处，因为它限制了从西欧其他国家和世界其他地区向英国输入农产品的可能性,从而保证了加拿大、澳大利亚、新西兰的农产品在英国市场上的销路,同时,它也有利于英国工业品向各自治领的出口,增加了英国同其他工业发达的资本主义国家在这些自治领市场上的竞争能力。

第二,在英国宣布废除金本位和英镑贬值(1931 年)后,组成了以英国为中心的英镑集团。除加拿大以外的英国自治领,以及英国的殖民地,还有另一些与英国经济联系较密切的国家,都参加了这个货币集团。加拿大稍后参加美元集团这一事实表明,加拿大在考虑自身经济利益的时候,认为在货币关系中同美元直接联系在一起比同英镑直接联系在一起对自己更为有利。但其他自治领仍然愿意把自己的通货同英镑挂钩,同意彼此间用英镑结算,并愿意通过维持英镑的稳定地位来维持自己通货的稳定性,这也是它们在经济上适应于三十年代经济危机爆发后的新形势的一种同舟共济的办法。

第三,从政治方面来看,1931 年的威斯敏斯特法把英国与各自治领之间的长远的政治关系作了比较明确的规定,即承认了各自治领已经获得的相当大的政治上的独立性。在威斯敏斯特法制定以前,各自治领已经分别得到了若干政治自主权,例如在国际联盟中享有会员资格,有权派出自己的驻外使节,英国派驻于各自治领的总督不再被看作是英国政府的代理人,而只是被看作是英国国王的代表等等。威斯敏斯特法把这些既成事实变为正式的条文,它承认自治领或自治领中的任何省份都不是英国的殖民地,而是英联邦中的一个成员;它规定自治领的议会有充分的权力来制定自己的法律;它声明,在英联邦内部,各自治领的法律地位与英国(联合王国)的法律地位是平等的，它们共同拥戴并为之效忠的国王乃是这些成员的结合的标志或团结一致的象征。威斯敏斯特法的制定不仅反映了各自治领在力图摆脱英国控制的过程中已经争取到的成果，而且为今后它们进一步朝着独立的方向发展奠定了法律的基础。

从帝国特惠制的建立、英镑集团的组成、威斯敏斯特法的制定可以看出：在三十年代经济危机开始后，各自治领同英国之间的离心倾向和向心倾向二者是同时存在的。从暂时的利益和考虑出发，各自治领同意了帝国特惠的安排，并且除加拿大以外都加入了英镑集团。这样，出于应付经济危机的要求，它们仍然同英国保持比较密切的经济上的联系。而从长远的利益考虑出发，各自治领的离心倾向仍是强烈的，甚至是主要的。威斯敏斯特法的制定清楚地说明：各自治领在政治上与独立的主权国家的差异已经不大显著了。

三十年代经济危机最低点过去之后，英国经济虽有起色，但这种起色主要是英国国内经济结构和部门结构变化的反映。英帝国的经济边疆却是不断缩小的。[①] 英国的资本输出既受限制，又在减少。英国的国外市场也在收缩。美国和日本商品加紧排挤英国的商品。以英国两大传统出口商品来说，兰开夏的棉纺织品的出口量已不及 1913 年的一半，向北欧输出的煤也开始被波兰煤所排挤掉。虽然不久国际形势又骤然发生变化，但英国经济对此事先

---

① 保罗·纳普伦德：《英联邦和帝国：1901—1955》，伦敦，1956 年，第 289—290 页。

并无准备。战争发生后,英国不得不仓促地把经济转入战时轨道。英国显著地感到人力不足、产品不足、财力不足,第二次世界大战使英国的经济遭到的破坏大大超过了第一次世界大战引起的破坏。

英国向来依靠海上的强大优势来维持自己的生存,依靠金融势力和英镑信誉来支撑帝国的繁荣,依靠海外投资和进出口贸易来获取庞大的利益。但英国的军舰和商船在战时遭到巨大的损失,不仅第一次世界大战前英国独霸海洋的局面不复存在,两次世界大战期间英美在海军力量上势均力敌的局面也一去不复返。英国在战争期间的巨大的军事开支,以及海外投资收入的急剧减少,使外债激增,英镑地位恶化。战争期间英国的海外投资减少了四分之一,外债则增加了将近三十亿英镑。英国变成了有巨额负债的大国。

对英国经济打击最严重的,是英国传统的出口品市场和投资场所被美国所侵入和占领。在这些地区,本地的工业生产在战争期间也有一定程度的发展,它们也加紧排挤英国商品。特别是像加拿大、澳大利亚、新西兰、南非联邦这些英国自治领,以及拉丁美洲某些国家,由于未受战火波及,战争期间经济增长较快,它们与美国经济的联系这时有较大的发展,这些都是十分不利于英国的。

通过第二次世界大战,英国对殖民地的控制也削弱很多。1931 年的威斯敏斯特法只承认少数自治领享有实际上的独立自主地位,但这并不适用于广大的英国殖民地、保护国和委任统治地。第二次世界大战前,它们要求摆脱或减少英国对自己的控制的斗争,是遭到镇压的。英国虽已衰落,但仍有足够的军事和经济力量来统治这些地区。这种形势在四十年代前半期发生了变化。一部分殖民地（如缅甸和马来亚）在战争中被轴心国军队所占领，英国势力暂时被排除出去，在当地则掀起了人民武装斗争。一部分殖民地（如印度）则直接遭到轴心国军队的入侵威胁，而其战略地位又是如此重要，因此英国殖民当局为了自身的利益而不得不采取适当的让步或许下某些诺言，以便缓和自己与殖民地人民之间的矛盾。另一些殖民地（如英国在西非和东非的殖民地）距战场较远，但作为英国在战争期间的重要供应基地和物资运输的中转站，地位也是相当重要的。在这些地区，英国也不得不根据战时的形势而对统治形式略加变动，吸收本地资产阶级和社会上层人士参加地方行政事务，容许本地的民族经济有一定的发展，以巩固英国的统治。所以，无论从哪一方面来看，第二次世界大战都是英国殖民地政治和经济发展过程中一个更加重要的转折点。英国本身力量的削弱使殖民地有较大的可能性来挣脱英国的羁绊。

与此形成鲜明对照的是，第二次世界大战进行过程中，美国的势力不仅渗入英国的各自治领，而且也渗入未被轴心国军队占领的英国的殖民地、保护国。英国显然对此深为不安，但它却无可奈何，因为它这时没有力量来应付美国的竞争。另一方面，由于英国这时有求于美国，它也不得不答应美国提出的使用英国在海外的若干军事基地的要求。

英国经济在经过第一次世界大战、二十年代的长期停滞、三十年代经济危机和第二次世界大战的打击之后，到 1945 年第二次世界大战结束时，尽管它是战胜国，但帝国实际上只剩下一个勉强支撑住的空架子，其解体过程进行的速度有增无减。英国国内的经济状况也因三十年代经济危机和第二次世界大战而变得更糟。战争遗留下一大堆经济问题有待于解决,其中包括:陈旧的和遭到严重损坏的固定资产设备有待于更新、重置;战争压缩的人民购买力到战后必将引起生活资料(衣食住行)的奇缺,从而会引起物价上涨;国外市场的缩小、出口竞争能力的削弱、对进口品的迫切需要将急剧增大英国的贸易逆差,而战争结束后短期内并没有增加国际清偿能力的手段;战争期间增大了的内债和外债如何偿还;特别重要的是,战前存在的大规模失业现象在战后会不会再度出现。这一系列问题的出现表明:如果说第一次世界大战的结束意味着"英国病"的开始,那么第二次世界大战的结束就意味着"英国病"的发展和深刻化。

第四节　帝国解体过程中的惨淡经营,1946—1967

英国资产阶级任何一个党派的政治家在第二次世界大战结束前夕都预感到,战后英国的重建并不是一件轻松的事情。这时英国社会各界人士的心情已经与第一次世界大战结束时不一样了。1918 年,人们留恋的是战前的"黄金时代";而 1945 年,留在英国人记忆中的,却是战前的三十年代大萧条,而且这种不愉快的回忆和对困难的估计还往往被夸大其词。[①] 因此在新上台的政府看

① 梅德里科特(W. N. Medlicott):《现代英国,1914—1964》,伦敦,1969 年,第 469 页。

来，这时最需要的是三样东西：美元、技术、民心。三者之中，民心尤其重要。

英国的外汇储备显然是不足的。第二次世界大战把英国变穷了。财政困难，债台高筑，外汇短绌。第一次世界大战尽管削弱了英国，使英国丧失了许多海外资产，并且对美国负有债务；但总的说来，英国依然是世界上的大债权国。1938 年英国作为债权国的相对地位，与 1913 年时不相上下。下面这个统计表可以说明这一点。①

1913 年和 1938 年世界主要债权国的相对地位

	总债权	
	1913(%)	1938(%)
英国	40.9	43.3
法国	20.4	7.4
德国	13.2	1.3
美国	8.0	21.8
比、荷、瑞士	12.5	14.6
其他各国	5.0	11.6
总 计	100.0	100.0

不仅相对地位的变化，而且英国债权债务的绝对数的变化，也有助于说明问题。从绝对数来看，1938 年英国的净债权是 216 亿美元。但第二次世界大战发生后，英国就不得不出售价值 65 亿美元的长期投资的债权，并主要向美国和加拿大等国增借 71 亿美元的长期债款。② 美国的情况则不同，第二次世界大战期间，它的债

① 约翰·邓宁(John H. Dunning)：“二十世纪的资本移动”，载《劳埃德银行评论》，1964 年 4 月，第 22 页。

② 同上书，第 23 页。

权是增加的,战争使美国成为世界上最富足的资本主义国家,美元因美国的特殊地位而成为最硬的通货。它被英国和其他资本主义国家所追求。英国要使自己从战争的创伤中恢复过来,不能不在经济上进一步有求于美国。1945 年 8 月,当美国宣布停止租借法时,英国立刻感到财政上的紧张。这迫使英国去向美国乞讨贷款,甚至不惜以对外贸易方面的让步作为条件。而从美国的角度来看,无论是对英国的贷款还是对英国的直接投资,既是在经济上为自己的过剩资本寻找有利的出路,又是在政治上控制和支持英国的手段。正因为如此,所以 1947 年 6 月,美国抛出了马歇尔计划,而英国正是最先表示欢迎的一个国家。

英国也感到自己在技术上是落后的,迫切需要新的技术。英国的工业设备陈旧了,而且在战争期间有严重损坏。英国的工业如果缺少技术的改造,要想恢复过去的海外市场或想保持至今仍能进入的市场,那是不可能的。英国工业的技术改造过程虽然在三十年代经济危机发生后,即已开始进行,某些新的工业部门也在那时以较快的速度发展起来,但第二次世界大战打断了这一进程。因此第二次世界大战结束后,技术方面的任务变得十分紧迫。这是涉及英国今后能否在世界市场上站得住脚,英国这个依靠对外贸易的国家能否继续生存的大问题。而要吸收国外的新技术,发展新工业部门,改造旧企业,必须有赖于美国的支持。于是技术问题与美元问题一样,都促使英国在第二次世界大战结束后加紧依靠美国。美国资本之所以能迅速地、大量地进入英国国内市场,与英国合营企业或设立子公司,正是看中了英国对美国的这种依赖性。

民心问题在第二次世界大战结束后是十分突出的。三十年代的大规模失业，使英国的阶级矛盾加剧了。幸而三十年代末年爆发了第二次世界大战，特别是在敦刻尔克撤退和法国投降之后，当英国面临着德军渡海登陆，本土时刻遭到空袭，英伦三岛与海外殖民地和自治领的海上运输线受到潜艇战严重威胁的时候，英国举国上下空前地团结起来，要为国家的独立和安全而一致地投入反法西斯的战斗。英国人民为了支持反法西斯战争，忍受了战时物资供应极端紧张条件下的配给制度，忍受了生活条件和劳动条件恶化使自己遭到的损失。但这些都是有一个前提的，即他们相信英国必胜，法西斯必败，相信在战争胜利之后他们会恢复过去较高的生活水平，并会使衣着、住房、饮食、子女受教育、卫生保健等等条件得到改善。第二次世界大战结束了，以国家的独立和安全作为目标来号召各阶层人民同心同德的口号不再起作用了。1945年大选中保守党之所以失败，主要原因看来不在于丘吉尔所说的那样，即保守党把主要精力用于战胜法西斯，对大选缺乏必要的准备，[①]而在于英国选民对于三十年代张伯伦的保守党失去信心，而丘吉尔本人又未能把自己同不符民意的张伯伦的保守党分开。[②]民心是关键。这样，在工党上台后，摆在它面前的首要任务就是如何在战后顺应国内人民的要求，提出一个可以被国内人民所接受的稳定经济、扩大就业、提高生活水平的施政纲领，否则人民的不满情绪的增长将会动摇自己的统治。

---

① 丘吉尔：《第二次世界大战回忆录》第六卷，伦敦，1954年，第512页。

② 梅德里科特：《现代英国，1914—1964》，伦敦，1969年，第469页。

从1945年7月到1951年10月,是英国工党执政时期。艾德礼在担任首相期间,为了恢复英国经济和争取实现国内的安定,在美元、技术、民心这三个迫切问题的促使下,一方面加紧倾向于美国,以便获得美元和新技术;另一方面着手"民主社会主义"试验,以争取人民的支持,缓和阶级矛盾。然而英国的经济困境并不是那么容易摆脱的。尽管有美国的贷款和美国资本的输入,但工业的技术改造、新工业部门的建立、生产效率的提高却不可能那样快。而为了满足人民长期缺少足够的生活资料的迫切要求,为了从国外获得为恢复和发展生产所需要的生产设备和原料,在出口品竞争能力还没有改进、出口贸易额不可能迅速增长的情况下,英国的国际贸易逆差增大了。于是在1949年9月,英国政府不得不宣布英镑贬值30.5%。这是战后英国经济恢复和重建时期的一件大事,它表明要在和平的环境中改进英国在国际经济中的地位,决不是那么容易的。

1945—1951年间,工党内阁在"民主社会主义"试验方面确实做了一些工作。斯塔福德·克里浦斯这个费边社的领导人和理论家,在1947年以后担任经济事务大臣和财政大臣两项要职,成为艾德礼在经济方面的最得力助手。为了应付国际收支赤字,同时又要设法顺应民心,改善居民生活,在克里浦斯主持下,采取了乍看起来仿佛有矛盾的做法,即一手紧缩私人消费,一手扩大公共福利。对私人消费的紧缩主要依靠尽量减少从国外输入的消费品,并采取高税率、低工资、增加积累率等措施。私人国外旅游受到限制,对进口货的购买也受到限制。理由是,只有现在把裤带勒紧点,经济才能恢复和发展,以后才有好日子过。至于公共福利的扩大，则主要依靠增加政府的公共支出。社会保障措施实现了，免费医疗也实现了，政府投资建造的住宅虽然不如原来计划建造的那样多，但毕竟建成了一些，并且出租给缺乏住宅的居民。因此，当英国的选民们评价战后的艾德礼工党内阁的国内政绩时，固然对它的紧缩消费和低工资的做法颇有怨言，但对于扩大公共福利的做法，大多数人是赞赏的。在当时的条件下，这种做法确实起了安定国内情绪和避免国内政局激烈动荡的作用。

但紧缩私人消费和扩大公共福利这两种做法的效果并不一样。按照工党政府的本意，前者是用来恢复和发展英国经济，提高英国经济增长率，改善英国国际收支状况的；后者是用来缓和国内阶级矛盾，提高居民生活水平的。但前一种做法并未奏效，因为“英国病”由来已久，决不是仅仅靠紧缩私人消费所能解决的。反之，由此而引起的低工资和高物价，却成为 1951 年大选中保守党攻击工党的主要借口。后一种做法只是暂时奏效，因为它使财政支出扩大，使英国经济必须长期为此付出代价。但不管怎样，在 1945—1951 年期间，英国工党政府在收拾第二次世界大战给英国经济留下的这个烂摊子方面，在公共福利方面还是有所进展的，尽管在取得这些进展的同时，为后来的执政党增添了难题。

从 1951 年到 1964 年，是保守党当权的十三年。这十三年对英国国内经济来说，是经济大体上保持平稳的缓慢增长时期。保守党政府与工党政府一样，也感到美元、技术和民心三者缺一不可。同美国经济的联系以及对美国资本和技术的依赖性，在这个时候只可能扩大，而不能减少，因为这是英国经济赖以恢复和发展的条件。而扩大公共福利，则已在工党政府任内成为既成事实。

选民们认为这是天经地义、理所当然的事情。对公共福利的任何缩减都被看作是对选民权利的侵犯。至于由此引起的财政和资源有效配置方面的问题,那就留给政府官员和经济学家们去研究和处理,选民们并不过多地考虑它。保守党领导人,从丘吉尔、艾登到麦克米伦、霍姆,不管其主观上是否同意工党的资产阶级改良主义的扩大福利措施,但从客观政治形势来看,继工党而执政的保守党除了承袭工党留下的这一套已经成为事实的福利计划和措施而外,没有选择的余地。小小的改动是可以的,大的变更是难以实现的,废除是不可能的。这一点早在 1949 年工党执政时期就已被人们预料到了。[①] 退一步来说,如果 1945 年夏天,不是工党上台,而是保守党上台,保守党内阁也可能推行扩大公共福利以笼络人心的政策。

然而保守党执政的十三年却被认为是英国国内经济有起色的十三年。是保守党采取了不同于工党政府实行过的新的经济政策吗？不是。政策基本未变。甚至限制工资增长的措施也在保守党财政大臣劳埃德任内被推行过。局部的调整还是有的,例如把某些已经国有化的钢铁企业又转归私人经营,但这并不影响国有化作为战后英国政府的基本施政纲领在若干重要部门中的实现。那么,是什么原因使得这段时期内的英国经济处于相对平稳状态呢?应当说,英国经济恢复和发展过程中的内生因素是起了一定作用的。

---

① 赫尔伯特·马修斯(Herbert L. Matthews):"关于英国的'从摇篮到坟墓'计划的报告",载《英国,1919—1970》,芝加哥,1971 年,第 154 页。

从第二次世界大战结束到五十年代初，这是英国经济刚刚从战争的沉重打击之下转向和平时期经济的阶段。资本输入和工业技术改造的收效不可能在很短的时间内显露出来，而战时遗留下来的问题又是那么多，所以看起来没有像人们或工党领导人原来所预计的那样顺利，甚至在1949年还不得不以英镑大幅度贬值作为度过战后国家经济困境的应急手段。而1950年开始的朝鲜战争，使美国加紧收购各种原料，世界市场原料价格猛涨，依赖于原料进口的英国经济受到不利的影响，国际收入继续恶化。[①] 幸而美国的“援助”和国内固定资本更新措施仍在逐渐地发挥作用，才使英国经济勉强地度过五十年代最初一两年的难关。保守党上台不久，朝鲜战争结束，此后十多年国际上没有发生大的战争，和平环境促进了英国经济的增长。第二次世界大战造成的废墟和断垣残壁陆续被清除了，新的技术被采用了，新的设备开始转动。1953年，英国工业生产率超过了历史上的最高水平(1937年)。[②] 工业生产率从1953年以后又继续有所提高。实际工资水平也提高了。根据由消费品组成的平均工资收入的变动来看实际工资水平的变动，五十年代英国实际工资增长情况是：以1947年为100，1951年为106.9，1954年为114.4，1957年为123.8，1960年达到136.9。[③] 这一时期英国的私营企业有可能依靠自己的较多的内部积累发展生

① 沃尔斯维克(G. D. N. Worswick)：“英国经济，1950—1959”，载沃尔斯维克和艾迪(P. H. Ady)编：《二十世纪五十年代的英国经济》，牛津，1962年，第8页。

② 费尔伯斯·布朗(E. H. Phelps Brown)：“工业生产率和实际工资水平与变动的国际比较，1860—1970”，载《经济学杂志》，1973年3月，第67页。

③ 同上(以1947年作为基期计算)。

产,更新设备,因为在1958年以前,按照英国政府的规定,分配给股东的利润按30%的税率纳税,而留在企业的未分配利润则按3%的税率纳税。这显然对扩大再生产有利。[①]

五十年代中期以后,英国社会上慢慢看不到战争时期经济破坏留下的痕迹了,尽管住房条件还没有更大的改进,但消费经济领域内的变化是显而易见的。据玛格丽特·霍尔的归纳,五十年代是英国消费经济领域内发生重大变化的十年,这一变化表现在以下五个方面:[②]第一,配给制度结束了;第二,消费者实际收入增长,出现了一批有中等收入和有中等购买力的消费者;第三,对耐用消费品的需求扩大了;第四,分期付款购货制度盛行;第五,消费者利益受到了重视。也正是在五十年代内,新一代的消费者出现了,他们是在三十年代危机期间出生或度过童年的,他们记忆中的生活,是战争年代的配给制,他们五十年代内离开校门,走上社会,他们受到了从大西洋彼岸吹来的消费风气的影响,要求有电视机、小汽车、电冰箱。

保守党执政的十三年,就英国国内经济而言,它算是走运的。它不是在战争结束后仍然相当艰难的那几年当政。战后留下的那个烂摊子由工党去收拾。接受马歇尔计划和加强对美国经济依赖的责任由工党去带头承担。然而,在距离第二次世界大战结束六年以后,它却坐收前一阶段引进资本和技术、工业生产技术改进的

---

① 赖特(J. F. Wright):"资本市场和工业资金的供给",载沃尔斯维克和艾迪编:《二十世纪五十年代的英国经济》,牛津,1962年,第489—490页。

② 玛格丽特·霍尔(Margaret Hall):"消费者、资本和劳工市场",载上引书,第429页。

初步效果。到了1957年麦克米伦继艾登担任首相时，1918年第一次世界大战结束以后四十年未遇的经济相对稳定的局面终于来临，无怪乎麦克米伦可以这样夸口：“日子还从来没有这样好过。”习惯于四十年代以来紧缩的消费的公众现在要求生活舒适化。麦克米伦被认为是一个了解公众情绪并能对这种情绪作出反应的政治家。[①] 1963年4月间，署名为“一个匿名的英国人”在“‘丰裕年代’的英国写照”这篇通讯中写道：五十年代是英国社会经济生活中开始发生巨大变化的十年，曾经发生于美国社会经济生活中的那一幕，又在英国重演了。比如说，英国城市的郊区化开始了；私人拥有的小汽车不断增多；几乎家家都在添置耐用消费品；出国旅游和国内旅游变得时髦起来；在分期付款制度之下，家庭主妇纷纷出去工作，寻找赚钱的机会；饮食状况改善了，孩子们的平均身高和平均体重都超过了战后初期；养狗、养猫、养鸟大为流行，家庭饲养的这些小动物的数目增加了好几倍……这些变化多少反映了英国社会经济的某个侧面。[②] 当然，个别年份（1952、1955、1958、1961）英国经济中也曾出现过衰退，从而被认为是处于停停走走状态。[③] 但对整个经济增长（即使是相对缓慢的增长）趋势而言，是无关紧要的，因为它们被认为是增长过程中的小波折，而不是大震动。此外，也正是在五十至六十年代，人们开始觉察到在英国社会

① 约翰·纳洛尔（John F. Naylor）：《英国，1919—1970》一书的“导论”，载《英国，1919—1970》，芝加哥，1971年，第19页。

② “‘丰裕年代’的英国写照”，载《英国，1919—1970》，芝加哥，1971年，第177—181页。

③ 利文斯顿（J. M. Livingston）：《英国经济：理论与实践》，1974年，第65页。

中发生了所谓丰裕社会通常具有的青少年犯罪率猛增和青少年道德风尚的急剧下降。[①] 尽管这一现象远远不足以证明英国经济的繁荣与否,但至少可以同意下述看法:美国生活方式在这些年内已在英国社会推广了。

1964年大选时,保守党和工党双方对国内自五十年代以来所达到的经济相对稳定局面并无显著的不同看法。对于经济增长中已经取得的成绩(尽管相对于西德、法国和日本而言,成绩还是较小的),双方都是承认的。保守党夸耀这是自己长期执政、推行提高居民消费能力和促进投资的措施的后果。工党认为,尽管如此,保守党政府在经济方面的缺点仍是不少,比如在国际贸易逆差方面和加强英镑在国际金融中的地位方面,据说如果不是采取保守党现行政策的话,本来可以做得更出色些。大选的结果,双方势均力敌,工党以略多的票数而组成了以威尔逊为首的新内阁。从1964年冬天起,到1967年11月英镑危机时止,在英国经济相对稳定的最后三年内,威尔逊政府的日子还是比较好过,尽管它已经越来越感到新的风暴正在逼近。

第二次世界大战结束后的二十年左右的时间内,英国既没有发生严重的经济危机,也没有发生通货膨胀与失业的并发症。3%左右的通货膨胀率和2%左右的失业率已经被认为是合乎执政的资产阶级政党的理想了。然而,平稳仅仅是指英国国内经济状况而言。帝国的解体过程在这二十年内加快了。工党或保守党在其执政时期,都扭转不了这个解体的总趋势。

① "'丰裕年代'的英国写照",载《英国,1919—1970》,芝加哥,1971年,第181页。

这段时期内英帝国的加速解体以殖民地的纷纷独立和附属国摆脱英国的控制为主要特征。民族要解放的历史潮流，在第二次世界大战结束后汹涌澎湃，不可阻挡。甚至在撒哈拉以南非洲的英属殖民地，民族主义也发展起来了。战前，西非的民族主义就有所发展，但它的迅速发展则是在第二次世界大战结束之后。在东非，民族主义主要是在四十至五十年代才兴起的。

1946 年 3 月，英国承认约旦独立，这是一系列亚非殖民地半殖民地国家挣脱英帝国控制的第一个成果。接着，在印度人民反对英国殖民统治的斗争中，英国在 1947 年 6 月 3 日颁布印度独立法，同意根据印度人民的宗教信仰，成立印度和巴基斯坦两个自治领。8 月 15 日，这两个自治领正式成立。随后，印度于 1950 年改为共和国，巴基斯坦则于 1956 年改为共和国。缅甸人民的斗争迫使英国在 1947 年 10 月同意缅甸独立。1948 年 1 月，缅甸正式独立，并退出英联邦。1948 年 2 月，英国同意锡兰具有自治领的地位。1949 年 4 月，爱尔兰也争得了独立地位，宣布为共和国，退出英联邦。

尽管四十年代末期少数英属殖民地和附属国在争取民族独立的斗争中取得了上述这些重要的成就，但英国殖民当局出于自身的政治经济利益和威信，仍企图用旧的殖民统治方式来维持帝国的生存。1956 年的苏伊士运河事件，最清楚地反映了英帝国主义者决不肯轻易地放弃多年经营的殖民帝国。苏伊士运河在战略地位上的重要性自不待言，埃及这块肥沃的土地始终为英国垄断资本所垂涎。英国殖民当局在第二次世界大战前，迫于当时埃及的民族解放运动的形势而承认了埃及的独立，但仍保留了它在苏伊士运河区的驻军权,并以条约形式把英国对苏伊士运河区的军事占领合法化。埃及人认为这是对国家主权的侵犯,是难以容忍的。第二次世界大战中,为了防止德意军队占领埃及,英国大大增加了在埃及的驻军。而当轴心国军队被赶出北非,埃及争取摆脱英国统治的斗争越来越高涨之后,英国与埃及之间的关系迅速紧张起来。埃及人采取武装行动,对苏伊士地区进行袭击。1952 年在开罗发生了反英的骚乱。紧接着,埃及爆发了推翻法鲁克王朝的革命,新政权加快了驱赶英国殖民者的行动步伐。1954 年 10 月,英国和埃及签订了关于苏伊士运河基地的协定,规定英军在二十个月以内分批撤退。1956 年 6 月,最后一批英军撤离埃及。对英国来说,殖民帝国的一个重要的象征——对东西方咽喉的牢固控制——不复存在了。英国不甘心自己的失败,它在等待机会。同年 7 月,埃及宣布收回苏伊士运河为国有。10 月,英国、法国和以色列互相勾结,发动了侵略埃及的战争。这次战争的不光彩的结局,使英国统治者比较清醒地认识到,五十年代中期的国际形势已大大不同于以往任何一个时候,英国妄想用旧式的殖民侵略方式来继续维持自己帝国的存在,已不再可能。英国还察觉到,即使自己和法国联合在一起行动,在当前的世界舞台上仍是无足轻重的。第二次世界大战的结果,雅尔塔体系所规定的两极世界模式,实际上把英国、法国和其他某些发达国家摆在次要的位置上。在苏伊士战争期间,美国并不支持英国和法国。不仅如此,凡是英国殖民势力不得不撤出的地方,并未留下真空,而是两极世界的任何一方乘虚而入。在亚洲是这样,在非洲也是这样。

苏伊士事件是英国殖民帝国解体过程中的一件大事。它为这个帝国的瓦解起了加速作用。1957年1月，麦克米伦代艾登担任首相。艾登的下台，是苏伊士入侵事件失败在英国政局引起的直接反应。艾登成为国内左右两翼共同攻击的对象。左翼攻击他是老牌的殖民时代政治家，全不顾客观形势的变化，轻举妄动，险些把英国卷入一场大战的浩劫中。右翼攻击他庸碌无能，既丢尽了帝国的脸面，又使英国丧失了更多的利益；因为照他们看来，同埃及的关系如果处理得不像艾登任内那样糟糕，未尝没有回旋的余地。麦克米伦起初也曾支持艾登进军埃及，但他同时又是坚决主张撤军的一个。他对英国本身的实力、世界的形势、美国的态度等多种因素考虑之后，在他继任首相时，终于把帝国的解体当成无可挽回的总趋势来看待。以无可奈何的心情容许殖民地一个个独立，在帝国解体过程中尽量使帝国的面子多少还保存一点，使英国的利益少受些损失，这就是他处理帝国事务的方针。

战后，不仅殖民地的相继独立是给予英帝国的一个沉重的打击，而且经济比较发达的一些自治领离心倾向的加强也进一步加速了英帝国的解体。加拿大从自身经济利益出发，在第二次世界大战结束后更加依附于美国。澳大利亚和新西兰战后接近于美国的趋势也是十分清楚的。这里不但有经济上的原因，也有军事上的理由，因为英国的军事大国地位不复存在了，澳大利亚和新西兰即使从防务的角度来考虑，它们也会认为靠拢美国对自己更加有利些。至于南非联邦，尽管在经济上和军事上同英国还保留了较多的联系，但它为了坚持自己一贯种族歧视政策和对殖民地民族解放运动的敌对态度，于1961年5月宣布为共和国，退出英联邦。它认为这样就可以使自己少受英联邦的约束，避开英联邦中大多数成员国对自己行动的牵制。

实际上,通过战后二十年世界形势的变化,英联邦本身也发生了重要的变化。新独立的英属殖民地国家,有些参加了英联邦,有些在独立后并未参加到英联邦里面来。英国考虑到威斯敏斯特法的条文有不利于把新独立国家留在英联邦内部的地方,于是进行了修改,不再以共同拥戴英国国王和效忠于英国国王作为成员国的义务,而改为承认英国国王作为英联邦元首的成员国加入英联邦的条件。这意味着,帝国的面子虽仍保留,但实际的政治意义大为减弱。英国国王作为英联邦元首,纯粹是象征性的。此时的英联邦与昔日的英帝国已不可比拟。后者是宗主国对殖民地、附属国发号施令的政治实体,前者只不过是一个保持某种松散的政治联系的形式。严格说来,英联邦不再以"英国的"自治领联邦的形式存在,甚至英国也不再能以最年长者(primus inter pares)的身份自居了。[①] 如果说此时的英国还能够在政治上、外交上、经济上影响某些成员国,那么这并非由于英联邦本身具有某种超国家的权威性,而主要是因为通过多年来英国资本在这些地区和国家的渗透和控制,使英国资本还有可能发生一定的影响,以及这些地区和国家对英国资本还有一定依赖关系的缘故。

在英联邦总理会议上,大多数成员国的代表是来自亚洲、非洲、拉丁美洲经济上不发达的新独立国家。会议只不过具有协商和统一步调的性质,决议对于各个成员国并没有什么约束力。争论不休是常事,对英国外交政策和对外经济政策的指责也屡见

① "英国与英联邦",载《当代历史杂志》1974年第3期,第133页。

不鲜。

三十年代初，反映英帝国与自治领、殖民地和殖民地之间关系变化的另外两个设施（帝国特惠制和英镑集团），在第二次世界大战结束后继续保持下来。帝国特惠制当初是作为英国和自治领之间共同度过三十年代经济危机困境的同舟共济的手段而出现的。英国有赖于帝国特惠制，而那些向英国市场供应商品的自治领也有赖于帝国特惠制。这是一种排他性的组织，因此战后美国曾借英国向自己乞援的机会，多次逼迫英国放弃帝国特惠制，采取“一视同仁”的贸易原则。英国经过慎重考虑，权衡轻重，只是作了部分让步，即降低了优惠率，削减了享有特惠待遇的商品种类，但并不放弃它。英镑集团则演变为英镑区。英镑区作为一种以英镑为中心的地区性货币联盟，其作用在于动员英镑区成员国的外汇储备力量，形成与美元相抗衡的局面。按照规定，英镑区内的贸易往来用英镑结算，各成员国的通货对英镑保持固定汇率，对英镑区以外的其他各国货币的兑换要受到限制。这样，英镑区实际上限制了英镑区成员国同非英镑区国家的贸易，有助于英国对英镑区成员国的经济控制和渗透。在美国的压力下，英国虽然在 1947 年一度同意作出一定的让步，恢复英镑对美元的自由兑换，但不久又取消了普遍的自由兑换，只同意美元区国家用英镑兑换美元的权利。帝国特惠制和英镑区与威斯敏斯特法不同。威斯敏斯特法的着眼点是调整英国与英联邦各成员国内部的政治地位，在既成事实的情况下，英国可以作出种种让步，以维持帝国的形式的存在。帝国特惠制和英镑区的着眼点，不仅是调整和重新处理英国与各自治领、殖民地和附属国之间的内部事务，而且涉及英国与其他主要资本主义国家(尤其是到处排挤英国势力,取英国的传统地位而代之的美国)之间的关系,它们与英国的切身利益(贸易和金融利益)有直接的关系。英国深知其重要性,因此,要英国在帝国特惠制和英镑区方面作出巨大的让步或放弃它们,是很不容易的。英国这时宁肯减少同其他资本主义强国的经济联系,也不想放弃自己在英联邦范围内的经济利益。五十年代,英国工党全国执行委员会的这一段表白很说明问题。它声称:"在除了距离之外的任何一个方面,我们英国人同我们住在世界遥远一边的澳大利亚和新西兰的亲属关系要比我们和欧洲大陆上社会党人的关系更加密切些。"①

正因为如此,所以当五十年代初,罗伯特·舒曼建议成立西欧煤钢联营的时候,英国无动于衷;五十年代中期,煤钢联营六国外交部长在意大利的墨西拿城协商,准备采取进一步的西欧一体化行动时,英国被邀请参加讨论,但英国仍然态度冷淡,不愿加入。1957 年 3 月 25 日,六国签订罗马条约,西欧共同市场终于成立的时候,英国开始意识到这是走向区域经济稳定和繁荣的很重要的一步。英国试图参加到共同市场里面去。正如基尔森教授(E. S. Kirschen)所归纳的,1960 年是世界经济中有转折意义的一年,有转折意义的大事之一就是英国开始认识到它必须放弃保持自己在世界的特殊地位的打算,开始承认自己只不过是欧洲国家中的一个。② 但关税问题却是一个极大的障碍,因为六国认为帝国特惠

① "英国的衰落,其原因和后果",载《经济学家》,1979 年 6 月 2 日。

② 基尔森编:《经济政策比较:西方和东方》第一卷《一般理论》,阿姆斯特丹,1974 年,导言,第 6 页。

制原则与共同市场的关税同盟是不可协调的，除非英国牺牲与英联邦成员国的贸易关系，否则就不能成为共同市场的成员国。当时的问题主要在于贸易与关税方面，还未涉及货币方面。即使如此，英国也就知难而退。帝国特惠制是难以放弃的，英联邦成员国之间同舟共济的考虑也促使英国放弃加入共同市场的打算。从贸易关系来看，直到六十年代，英国同英联邦国家之间的贸易仍占英国进出口总值的40%左右。英国必须维护这种关系。当然，同英联邦之间的贸易既是英国维持其经济繁荣的因素，也是英国经济增长缓慢的原因，因为它使英国出口品易于满足现状而不求改进。[①]

就在英国继续维持帝国特惠制的同时，英国也还有力量在欧洲另搞一个小自由贸易区，这就是1960年5月由英国、瑞士、奥地利、葡萄牙、瑞典、挪威、丹麦七国组成的欧洲自由贸易联盟。这个自由贸易联盟和英联邦成员国享受的帝国特惠制之间的关系是非常微妙的，因为英国作为自由贸易联盟的一员，可以通过“自由贸易”而向该联盟的其他成员国输出工业品，而英国与享受帝国特惠制的英联邦国家之间，则仍然在贸易中受到特惠的照顾。至于自由贸易联盟的其他成员国与享受帝国特惠制的其他英联邦国家之间的直接贸易，仍与以往一样，并未受到照顾。这就是六十年代末期以前英国在调整自己的对外经济关系期间，从自己的利益出发进行的一种特殊的安排。在当时的条件下，英国还有力量作出这种安排，因为直到六十年代末期为止，战后的英国经济还未发生大

① 多纳尔德逊(P. Donaldson)：《英国经济指南》，牛津大学出版社，1972年，第215页。

的震荡。

第五节 “英国病”的激化,1967 年以后

六十年代后期是二十世纪英国经济史上又一个转折点。1967 年发生了严重的英镑危机。这是继 1949 年英镑贬值之后的战后英镑的第二次贬值。两次贬值有其相似的一面,这就是它们都意味着英国在国际贸易和金融中的地位的进一步削弱。但两次贬值却是在十分不同的国内外形势下进行的。它们的经过不尽相似,效果和影响也不一样。

1949 年,英镑从它对美元的 1 英镑比 4.03 美元的比价降为 1 比 2.8 美元时,正是美元霸权达到登峰造极之时。当时的美国黄金储备高达二百四十六亿美元,约占整个资本主义世界黄金储备的四分之三。美国的出口贸易额几乎比它的进口贸易额多出一倍,而且出口贸易额中还不包括军火的销售。美国的势力咄咄逼人,英国则处处有求于美国的资本和技术。英国为了改善自己的国际贸易地位,增加自己的商品出口,不得不宣布贬值。而美国则欢迎英镑的这次贬值,因为美国自恃在技术水平上的优势和在出口商品方面品种齐全,并不害怕英国借贬值的机会加强其商品的国际竞争力量。相反的是,由于英镑区的存在,以及英国货币与一大批英镑区国家的货币之间有固定的比价,英镑一贬值,与英镑挂钩的各国货币也将一起贬值,所以美国感到英镑的贬值对自己是有利的,因为在英镑区的许多国家的出口商品中有为美国迫切需要的原料,这些国家的货币贬值,有利于美国进口这些原料。此

外，美国也企图通过英镑的地位动摇来制造和扩大英镑区某些国家与英国之间的矛盾，使它们由接近英国的立场转向接近美国的立场。

第二次世界大战结束以来，四十年代末和五十年代英国的国际收支危机几乎不曾停止过。[①] 尤其是1947年、1949年、1951年、1956年和1957年都有明显的国际收支危机，六十年代的情况也是如此。但到了1967年英镑贬值前夕，资本主义国际经济形势已大不相同了。五十年代起，美国的海外军费支出的激增，使其国际收支连年出现逆差。美国黄金外流，储备减少。到六十年代初，美国的黄金储备已经不足以抵偿所负的短期外债，美元的国际信誉急剧下降。在资本主义国际金融市场上出现了抛售美元和以美元兑换美国黄金的现象。特别是到了六十年代中期，美国海外军费支出再次猛增，国际收支状况进一步恶化，美元的地位也就进一步不稳。由于战后美元一直在资本主义国际货币体系中占有特殊的地位，美元的危机势必对整个资本主义国际金融界产生巨大影响。即使资本主义国家中那些比较稳定的货币也不可能避免美元危机的冲击，何况英镑是其中比较脆弱的一种。因此，现在的问题不是英镑削弱与美元地位加强的问题，而是美元削弱、英镑也削弱的问题。如果说在这个时期内资本主义国际金融关系中出现了新的特点，那么这就是组成西欧共同市场的六国的国际收支状况日益向顺差的方向发展，其黄金外汇储备不断增多。

---

① 蒂尤(J. H. B. Tew)：“改善国际收支差额的政策”，载白拉卡贝编：《英国经济政策，1960—1974》，剑桥大学出版社，1978年，第353页。

但1967年英镑贬值的基本原因仍是英国出口问题的严重性。从五十年代到六十年代中期,英国国内经济大体上处于比较平稳的状态。战后最初二十年内,撇开最初几年的恢复时期不谈,也撇开五十年代初英国参加朝鲜战争时期不谈,从1954年起到1965年这十二年间,在英国国内生产总值增加的基础上,英国私人总投资支出也不断增加,而且在国内生产总值中所占比重有大幅度提高。战前,三十年代内,英国私人总投资支出平均不到国内总产值的10%,1954年为10.68%,1957年达到13.12%,1960年达到14.37%,1965年达到15.86%。此后多年则一直低于1965年的水平。可见,五十年代中期到六十年代中期这段时间内的英国私人投资是活跃的。[①] 这时虽有通货膨胀,但膨胀率不高,虽有失业,失业率也较低。英国政府用刺激消费的方式来使国内经济活跃。进口的商品应有尽有,从英国居民们早餐所需的牛奶、乳酪、麦片粥,到工厂为技术改进所需的新设备;从家庭的耐用消费品,到经济中最迫切需要的有色金属、橡胶、石油、棉花等原料、燃料,英国无不需要。但英国的出口却不是那么顺利的。除了继续在国际市场上遇到美国这个技术上领先的竞争对手而外,六十年代,西欧大陆国家和日本的国际竞争力量大大加强,一些原来工业已具有初步基础的发展中国家,也发展起本国的加工工业,生产可以替代进口品的加工产品,甚至其产品也进入国际市场。这样,六十年代中期,英国感到国际收支的压力越来越大,急于设法摆脱这种

---

① 梅纳德(Geoffrey Maynand)和里凯根姆(W. van Ryckeghem):《通货膨胀的世界》,伦敦,1976年,第115—116页。

局面。

起初，英国政府并不打算使英镑贬值，因为在当时执政的工党领导人威尔逊看来，英镑贬值将会引起一系列连锁反应，对于英国经济是不利的。他宁肯用限制外汇支出，征收较高的进口附加税，提高贴现率以限制需求的方法来紧缩进口，维持国际收支平衡。这就是1967年以前工党在这方面的主要措施。但到1967年夏天，情况发生了变化。以色列对阿拉伯的战争爆发后，苏伊士运河关闭了；尼日利亚发生内战后，政局动荡不定。于是石油价格和海运费用都上升，因为中东和尼日利亚当时是供应英国石油的主要来源，而船舶必须绕道好望角又大大增加了产品成本和国际支出。威尔逊政府这时不得不设法增加英国的出口竞争能力。对英镑的信任问题在促使1967年英镑贬值中也起了重要作用。这就是说，人们越是预料到英镑要贬值，对英镑的信任越少，英镑的正式贬值就越是不可避免。[①] 到了1967年11月，英镑终于贬值。战后“英国病”的激化，由此开始了它的第一幕。因此，1967年以后英国经济状况的恶化和“英国病”的大发作，固然在某种程度上受到越南战争所引起的美国财政危机和国际收支危机的影响，但其主要原因则在英国本身。用外部因素的影响是说明不了这个问题的。[②]

与1949年英镑贬值后的情形不一样，1967年英镑贬值后，英

---

① 斯奈德(Delbert A. Snider)：《国际经济学导论》，第6版，伊利诺伊州霍姆沃德，1975年，第364页。

② 尼科拉斯·卡尔多对此进行过分析。他认为不能用美国的通货膨胀和国际收支逆差来解释包括英国在内的西欧各国六十年代末所发生的经济动荡（“世界经济中的通货膨胀和衰退”，载《经济学杂志》，1976年12月）。卡尔多的这个看法是有道理的。

国金融连暂时的平稳也未能保持。英镑贬值对增加出口和限制进口的刺激并不大,反而促成了国内物价的较大幅度的上涨。不仅如此,三十年代经济危机时期曾经出现过的资本主义各国之间激烈的货币战又再度出现。继1968年一再发生抢购黄金的风潮,美国黄金大量外流之后,1968年法郎又大幅度贬值。1969年和1970年,美元地位继续恶化,以至于美国政府只好在1971年8月15日实行"新经济政策",在对外经济关系方面,宣布停止各国政府或中央银行用美元向美国兑换黄金,并对进口商品征收10%的进口附加税。这立即引起资本主义世界金融市场的混乱。但美元停止兑换黄金并不能维护美元的地位,反而进一步动摇了美元的信用。包括英国在内的一些资本主义国家为了避免由于美元不稳而引起的国际游资对本国货币的冲击,实行了浮动汇率。经过美国和其他资本主义国家的争吵和多次讨价还价,美国终于不得不取消10%的进口附加税,并将美元于1971年12月21日贬值7.89%,将黄金官价从每盎司三十五美元提高到三十八美元。相应地,其他主要资本主义国家的货币或者贬值(意大利、瑞典),或者升值(比利时、荷兰、瑞士、西德、日本),或者维持不变(英国、法国),或者继续实行浮动汇率(加拿大)。然而这一些并不能改变美元的不稳地位。到了1973年初,由于国际金融市场上再次掀起抛售美元的风潮,美国只得宣布美元再贬值10%,黄金官价由每盎司三十八美元提高到四十二点二十二美元。美元的连续两次贬值,既充分说明了美元危机的严重性和深刻性,又充分说明了整个资本主义世界货币体系的极度混乱,说明了这个问题远不是靠贬值、升值或浮动汇率等应急措施所能解决的。

比较稳定的资本主义国际货币制度和比较正常地起作用的资本主义国际金融市场，向来是英国经济保持稳定的重要条件。对于战后英国经济来说，尤其是这样。为了维持国内的就业而又有助于抑制物价上涨率，英国竭力想扩大出口，以及防止进口商品价格上升对国内物价水平的影响。如果英镑比较稳定，对于全面地安排英国对外贸易和处理国内物价上涨问题当然是比较有利的。退一步说，如果能在避免国内物价上涨过快的条件下使英镑贬值，以达到出口的目标，那也是合乎英国政府的打算的。然而这一切都必须依赖于国际金融市场的稳定程度，否则英国很难依靠本国货币单方面的稳定或贬值来收到预期的效果。1949 年英镑贬值后，英国是处于战后资本主义世界货币比较稳定和国际金融市场能够比较正常地起作用的环境中，所以五十年代和六十年代前期，英国经济逐渐恢复过来，并取得了一定的增长。1967 年英镑贬值后，英国却遇到资本主义世界的连续性的货币金融危机。美元危机的一再冲击，西欧共同市场六国自行其是，有时甚至采取共同的行动来对抗美国的经济措施。这些都使英国的处境更加困难。英国在这样的国际经济形势中，深深感到自己处于西欧大陆之外的孤立状态所造成的不利性。它迫切需要调整三十年代以来所建立并一直延续到六十年代末的对外经济关系。

“英国病”的激化以 1967 年英镑危机作为第一幕。从这以后，“英国病”的病情一直没有减轻。进入七十年代后，英国经济基本是停滞不前的，经济增长率不仅放慢，而且在若干年份是负数。停停走走，名符其实。失业率是相当高的。停滞的经济使失业人数一直有增加的趋势，特别是青年人的失业，很难有解决的希望。与此同时,英国的通货膨胀率也加快了。双位数的通货膨胀率已是常见的现象。也许在发达的资本主义国家中,只有意大利可以与之相比。

英国这一时期国际收支问题的严重性,还可以根据资本输入与输出的对比来加以说明。从 1962 年到 1977 年,英国直接对外投资额(英国各公司持有的国外净资产的账面值)从 48.70 亿英镑增加到 192.50 亿英镑,即十五年内英国把 143.80 亿英镑投放到国外。而在同一时期内,外国对英国的直接投资(外国各公司在英国持有的净资产的账面值)则从 21.30 亿英镑增加到 139.50 亿英镑,即十五年内外国把 118.20 亿英镑投入英国。两抵后,1962 年,英国对外直接投资超过外国对英国直接投资 27.40 亿英镑,1977 年则超过 53 亿英镑。[①] 在贸易入超条件下,再加上资本外流,国际收支问题更不易解决。由于扩大出口并无希望,紧缩进口又会加剧物价上涨率,结果只好依赖举借外债来渡过难关。七十年代一开始,英国政府就不得不用举借外债的方法来应付国际收支危机。国际收支危机是促成英镑地位不稳的首要因素。[②]

---

① 约翰·邓宁:"七十年代中期英国在国际直接投资中的地位",载《劳埃德银行评论》,1979 年 4 月,第 3 页。

② 滕茂桐教授对此作了精辟的分析。他写道:"美国对日本贸易的顺差或逆差,确是影响美元对日元汇率的主要因素。但这不能适用于英国。……英国对外贸易一百二十年的统计数字表明,只有两年是顺差,其余一百一十八年都是逆差,而这两年顺差偏偏是在七十年代英镑汇率最为动荡的时期内。因此英镑汇率变化,并不能以贸易顺差或逆差推断。一般地说,国际收支经常项目顺差或逆差,还不失为一个较为可靠的指标。"他接着写道:"英国金融垄断资本家所最关心的是,整个英镑区总的国际收支差额,即国际收支经常项目和资本项目的总和差额……1977 年的说法是,世界贸易 20% 是用英镑进行的,而(英镑区)黄金美元储备只占世界储备的 6%。因此,英镑区黄金外汇储备的动荡,英镑汇率的疲软是毫不足怪的。这恐怕是英镑疲软的最根本原因。"(滕茂桐:"战后的英镑",载《西欧经济论文选》,福建人民出版社,1980 年,第 420—421 页)

随着经济状况的恶化，地方分权主义的趋势抬头了。在经济增长时期，苏格兰和威尔士的居民们尽管也感到自己从全国经济增长的好处中所得到的那一份是不公平的、过少的，但他们多少还能容忍，因为毕竟还有点好处可得。而到了经济停滞连同通货膨胀一起发生的年代里，他们对全国不同地区经济状况的对比，变得格外的敏感。他们不安地看到，论失业率，苏格兰和威尔士要比英格兰高，论居民的税收负担和通货膨胀给居民生活带来的压力，却不比英格兰轻。他们不满意中央政府中的英格兰化，更不满意地方机关中英格兰的影响的增加。这样，从经济上要求增加利益到政治上主张分权，成为七十年代英国社会生活中一个重要问题。

这一系列严重问题先促成了工党威尔逊内阁的下台和保守党希思内阁的建立（1970 年 6 月），又促成了希思的下台和威尔逊再次组阁（1974 年 3 月）。威尔逊的职务在 1976 年 4 月被卡拉汉替代，最后，卡拉汉的工党政府在 1979 年又被撒切尔夫人的保守党政府所替代。引人注意的是，其中没有一届英国政府能够把“英国病”稍稍缓和或减轻，因为摆在面前急待解决的问题太多了。

在“英国病”激化的这些年内，英帝国究竟还剩下什么呢？帝国仍在加速解体的过程中，它剩下的东西确实不多了。英国资产阶级祖辈们挣下的那笔海外家业，在民族独立的浪潮里，一份份归还原主。重要的、大一点的英属殖民地和附属国，在五十年代和六十年代中期就已统统卸下英国国旗。以后轮到的，是一些人口不多的殖民地宣告独立。人口在一百万人以上的最后一个独立的殖民地和附属国，是南也门。它在 1967 年 11 月独立，与英镑危机的发生同年同月。此后，非洲的毛里求斯、斯威士兰，亚洲的阿曼、巴林、卡塔尔、阿拉伯联合酋长国,太平洋上的瑙鲁、汤加、斐济,拉丁美洲的巴哈马、格林纳达等等,一个个宣告独立,它们都是只有几十万人甚至几万或几千人口的国家。还剩下的一些属地,看来也不会维持多久。

比较重要的一个变化,是英国回到了欧洲。1967年5月,英国再次提出申请加入共同市场时,正是英镑贬值的前夕。英国权衡利弊,终于下了这个决心,这是它预感到经济动荡的风暴即将来到的结果,因为无论帝国特惠制也好,小自由贸易区也好,都无法使英国在对外经济关系方面有摆脱困境的希望。然而,恰恰是鉴于英镑地位不稳和以英国近期可能发生重大的经济动荡为理由,法国带头不同意英国参加到共同市场中来。显然,这不是拒绝英国加入的真正理由。真正的理由是:英国在对外经济联系中的多边的利益关系如何才能与西欧六国的利益关系协调一致,只要英国被认为依然与美国保持"特殊的关系",西欧就不愿意接受这个可能为美国利益效劳的新伙伴。同时,只要英国被认为依然把它同英联邦成员国之间的利益关系放在首位,西欧也就不愿意迁就这种关系而牺牲自己的欧洲中心的原则。英国和共同市场两方面总得有一方作出让步,或者说,如果双方都要让步的话,那也得有一方作出更大的让步。"英国病"的继续发作逼使英国首先打开这个僵持的局面。

希思在1970年6月组成保守党内阁。根据当时的英国国内经济形势和国际经济形势,英国考虑到把英国与西欧共同市场的关系放在首要的位置上,对英国的长期经济目标更为有利。它决定作出让步,正式表示愿意放弃英美特殊关系,并且表示要在较长的时期内逐步放弃帝国特惠制和以英镑作为英镑区各国货币储备单位的特殊地位。西欧共同市场在这种情况下也相应地作了些让步，即同意有一个为期五年的过渡阶段，在过渡阶段中，容许英国得到某些照顾，以便英国着手调整它的对外经济关系。这样，1972年7月22日，英国终于在加入共同市场的条约上正式签字，从1973年1月1日起正式成为共同市场的成员国。同时加入共同市场的还有爱尔兰和丹麦，至此，西欧共同市场扩大为九国。尽管如此，到七十年代最后一年，英国政界人士在回忆这一曲折的过程时不得不深有感触地说道，英国由于在六十年代内满足于继续在传统市场进行贸易，从而失掉了把英国同欧洲的贸易大大扩展，特别是同西欧共同市场国家进行经济和技术合作的最好机会。[①] 英国虽然加入了共同市场，但被认为为时太晚了。

要知道，从长远的角度来看，加入共同市场和调整英国的对外经济关系对英国是有利的。但这种利益不一定在较短的时间内就能如此明显地表现出来，而且这种利益的实现还要受到其他因素的制约。就在英国参加共同市场的那一年冬季，爆发了第二次世界大战结束后席卷资本主义世界的最严重的一次经济危机。危机深刻、持久。它使英国的经济受到了沉重打击。1973年世界农业歉收，农产品价格大涨。1974年石油价格猛增。这些非预料的因素进一步使英国经济状况恶化。在这样的情况下，英国国内原来反对英国加入共同市场，对英美特殊关系或对英国与英联邦成员国之间特殊关系有切身利益的集团，在1974年掀起了要求英国退

① “英国的衰落，其原因和后果”，载《经济学家》，1979年6月2日。

出共同市场的浪潮。它们认为,参加共同市场后,英国并不能缓和工业原料供应紧张的状况,也不能为英国的传统出口工业品打开新的销路,反而带来了生活资料价格的上涨,甚至牺牲了英国的独立行动的大国地位。在"英国病"加重和帝国解体过程继续不停地进行下去的1975年,英国政府决定举行历史上第一次公民投票,就英国是否继续留在共同市场内的问题进行全民性的表决。这次公民投票具有深刻的历史意义,因为它意味着广大英国选民们究竟怎样看待英国参加共同市场的利害关系以及英国与西欧大陆经济关系的前景。在四千万选民中,大约有65%的人参加了这次公民投票。投票结果,赞成英国留在共同市场内的占67.2%,投反对票的占32.8%。这表明,参加投票的多数选民还是看出了英国与西欧大陆加强经济联系的必要性,他们并不把1974—1975年英国经济状况恶化的主要原因归于英国加入了共同市场,反而把加入共同市场设想为改善英国经济状况的一条出路。这正是当时保守党、自由党以及一部分工党领导人的想法,尽管他们也已意识到,即使英国继续留在共同市场内,英国现实经济中的许多困难不会立即得到解决。

英国作为共同市场的成员国之一,显然不可能再以独立的身份在若干世界问题上自行其是,而必须与共同市场的步调保持一致。对于近几百年来一直以海上霸主资格发言的英国来说,未尝不是一种屈辱。其实,这一点连英国政府自己也很清楚。第一次世界大战结束后,独霸海上的地位不再存在。第二次世界大战结束以后,英国即使仍想保持世界大国的地位,也是力不从心的。既然如此,为什么不正式承认这一点,干脆加入西欧合唱队里去呢?

1968 年 1 月，当时英国首相威尔逊曾公开宣布，英国将在 1971 年年底之前，撤出在苏伊士以东的驻军，而以欧洲和英国本土作为总的基地。希思上台后，在 1970 年对这一政策作了一点修改，这就是只在苏伊士以东地区留驻少量军队，其余陆续撤退。英国不断收缩自己的战线，既是军事和经济力量不足的反映，也是出于现实主义的考虑；英国的“世界”已经变小了，英国的利益只有同西欧的利益结合在一起，才能得到更有效的维护和发展。

以上就是从二十世纪初年以来英国历史的简单的回顾。英帝国就是这样一步步解体的，英国的力量就是这样一步步衰落下去的。了解了这个总的背景，再来分析“英国病”的病因，就要方便得多，因为我们已经初步揭示了“英国病”从开始发生到激化的历史过程。

以下四章我们将转入对“英国病”的诊断，即从世界工厂的遗产、殖民帝国的后果、福利国家的包袱、传统精神的枷锁四个方面来剖析英国经济的病因。

第二章 “世界工厂”地位的丧失及其留下的遗产

前一章分阶段叙述了二十世纪内英国经济演变的过程。从这一章起直到第五章,我们试图从“世界工厂”地位、殖民帝国、福利国家和传统精神的影响这样四个方面来分析二十世纪英国经济衰落的原因。这四章所得出的结论是:英国经济的病根深深地扎在历史土壤之中;“英国病”不单单是经济方面的一种病症,而且是经济、政治、社会等方面的综合征。

本章共分为五节。第一节“‘世界工厂’地位的丧失”说明英国“世界工厂”地位的丧失与英国的衰落固然有联系,但二者并非一回事;英国的“世界工厂”地位的丧失要比英国的衰落早好几十年。第二节“新工业部门建立过程中遇到的内外阻力”、第三节“新一代技术力量的缓慢形成”和第四节“企业经营管理方式的落后”,分别从工业部门结构、技术力量、企业经营管理三个方面剖析了英国作为“世界工厂”而给自己在国内经济方面留下的遗产。从这三节的分析中可以清楚地看出资本主义发展不平衡规律的作用在英国的表现。英国给自己设置了工业进一步发展的障碍物:十九世纪前半期的“光荣历史”成了二十世纪前半期的沉重包袱,并且直到今天还能察觉到它们的不利影响。在第五节“英国进口倾向较高的原因何在?”中,分析了二十世纪英国工业增长相对落后所造成的一个重要后果,即英国进口倾向高于其他工业发达的资本主义国家,英国的国民生产总值和国民收入越是增长,它需要从国外市场进口的价值就越大。这主要是一个结构性的问题,只靠经济增长是不可能予以解决的。

第一节 “世界工厂”地位的丧失

第一次世界大战结束以后,英国经济之所以处于长期停滞状态,很重要的一个原因就是英国身上压着“世界工厂”的遗产这一沉重包袱。人们在分析英国经济的弱点时,通常所说的结构因素对英国经济的不利影响,首先与英国的“世界工厂”遗产有关。[①]的确,英国在历史上曾经是最先进的资本主义国家。先进的工业和生产技术是英国经济繁荣的支柱和动力,但它们同时又是英国经济继续保持优势地位的阻力。资本主义政治经济发展不平衡规律的作用,在这里充分表现出来。

英国资本主义工业化开始于十八世纪末到十九世纪初。资本主义工业化的第一阶段通常称作产业革命,即由工场手工业转变为机器大工业的过程。1813 年刨床的发明是一项重要的技术成就,它使机器制造工业前进了一大步。接着,1818 年铣床的发明更推动了机器制造业的发展。十九世纪二十年代,英国同各主要

---

① 迈克尔·斯图尔特(Michael Stewart):《1964 年以来的英国政治和经济政策》,牛津,1978 年,第 234、236 页。

国家订立了互惠关税协定，降低了原料和工业品的进口税率，并取消了机器和其他工业品的出口禁令。英国从这时起，不仅充满了在工业品世界市场上击败各个竞争对手的信心，而且事实上它也能够提供为其他国家迫切需要的工业品。产业革命的结果使英国成为“世界工厂”，即世界各国工业品的主要供应者。西欧大陆各国和美国的资本主义工业化，晚于英国三四十年，甚至更长一些时间。当它们从工场手工业转向机器大生产时，英国已经先后建立了当时先进的纺织、采矿、冶金、机械制造、运输等部门；当它们采用蒸汽作为动力以代替水力时，英国的蒸汽机的质量已经达到较好的水平，并且能顺利地进入其他各国的市场。稍后开始资本主义工业化的国家，包括美国、德国在内，都在不同程度上依靠英国输入的技术装备，而向英国输出工业原料和粮食。

然而资本主义经济发展是不平衡的。这种发展的不平衡性在部门发展方面表现得十分突出。随着生产力的增长，新的工业部门陆续出现，它们以新的产品来满足社会的需要，因而销路广，利润率高。高利润率又吸收新的投资。新的资本流入加快了这些工业部门的增长速度。相形之下，较早发展起来的工业部门，相对地陈旧、落后，利润率较低，资本大量转移，增长率也就减缓下来。即使在同一个工业部门中，这种不平衡性也得到强烈的反映。建立较早的企业即使是用当时先进的技术装备起来的，但随着时间的推移，它的装备也不可避免地变得过时，而建立较晚的企业则有可能采用更为先进的技术装备，于是前者利润率低，后者利润率高，利润率的差异影响积累程度和吸引新投资的能力，从而进一步扩大了两类企业在竞争中的力量的差距。

资本主义经济发展中的部门和企业之间的发展不平衡性，决定了资本主义工业化较晚的国家有可能赶上并超过资本主义工业化较早的国家。同一个部门内企业发展的不平衡性，不断改变着不同国家之间某个工业部门的一般技术装备水平和劳动生产率水平的对比。各个工业部门的不平衡发展，则又不断改变着各国的国民经济部门结构，从而改变着各国整个国民经济中的产品构成、对外贸易构成、经济增长率等等。像英国这样最早开始资本主义工业化的国家，是在特殊的历史条件下发展起来的。它能以自己的机器工业产品迅速占领世界市场，成为独占的工业品供应者，重要原因就在于当时产业革命在其他国家尚未开始或刚刚开始，还没有可以与它抗衡的竞争对手。但一旦其他主要资本主义国家也走上资本主义工业化道路后，由于英国经济中的旧工业部门和各个工业部门中的旧企业所占比重都比较大，资本也大量被投放在这些部门和企业中，因此它的经济优势逐渐消失；而后起的资本主义国家则不受大量旧的固定资本的束缚，可以广泛地利用新的科学技术成果，从而能够较快地发展新工业部门，建立用更新的设备进行生产的企业。这样，发展迅速的后起的资本主义国家在经济增长率方面就能超过像英国这样的最早进行资本主义工业化的国家。经济增长率的差异使得英国终于失去它在世界工业生产中的领先地位。

当然，从资本主义政治经济发展不平衡规律的作用来考察，英国被美国和德国这样一些后起的资本主义国家赶上和超过是不依英国资产阶级的主观愿望为转移的。英国的"世界工厂"地位的丧失是在十九世纪七十至八十年代，亦即美国、法国、德国等国相继建立了本国的机器制造业，并能生产和输出一些重要的工业品的时候。

我们在前一章曾经指出，1901 年左右是英国的极盛时代的顶点，二十世纪最初十来年是这一极盛时代的尾声。英国的衰落是从第一次世界大战结束以后开始的。在这里，我们又指出，英国丧失其“世界工厂”的地位是在十九世纪七十至八十年代，从时间上说，要早于极盛时代的顶点的来临。对这一点，应当怎样理解呢？

在我们看来，英国的“世界工厂”地位和英国的极盛时代不是同一回事。前面已经提到，所谓“世界工厂”地位，是就英国在世界工业品供应方面的垄断地位而言的。当世界上其他各个国家刚刚建立大机器工业，并且大机器工业的产品无论在数量上还是质量、品种上不能满足本国的需要的时候，英国作为资本主义工业化最早的国家，在这段时间内成为世界其他国家的工业品的主要供应者，它几乎是独家供应机器设备和某些轻工业产品。因此，英国这时被称为“世界工厂”。一旦其他主要资本主义国家的大机器工业已经发展起来，并且由于资本主义政治经济发展不平衡规律的作用，它们新建的企业和工业部门在产品的质量、品种和生产成本方面具有超过英国同类产品的优势时，英国就不再能够保持工业品的世界供应者的独占地位。从这个意义上说，英国失去了“世界工厂”的地位。

至于英国的极盛时代，那是另一个概念。它是就英国的军事、政治、经济等各方面的情况综合而言的。而在经济方面，也是指工业生产、对外贸易、资本输出和海外收入、国际金融和黄金外汇储备等方面的情况综合而言的。所以，当英国成为“世界工厂”时，它的经济虽然处于兴盛阶段，但还未达到极盛时代的顶点，因为它当时占据的殖民地面积还没有后来那样大，对外贸易、资本输出和海外收入没有后来那样多，英国在国际金融方面的地位也没有后来那么坚实。英国丧失“世界工厂”地位，只是说明它在世界工业生产和世界进出口贸易中的相对地位下降了，作为某些重要工业品的独占供应者的资格不再存在了，但并不等于说英国工业本身转入了停滞不前的状态。二十世纪初年英国工业中三大传统部门(煤炭、纺织和造船)的继续发展，就足以说明这一点。[①] 总的说来，1900 年到 1914 年这段时间，英国工业是增长的，经济是繁荣的。这里有三个主要因素：一是连续不断的战争(英布战争、日俄战争、巴尔干战争)，使英国的重工业特别是军火工业得到大笔订货；二是黄金从海外生产地的源源流入；三是世界范围内的投资热潮，包括铁路建筑、工矿企业、外国政府债券投资等。[②] 这种情形与十九世纪六十年代的英国并无多大差别。

但英国的“世界工厂”地位的丧失与此后英国极盛时代的结束不是没有联系的。在英国经济兴盛的阶段，“世界工厂”的地位起了很大的推动作用。工业品的出口换回为发展工业所必需的工业原料和食物的进口，巨大的贸易出超增加了英国的黄金外汇储备，对外贸易的连年赢利使英国资产阶级增加了财富，加速了资本积累。这是问题的一个方面。问题的另一方面是：英国工业品到达那里，英国的势力也就渗透到那里；反过来也是一样，凡是英国的

---

① 参看本书第一章第一节。

② 罗斯托：《十九世纪英国经济》，牛津，1948 年，第 26—27 页。

势力所及，英国工业品就有销路，工业品出口就有赢利。在印度和远东地区，这种关系表现得最为明显。即使对美国、西欧大陆和沙俄而言，英国工业品的出口和英国资本的渗入也是分不开的。如果英国能继续维持一段时期的“世界工厂”的地位，那么英国的极盛时代肯定还会持续一段时期，而不至于从二十世纪二十年代就转入经济停滞的阶段。当然，历史发展的进程并非如此。英国终于失去“世界工厂”的地位。世界工业生产领域内的相对地位的变化，不能不反映到贸易和金融等方面。这就是说，在英国失去其“世界工厂”地位之后又过了三十年，它的极盛时代也就宣告结束，经济转入了停滞。

问题不止于此。英国曾经成为“世界工厂”这件事给英国经济留下的遗产在很长的时期内一直起作用。这对后来英国经济状况的演变有深刻的影响。“世界工厂”的遗产包括陈旧的生产部门、墨守成规的技术、落后的经营管理方式等等。陈旧的生产部门是指：在经济中长期占主要地位的是传统的工业部门，新生产部门发展迟缓。这些新生产部门主要是在二十世纪三十年代经济危机和第二次世界大战以后才发展起来的；而且即使在二十世纪三十年代，它们的发展仍然遇到相当大的阻力，这种情况与较晚开始资本主义工业化的其他国家是不一样的。墨守成规的技术是指英国企业界对待技术引进和技术力量培养这两方面而言的。英国企业界的基本态度在很长时期内是保守的，它不愿采用国外新技术，也不重视技术教育，以至于技术上缺乏创新，因循守旧。这种不正常的状态直到二十世纪三十年代以后才转变，但已经太晚了，经济中遭受的损失已经相当严重。落后的经营管理方式则是指英国经济中长期保持了资本主义初期的那种传统的经营管理，无论是企业经营规模和组织，还是企业的管理工作都大大落后于美国和德国。垄断的形成要晚得多，管理方式的变更迟至二十世纪三十年代才开始出现，而且在实行过程中也是困难重重。这一切不仅削弱了英国工业的国际竞争能力，而且对英国资本的外流起着有力的促进作用。利润率过低或利润率下降趋势的压力使英国资本纷纷流向国外。这是英国经济史上的一个特点，即资本的大量输出并不是与垄断统治在国内的确立直接联系在一起，而是在垄断统治确立之前，就因资本无法在国内被充分吸收而涌向国外了。资本过早地输出国外，反过来又进一步影响英国经济的增长率，使得英国工业在世界竞争中的地位进一步削弱。

先进的东西在一定的条件下可能转化为落后，促进发展的因素在一定的条件下可能转化为阻力。这是社会经济中的一个常见的现象。在英国成为“世界工厂”而又失去“世界工厂”地位这个问题上，先进与落后、促进与阻碍的转化是十分明显的。英国最早进行工业化时，建立的工业部门、采用的技术、实行的经营管理方式，当时都是先进的，它们推动了英国工业的发展，促进了英国工业经济的增长，并使英国登上了“世界工厂”的宝座。然而，“世界工厂”地位本身又变成了一个包袱。由此形成的工业部门结构，特别是由此造成的固定资本的束缚以及技术、经营管理方式的特点，变成英国工业继续前进的消极因素，从而走到自己的反面。英、美、德三国二十世纪前三十年以平均每人产量计算的工业生产率增长率的比较很能说明这个问题。这里引用的是费尔伯斯·布朗（E.

H. Phelps Brown)整理的统计资料[①]：

英、美、德三国工业生产率指数，1900—1929 年

年 份	英 国	德 国	美 国
1890—1899	100	100	100
1900	104	112	105
1902	108	111	118
1904	103	118	116
1906	108	121	120
1908	103	128	103
1910	106	135	119
1912	109	145	129
1925	112	145	174
1927	115	159	183
1929	118	164	198

二十世纪起，英国生产率的缓慢增长，反映了“世界工厂”地位消失后，英国长时期内仍必须为这一段“光荣历史”支付昂贵的代价。

第二节 新工业部门建立过程中遇到的内外阻力

英国在开始进行资本主义工业化时，棉纺织工业是国内最重要的工业部门。随着蒸汽机的日益推广使用和铁路运输业的产生

① 费尔伯斯·布朗：“工业生产率和实际工资水平与变动的国际比较，1860—1970”，载《经济学杂志》，1973 年 3 月，第 67 页。

和发展，煤炭和炼铁工业也有较大的发展。当蒸汽机被运用于船舶和铁壳船身代替木制船身以后，近代造船工业兴起了。十九世纪中期，为了供应当时工业和交通运输业所需的机器设备和生产工具，英国建立了当时先进而且较完整的机器制造业。此外，纺织品生产方面的毛织、麻织、丝织等部门，其他轻工业产品生产方面的制鞋、磨粉、印刷、造纸、陶瓷等部门，也都相继得到发展。在英国作为“世界工厂”出现于国际舞台上的时候，它的工业部门结构可以简单地归结为：包括棉、毛、麻、丝织产品在内的整个纺织工业是国内最大的和最重要的工业部门，其次是煤炭工业和食品工业。至于各种机器和交通运输工具的制造业，尽管它们的产品——从锅炉到汽锤，从机床到缝纫机，从轮船到铁路车辆——的市场日益扩大，产量增加很快，在经济发展中所起的作用越来越显得重要，并且就当时而言是世界上最先进的，但这种机器和工具的制造业在整个工业结构中的相对地位，远远不足以与纺织业甚至煤炭业和食品工业相比。与此相应的是，英国炼铁工业虽然当时已是世界上最大的，但并没有在国内的工业部门结构中占据重要的位置。

十九世纪中期正是英国作为“世界工厂”而独占世界某些重要工业品的供应者地位的时候，但这个时期的英国工业部门结构仍然保持着资本主义工业化初期的特征，即资本有机构成比较低的部门在整个工业中占绝对优势的状况。纺织工业、食品工业和其他轻工业的资本有机构成一直是很低的。煤炭工业当时的资本有机构成也很低。十九世纪中期，英国的煤矿一直仍然大量使用人工采掘和运输，机械化的程度很低。煤的开采被认为最艰辛的、最耗费人力的工作，只是煤被采出来之后，在某些矿井中采用了机械的、半机械的运输设施，把煤从采掘面运送出来。资本有机构成较高一些的机器制造业和冶炼工业，在整个工业结构中还不占重要位置。

英国工业结构的这种状况在十九世纪八十年代前后开始发生变化。这一变化表现于以下四个方面。

第一，虽然纺织、食品和其他轻工业部门仍在英国工业结构中占据优势，但这些工业部门本身的资本有机构成提高了。产业革命时期采用的机器换了代，八十年代与四十年代相比，棉纺和棉织工人的劳动生产率，以平均每人生产的实物量计算，增加了一倍以上。在毛纺织和麻纺织业中，手摇的纺织机械已被蒸汽动力带动的纺织机械普遍取代。食品工业和其他轻工业的情形亦复如此。

第二，煤炭工业的发展相当迅速。煤炭工业的资本有机构成大大提高了。这主要是因为在这些年内，煤矿矿井在向深处发展，机械通风和机械化运输变得十分迫切，建设深矿井的投资费用增加很多。虽然采煤工作本身在很大程度上仍是手工劳动，但也有一些煤矿采用了新发明的机械化的采煤设备。因此，煤炭工业仍然在英国工业结构中占据重要的位置，不过这时的煤炭工业已经是具有较高程度的资本有机构成的一个部门。

第三，作为向纺织、食品、煤炭等工业部门供应新一代机器的机器制造业，在八十年代内进入了一个新的发展阶段。这个阶段的最重要标志是：它获得了新出现的金属材料的供应，从而能够制造出质量较好、精密度较高的机器和工具。这是与炼钢工业的新成就分不开的。不仅铁轨已被钢轨所代替，而且车辆的重要部件也换成了钢制的。从刀具到蒸汽机都使用了钢材。从这时起，钢铁工业才逐渐成为名符其实的钢铁工业。钢产量逐年增长，成为在英国经济中一个重要的工业部门。而机器制造业由于得到较好的金属材料的供应，加上在金属切削工艺方面有显著的改进，以及标准部件制的推广，所以发展也是很快的。

第四，对于英国经济具有重要意义的造船工业，在这段时间内，随着炼钢工业和机器制造业的发展，也有了重大的发展。在钢材被使用于造船工业之前，木材一直是造船的重要材料。铁板在轮船制造方面的应用并不普遍。十九世纪五十年代，远洋轮船主要仍是木制的，只有一小部分用铁制造船身。在船的使用者看来，铁壳轮船并不比木制轮船有多大优越性。只是由于当时英国可供建造大船的木材资源不足，价格上升，人们才愿意使用铁板来代替木料。此外，当时在船舶上使用的蒸汽机（体积庞大，耗煤量多，装煤和装水要占据很大吨位和面积）有各种缺点，所以即使出现了轮船（铁制的、木制的或铁木混合制造的），在远洋航行中帆船仍是重要的。造船工业中有相当大的人力和物力继续用于帆船的制造。这种情况也是在八十年代前后，随着炼钢工业和机器制造业的新发展而变化的。改进了的船用蒸汽机大大节省了燃料。钢板代替了铁板。船舶的吨位越来越大，而速度也在增加。帆船运输在远洋航运史上的时代从此结束。大型造船工厂不再制造帆船，英国的新式造船工业成为先进的、重要的工业部门。不仅商船的建造发生了这样巨大的变化，军舰建造方面的变化同样是显著的。钢板装甲，配备有大型火炮，采用暗轮装置的军舰，成为八十年代英国海军兵工厂的标准产品。

以上就是十九世纪八十年代英国工业结构的基本情况。可是，这时美国在工业产值和煤、铁、钢三项重要产品的产量已经超过英国，德国在这些方面也迅速接近英国。这时，英国的“世界工厂”地位已经丧失。但从工业结构方面来看，对此后较长时期内英国工业部门结构的格局有影响的，正是这个阶段内形成并保存下来的纺织、煤炭、造船等工业部门。除这三个重要的工业部门外，为这些部门供应机器设备的机器制造业和为制造设备、运输工具提供所需要的金属材料的钢铁工业，也成为英国的重要工业部门。这就是我们通常所说的英国的传统工业部门和以传统工业部门为主的工业结构。

然而就全世界范围来说，十九世纪八十年代前后，是工业部门结构又一次显著变革开始的年代。内燃机和电动机的发明和使用，改变了工业的面貌。电力工业、电气器材工业、内燃机工业、有色金属冶炼工业、化学工业等部门就是这时出现的新工业部门。与此同时，石油的开采和精炼、使用内燃机的新型交通运输工具的制造等等，也相继得到发展。在这种情况下，机器制造业和钢铁工业作为向新工业部门提供设备和金属材料的工业部门，也进一步发展起来。由于资本主义政治经济发展不平衡规律的作用，资本主义工业化比英国晚了几十年的美国和德国，成了这些新工业部门的首先建立者，新工业部门在它们的工业结构中的地位变得越来越重要。美国和德国这时在工业品出口贸易中能比英国有较大竞争能力的，主要是新工业部门的产品。

新工业部门中，电力工业和内燃机工业都是解决新能源、新动力方面所需要的部门。在英国，十九世纪七十年代和八十年代，经济增长较前一段缓慢。十九世纪初到十九世纪中期，英国处于经济迅速增长的阶段，新工厂到处建立，对能源和动力的需求急剧扩大，煤炭工业的发展和蒸汽机的推广使用就是由于满足这种需要所取得的成果。加之，英国本身煤炭资源丰富，煤产量可以满足国内需要，并能出口；蒸汽机的质量又不断提高，并能满足工业的需要。因此，到十九世纪七十年代和八十年代，英国企业界并不认为有必要急于开辟新的能源和发展新型的动力机。所以当国外已经开始把电力和内燃机作为工业的动力与动力装置时，英国的工业部门却感到设备更新在经济上是不合算的，因为一方面涉及原有厂房和设备的贬值和废弃所带来的损失和增加新投资的费用；另一方面，英国与美国不同，它不产石油；它也不像美国和德国那样是许多电气发明的策源地。电气发明在商业领域内的应用究竟可以获得多大的效益，在英国企业界看来还需要一段观察和等待的时间。这就是对新兴工业部门建立的国内阻力。

来自国外的阻力也是不可忽视的。在新工业部门产品的世界市场上，美国和德国产品的竞争能力大于英国的同类产品，从而限制了英国新工业部门的发展。这在电气器材、有色金属、化工产品和内燃机等产品的生产和销售中表现得特别明显。美国和德国按照当时最先进的技术条件建立起来的新工业部门，很快就在若干重要产品方面享有独占地位。这些部门的资本有机构成都比较高，建立新企业的费用很庞大，所以一旦建立了规模较大的企业之后，新加入这一行业的竞争者至少也必须达到同等规模和拥有相近数量的资本。一般的中小资本很不容易加入竞争的行列。而英国的资本虽然比较雄厚，但当它感到技术条件和竞争能力不处于优势、利润率没有保证时，是不愿筹集较大资本来发展这些被认为还有风险的工业的。在国外竞争者已先走一步，拥有某种独占地位的压力下，英国大资本不愿放弃本来有利可图的机会来参加竞争，一般的中小资本即使想参加竞争，也力不从心。这样，一直到第一次世界大战前，英国除了在为军事目的服务或与公用事业有关的方面建立了为数不多的新工业部门的企业而外，在当时美国和德国已经得到相当大程度发展的新工业部门，在英国却是发展缓慢。它们在英国工业结构中不占重要地位。这一时期，英国经济的增长，仍然是靠纺织、煤炭、造船等传统工业部门投资的增加和产量的扩大来实现的。所以金德伯格把1896—1913年间英国的经济增长称作哈罗德—多马式的增长（Harrod-Domar growth），即认为这是依赖投资额增加而很少有技术变革的一种增长。①

任何一个国家的新工业部门要得到较迅速的发展，要冲破来自国内传统工业部门和国外同类型产品竞争的阻力，除了需要有生产资源（人力、财力、物力）方面的较有利条件外，往往还需要有国家的关心和支持。但对于十九世纪末至二十世纪初的英国来说，建立和发展新工业部门却得不到国家的关心和支持。英国资产阶级从当时英国所处的国际政治经济环境考虑，认为英国经济仍是兴旺的，国内经济增长率虽然比十九世纪中期以来放慢了一些，但毕竟仍是在增长中；特别是在对外贸易、金融、资本输出和海外收入方面，发展是迅速的；因此没有要求政府专门扶植新工业部

---

① 金德伯格：“对外贸易与增长：1913年以来英国的经验教训”，载《劳埃德银行评论》，1962年7月，第25页。

门的建立和发展，也没有提出限制其他国家新工业部门产品进口的主张。从全局利弊考虑，维持十九世纪中期的自由贸易政策，以利于传统工业部门产品的外销，仍不失为有利的方针。

在新工业部门刚刚出现时，它们对一国经济增长前景的重要作用还不是表现得那样明显的。在英国政府看来，只要能把某些新出现的技术应用于军事工厂或新武器（比如军舰）的制造，这就很满足了。民用工业稍稍落后一些，被认为无关宏旨。所以英国政府对于英国工业结构中传统工业部门的优势和新工业部门建立、发展的迟缓，并不那么焦急。比如二十世纪初汽车工业刚创立时，英国宁肯从法国进口汽车，而不愿对本国新建的汽车工业采取保护的措施。英国当时一直是汽车净输入国。1904 年，英国进口的法国汽车占法国汽车出口的三分之二以上。英国感到自己对外贸易的比较利益仍在棉纺织品上，因此认为从法国进口汽车对英国仍然是有利的。[①] 这时，虽然个别有远见的资产阶级政治家已觉察到对英国不利的前景，呼吁政府扶植新工业部门的发展，但影响不了政府的基本政策。1915 年实行的对摩托车、汽车以及钟表、乐器等实行的按价征收进口税 33.33%的条例，尽管被看成是首次打破了自由贸易传统，但其主要目的不在于保护本国工业，而在于限制战时不重要货物的进口。[②]

综上所述，可以得出这样的结论，正是英国曾经作为“世界工

---

① 福尔曼-配克（J. Foreman-Peck）：“关税保护和规模经济：1939 年以前英国的汽车工业”，载《牛津经济文汇》，1979 年 7 月，第 241—243 页。

② “英国关税率的今天和明天”，载《密德兰银行评论》，1963 年 11 月，第 3 页。

厂”这一事实，使得新工业部门在英国的建立和发展遭到巨大的阻力。新工业部门建立和发展的迟缓，甚至在二十世纪最初几年就已对英国对外贸易发生不利的影响了。正如克拉潘所指出，十九世纪最后二十年，对外贸易中的产品交换对英国仍是有利的，英国的出口品能换到的东西越来越多，但从 1900 年开始，出口品与进口品的比价逐渐变得不利于英国；这就是英国不发展新工业部门，以及工业技术上的停滞和劳动生产率相对较低的后果。①

第一次世界大战结束后，英国经济转入了二十世纪二十年代的停滞局面。传统工业部门衰落了，整个英国工业技术装备落后和工业结构不适应时代要求的现象充分暴露出来，从而英国日益觉察到有必要加速建立和发展新工业部门。加之，国外竞争者在新工业产品市场上的竞争力量对比有了一定的变化，主要是由于德国在二十年代内一度减少了出口；而美国在二十年代又面临着国内市场的急剧膨胀和实际工资水平上升的局面：国内市场的急剧膨胀，吸收了一批本来可以出口的新工业部门的产品；实际工资的提高，削弱了美国产品在国际市场上的竞争能力。这时，本来是英国发展新兴工业部门的一个大好机会。然而，英国并没抓紧这一时机。英国的新工业部门在这些年代虽然与战前相比有了一定程度的发展，总的说来，仍是相对缓慢的。②

为什么英国的新工业部门的发展竟然错过了这一机会？一个

① 克拉潘：《现代英国经济史》下卷，剑桥大学出版社，1938 年，第 68—69 页。

② 赛耶斯(R. S. Sayers)在“英国技术进步的春天，1919—1939”(载《经济学杂志》，1950 年 6 月)一文中指出，二十世纪二十年代英国在化学工业、电力工业和机械工程方面还是有所进展的，它同美国、德国之间的技术差距有所缩小，但这种差距依然存在。

原因是:新工业部门的发展需要巨大的投资。它所需要的资本或者来自国内新形成的储蓄,或者来自原有资本的转移。在资本已经被束缚在固定设备上而不容易转移,并且整个国内经济处于停滞状态、储蓄率很低的二十年代内,为迅速发展新工业部门所要求的巨额资本是难以形成的。另一个原因是:二十年代英国的对外经济政策基本上仍然不利于新工业部门的发展。保护主义政策仍然被认为是有碍于英国经济的。仍以汽车工业为例,正是在第一次世界大战期间,英国采取了征收汽车进口税的措施,所以二十年代初英国汽车工业有了一定的发展。但不久这个措施又一度被取消,在它被取消的年份,进口汽车的数目成倍增长,本国汽车工业停滞不前。政策之所以改变,因为英国政府仍然从维持整个经济的“自由贸易”性质出发。[①] 不仅英国的汽车工业得不到政府的保护,其他新工业部门的情形也与此相似。对国外新工业部门产品的进口没有规定限制措施。至于1925年恢复金本位制的做法,则造成了英镑汇价过高,有利于外国工业品进口,不利于本国工业品外销的实际后果。这样,英国在发展新工业部门方面又耽误了十年左右的时间。

此外,正如我们在以下两节中所要论述的,在二十世纪二十年代内,英国在技术方面和经营管理方式(企业组织形式)方面都还没有发生重大的变革。这也不利于新工业部门在英国的迅速

---

① 值得注意的是:这时其他主要资本主义国家都对汽车工业采取保护政策,唯一例外的是英国。参看福尔曼-配克:“关税保护和规模经济:1939年以前英国的汽车工业”,载《牛津经济文汇》,1979年7月,第257页。

发展。

英国工业结构方面的重大变革从三十年代经济危机之后才开始。空前严重的大危机沉重打击了英国经济，使传统工业部门几乎处于崩溃的状态。煤炭、棉纺织品和机器制造业产品的出口大幅度下降，而造船工业的生产几乎停顿。这时，英国政府采取了刺激和扶植新工业部门发展的措施，飞机制造、汽车、化工、电气器材、有色金属冶炼等部门的发展程度大大加快了。英国的机器制造业和钢铁工业由于转而以供应新工业部门的设备为重点，也相应地得到了发展。这一阶段英国对外经济政策的转变，例如帝国特惠制的建立和英镑集团的组成，也有利于发展新工业部门。更重要的是，从三十年代后期起，为了发展军事工业，新工业部门又获得了新的发展动力。

以建立传统的工业部门为主要内容的生产技术和工业结构方面的变革，同以建立上述新工业部门为主要内容的生产技术和工业结构方面的变革，在美国和德国，相隔时间大约为五十年（前一种变革开始于十九世纪三十至四十年代左右，后一种变革开始于十九世纪八十至九十年代左右）。而英国则不是这样，两次变革的时间间隔长达一百多年。在英国，第一次世界大战以前至多只能说建立了新工业部门中的个别企业，二十世纪二十年代内也至多只能说新工业部门稍有发展。对于英国国民经济有重要意义的、以建立新工业部门为内容的生产技术和工业结构方面的变革，实际上迟至三十年代经济危机爆发以后才得以实现。这对英国经济的不利影响是难以估量的。英国此后尽管在工业生产方面努力追赶，但损失了的时间不容易补回来。这就是英国成为“世界工厂”

以后给自己种下的一个苦果。

第三节 新一代技术力量的缓慢形成

英国最早进行工业化和曾经成为“世界工厂”这一事实，不仅使英国的工业部门结构长期处于以传统工业部门为主的状态，而且也给英国带来技术上的保守主义。新一代技术力量的缓慢形成，同样是“世界工厂”留下的遗产。

在英国进行产业革命之前，它是一个既重视向国外学习和引进先进技术，又注意培养优秀的技术人才的国家。而当它成为“世界工厂”之后，它在技术引进和技术力量培养这两方面都不如以往。为什么会有这种变化？有必要追述一下历史。

中世纪西欧传统的手工业技术为十八世纪英国的产业革命提供了必要的物质准备和人力准备。西欧大陆各国手工业的发展各有长处，法国人在丝绸、服装、建筑、五金工艺方面的造诣，尼德兰人在麻织、毛织、玻璃、钟表工艺上的成就，意大利人在造船和武器制造方面的特长，这些都是英国当时学习的对象。随着大陆上对新教徒的迫害的加剧，有技术的工匠纷纷来到英国，使英国更进一步学习到其他国家的技术长处。

要知道，在产业革命前，工业生产处在手工业和工场手工业阶段。技术力量是依靠手工业方式培养的。为进行资本主义工业化所需要的第一代的机器制造业工人来自手工工匠。英国的钟表制造业作坊是为未来培养优秀机械工人和设计师的最好的场所,[①]因为钟表匠的手工技艺是高超的,他们的制品能达到较高的精密度。十七世纪后期,英国的钟表业在世界上是首屈一指的。这种优势保持了一个多世纪。[②] 英国的制磨匠也是优秀的。据记载,即使是普通的制磨匠,也具有一定的数学知识,懂得水平测量和度量法,能够计算速度和强度,能画平面图等。[③] 这些钟表匠和制磨匠,以及其他有较高手工技艺的手工业者(如唧筒制造匠、马车制造匠、装配匠、铁器制造匠等),就是产业革命时期英国第一代技术力量的重要组成部分。他们不但成为若干种新产品和新设备的设计者与制造者,而且有些人还成为新设备的操作者。

在这个过程中,学校教育所起的作用是比较有限的。技术人员的成长主要依靠个人的摸索和自身经验的积累,熟练工人的培养主要依靠个人之间、师徒之间的技能和知识的传授。这一特点取决于当时英国所处的特殊经济地位。中世纪手工业方式的影响长期保持下来。虽然剑桥大学和牛津大学早就有自然科学讲座,但直到十九世纪后期,它们始终过分强调纯理论的探讨,不注意理论与应用科学的结合,所以不曾成为培养技术人才的重要机构。[④] 十八世纪六十年代,当英国开始产业革命,迫切需要高等学校培养技术人员之时,英国没有一所适应这种需要的高等技术院校。只是过了将近一百年,即到了十九世纪中期,伯明翰、曼彻斯特、伦

---

① 《剑桥欧洲经济史》第6卷第1册,剑桥大学出版社,1965年,第334页。

② 丘奇(R. A. Church):"十九世纪英国、美国和瑞士的钟表技术",载《经济史评论》,1975年11月,第628页。

③ 《剑桥欧洲经济史》第6卷第1册,第296页。

④ 格雷夫斯(F. P. Graves):《近代教育史》,纽约,1937年,第342页。

敦、利物浦等城市的市立大学才担负了培养技术人员的使命。1851年和1864年，才建立了两所专业性的高等技术学院——皇家矿业学院和皇家造船工程学院。

在产业革命时期，英国资产阶级普遍感到，工人最好保持无知状态，以免桀骜不驯。资产阶级对工人受学校教育的任何计划都抱着怀疑和抵制的态度。[①] 工业在发展，机器在推广使用，熟练工人人数不足，这是事实。但工厂主们把学徒当作廉价的劳动力，因此宁肯多招学徒，也不要技工学校。十九世纪初期，英国的一些工厂除了招收工厂的学徒外，还允许本厂工人带领所谓私人的学徒。两种学徒的并存反映了当时英国工业中既感到熟练工人不足，又不愿通过学校教育培养大量技工这一自相矛盾的状况。产业革命开始后大约六十年，即1823年，伦敦和格拉斯哥这样一些大工业城市才开办正式的技工学校，以后各城市也相继创设。直到1851年，英国政府才准许建立工业夜校。但这时距离产业革命的开始已经九十年了。

为什么英国长时期内一直乐意采取师徒之间个人传授技艺的手工业方式来培养本国的技术力量？这与当时的历史条件有关。英国是最早进行产业革命的国家。在实现资本主义工业化的道路上，它无法借鉴其他国家发展工业的经验，这是可以理解的。当时社会上不存在一支熟悉机器生产的技术队伍，从而英国不得不依靠中世纪手工业的传统技术和传统学艺方式来培养。但应当着重指出，英国在实行工业化时，没有遇到可以同自己竞争的对手，它

---

① 费尔恰尔德(E. C. Fairchild)：《劳工和产业革命》，伦敦，1923年，第131页。

不曾感到“速度问题”的压力。产业革命的结果使英国成为“世界工厂”。与世界其他各国比起来，英国直到十九世纪五六十年代在产量上仍遥遥领先。英国的工业品涌入西欧大陆，涌入北美，涌入世界各地。当时，世界上其他国家的机器设备和质量都还不如英国。既然如此，加速培养技术力量的必要性究竟在哪里？如果说廉价的学徒制至此仍能保证英国资产阶级获得高额利润，为什么要花钱开办技术学校来造就一批虽然文化程度较高、知识较多、成长较快，但可能不那么“听话”的技术工人呢？这就是当时英国资产阶级的普遍想法。

这种情况恰恰与稍晚开始工业化的美国和德国形成鲜明的对比。它们面临着英国已经建立的工业优势，除了设法招聘英国的技术工人而外，还特别重视学校教育，通过学校来培养本国的技术力量。德国人感到自己在工业发展方面比英国晚了整整五十年，要是重复英国人用过的老办法，那是永远不会赶上英国的，所以德国要走发展技术教育和创办高等技术院校的道路。[①] 由于重视基础教育和技术教育的结果，据当时的调查和比较研究，德国在国民的读、写、计算能力方面，工人的技巧方面，工程师的科学原理和应用训练相结合方面，高水平的科学研究方面都居于欧洲各国的首位，而英国在所有这四方面，也许除了第二项（工人的技巧）以外，都远远落后。[②] 美国的情况与德国相似，较早就重视技术教育，国

---

① 威尔本（D. B. Welbourn）：“英国的工业扩张”，载《劳埃德银行评论》，1972年10月，第44页。

② 《剑桥欧洲经济史》第6卷第1册，第567页。

家和州政府都支持技术院校的建立。教育经费在十九世纪后期国民生产总值中所占的比重不仅大于英国，而且增长率也超过英国。[①]

在美国和德国的技术力量不断发展的同时，坚持以传统手工业方式培养本国技术人员和熟练工人的英国越来越显得落后。这一点在十九世纪末和二十世纪初充分暴露出来。

前面已经指出，钟表业在十八世纪英国机器制造业的兴起和发展中曾起过重要的作用。那些手艺高超的钟表匠曾对英国早期的机械设计和制造作过贡献。在整个十九世纪内，英国的钟表业继续成为机器制造和修理业中熟练工人的重要供给来源。[②] 但这种作用随着工业的进一步发展而渐渐过时了。钟表匠能向社会提供的只是传统的手工技艺，而不是先进的工业生产方法。在整个工业不断创新和前进的过程中，英国的钟表业在设计、生产和人员训练等方面仍是师徒个人传授，墨守成规。英国钟表业从十九世纪中期以后终于遇到了有力的竞争对手。瑞士钟表业者组织了促进技术交流、互通情报、奖励技术创新的团体，以提高钟表工人的技术水平和对国际市场的了解，制造出经过重新设计的表。美国钟表业者建立了新式的工厂，采取标准化生产，并训练出适应机器生产的钟表工人。瑞士生产的表和美国生产的钟，不但式样新颖，

---

① 参看费希洛(A. Fishlow)："十九世纪美国教育投资的水平"，载福格尔(R. W. Fogel)和恩格尔曼(S. L. Engerman)编：《美国经济史的重新解释》，纽约，1971年，第270—271页。

② 丘奇："十九世纪英国、美国、瑞士的钟表技术"，载《经济史评论》，1975年11月，第617页。

而且质量优异，价格低廉。例如，当美国钟表业经过重新设计，采用木制钟座时，英国的钟表匠仍然沿袭旧法，采用铜座。当瑞士钟表业用钢制造齿轮和零件，用镍制造表壳时，英国的钟表匠依旧利用黄铜来制造这一切。瑞士表和美国钟不但在国际市场上排挤了英国产品，而且打进了英国国内市场。[①] 英国钟表业长期保持的优势丧失了。这个历来被称作英国“机械师养成所”，并以传统手工技艺精巧著称的行业从此黯然失色。这不仅意味着这一行业本身的衰落，而且意味着它所集中代表的旧式手工技艺及其传授方式在新条件下被淘汰的不可避免性。

造船业的情况更能说明问题。英国造船业在 1870—1900 年之间，在一个高度专业化的工业基础上，成为世界上最先进的造船业。英国当时造船工业的劳动生产率高于其他地方。1890 年，它的生产率是平均每人 12.5 吨；而法国只有 1.8 吨。这个领先地位是通过英国工人的传统的手艺和分工所达到的。[②] 尽管直到十九世纪与二十世纪之交英国造船工业仍是世界上最先进的，但由于技术力量的不足，人们不难提出，英国的这种领先地位究竟还能维持多久呢？看来英国是很难继续保持优势的。主要原因之一是：英国造船业仍按传统的方式培训技术队伍，忽视正规的和业余的技术教育。英国资产阶级继续把学徒看作最廉价的劳动力，在造船厂中大量使用学徒。在海军所属各工厂的机械工实行的是七年

① 丘奇：“十九世纪英国、美国和瑞士的钟表技术”，载《经济史评论》，1975 年 11 月，第 620、623、628 页。

② 金德伯格：《法国和英国的经济增长，1851—1950》，哈佛大学出版社，1964 年，第 146 页。

学徒制。一般私营造船厂中，学徒也要五年出师。五年内，第一年在翻砂场干些升火、拖地等杂活，接着两年在木工方面受些不规则的训练，一年或两年在装配场干些金属活，如果学徒运气好，可能由此进入制图室，在这里再从头学起。学徒期满，他没有什么理论上的知识，并且忘掉了在开始当学徒前学过的一切。① 有些工厂也办了技术夜校，以便提高学徒和青年工人的技术水平。但由于造船厂工作时间长（上午6时到下午5时），又常有超时作业，业余技校的效果很小。正规技术教育也不受重视。虽然1864年就创办了皇家造船工程学院（1873年它并入皇家海军学院），但皇家造船工程学院和皇家海军学院的造船班毕业生，在1865年到1904年四十年间一共只有166名。② 另一个培养高级造船技术人才的正规学校是格拉斯哥大学。它的造船班在二十世纪初每年大约有40人登记入学。但由于当时规定入学的学生需有五年学徒工龄，而他们在当学徒期间无法作适当准备，结果平均每年只有两人完成自己的学位要求。对比之下，当时德国在夏洛登堡和但泽的全日制造船班则有280名学生，美国在康奈尔大学、麻省理工学院、密歇根大学和韦伯学院的全日制造船班有100多名学生，人数都比英国多。③ 加之，当时德国规定高等技术院校入学的学生在入学前只要有一年实际经验，美国则不要求入大学前有实际经验。这样，英国过长的学徒制和高等造船技术学校关于入学前五年学

---

① 保罗·罗伯逊(Paul L. Robertson)：“英国造船和船用引擎工业中的技术教育，1863—1914年”，载《经济史评论》，1974年5月，第225页。

② 同上书，第232页。

③ 同上书，第231—232页。

徒工龄的规定，不仅限制了入学的人数，不必要地增大了在校学生的年龄，而且中断了学习的连贯性，使学生在接受高等技术教育时基础较差，因为过去学过的东西已经被遗忘了。[①]

为什么英国直到这时仍然不重视技术教育，而坚持通过学徒制来培养技术力量呢？除了英国资产阶级把学徒看成是最廉价的劳动力而外，另一个重要原因是：它始终把学校教育看成是对自己弊多利少的事情。以造船业来说，英国造船业资本家认为，开办技术学校将训练出有能力的技术人才，但这些人才不一定有利于英国（因为他们可能为英国的竞争对手服务），也不一定有利于本公司（因为他们可以被其他公司雇用），因此在他们看来，对技术教育的投资无异于帮助了各个竞争者，不如依靠学徒制，从学徒中提拔归本厂使用的技术骨干。他们认为，凭借着英国在造船工业方面已经建立的优势地位，只要通过学徒制而培养出来的造船工人能够操纵当时使用的各种机器设备，只要造船工人能凭自己的手艺和经验制造出当时仍备受国外称赞的各种船舶，这就够了。造船工业的科学研究、设计和生产中的创新和变革，以及它们与技术教育的关系，则是很少被认真考虑的。甚至工厂里每星期拨出两个下午让学徒和青年工人听课的做法，也遭到资产阶级的反对，因为在一个有 1 500 名学徒的造船厂中，如果学徒和青年工人每周有两个下午上课，这个工厂一年就会减少 15 000—30 000 镑的

---

① 保罗·罗伯逊：“英国造船和船用引擎工业中的技术教育，1863—1914 年”，载《经济史评论》，1974 年 5 月，第 225、232 页。

收入。①

轻视技术教育在英国工业发展中的作用，短期内可能看不到其严重后果，但在较长时期内，所造成的损失是难以估计的。等到发现这一点时，往往已经带来较大的危害。以英国造船工业来说，二十世纪初期十八九岁的学徒，成为两次世界大战期间造船厂的骨干力量。他们凭个人经验而积累起来的一点本事，越来越不适应科学技术新水平，他们对于同船舶制造有关的其他学科的新成就，毫无接触，也缺乏了解它们的必要的理论基础。他们的个人经验显得片面和狭隘，他们的某些技能落伍了、过时了。这对于英国造船工业的衰落具有十分重要的影响。

十九世纪后期英国钟表业的衰落和两次世界大战期间英国造船业的衰落都是有典型意义的。钟表业曾经是英国产业革命时期“机械师的养成所”，造船业曾经是英国海上霸权地位的支柱之一。然而这两个部门在英国却无可挽回地被其他资本主义国家所超过。对传统手工技艺及其传授方式的依靠，对正规的和业余的技术教育的不重视，对技术力量的成长采取保守的态度，这些都是英国作为最早进行资本主义工业化的国家而给自己留下的包袱。尽管在英国经济日益衰落的过程中，从英国政府到企业主们都逐渐改变了对技术教育的态度，并且总结了以往的历史经验，承认自己在技术力量培养和训练方面不如美国和德国，而要求弥补这种差距，然而这种损失的补偿是困难的。一方面，这是由于人才培养的

① 保罗·罗伯逊：“英国造船和船用引擎工业中的技术教育，1863—1914 年”，载《经济史评论》，1974 年 5 月，第 229 页。

周期要比物质生产的周期长得多。另一方面，在工业发展到一定程度之后，科学技术研究的规模越来越大。这方面的新的组织和活动方式不断加速着研究工作的进展。垄断的存在固然阻碍着某些对垄断本身不利的科技成果的应用，但垄断之间激烈竞争的压力也迫使各种科学技术研究成果尽早地用于生产，因为在科学日益发达和情报交流日益频繁的条件下，绝对地封锁科研消息是很难的。如果把研究成果迟延不用，那么用不了多久，竞争对手也会发明它、利用它。于是，总的说来，发现、发明与它们在实际生产中得到应用之间的时间距离不断缩短。这种情况使得在技术上已经落后于时代最先进水平的国家要赶上这一水平，显然也就变得越来越困难。所以，英国为此不得不花费很大的力量和较长久的时间，才能挽回历史上技术保守主义所造成的损失。[①]

英国由于曾经成为“世界工厂”而造成的技术上的保守主义，不仅反映于对技术力量的培养方面，而且还反映于对外国新技术成果的态度上。这里有意识形态的原因，但更重要的是经济上的原因。意识形态的原因在于：从十八世纪中期到十九世纪中期，英国一直是世界上工业最发达和技术最先进的国家。一百年来的特殊地位使英国社会上形成了一种优越感与自我陶醉，从而藐视其他国家的进步和成就的心理。傲慢的工业化的先行者不愿承认自己在某些领域内已经落后了，仍把自己看得比谁都优越；即使内心

① 也许至今仍能看到英国历史上不重视技术教育所造成的后果。《经济学家》1978年6月24日第115页，以“一个缺乏技工的国家”为题，惊呼英国在存在着大量失业者的同时，却缺乏某些为工业所迫切需要的技术工人。

确实也察觉到了这一点，但口头上是不承认的，甚至认为自己凭经验或本能立即就可以超过它们。经济上的原因则在于：如果吸收外国的这些新技术成果，把它们应用到生产领域中去，就需要追加新的投资，并且会使原来的资本设备贬值或废弃，而总的收益在短期内不见得有所增加。于是，产业革命前英国那种积极向西欧大陆学习一切可供自己学习的长处的特色，随着英国上升到“世界工厂”地位而越来越淡薄了。而在“世界工厂”地位不再存在，英国明明已在若干方面落后于较晚进行工业化的国家之后的相当长的一段时间内，英国仍然以曾经作为技术上先行者的身份自慰，满足于自己在某些领域（例如造船、武器等）内继续保持的领先地位，而不求在另一些领域（例如电气、化工、内燃机等）内吸收外国的新成就。它盲目自满，甚至接近于顽固。

从十九世纪后半期起，这方面的例子是屡见不鲜的。例如在八十年代内，美国的电话业已比较发达，电话机的生产也已相当先进。但英国在采用这一当时先进的通信设施时，却动作得十分迟缓。用户不多，电话机几乎都是手工生产出来的，而且往往由各个公司自行设计和制造，不愿向先进国家学习。电灯照明设施也是如此。煤气灯照明被认为曾是英国的一项技术成就，于是它就在英国被长期保存着。十九世纪末期，英国只有少数小型的电灯公司，煤气灯仍是普遍的。英国在发电机生产方面的落后是十分显著的。新的技术发明中有一些首先出现于西欧大陆，但美国很快就引进了，并加以改进，从而成为二十世纪初年的发电机生产大国。英国对此的反应是迟钝的。它成为美国产品的重要输出对象。更有讽刺意味的是，美国工厂负起了再训练英国工人的责任，让英国工人到匹兹堡来学习这方面的技术。[①] 英国也不积极吸收德国人在煤焦油提炼方面的新技术成果。在染料工业上,英国落后于德国的现象是有目共睹的,但它并未产生急起直追的迫切感;到二十世纪初年,当英国主要改由德国进口合成染料供应国内市场时,英国才觉察到这一新兴的技术的价值,但这时要赶上德国的染料工业已不容易。

英国对待外国先进技术和新技术成果方面的保守主义,在两次世界大战期间的飞机制造业中也充分表现出来。在这段时期内,世界的飞机制造技术已有重大的进展。由双翼机发展到单翼机,以金属代替木材作为材料,就是其中两项重要的成就。这时美国和德国在飞机制造技术上早已超过了英国。无论是军用飞机还是民航机,英国的产量既少,质量又差。当德国的容克式飞机的发展标志着双翼机已被较好的单翼机排斥时,英国的战斗机仍是双翼的。连英国的民航公司也不愿使用落后的国产的民航机,而愿购买当时先进的美国制造的波音型飞机和道格拉斯型飞机。虽然英国的空军部门在二十年代中期起就了解到以木材作为飞机的材料所制造出来的飞机质量较差,但它却错误地认为,只要飞机是用金属制造的,英国飞机就同世界上其他任何优等的飞机一样先进了。事实上,它不了解重要的还在于机身的流线型化。英国空军部门的领导人在技术上仍然是外行,他们不能真正吸收国外的先进科学成就。这是英国飞机制造业发展过程中的一个严重的

---

① 詹姆士·布里坦(James E. Brittain):“电力技术的国际传播,1870—1920”,载《经济史杂志》,1974年3月,第115页。

弱点。[①]

当然，英国飞机制造业的落后在一定程度上也与当时英国战略思想的错误有关。第一次世界大战结束后，英国战略思想决策当局对战后国际形势作了这样的估计，认为英国今后的战争主要是对付殖民地人民的“叛乱”，没有必要把空军当作一支独立的武装力量来发展，保留旧式的飞机也就足以镇压殖民地人民的反抗。在这种战略思想指导下，新型飞机的研究和设计停顿，生产收缩，一些飞机制造公司改行生产其他产品（如公共汽车车厢、牛奶搅拌器、钢啤酒桶等）以维持生存。[②] 从根本上说，英国当时的这种战略思想仍同英国对自身力量的过高估计，对客观形势变化的反应迟钝，以及对世界科学技术进步的认识不足有联系。

第四节　企业经营管理方式的落后

英国作为最早进行资本主义工业化的国家和曾经成为“世界工厂”这一事实，还使英国企业经营管理方式长期落后于较晚实行工业化的国家。这种落后，一方面表现在生产的集中与垄断化程度在相当长的时间内处于较低水平，进展较为缓慢，另一方面表现在作为现代资本主义企业经营管理特征的经理制度长时间内未能普遍推行。这两方面的变化主要在二十世纪三十年代经济危机以

① 彼得·费隆(Peter Fearon)：“英国飞机工业和国家，1918—1935”，载《经济史评论》，1974 年 5 月，第 239、241 页。

② 同上书，第 246 页。

后才加速进行。

产业革命是实现资本主义工场手工业向近代机器工业过渡的时期。采用蒸汽动力和机器设备之后,企业的规模比手工工场时显然要大一些。但由于当时技术和生产条件的限制,用后来的标准来衡量,它们仍然是小型企业。直到十九世纪七八十年代,英国工业中以这一类小型企业为主的现象仍未改变。例如,1870—1871年,英国一般棉纺织厂雇用180人,1885年雇用191人。在针织业中,雇用人数在这段时间内由71人增加到86人。金属加工工业的工厂在1870—1871年多达18 000个,共雇用62万2 000人,平均每个工厂只有34.5个工人。[①] 煤矿的情况也差不多,大多数是小矿场,雇用人数不过一二百人,年产量不过几万吨。造船厂的规模要大一些,1870年东北海岸一般制造铁船的工厂雇用的工人为800人。[②] 至于当时在英国工业企业总数中占有很大比重的食品工业和其他轻工业企业的规模,那就更小了。平均每个企业只有三五个工人(如面包业、缝纫业)、十来个工人(如印刷业、皮革业)。这些企业与其被称作“工厂”,不如叫作“作坊”更恰当些。

上述部门都属于英国的传统工业部门。企业规模小,数目多,资本少,每个企业的产量在本行业总产量中所占的份额微不足道,这是资本主义工业化开始阶段企业发展的一般特征。生产和资本的集中是资本主义发展的经济规律。生产和资本的集中或者通过大资本吞并小资本的方式进行,或者通过许多个别资本结合为股

① 克拉潘:《现代英国经济史》中卷,1932年,第117页。

② 同上书,第114页。

份资本，分散的资本家联合为集体的资本家的方式进行。竞争的加剧进行和资本主义信用事业的发展，促进生产和资本的集中，这是毫无疑问的。但为什么生产和资本的集中在英国却比较缓慢，甚至到了十九世纪七八十年代，即产业革命开始已经一百年之后，这一集中仍不十分明显呢？这主要是由以下四种情况造成的。

第一，虽然资本主义竞争规律在英国经济中起着作用，但由于英国是最早进行资本主义工业化的国家，它凭着这一有利条件而在较长的时间内占领了国外的传统工业品市场，而来自国外的收入又维持着一个有相当容量的国内市场，因此规模较小和技术改革较慢的小型企业也可以维持存在。在十九世纪的历次经济危机中，有些小型企业经不起危机的打击，但同时又有一些小型企业在各个传统工业部门中出现，因为新加入这些传统工业部门所要求的资本总额较少，筹集比较方便，从而加入是比较容易的。英国工业中长期以传统工业部门为主，而传统工业部门正是大批小型企业赖以存在的场所。这里的竞争和兼并过程虽然持续进行，但由于小企业一方面不断被淘汰，另一方面又在不断产生；所以总的说来，小企业在长期内大量存在着。

第二，在产业革命时期建立和发展起来的许多小型企业采取的是旧式的企业组织形式，即家族经营或合伙经营，为企业承担无限责任。英国成为“世界工厂”后，家族经营或合伙经营的小型企业依旧大量存在。近代股份公司形式的、有限责任制的企业，只是在某些部门中出现，而且有不少公司是由原来的合伙企业改组而成的。像美国或德国在十九世纪后期涌现的那种股份公司热，在英国十九世纪历史上并无记载。英国的投资者出于一种本能的感觉，往往援引历史上的若干诈骗案为例，把建立股份公司看成是一种蓄谋侵吞他人钱财的不道德的勾当。家族经营的企业或合伙经营的企业被认为是稳妥的。在它们需要资金的时候，它们宁肯向银行告贷，也不愿采用募股的办法。英国政府在十九世纪初期认为，只有从事海外冒险事业或承办铁路、运河那样的大规模事业的公司，才有理由申请组织有限责任制的股份公司。因此，能够促进生产和资本加速集中的股份公司制，在英国发展得比较慢。到了十九世纪末年，真正的、以筹集社会闲散资本为目标的（而不是以变相的合伙经营方式出现的）股份公司才变得比较常见，然而旧式的企业组织形式依旧根深蒂固，广泛存在于传统工业部门中。

第三，资本主义信用体系的发展有助于加速生产和资本的集中。资本主义信用体系中除了上述股份公司组织而外，商业银行的投资活动和向工业提供资金的活动也起着促进生产和资本集中的作用。但在十九世纪的英国，商业银行的这些活动也是不发达的。虽然从银行资本本身的发展来看，英国很早就已在这方面超过其他资本主义国家。英国的商业银行实力之雄厚、分支机构分布之广泛，以及它们收入之多，都是首屈一指的。然而这些商业银行主要经营的是存款、票据贴现、票据抵押放款、汇兑、代收等业务。由于英国很早就占领了大片海外殖民地，进出口贸易发展很快，因此英国的著名的商业银行都把海外业务和进出口贸易贷款业务放在重要位置上。对国内工业的投资和长期信贷业务，一直不被重视。银行家们认为厂房、机器设备、库存商品都是最差的信贷担保品。直到十九世纪八十年代，工业中的大部分资本的供应是工业企业自筹的，而并非来自商业银行。国内建设事业中受到商业银行重视的主要项目，是铁路建设，而不是工业生产。这样，尽管英国商业银行实力雄厚，但它没有发挥它可能起到的加速工业领域内生产和资本集中的作用。甚至到了二十世纪初年，英国银行资本和工业资本的结合程度仍是比较低的：银行把眼睛盯着国外，工业把筹集资金的希望寄托在自身的积累上；大银行瞧不起国内数量众多但规模不大的传统工业部门的企业，这些企业却认为，反正国内外销路至今仍有保证，即使不靠银行的长期信贷和投资，也能维持下去，那么也就不要求改变自己同银行之间的传统关系了。

第四，英国政府长时期内不干预生产的集中与垄断，采取放任自流的政策。要知道，资产阶级政府机构是能够起到加速生产和资本集中的作用的。例如它可以有意识地扶植某些企业，刺激某些部门的发展，鼓励企业合并，或给某些规模小、效率不高的企业制造困难，促使它们关闭或改组。较晚开始工业化的美国和德国的政府都曾采取过相应的措施，因为它们都把生产和资本的集中看成是有利于提高经济效率和增加国家经济力量的途径。但英国政府一贯奉行传统的不干预私人经济活动的方针，认为只要不违背公共利益，政府对于垄断或竞争是不闻不问的。[①] 自由贸易政策被认为能够使英国工业获得廉价的原料和农产品，降低工资和生产成本，提高竞争能力，确立英国工业品在世界市场上的优势地位。但自由贸易却使资本主义企业不易于在商品购销方面实现联

① “英国的垄断立法”，载《密德兰银行评论》，1965年11月，第13页。

合,致使英国以控制商品购销为特征的卡特尔和辛迪加比较少,英国国内市场上的垄断的形成比较缓慢。只是在1914—1918年第一次世界大战期间,英国工业的集中才得到政府的鼓励,这时官方认为大工业企业的增长尽管可能有违背公共利益之处,但也不一定是坏事。而到了三十年代,政府对垄断的看法才改变过来,集中才被看作有利的事情。[①]

综上所述,英国的生产和资本的集中,亦即工业中垄断的形成,要比美国、德国这样一些资本主义国家缓慢。当然,这一切只是说明集中的速度较慢,但生产集中发展到一定程度就必然形成垄断,这是客观规律。竞争过程中,落后的、低效率的小企业被淘汰;新企业和新工业部门虽然遇到阻力,但毕竟在发展着;有限责任的股份公司制在各方面显示着它比旧式的家族经营或合伙经营的有利于资本主义工业发展的特点;小额股票制逐渐地由十九世纪六十年代内几乎是点缀性的玩意儿演变成筹集社会闲散资本的手段之一;随着新工业部门的开始发展,商业银行尽管仍把重点放在国外业务和进出口贸易信贷上,但多多少少也参预了国内的投资活动;“实行保护关税政策还是自由贸易,只能在垄断组织的形式上或产生的时期上引起一些非本质的差别”。[②]“在自由贸易的国家英国,集中同样引起垄断,不过时间稍晚,形式也许有所不同。”[③]1899年是英国在第一次世界大战

① “英国的垄断立法”,载《密德兰银行评论》,1965年11月,第13页。

② 列宁:《帝国主义是资本主义的最高阶段》,人民出版社,1974年,第16页。

③ 同上书,第15页。

前的企业合并高潮的年份。但无论是以合并数目计还是以合并的价值计，英国与美国相差甚远。单是 1899 年这一年，美国在企业合并中消失的企业为 979 家，价值合计 20.64 亿美元（折合 4 亿英镑以上），而英国在合并中消失的企业数只有 255 家，价值合计仅为 2 200 万英镑。[①]

从形式上看，英国在第一次世界大战结束前的合并，绝大多数是水平式的合并，垂直式合并并不多见。

1880—1918 年间英国企业“大的合并”分类

（凡 1889 年前消失的企业价值在 25 万英镑以上，1900 年以后消失企业的价值在 50 万英镑以上的合并，称为“大的合并”）[②]

		水平式合并	垂直式合并	多种经营式合并	总数
“大的合并”数	绝对数	64	9	1	74
	百分比	87%	12%	1%	100%
“大的合并”中企业消失的数目	绝对数	643	11	1	655
	百分比	98%	2%	0%	100%
“大的合并”中企业消失的价值额（百万英镑）	绝对数	116	10	0.6	126.6
	百分比	92%	8%	0%	100%

从部门来看，英国大多数企业合并发生在纺织和食品工业中，

---

① 莱斯利·汉纳（Leslie Hannah）：“英国加工工业中的企业合并，1880—1918”，载《牛津经济文汇》，1974 年 3 月，第 10 页。

② 同上书，第 11 页。

其他许多工业部门中几乎没有发生合并。而垂直式的企业合并只发生在钢铁和造船工业中。[①] 在纺织和食品工业中，尽管合并数最多，然而这些部门本来的企业数就非常众多；即使有些合并，少数合并后的大企业仍未能集中掌握本部门的大部分产量和销售量。

当然，垄断在英国最终仍是缓慢地发展起来。在电气器材、化学、有色金属冶炼、造船、武器制造等工业部门中还是先后出现了少数几家在本部门内举足轻重的大公司。1919 年时，英国最大的一百家工业企业净产值占全国工业净产值的 15%左右。[②] 从这个意义上说，仍可把垄断看作进入帝国主义阶段后英国经济的特征之一。

二十世纪二十年代内，英国的企业合并和垄断形式继续有所发展。长期的经济停滞和国外传统工业品市场的缩小，使企业合并趋势加强了；某些企业在进行技术改造的同时，加强了对银行资本的依赖性；在英国政府的支持下，汽车制造、化学工业、钢铁等部门的大公司得到进一步扩张，增强了它们在本行业中的地位。但在企业组织形式和规模方面的更重要的变化，开始于三十年代经济危机期间。空前严重的经济危机打击了英国经济，使得历史上曾经阻碍或不利于生产和资本集中的条件相继消失。只是在这以后，英国经济才以一个高度垄断化的资本主义经济的面貌出现，但

---

① 莱斯利·汉纳："英国加工工业中的企业合并，1880—1918"，载《牛津经济文汇》，1974 年 3 月，第 11 页。

② 普雷斯(S. J. Prais)："工业集中程度发展的新看法"，载《牛津经济文汇》，1974 年 7 月，第 284 页。

与美国和德国相比，它又落后了三四十年。

还应当注意到，正是从三十年代起，在英国新工业部门和新式工业企业发展的同时，英格兰中部和南部作为一个新工业区发展起来了。传统工业区，即英格兰北部开始衰落。英国工业重心的转移以及由此发展的地区经济不平衡性，对后来的英国经济和社会有着重要的影响。[①]

生产和资本的集中以及在这一集中的基础上形成垄断，这只是企业经营管理方式变化的一个方面。另一方面是：从三十年代起，在英国也开始缓慢地发展作为现代资本主义企业经营管理特征的经理制度。虽然十九世纪末二十世纪初英国已经实行了一些企业合并，但其经营管理方式仍是落后的，从而管理效率不高。而管理效率不高，又成为企业合并的一种阻力。[②]

经理制度是资本的所有权同资本的使用权互相分离的产物。这一制度在股份公司形式的资本主义企业中表现得最为充分，但在家族经营和合伙经营的资本主义企业中也同样有所表现。在经理制度之下，资本家的代理人直接从事经营管理活动。尽管在企业的性质上与过去由资本家直接经营管理时并无原则的区别，然而经营管理方式的改变仍然是不可忽视的。经理制度的发展使得大多数资本所有者完全脱离了企业的生产和销售方面的组织与管理，而变为纯粹的食利者。从这个角度来看，这种情况确实反映了

---

① 鲁宾斯坦(W. D. Rubinstein)：“现代英国的财富、名流和阶级结构”，载《过去和现在》，1977 年 8 月，第 124—125 页。

② 莱斯利·汉纳：“经营管理上的创新和两次大战期间英国的大规模公司的兴起”，载《经济史评论》，1974 年 5 月，第 266 页。

资本主义的寄生性加强的一面。与此同时,经理制度把一批既能按照资本家的意图办事,又能利用自己的经验、知识、技能使企业的经济效率增加的资方代理人提拔到企业的重要负责岗位上,并且使得这些资方代理人之间相互竞争,使那些被认为不够称职的人被撤职,使竞争中的优胜者得以在自己的职权范围内把企业的生产和销售组织得更完善、更有效率。如果没有经理制度,像在十九世纪的英国那样,各种企业的发展都受到创业者本人寿命的限制。继承人聪明能干,那么企业在下一代人手里可能发展;否则,企业的发展就到了尽头。[①] 所以经理制度的确立反映了资本主义制度本身的一种调节机能,即能够通过自身内部的调整使生产关系局部地适应生产力的发展,而避免生产关系与生产力之间的全面不相适应。

经理制度作为现代资本主义企业经营管理的一种普遍性的现象,它的发展应当具有以下三个基本条件。第一,企业的规模较大,雇用工人的数目较多;第二,企业使用的技术较复杂,从而需要比较专门的生产和销售业务知识和经验;第三,企业处在几乎是瞬息万变的市场环境中,它有必要及时地、准确地大量掌握市场的信息,作出决策。唯有在具备了这样三个基本条件时,企业的所有主们才会迫切感到实行经理制的重要,他们认为这时自己不如退居幕后,只掌握大政方针,而把具体经营管理的职责交付给精心挑选出来的代理人,并容许后者在一定范围内可以放手去组织生产和

---

① 普雷斯:“工业集中程度发展的新看法”,载《牛津经济文汇》,1974 年 7 月,第 283 页。

销售。因为如果不这样，企业就会不适应市场情况，利润率将下降，甚至会在竞争中倒闭。在美国，这一变化在二十世纪二十年代就已比较明显，上述这三个促进变化的基本条件在那里已经具备。1932年贝利和米恩斯合著的《现代公司和私有财产》一书，最早概述了在美国经济中所发生的这种变化。但在二十年代的英国，上述条件还未具备。尽管二十年代内也出现过一次合并高潮，像帝国化学工业公司和尤尼莱佛公司这样的大企业就是这时建立的，但除了新合并而成的少数大公司而外，大多数公司仍旧按照传统的方式经营。只是在经历了三十年代经济危机的严重打击之后，英国许多企业的所有主才感到发展经理制度对于企业的重要性。企业的大规模合并，在集中基础上形成的垄断，新工业部门的发展和原有的企业对于固定设备进行技术改造的需要，这一切基本上是与经理制度的发展并行的。①

作为现代资本主义企业经营管理特征的经理制度，是一种新型的技术人员管理体系。不能把经理制度仅仅理解为个别资方代理人代替资本所有者本人包办企业的一切生产和销售事务。在资本所有者挑选的少数资方代理人之下，还有若干名适应现代企业经营管理的职能人员，他们各有专长，分工负责，构成一个阶梯式的技术人员管理体系。要使这个体系发挥作用，还应当有相应的较先进的通信技术工具和计算手段。商业电话系统和计算器的应

---

① 弗洛伦斯(P. S. Florence)在《大公司的所有权、管理与成就》(伦敦，1961年)一书中认为，1936年至1951年间在英国有着十分明显的所有权与管理相分离的趋势，即“经理革命”的趋势(第186—187页)；在1951年，英国的大公司中大约已有三分之二不归所有主本人管理了。(第85页)

用从技术上促进了经理制度的推广。这也是三十年代英国在经营管理方面的一个变化，而在较早一些时候，由于缺乏这些技术创新，大型公司中的技术人员管理体系即使建立起来，仍难以发挥作用。[①] 当然，即使在三十年代以后，企业经理制度在英国的发展也不是一帆风顺的。英国社会上重视文官、轻视企业经营的风气严重地影响到经理的素质。正如长期执教于剑桥大学的经济学家鲁滨·马里斯(Robin Marris)所批评的，英国的企业经理们的教育水平低，受到良好教育的人不愿进入英国企业界。马里斯说：“我在剑桥大学执教二十五年，我的学生中没有一个人到工业中去工作。”[②]这种情况与美国形成鲜明的对照。

第五节　英国进口倾向较高的原因何在？

“世界工厂”的历史给英国留下的是陈旧的生产部门、墨守成规的技术和落后的经营管理方式。新生产部门由于内外阻力重重而迟迟得不到发展；眼光短浅、盲目自信与自满，使得新一代技术力量形成缓慢；落后的经营管理方式则带来了经济的低效率。英国经济的增长率放慢，并且它先后被美国和德国所超过，这不是偶然的。

英国工业的长期缓慢增长对国民经济造成的影响是深刻的。从国家财政的角度看，这是英国财政不可能扩大收入的重要原因

① 莱斯利·汉纳：“经营管理上的创新和两次大战期间英国的大规模公司的兴起”，载《经济史评论》，1974 年 5 月，第 257 页。

② 《经济学家》，1978 年 4 月 22 日，第 27 页。

之一，因为英国财政收入来源的基础是企业收入和职工收入，而企业收入和职工收入又同劳动生产率的增长密切联系在一起。从对外贸易的角度看，英国工业长期缓慢增长的直接后果是工业结构和贸易结构的失调以及由此引起的较高的进口倾向。

三十年代经济危机期间，通过企业合并高潮、新部门的发展和新技术的采用，这种结构失调的情况与过去相比，确实有所好转。但由于结构失调的长期性和严重性，情况不可能完全扭转过来。而在第二次世界大战结束后，问题又变得尖锐起来，因为从这时起，世界科学技术进步的速度日益加快了。第二次世界大战后的二十年内，资本主义国家又一次发生了重要的技术变革。英国对此是缺乏准备的。它不像西德和日本那样在战争废墟上重建自己的新工业。与其他主要资本主义国家相比，英国工业结构变动相对说来仍然较慢。英国国民经济发展局首席经济学家潘尼奇把五十年代后期到七十年代初期的英、法、西德三国的经济情况进行比较后，得出这样的看法。他说，英国平均进口倾向（进口值与国内生产总值之比）之所以高于法国和西德，固然与英国自然资源状况有关，但不能过高地估计自然资源条件的作用，还应当看出英国的工业结构方面的问题，即西德和法国的工业专业化程度是高于英国的，因为英国不仅初级产品进口值与国内生产总值之比高于法国和西德，而且它的加工产品进口值与国内生产总值之比也高于法国和西德。[1]

[1] 潘尼奇（M. Panić）：“为什么英国的进口倾向高？”，载《劳埃德银行评论》，1975年1月，第3—4页。

英、法、西德平均进口倾向的比较[①]

（进口值与国内生产总值之比）

（单位：%）

	英国		西德		法国	
	1957	1972	1957	1972	1957	1972
初级产品	11.2	9.8	5.2	6.6	5.2	4.8
食物、饮料、烟草	6.0	4.7	2.4	3.0	1.9	1.7
基本原材料	4.1	2.8	2.3	2.1	2.0	1.5
燃料	1.1	2.3	0.5	1.5	1.3	1.6
加工产品	5.1	13.3	2.5	11.0	2.6	9.5
总计	16.3	23.1	7.7	17.6	7.8	14.3

在潘尼奇看来，使英国平均进口倾向较高的更重要的因素是英国对工业品进口需求的收入弹性较高。国内生产总值每增长1%，在英国，加工产品的进口将增加3.09%，在法国增加2.19%，在西德则增加2.14%。[②] 潘尼奇认为这主要原因就在于英国的结构性失衡，而结构性失衡则又是战后长时期内较慢的经济增长、较慢的技术变革和部门结构调整，以及新工业品质量和设计等不如其他发达资本主义国家所引起的。[③] 因此，只要英国国民收入有所增长，它对国外的产品（从食品、原材料到加工产品）的需要量就更大，于是进口额也就增长得更快。

潘尼奇的分析是符合英国经济的实际情况的。可以说，英国

① 潘尼奇(M. Panić)："为什么英国的进口倾向高？"，载《劳埃德银行评论》，1975年1月，第3页。

② 同上书，第4页。

③ 同上书，第11—12页。

工业长期增长缓慢、新工业部门发展缓慢，特别是英国在某些工业生产品的创新方面的落后，使得英国工业必须扩大对国外加工工业品（包括生产设备和新消费品）的需求。至于英国在原料、食品生产方面的局限性对英国进口倾向的影响，虽然有一定重要性，但不是造成较高进口倾向的主要原因。

较高的平均进口倾向对英国经济有着深刻的影响，它既不利于英国维持国际收支的平衡，又不利于英国应付世界经济波动的冲击，特别是世界性通货膨胀的冲击。可见，即使三十年代以后英国在清除“世界工厂”的遗产方面有所进展，但至今仍可以看出这一历史遗产给英国经济带来的困难。并且，这方面的困难决不是英国首相和财政大臣呼吁国内企业界和消费者“购买英国货”这种号召所能克服的。①

英国作为“世界工厂”的历史地位给英国此后经济增长所造成的困难，不仅仅表现于工业内部结构失调和进口倾向较高方面。它还反映于这样一点，即尽管英国比西欧大陆一些国家多投资于研究与发展，甚至更依靠国家投资于研究与发展，但由于工业内部结构和劳动力结构不适应或其他条件的影响，英国的经济增长率仍然赶不上法国、西德、意大利。比埃·雅莱由此得出一国用于研究与发展的资金多少与经济增长率并无必然的、直接的联系的结论。例如，1964 年，各国用于研究与发展的资金占国民生产总值的百分比是：英国——1.40%，法国——

① “为什么英国人不买英国货”，载《经济学家》，1978 年 5 月 27 日，第 74 页。

0.95%,西德——1.15%。三国相比,英国的比例是最高的。[①] 由国家拨款用于研究与发展费用占国民生产总值的百分比是:英国大约是0.70%以上,法国大约是0.57%以上,西德大约是0.46%以上。三国相比,英国的比例也是最高的。[②] 然而,无论从工业生产力的形成速度来看,[③]还是从经济增长率来看,英国都是三国之中最低的。这进一步证明了英国身上的旧包袱的沉重,以至于即使靠短期追加研究与发展费用,也扭转不了历史上已经造成的不利形势。

“英国病”的原因是多方面的。“世界工厂”地位的消失及其留下的遗产,是造成“英国病”的一个重要原因,但它决不是唯一的原因。

---

① 比埃·雅莱(Pierre Jalée):《七十年代的帝国主义》,纽约,1973年,第98页。

② 同上书,第102页。

③ 比埃·雅莱用固定资本形成占国民生产总值的比例来说明工业生产力的形成。1960—1964年间,各国固定资本形成占国民生声总值的百分比是:英国为16%—17%,法国为19%—21%,西德为24%—26%。见《七十年代的帝国主义》,纽约,1973年,第99页。

第三章　殖民扩张给国内经济带来的严重后果

这一章将继续对“英国病”的病根进行分析，不过它不是从英国工业在世界市场上的地位变化着眼，而是考察英国多年来的殖民扩张给它国内经济和对外经济关系带来的严重后果。

本章共分四节。第一节简略地说明英国帝国主义的特征，即它是一个老牌帝国主义国家，是一个殖民帝国主义国家。第二节分析英国作为殖民帝国之后国内农业的衰落，以及农业衰落所引起的深刻影响。第三节专就英国殖民扩张与资本外流问题进行分析，说明资本的长期外流对于英国经济的不利性。第四节是本章的小结，说明到了二十世纪三十年代，特别是到了第二次世界大战以后，长期殖民扩张的恶果终于充分暴露出来，经济上表现为国际收支问题的日益严重，政治上表现为海外离心趋势的不断加剧。第二次世界大战结束后的英国不得不为自己早年的殖民扩张史付出沉重的代价。

第一节 英国帝国主义的特征——殖民帝国主义

英国作为“世界工厂”的时间，不过短暂的五六十年。如果要用具体的年代来表示，那么这段时间的起点大体上可定在十九世纪二十年代，终点大体上可以定在十九世纪七十至八十年代。到了七十至八十年代，由于新工业部门的兴起和英国在这些工业方面的相对落后，由于美国和西欧大陆国家相继进行了工业化，从而英国在传统工业部门产品的生产上不再具有以往那种独占的优势，因此，即使英国此后工业仍在发展，但“世界工厂”地位却不再存在了。

相形之下，英国作为殖民大国的历史，却比这长久得多。如果也用具体的年代来表示，那么其起点也许可以上溯到 1600 年前后，因为这时英国战胜了西班牙的无敌舰队（1588 年），成立了东印度公司（1600 年），在北美洲建立了第一个殖民地（1607 年）。十七世纪后半期，由于三次英荷战争的结果，英国奠定了殖民大国的地位。从这以后，英国的殖民地一年年扩大，殖民地对英国经济的重要性也一年年增加。一直到 1902 年英布战争结束，英国的殖民帝国的声势达到了最高点，这也就是我们在本书中一再提到的英国极盛时代的顶峰。这一殖民帝国的解体过程同样拖得很久：第一次世界大战，三十年代经济危机，第二次世界大战，印度次大陆国家独立，苏伊士运河事件，一直到六十年代以来的非洲国家独立高潮，都是英帝国解体过程中的重大界碑。在这个过程中，英国曾不断采取措施来维持摇摇欲坠的殖民帝国，延缓其分崩离析的速度。英国作为一个殖民大国存在的历史，至少有三百年以上。

英国作为“世界工厂”和作为殖民帝国这两个历史事实，都对英国经济的病态有着重大的影响。但这两种影响比较起来，它作为殖民帝国这一点所产生的消极影响，要更加深刻，影响面也更加广泛。

列宁对于英国资本主义发展过程中由于历史特点而形成的“世界工厂”地位和殖民帝国地位作了这样的论述：“从十九世纪中叶起，英国至少就具备了帝国主义的两大特征：(1)拥有极广大的殖民地；(2)拥有垄断利润(因为它在世界市场上占垄断地位)。”①英国的殖民帝国地位比它的“世界工厂”地位更加重要。特别是在英国在丧失“世界工厂”地位之后的一段时间内，即十九世纪最后二十年，它更是加紧抢占殖民地，企图通过殖民扩张来保证获得廉价的原料来源、有利的投资场所和广阔的工业品出口市场。英国资本输出的不断增加充分反映了这一点。在英国，资本输出开始的时间比较早，其数额远远超过同时代的其他资本主义国家，这都是与英国很早就已占领大量殖民地密切联系在一起的。所以列宁在论述英国帝国主义的特征时，把英国帝国主义称作殖民帝国主义。

英国侵占大片殖民地后，加紧对各个殖民地输出资本。通过投资、债权、不等价交换等方式而攫取的海外收入，支撑了整个英国经

---

① 列宁：“帝国主义和社会主义运动中的分裂”，载《列宁全集》第23卷，人民出版社，第110页。

济，给英国资产阶级带来了大量利润。但与此同时，它也给英国国内经济造成了不少困难。这些困难不是在英国成为殖民大国之后立即暴露出来的，它们的暴露需要有一个过程。克拉潘曾经指出，在第一次世界大战前，在英国的对外经济关系中还看不到对英国有什么不利之处。他说，只要能保持和平和海上运输自由，只要殖民地的经济继续发展，那么英国对海外贸易和农产品供应的依赖并不会使英国经济陷于不稳定状态。① 但第一次世界大战使情况急剧变化。在第一次世界大战结束后的长期经济停滞阶段，问题就不断暴露出来了，而到了第二次世界大战结束后，暴露得越来越充分。正因为这些方面的问题由来已久，所以等到它们清楚地暴露出来，迫使英国统治集团感到问题的严重性和迫切性，从而竭力想予以解决时，已经太晚了。这也是历史的报应：殖民帝国自食其果。

第二节　英国农业衰落的基本原因

在考察英国农业衰落问题之前，我们想先澄清一下有关英国经济一般状况的几个观点。例如在研究英国经济时，经常会遇到这样一个问题，即英国经济能否被称作畸形发展的经济？究竟什么样的经济才能被称为畸形的经济？这个问题很难用三言两语讲清楚。一个封闭式的、与世界市场基本隔绝的现代国家的经济，并不一定是非畸形的，因为它可能采取这样的政策，即高度压抑本国居民消费水平，把本国居民的物质文化生活的需求限制在极其有限的范围

① 克拉潘：《现代英国经济史》下卷，剑桥大学出版社，1938 年，第 68 页。

内，从而形成一个表面上虽然不依赖于外国，但实际上经济部门残缺不全、产品品种十分单调的经济体系。同时，一个对外贸易额较大，并且它在国民生产总值中所占比例较高的现代国家的经济，也不一定就是畸形或比较畸形的，因为它可能充分利用了本国资源的有利条件，根据本国的生产和消费的需求，发展了对现代经济和居民日益增长的物质文化需求有用的经济部门，而对外贸易正是建立在这样的基础之上的。由此看来，判断一个国家的经济究竟是不是畸形的，不能简单地以对外贸易额或产品自给率程度作为依据，而应当从实际情况出发来进行全面的分析：一是本国的经济部门能否提供基本适应国内生产和居民物质文化水平日益增长的需求的产品，二是本国的经济资源是否得到了有效利用。

在近代经济生活中曾经出现过不同的畸形化的经济。一种是以生产供出口的初级产品为主的某些国家的经济，亦即通常所说的单一经济。例如，殖民地时期的西非国家的经济就属于这类型。另一种是竭力削减国内民用工业部门的生产，用军事行政手段把居民的物质文化生活方面的需求压缩到勉强维持生活的水平，而利用国内的经济资源来发展军事工业部门或生产供本国一小撮特权者享受的生活用品。这种类型的经济虽然不是普遍的，但它在近代经济生活中确实存在过，或者说，在某些国家的历史上的某个时期内确实出现过。一个明显的例子就是希特勒统治下的德国经济。然而英国经济一般地说不属于上述任何一种类型。除了第二次世界大战和战后初期外，它的居民的物质文化生活方面的需求并未受到政府当局有意识的压抑。国内某些经济部门的衰落和该部门产品供应的减少，一般都能被进口品的增加所抵偿。英国更不是出口初级产品的单一经济的国家。

在研究英国经济时，还经常会遇到另一个问题，即英国经济中服务部门的不断扩大，能否被看成是经济的寄生性和腐朽性的反映？

实际上，扩大着的服务部门（包括金融、保险、科教文化事业等）是现代经济增长的不可避免的产物。这是一种正常的现象。任何国家在实现工业化之后，由于社会经济增长的需要，以及由于服务部门的劳动生产率增长较慢，生产部门就业人数在总就业人数中所占的比重都会下降，服务部门就业人数所占的比重会上升，服务的项目则会不断增加。英国并不是例外。以英国战后经济结构变化的趋势来说，生产部门的增长速度较慢，服务部门增长速度较快，是一个符合经济增长规律的情况。例如，从 1956—1957 年到 1977—1978 年的二十一年内，平均每年产值（按英国国内生产总值的计算方法计算）的增长率是：①

农业、林业、渔业	2.3%
工业	2.3%
交通运输业	2.6%
商业	2.1%
金融保险业	4.5%
专业和科学服务	3.2%
其他各种服务	2.1%
整个国内生产总值平均年增长率	2.4%

从上表可以看出，虽然某些服务部门发展较快，但物质生产部

① 雷（G. F. Ray）："1956—1978 年英国经济结构的变化"，载英国《全国社会经济研究所经济评论》，1979 年 8 月，第 40 页。

门也在增长，所以这并不是反常的现象。而且，也不能认为目前生产部门和服务部门在英国国民经济中的地位已经颠倒过来了。下列统计表可以说明这个问题。[①]

各部门产值在国内生产总值中所占的百分比*　（单位：%）

年份	农林渔业 (1)	工业（包括建筑业） (2)	交通运输业 (3)	商业 (4)	金融保险业 (5)	住宅所有 (6)	专业和科学服务 (7)	其他各种服务 (8)	行政、国防部门 (9)	国内生产总值
1956—1957	2.8	40.6	7.7	9.8	4.4	6.0	10.5	7.6	10.6	100.0
1977—1978	2.9	39.8	8.1	9.3	7.0	5.8	12.4	7.2	7.5	100.0

*　按英国国内生产总值的计算方法计算，即把国内一切货币收入均计入国内生产总值。

上述九栏中，一、二、三、四栏之和，1956—1957 年是 60.9%，1977—1978 年是 60.1%；五、七、八栏之和，1956—1957 年是 22.5%，在 1977—1978 年是 26.6%。可见，不能仅仅用服务部门的较快增长得出英国经济结构畸形化的结论。我们应当注意到上述倾向，但不能夸大它，更不能认为这就是英国不同于其他发达资本主义国家的或英国唯一具有的经济结构特点。

在这里还可以提一下格尔森尼的新见解。他详细地考察了第二次世界大战以后英国家庭的支出格局，得出了下述结论：个人支

① 雷："1956—1978 年英国经济结构的变化"，载英国《全国社会经济研究所经济评论》，1979 年 8 月，第 40 页。

出中用于服务的部分所占比重是日益减少的，用于自我服务的商品项目的支出所占比重是日益增长的。例如在英国，从1954年到1974年，家庭用于交通的劳务支出所占比重从3.5%下降到2.4%，而用于车辆购置的费用所占比重则从3.5%上升到11%；用于家务的开支（如洗衣等）所占比重从1.6%下降到0.8%，而用于家用机械设置（如购买洗衣机等）所占比重由0.8%上升到1.7%，上影院和剧院的开支所占比重由2.0%下降到0.8%，而购买电视机的支出所占比重则从1.4%上升到3%。作者提出的看法是：一个自我服务经济（self-service economy）正在形成中。他的这番论证，被认为动摇了传统经济学中关于工业化后服务支出比重一定日益增大的概念。[①] 如果这种观点可以成立，那就更不能把服务业在国民经济中占较大比重看作英国经济寄生性或腐朽性的表现，因为服务业在某些方面正在被自我服务经济所代替，自我服务经济还有进一步增长的倾向。难道能把自我服务经济的形成和扩大也当作英国经济寄生性或腐朽性的表现吗？

那么，能不能把英国对国外工业原料需求量较大看成是英国经济的畸形性或寄生性呢？如果这样看待，那也是不妥当的。

一国因本身资源不足而无法满足国内对某种工业原料的需求，是正常的现象，因为在现代经济生活中，各国的经济资源条件不同，如果不是采取压抑国内物质文化生活需求的做法，那么很难设想一个国家能够完全无求于其他国家生产的工业原料。何况英

① 格尔森尼："工业社会以后，自我服务经济的出现"，伦敦，1978年，参看《经济学杂志》，1979年3月，第207页。

国是一个地处北温带的、面积并不大的岛国，它需要进口本身不能生产的工业原料。例如，英国本土不产棉花，要建立和发展本国的棉纺织工业，必须进口棉花；英国本土不产橡胶，要建立和发展本国的汽车工业和其他某些工业部门，橡胶的进口也是必要的。在北海油田开发之前，英国必须从国外进口石油。要知道，这种情况在任何一个工业化的国家都是可能出现的。

当然，我们不把服务部门的不断扩大和因英国本身资源条件而必须增加的工业原料进口看成是英国经济寄生性的反映，这并不等于说这两种情况对英国经济的影响可以忽视，也不等于否认这两种情况与英国成为殖民帝国这一事实之间没有联系。实际情况是：由于英国很早就成了殖民帝国，所以在工业化进行过程中，服务部门的发展也就比较早一些，因为服务部门中一部分从业人员很早就已依靠来自殖民地收入的再分配为生；同时，也正是由于英国很早就成了殖民帝国，把殖民地当成工业原料的廉价来源，因此在发展国内的有关工业部门时，较少关心代用品的生产，较少研究节约工业原料的新技术和新生产方法，也较少考虑发展以合成原料代替天然原料的新工业部门。这一点与德国很不一样，例如德国的化学工业在某种程度上就是为了保证工业原料的供应而发展起来的。

同样的道理，虽然我们不能把英国经济说成是畸形发展的经济，但不能否认英国农业的衰落毕竟是英国成为殖民帝国以后经济上发生的一个重要变化。这个变化对于英国经济的消极影响是不可低估的，下面我们将较详细地分析这一变化及其带来的后果。当然，英国农业的衰落不能用乡村人口在人口总数中的比重的下降或用农业中使用的劳动力绝对数的减少来说明。这也是一国经济增长过程中的正常现象。例如，从1901—1961年英格兰和威尔士就业结构来看，从事农业（包括渔业）的人数在总就业人数中所占的比重如下：1901年——9%，1911年——8%，1921年——7%，1931年——6%，1951年——5%，1961年——4%。[①] 这种情况不仅存在于英格兰和威尔士。可以说，所有工业发达的国家都有类似的过程。

英国农业的衰落主要表现于食物自给率的下降，而这一点正是帝国内部区域分工的结果。

关于英国农业衰落问题，有必要从历史上谈起。

直到十九世纪初期，英国仍然是一个农业比较发达、食品基本自给的国家。历史上以大规模剥夺农民土地而著称的圈地运动，为英国资本主义的发展准备了条件。圈地以暴力手段强使农民与土地分离，它准备了工场手工业中可以使用的雇佣工人和工场手工业产品可以销售的国内市场。但就客观效果而言，圈地不仅促进了英国农业中资本主义关系的发展，还加速了英国农业生产的增长和农业劳动生产率的提高。

英国农业中资本主义的发展是通过大规模地圈占农民土地的途径实现的。圈地的结果，形成一批由富裕农民、商人、企业主转化而来的资本主义租佃农场主。资本主义性质的租佃制发展起来了。就生产关系的角度来看，这是一场革命，因为它以资本主义生

① 海尔赛（A. H. Halsey）编：《1900年以来英国社会的趋势》，伦敦，1972年，第279页。

产关系代替了传统的前资本主义生产关系。由于圈地而发展起来的牧场和农场，提供了羊毛、肉类和粮食。羊毛是主要产品，它既供应国内毛纺织业的需要，也大宗出口。而肉类和粮食的增产供应了日益增长的城市人口的需要。据十九世纪初期的记载，农村生产出来的食品通过船只和大车源源不断地输入城市，城市中旧式的市集和新式的商场同时并存。由农村赶到伦敦和其他主要工业城市去屠宰和出卖的牲口群，往往把街道拥塞得水泄不通。食品市场十分兴旺。英国的主要食品，当时至少95%是本国生产的。而食品中最主要的一项——小麦，直到十八世纪晚年都有一部分出口。十九世纪初期的某些丰收年，小麦仍有少量出口；即使在歉收时期，除个别年份而外，小麦进口量（包括面粉）并不大。

英国农业的衰落既不能归因于圈地运动，也不能被看成是英国实现了产业革命和成为“世界工厂”的必然结局。英国农业的衰落，特别是在食品供应方面之严重依赖于世界市场，主要是英国作为殖民帝国，把殖民地当作自己的农业生产基地，并力图以廉价的生产成本来维持自己的工业品竞争能力所造成的结果。换句话说，英国资产阶级在建立这样一个空前庞大的殖民帝国之后，为了经营它、保持它，按照区域比较利益观点而实行了帝国内部的区域分工，牺牲了对本土虽有重要意义，但生产成本较大、经济利益较小的农业部门，其结果就引起了农业的衰落。这种情况对于一个殖民大国来说，是并不罕见的，恰如两千年前的罗马帝国竭力把北非变成自己的粮仓，而听任意大利半岛的农业衰落一样。只不过当年的罗马帝国是在奴隶占有制基础上安排帝国内部的区域分工，而英国殖民帝国则是在资本主义条件下这样做的。

英国农业的衰落也不能看成是资本、劳动、土地三者比率不协调的结果。英国与美国、印度相比，生产要素的比率是不一样的。美国资本和土地充足，劳动力不充足。印度劳动力充足，资本和土地并不充足。英国则是资本和劳动力都比较充足，但土地并不充足。[①] 但这种情况并不一定注定农业衰落，因为在生产要素的比率上，法国和丹麦也属于这一类型，而法国和丹麦却是农业在国民经济中占有重要的地位的国家。它们的农业一直是发达的。

英国农业部门的被牺牲，严格地说来开始于1846年废除谷物法以后。谷物法原是英国地主阶级为了保证自己出售粮食的收入，要求政府实行的农业保护政策。谷物法的废除显然有利于工业资产阶级，因为它取消了对粮食进口的限制措施，抑制了粮食价格以及与此有关的生活资料价格的上升趋势，使英国的工业品能更加顺利地进入其他国家的市场。然而对于英国的农业生产者却带来了十分不利的结果。农产品价格的低廉，不仅使农业现期收入减少，而且由于预期收入的无法保证，促成了农业中长期投资不足。但农业衰落的过程在十九世纪五十年代到七十年代，仍是比较缓慢的。农产品价格的下跌幅度并不十分显著，某些歉收年份仍然上升，国外进口的粮食数额虽然增长，但工业的发展和城市人口的增加却减缓了农产品价格的下跌趋势。英国的农场主们在这段时间内意识到谷物法废除后出现的新情况对自己的影响，因此想通过农业技术改良来弥补所遭受的损失。农业的半机械化缓慢

---

① 斯奈德：《国际经济学导论》，第6版，伊利诺伊州霍姆沃德，1975年，第119—120页。

地但持续地进行着。农业机器的采用、排水工程的建设、家畜品种的改善、施肥方法的进步，相对于十九世纪前半期而言，速度仍是加快的。这些年内，英国农村的人口大体上仍保持不变。以往流行的一种传统看法是：英国产业革命完成后，或英国成为“世界工厂”后，英国农业就立即衰落下来了。这种看法是不符合历史事实的。

英国农业急剧的变化开始于十九世纪七十年代。[①] 从整个世界的形势来看，这是资本主义长期农业危机的时期，也是世界粮食价格显著下跌的时期。海上运输业的发展和运输费用的降低，使得北美和东欧的比较廉价的粮食得以大量涌进欧洲。这时对英国打击较严重的是种植小麦、燕麦和大麦一类谷物的农场主。对于家畜饲养业的打击还不那么严重，因为在谷物已经越来越依赖国外进口的八十年代，国内的肉类消费基本上仍是自给的。乳制品和羊毛也基本上自给自足。然而又过了二十年，到二十世纪初，不仅英国的谷物种植业进一步遭到打击，而且家畜饲养业也呈现了严重的衰落。因此，英国农业的衰落，主要是在十九世纪末期。十九世纪末期的英国，已经丧失了“世界工厂”的地位。但作为一个殖民帝国，英国的势力正在急剧膨胀之中。可见，同英国农业衰落直接有关的，与其说是英国的“世界工厂”地位，不如说是英国的殖民扩张活动。据统计，到第一次世界大战前夕英国食品的低自给

---

① 迈克尔·福尔斯(Michael Fores)在“英国经济增长和1870分界线”(载《劳埃德银行评论》,1971年1月)一文中，虽然不恰当地说英国早在1870年就已走上衰落的道路，但至少有一点说对了，这就是他认为英国农业形势变化的转折点是在十九世纪七十年代。

率已经非常显著。自给率是:小麦和面粉79%,大麦42%,燕麦21%,牛肉39%,黄油40%,乳酪20%,猪肉56%,蛋65%,羊肉46%,牛奶5%。[①] 这时,来自国外产地的农产品和畜产品,以其较高的质量和较低的价格,使英国的农场陷于真正的困境中。

英国农业的衰落和在食品方面对国外市场的依赖性的加深所造成的严重后果,在第一次世界大战期间暴露得异常充分。英国政府不得不采取措施,鼓励发展本国的农业生产,特别是种植谷物。这在由于战争而引起的农产品价格上升的条件下,收到了一些效果,但大战结束不久,二十世纪二十年代的长期农业危机引起的农产品价格猛跌,使英国政府在这方面的努力徒劳无功。虽然在第一次世界大战结束以后,英国的养牛业和养猪业都有所发展,但饲料的供应远远不能满足需要,从而增加了对国外饲料的依赖程度。

英国政府正是从殖民帝国的角度来考虑农业问题的。农业是一个牺牲品。在英国政府看来,要维持这样庞大的殖民帝国,要使得英国资本在各个殖民地、自治领、保护国的利益得以巩固,使这些地区和国家成为英国工业品的可靠的销售市场和英国资本输出的有利场所,那么应当让这些地区和国家有可以输入英国销售的产品,让它们同英国之间的商品贸易有较长期的配合。这些地区和国家所生产的,能运入英国销售的,并且又被英国所需要的产品中,除了它们特有的矿产品而外,主要就是农产品,包括工业原料和食品。有些工业原料和食品是英国自己限于资源条件而不生产

① 克拉潘:《现代英国经济史》下卷,剑桥大学出版社,1938年,第119页。

的，如棉花、茶叶、咖啡、可可、烟草、蔗糖等，有些工业原料和食品则是英国可以生产，或者曾经生产或正在生产的，但一方面由于英国本身生产的成本较高，另一方面由于英国要维持同这些地区和国家的贸易关系，只好容许这些地区和国家的农产品进口；否则英国工业品对它们的出口无法长久持续下去，这些地区和国家的经济不稳定还会引起政治上的动乱，进而损害英国的殖民帝国利益。

正因为如此，所以除了从战争时期国家利益的立场着眼，认为有必要减少英国在食品和饲料方面对国外市场的依赖性而外，英国资产阶级考虑得更多的是整个殖民帝国内部的区域分工的利益，以及一旦英国恢复农产品自给后可能给整个殖民帝国带来的经济和政治的危害。三十年代经济危机爆发后，英国为了调整帝国内部的经济关系和加强对殖民地、附属国的控制而建立的帝国特惠制与英镑集团，都持有这样一个打算，即继续把殖民地、附属国当作自己的农产品供应基地，而以牺牲国内农业部门作为代价。这样，英国的小麦、面粉和其他谷物的主要供应者一直是加拿大、澳大利亚和阿根廷；饲料的主要供应者是阿根廷和英国在亚洲的殖民地；肉类食品的主要供应者是澳大利亚、新西兰、阿根廷；乳制品的主要供应者是澳大利亚和新西兰。其中，加拿大、澳大利亚、新西兰是英联邦中的自治领，阿根廷在第二次世界大战以前则是英帝国势力范围内的一个名义上独立、实际上受英国控制的国家。此外，丹麦作为英国的肉类食品和乳制品的部分供应者，当时也是英镑集团的成员国。在英国政府看来，只要能维持自己对自治领、殖民地和势力范围的控制，英国的农产品供应就有所保证，英国帝国内部的比较利益就能实现，因此国内农业问题并不紧迫。

第二次世界大战爆发后,情况有所变化,粮食供应问题空前严重,迫使英国政府再次采取奖励措施来发展农业生产。大战结束后,由于战后初期食物仍然十分不足,而且英国国际收支问题也越来越严重,英国政府不得不从发展生产着手来逐步改变自己在农业上的不利处境。这一政策上的改变对战后英国农业的发展是起了一定的作用的。① 但要使英国农业在长期衰落之后再度成为国内的重要产业部门,显然不是一件容易的事情。②

第三节 殖民扩张与资本外流

在考察英国作为殖民帝国而使自己遭受的困难时,通常都把英国资本输出看成是英国殖民帝国经济的特征之一,并认为资本输出使英国经济长期停滞和衰落。这种看法是正确的,但还不够全面。要知道,作为英国殖民帝国经济的特征而言,英国资本不仅仅是向国外输出,而且是向国外转移。资本输出指的是一国资本所有者为了获得高额利润,向国外进行投资或贷款。在这种场合,资本是输出的,收入是回流的,即使部分收入被用作在当地再投

① “英国农业的变化:政府的政策和农业生产”,载《密德兰银行评论》,1964 年 8 月,第 11—12 页。

② 关于第二次世界大战以后英国农业的发展概况,参看李崇淮教授的“战后英国农业发展概况”一文,载《西欧经济论文选》,福建人民出版社,1980 年。李崇淮教授写道:“就整个英国资产阶级来说,投资农业不如投资海外或投资到国内其他企业有利。……加之,由于通货膨胀,农业生产成本不断增加,而农产品售价却由于因袭殖民帝国对农产品进口的低价政策而受到限制,因而利润没有把握,靠国家补贴来维持农业收入也是有限度的。”(第 408 页)这一分析符合实际情况。

资，但投资和投资收入的回流毕竟是资本输出的经济目的。资本流动通常包括短期资本流动和长期资本流动。在考察长期资本流动时，资本转移指一国资本所有者把资本转移到国外，转化为所在国的资本。这种转移不发生或基本上不存在投资和投资收入的回流问题。英国的资本外流包括了两个部分，一部分是资本输出，另一部分是长期资本流动意义上的资本转移。在前一种情况下，输出的资本毕竟是英国的资本，投资收入也毕竟是英国的投资收入；在后一种情况下，转移出去的资本已不再是英国的资本，而成为所在国的资本了，这种资本的收入也不再是英国资本的收入。

从历史上看，英国在产业革命以前的二百年，曾经是一个资本由国外移入的国家。意大利各城市衰落后，意大利的银行家把资本转移到伦敦来经营金融业；西班牙和葡萄牙对犹太人的迫害，使得犹太人带着他们的资本来到英国；接着，来自法国的新教徒也携带了他们的资本进入英国。由国外移入的大量资本，成为英国资本的组成部分，它们对于英国资本主义工业化初期的经济发展起过重要的作用。然而自从英国成为一个拥有大片海外殖民地，以及把世界上不少地区和国家变为自己的势力范围之后，对英国来说，资本流动的方向便发生了变化，英国变成了一个资本外流的国家。英国越是成为一个殖民大国，资本外流的数量就越大（其中既包括输出的部分，也包括转移的部分）。

当然，英国在实现工业化之前，就已有许多移民前往美洲，他们携带出去的那部分资本，从定义上说也可列为外流的资本之列，但其性质和原因与我们在本节中所要考察的这种资本外流是不同的。那个时期的移民以及随同移民一起移到国外去的资本，不管其数量多少，都不能说明这些资本的相对过剩性质。这种外流是经济不发达条件下的产物。而且这种外流与英国的殖民帝国地位并无必然的联系，因为在美洲并未占领大片殖民地的北欧人、南欧人、东欧人，当时也同样向新大陆迁移，在那里定居，并在迁居时携带了一部分资本。而十九世纪中期以后，英国资本的外流(包括资本输出和资本转移)则明显地具有另一种性质。这种外流是经济发达条件下的产物，它同英国国内形成的资本过剩有关，也同它的殖民帝国地位联系在一起。据艾德尔斯坦的研究，从十九世纪末年起，英国的资本输出在很大程度上受到英国国内经济结构的影响，即英国经济容纳不了过剩的资本，而形成了资本输出的强大的推力。[①] 只是到了二十世纪初，由于对矿产品和工业原料需求量的急剧增加，由于英国殖民地的投资变得越来越有利，这些地区的赢利机会对英国资本的拉力越来越大，英国资本输出的这种内在的推力才相对地减弱。但总的说来，英国资本输出的推力仍是不可忽视的。[②]

下面先分析外流的资本中的资本输出那一部分。

资本输出或者采取生产资本输出的形式，或者采取借贷资本输出的形式。这两种形式都是资本输出者对资本输入国的劳动人民进行剥削的手段。从十九世纪中期起，英国资本既采取生产资本形式，也采取借贷资本形式，向殖民地、附属国和其他国家输出。

---

① 迈克尔·艾德尔斯坦(Michael Edelstein)："1870—1913 年英国对外投资的决定性因素"，载《经济史杂志》，1974 年 12 月，第 1003—1004 页。

② 同上。

其中最重要的投资对象，包括印度政府的债务和印度铁路证券、美国铁路证券和城市公用事业证券、埃及政府的债务和苏伊士运河的股份、土耳其政府的债务、阿根廷铁路证券、加拿大政府的债务和铁路证券，以及对西欧大陆国家（德国、西班牙、意大利等）的债务和各种建设项目的投资。据 1913 年统计，英国对外投资的40％投于铁路证券，30％投于外国政府或市政债务，5％投于公用事业，15％投于工商业和金融业，大约只有 10％投于原料或采矿业部门。[①] 从二十世纪初年到第一次世界大战前夕，英国对外投资在国民经济中的意义越来越重要。从 1870 年到 1913 年，英国输出的资本等于其国民收入的 4％，并占其资本形成总额的 40％。而在这一时期的最后十年，英国输出的资本竟等于其国民收入的7％，并占到其资本形成总额的 75％—80％之多。[②] 除了英国原有的殖民地（尤其是印度和加拿大）、传统的资本输出地区（像美国和西欧大陆国家）与一直受英国控制的名义上独立的国家（尤其是阿根廷、埃及、土耳其）而外，英国资本还大量渗入拉丁美洲其他国家、东非和南非、中东、伊朗、中国和东欧。英帝国的极盛时代也就是英国资本输出的极盛时代和英国资本在国际资本市场的实力的极盛时代。

英国资本的大量输出从近期来看，是起着促进英国商品输出，从而刺激国内生产增长和维持高度就业的作用的。资本输出与商

---

① 约翰·邓宁：“二十世纪的资本移动”，载《劳埃德银行评论》，1964 年 4 月，第 19 页。

② 同上。

品输出、经济增长、高就业率之间，在近期内保持着相互带动的密切关系。特别是在十九世纪后半期和二十世纪初，这正是世界铁路建设的高潮时期。美国和加拿大横贯大陆的铁路、印度次大陆的铁路，以及其他一些有英国投资的铁路，都是在英国资本输出的同时增加了英国对这些地区和国家的路轨、机车和建筑材料的出口。而这些地区和国家的铁路的兴建，刺激了本地的经济发展和城镇建设，从而又促进了英国对它们的生产资料和消费品的出口。虽然不如铁路投资重要，但对英国经济具有迫切意义的，是英国对于海外初级产品生产方面的投资。英国是从保证自己可以从这些投资地区获得廉价的工业原料这一角度出发的。从投资的数额来说，对初级产品生产的投资要比对铁路和政府债券的投资少得多，但由于这种投资的结果不仅可以因直接剥削当地的劳动者而使英国获得大量利润，而且也因为廉价的工业原料输入英国后，保证英国工业品能够维持其国内外销路，从而起了维持国内经济增长和高就业的作用。例如，对印度次大陆的棉花打包和轧花业以及黄麻生产的投资、对东南亚橡胶种植和有色金属采掘业的投资、对埃及的棉花种植业、对加拿大的采矿业等等的投资，是符合英国资产阶级关于英国殖民帝国内部区域分工的打算的。

同英国经济增长有着密切关系的另一个重要的资本输出项目是与军火贸易有关的国外贷款。英国的军火工业在第一次世界大战以前是世界上最先进的。这种先进性表现于它能出口成套兵工厂和海军兵工厂的设备。而且即使是出售武器成品，英国的军舰、大炮、各种枪支和弹药的质量都比较高。十九世纪末和二十世纪初，英国对国外的贷款中，有一部分就是贷款国用来购买英国的军火工业产品的贷款。其中最有代表性的是意大利、西班牙、土耳其和俄国向英国的贷款和与之相联系的购买军火协定。例如，意大利的波祖奥里兵工厂是在英国阿姆斯特朗公司帮助下建成的，英国的维克斯公司则帮助建立了意大利的维克斯—特尔尼兵工厂。它们是当时意大利最重要的军火工业企业。在西班牙，英国的阿姆斯特朗公司、维克斯公司、布朗公司和约翰·杰克逊公司等一起，帮助建立大型的军火企业。稍后，英国资本又援引在西班牙的例子在土耳其建立了海军兵工厂。而在俄国，英国资本竭力同法国资本竞争，利用日俄战争中俄国舰队覆灭后俄国迫切需要重建海军的焦急情绪，在海军兵工厂的建设方面获得大宗订货。此外，英国还通过给国外一些国家的政府的贷款而乘机推销枪炮弹药，从而兼收贷款利息与军火贸易利润的好处。

因此，从近期来说，英国的资本输出既是在政治上扩张殖民帝国势力的手段，又是在经济上增加剥削收入和维持国内经济繁荣的手段。英国作为当时头号殖民大国与它作为当时的头号资本输出大国，这两者是一致的。

然而资本外流的另一部分，即资本向国外的转移，即使从近期来说，对英国经济也是不利的。这种外流并不以收入回流作为特征。外流的资本已经不再是英国的资本，而成为所在国的资本了。那么，为什么会发生资本向国外的转移呢？如果说历史上犹太人的资本和意大利人的资本向英国的转移基本上是由于政治上的原因，资本主义工业化以前英国等西欧国家的资本向美洲的转移是经济不发达条件下的产物，那么为什么英国在经济上已经成为世界上先进工业国家之后会有资本的向外转移呢？宗教迫害和种族歧视都不存在于这时的英国，而且英国国内政局是稳定的，这些显然都不是促使资本向外转移的原因。因此，对这个问题必须进行较深入的分析。

资本向国外的转移往往是与人口的迁移有关的。移民本身往往携带出去一定的资本。尽管平均每个人携带的数额不会很大，但年复一年，其累计的总数是可观的。此外还有并不与人口迁移直接结合的资本转移，这主要是因为在时间上有一个间隔，即资本的流出在前，移民在后，或者说，一开始可能以购买国外有价证券和不动产的形式输出资本，以后随着资本所有者的迁移或国籍的更换，流出的资本也就转化为所在国的资本了。英国资本之所以在英国成为先进国家之后向国外转移，如果从移民问题的角度来分析，当然有社会学上的原因。英国社会上来自封建主义时代的精神遗产还是相当多的，等级观念和利益集团的排他性起着限制人才成长的作用。于是，垂直的社会流动（指由社会的较低阶层上升到较高阶层）的局限性一般地刺激了水平的社会流动（指社会成员的地区间的移动，包括跨国性的迁徙）。这种情况不能被忽视，我们将在本书第五章中予以考察。如果只从经济方面来分析，那么主要原因在于对更高收入的追求和对更舒适生活的向往。

十九世纪末和二十世纪初，英国正处在极盛时代。就业率是高的，经济是繁荣的。当然，繁荣中也有贫困，高就业率也不等于没有失业者和低工资者。贫困者和失业者想到国外去谋生，这是实际情况。但移民外出的时间往往不是危机年份，而是复苏和高涨年份。移民中多数人不是一无所有的贫民，而是有一定资产的人。他们被加拿大、澳大利亚、新西兰以及美国这样一些利润率较高、收入较多和生活较舒适的地方吸引住了，或者被不仅利润率高，而且能享受到特权的像印度、马来亚、中国香港、东非和西印度这样一些殖民地吸引住了，于是决定离开英国，并且把资本一并转移到那里去。可见，经济方面的主要动力是个人利益的比较，即迁移被认为应当保证高收入、高利润率和更舒适的生活。在英国资本所迁入的地区中，除美国不是英国的殖民地而外，其余都是英国的殖民地。正是英国通过长期经营而建立的殖民帝国地位，使英国公民有条件到这些地方去寻找更大的个人利益。而美国虽然早已不是英国的殖民地，但它毕竟是过去的英国殖民帝国中分离出去的部分，并且直到十九世纪后半期，仍能在某种意义上被看成是英国（或欧洲）的经济上的“殖民地”。马克思在《资本论》第一卷内写道：“美国的经济发展本身就是欧洲特别是英国大工业的产物，目前（1866 年）的美国，仍然应当看作是欧洲的殖民地。”[①] 1890 年，恩格斯在《资本论》第四版上加注说明：“从那时以来，美国发展成为世界第二工业国，但它的殖民地性质并没有因此完全失掉。”[②]

综上所述，可以得出这样的结论：英国外流资本中的资本输出那部分，在经济上受到相对利润率的制约（即资本被投放到利润率较高的地方去），在非经济方面，受到英国政府的政治军事的利益的支配（即政府力求通过资本输出来控制资本输入国或达到其他政治军事目的）；外流资本中的资本转移那部分，在经济上出于个

---

① 马克思：《资本论》第 1 卷，人民出版社，1975 年，第 495 页。

② 同上。

人比较利益的考虑(资本随居民迁移,而移民总是向往个人收入较多、利润率较高和生活更舒适的地方),在非经济方面则受到在国内垂直的社会流动受限制的影响(即由于社会学方面的原因,较低社会阶层的成员难以上升到较高社会阶层)。这两部分的资本外流之所以得以实现,则与英国作为殖民帝国这一事实密切有关。

然而从资本外流的效果来看,资本转移可以看成是国内经济资源的净损失。尽管转移出去的资本可能对国内的某些生产资料有所需求,但其意义已经相当于外国对英国商品的购买,而不具有资本输出的那种投资收入加贸易收入的双重利益的性质。尽管转移出去的资本的收入可能以移民汇款的方式流回国内一部分,但那只可能是少量的,其意义也不等于投资收入的回流。因此,即使在近期内,它也无法起到促进国内经济增长和维持高就业率的作用。对于英国的资本形成而言,它是个负数,而对于迁入的国家来说,这是一笔无需归还、无需付息的从境外获取的新资本。

从长期而言,外流的这两部分资本对英国经济都是不利的。这种不利性清楚地表现在以下三个方面:

第一,英国是在建立了传统工业部门的优势地位之后开始大量资本外流的。与资本输出有关的商品输出中,主要是传统工业部门的产品,如铁路车辆、路轨、初级产品、加工机械、枪炮弹药和船舶等。这就使得英国传统工业部门得以继续增长和保持兴旺。然而这个时期已经是新工业部门开始发展的时期。资本的外流不仅使得国内减少了本来可以被用来投入发展新工业部门的资本,而且资产阶级也认为还没有必要赶紧发展新工业部门,因为传统工业部门的产品因资本输出而得到了销路,这同样可以带来丰厚的收入。所以，资本的外流也是大大拖延英国新工业部门发展的重要因素之一。这对于英国此后的经济增长有着十分深刻的影响。

第二，由于英国资本输出的动力是国外的较高的投资利润率，英国资本随同移民向国外的转移，则是受到国外的较高收入、较高利润率和更舒适的生活的吸引，这样，英国资本的外流实际上也就不断地巩固着和支撑着英国殖民帝国内部的区域分工体制。本国的某些部门，例如农业和采掘业，因成本较高和利润率较低，受到了忽视，国内形成的储蓄不会转化为这些部门的资本，而转为加拿大、澳大利亚和其他英属殖民地的同类部门的投资。本国的某些地区，例如苏格兰和威尔士，资本外流，人口外流，成为国内越来越相对落后的区域，苏格兰甚至变成了供富人打猎和游览的地方。连英国的一些著名的城市也未能避免这种资本外流所带来的消极影响。传统的城市生活环境和生活方式被认为不如海外某些城市舒适，而要改造国内的这些城市的交通、建筑和公用设施，则又被认为是不合算的。资本宁可投放到兴建海外的新城市和扩建那里的旧城市，移民宁可到那里去寻求舒适的生活，而不愿对国内的城市建设进行投资。凡此种种，从整个殖民帝国范围来看，似乎并不成为尖锐的问题，因为这一地区和那一地区的兴起可以互相抵消。然而这种帝国内部的区域分工和区域发展不平衡性，对英国本土而言，其后果却是严重的，因为衰落的是本土，兴起的是有离心趋势的外围地带。本土的衰落恰恰促进了这种离心化。

第三，英国资本的大量外流不仅引起英国殖民帝国内部各个部分的发展不平衡性的加剧，而且引起资本主义世界各国政治经济发展不平衡性的加剧。转移到其他资本主义国家去的资本(例如转移到美国去的资本)是不以收入回流为目的的,因此无论从近期还是从长期来看,它们都有利于移入国的经济。输出的那部分资本对输入国经济的影响则是双重的。输往原来经济不发达的国家的资本(例如输往阿根廷等拉丁美洲国家的资本),通过投资收入的回流确实使当地的财富被榨取,通过资本输入而引起的初级产品生产部门的发展不仅使当地的经济呈现片面的、畸形的状态,而且也使它们此后很长时期在国际贸易上处于不平等的地位,因为初级产品与工业制成品之间存在着显著不等价交换关系。但另一方面,输往这些国家的资本仍然促进了当地经济的变化,即使是单纯投入初级产品生产部门或交通运输部门的资本,也有扩大就业、增加社会购买力、增加对当地其他工农业部门产品的需求、培养当地技术和管理力量等连锁反应。从长期看,英国通过自己的资本输出扶植了潜在的竞争对手,而且是不易战胜的竞争对手,因为一旦当地也建立了与英国相同的工业部门,其工资成本的低廉将会威胁英国在国际市场的地位。最明显的例子就是印度的棉纺织品成为兰开夏的劲敌。至于那些利用英国资本来建立和发展新工业部门的资本主义国家(例如美国和德国),则更是英国的可怕竞争对手。英国的资本输出等于给这些国家输血,资本滋育了这些国家的新工业部门的成长,而其产品则流入英国。作为高利润率和利息率追求者的英国的资本所有者们,在他们作出海外投资的决策时,是不管这一切的。这些分散的决策者总是以自己本身的利息考虑,而很少关心本阶级总体的长远利益。

第四节　英国长期殖民扩张的沉重代价

资本外流是影响英国国际收支的一个重要因素，但国际收支问题并不是资本外流这一因素所能说明的。应当把国际收支看成英国近二百年来整个经济状况变化的一个晴雨表，因为英国作为一个开放经济程度较高的资本主义工业国，作为典型的殖民帝国主义国家，它的主要经济活动和经济的盛衰可以通过国际收支变化而反映出来。

从历史上看，英国在国际收支方面一直是处在十分有利的地位。贵金属流向英伦三岛，早就成为十七至十八世纪欧洲经济史研究者的定论。西班牙和葡萄牙把它们从美洲、亚洲和非洲土地上掠夺来的金银财宝，通过工业品的贸易，部分地交给了英国人。英国的海盗冒险家们公然在大洋上劫掠装载金银财宝的别国船只。英国的奴隶贩子把贩运奴隶作为生财之道，又使英国增添了大量贵金属。在这段时间内，英国不像法国那样把积累起来的钱财挥霍在耗尽国库的连年战争中，也不像荷兰那样宁肯把巨额款项贷放给自己公开的竞争对手——英国，而不把它们用于国内的经济发展。源源不断的贵金属财富流入英国，化为国内用以投资的资本。这样，到了十九世纪前半期，当资本原始积累型的贵金属流入方式终于结束时，英国又以纯粹资本主义方式的贸易出超大国的姿态出现在世界舞台上。工业品出口贸易激增的结果，贵金属继续流入英国。

英国开始进行工业化时，其进口总额虽然也在增加，但出口总额要大得多。这一时期外迁的移民虽然随身携带了一部分资本，但无碍于英国经济的大局。这一时期英国的对外战争的消耗也同样未成为英国国际收支的负担。在这段时间内，只有个别歉收的年份，由于谷物进口的大量增加，才使得英国黄金有所外流。十九世纪中期以后，英国的国际收支形势发生了一些变化。资本输出增加得较快，谷物进口数量和其他工业原料进口数量也以较快的速度增加，加之，由于主要资本主义国家相继实行金本位制，工业上对黄金的需要量日益增长，而旧的世界黄金产地的产量越来越不适应需求，因此英国也感到黄金供应的紧张。但这时能使英国继续保持世界黄金储备上的有利地位和国际收支顺差的主要因素，是工业品出口量的继续增大以及英国的卓有信誉的大银行能吸收国外的大量存款。这样，一直到十九世纪末期，英国的经济学界和政界人士都未把国际收支看成是会使英国处于困难境地的症结。

从十九世纪末到第一次世界大战前的这段时间内，尽管英国的进口总额和资本输出数额又有增大，但不仅海外投资收入的回流这时已达到相当大的数字，而且出口总额的增加也是显著的。此外，英国的各大银行继续吸收海外存款，南非金矿的开发和黄金运入伦敦市场销售，世界贸易的发展和英国作为世界航运者的巨额运输收入，这一切都有利于加强英国的国际收支地位。这时正是英国殖民帝国在实力和声势上达到登峰造极的年份（尽管是极盛时代的尾声）。经济上的兴旺景象掩盖了国际收支中已经明显存在的矛盾。不过问题尚未充分暴露，因为英国作为头号殖民大国的地位还没有动摇。

但如果深入地分析一下英国在第一次世界大战前夕的国际收支项目及其变化趋势，已经可以清楚地看出英国的国际收支的有利地位是不牢固的。对英国国际收支具有关键性意义的两个项目是贸易收支逆差和海外支出费用。而这两方面的问题都是英国为建立和经营庞大的殖民帝国而给自己设下的陷阱。英国为了从殖民帝国的范围内取得食品和工业原料，而把这些殖民地和附属国变成向自己出口初级产品的供应基地。经济越是增长，对食品和工业原料的需要量越大，进口总额也越大。这样，在英国工业品还能顺利进入这些国家和地区时，贸易收支问题还不尖锐，一旦英国工业品遇到了当地工业品或第三国工业品的有力竞争时，问题自然而然地就爆发了。而为了维持这个庞大的殖民帝国，英国必须承担海外军事和行政的巨额支出。即使没有任何意外的事件发生，在所谓的“和平”日子里，这笔费用也是可观的。如果殖民地和附属国发生了反抗英国占领的行动，那么这就会成为英国财政和国际收支的更大负担。同时，这笔负担还与英国为保持殖民帝国地位而建立的一支庞大的常备海军有关，因为海军是支撑这个帝国的主要力量，它是耗掉黄金和外汇的一个巨大的漏洞。关于这一点，到英国殖民帝国解体时表现得十分清楚。

资本的长期外流也是使英国国际收支状况处于不利状态的一个重要因素。正如我们在上一节已经指出的，资本外流中的转移部分是国内资本形成的净损失，其中的输出部分在一定时期内也会促成国际收支逆差的增大。当然，投资收入的回流是能够弥补这一损失的，并且事实上，二十世纪初期英国依靠海外投资而取得的收入也确实在使收支维持平衡方面起了有力的作用。但以下两种情况则是在分析英国国际收支变动趋势时不可忽视的。一是在投资收入回流的同时，国内的资本仍在继续外流，资本向外流动与投资利润回流始终是并存的。当国内有利可图的投资出路相对狭小时，一方面向外的流量将会增大，另一方面向内的流量将会减少，因为其中有一部分或者就地再投资，或者转化为当地的资本，或者又转投于其他国家和地区。二是投资收入回流数量的大小以英国公民持有的国外有价证券和其他能带来收入的不动产的数量大小为转移，后者是一个易变的量，随着英国本身政治经济形势的变化和投资所在国政治经济形势的变化而增减。① 两次世界大战都使投资收入回流数量大幅度减少，因此英国的国际收支也就跟着出现了巨大的缺口。

这样，对于英国的贸易逆差和海外军事行政支出真正能够起到有力的弥补作用的，是银行所吸收的国外存款和英国航运业收入。只要英镑的地位仍是稳定的，只要英国银行的信誉仍是巩固的，那么分支机构遍布世界各地的英国银行就能够吸收大笔国外的存款，并使这些闲散的资金转化为英国的资本和储备。只要英国仍然是世界海洋运输业的最强者，只要世界范围内的贸易和商品运输总量不断扩大，来自航运业的收入始终是稳妥的。这是英国经济的两张王牌。然而，这些都有一个不可缺少的前提，即英国在这些方面的实力不曾遇到其他资本主义国家的挑战，英国必须超过它的竞争对手。同时，这些又都与资本主义世界经济周期的

---

① 约翰·邓宁："二十世纪的资本流动"，载《劳埃德银行评论》，1964 年 4 月，第 19—22 页。

波动有联系。只有持续的世界性经济增长和繁荣才能保证英国取得这些海外收入。如果是持续的、长期的世界性经济萧条，或发生资本主义世界性的货币信用危机，英国从这两项取得的外汇收入大为减少时，英国的国际收支也就会出现危机。

严格说来，英国国际收支方面的问题是在二十世纪三十年代才充分暴露出来的。这是因为：到了这个时候，英国经济中那些本来可以使国际收支保持平衡的因素终于失去了原来的作用，其中最主要的因素是：传统工业品的出口收入，航运业收入，英国银行吸收海外存款的收入，英国对外投资的回流收入。在这以前的十年，即二十世纪二十年代，尽管英国的经济处于长期停滞状态，尽管英国通过第一次世界大战而大大减少了所持有的国外资产的数额，尽管英国无论在世界出口贸易、航运业、银行实力等方面所处的相对地位已不如第一次世界大战以前，但二十年代的整个资本主义世界经济还是相对稳定的。国外的繁荣对英国的国际收支顺差起着重要的维持作用，这正如我们在前面已经指出的，英国作为一个典型的开放经济国家，它的来自国外的各种收入，即各个渠道的外汇收入，随资本主义世界的经济形势的变化而波动，而这种波动对于英国经济的影响要比它对当时其他主要资本主义国家（美国、德国、法国）的影响大得多。因此，从三十年代英国经济受到世界资本主义经济危机的打击而使英国爆发国际收支危机这一点来看，英国经济对世界经济波动的敏感性、英国国际收支地位的不稳定性，以及英国要恢复历史上曾经存在过的国际收支有利地位的困难性，都是非常突出的。

英国国际收支问题的症结何在？很清楚，症结在于英国的殖民帝国地位。正是由于英国建立了一个庞大的殖民帝国，着眼于帝国内部的区域分工，牺牲了国内的农业部门，满足于在各个殖民地、附属国的独占利益，使得食品和工业原料的进口越来越多，贸易收支的逆差越来越大。同样，正是由于英国建立了一个庞大的殖民帝国，而又不断想维持这个殖民帝国的利益，所以它一方面要保持巨额的海外军事行政支出，另一方面要不断输出资本，以便控制这些地区和长期从这些地区获得收入，从而使它背上了一个沉重的包袱——国际收支方面的包袱。

英国很难甩掉这个包袱。如果说三十年代经济危机以前，由于英国对待殖民地的经济政策是自由放任政策（即不干预私人投资者、银行、种植园主、企业家、商人在殖民地的经营），所以这时所遇到的国际收支问题主要是资本外流和贸易入超，那么三十年代经济危机以后，特别是第二次世界大战结束以后，由于英国对待殖民地的经济政策转向国家干预，需要用财政手段来调节殖民地经济（即英国政府有必要增加自己的海外支出来调节英国与各殖民地、附属国之间的关系），所以英国这时所遇到的国际收支问题中还包括了海外支出增长的问题。于是英国在国际收支方面的困境就更为严重。[①] 到了四十年代末和五十年代初，整个资本主义世界经济处于从第二次世界大战的战争创伤中恢复和调整阶段，英国航运事业的收入和海外资产所得到的收入是增加的。照理说，英国可以改善自己的国际收支处境了，但贸易逆差始终存在。加之，战后英国为了维持殖民帝国地位而增加在海外驻军的支出，特

① 保罗·纳普伦德：《英联邦和帝国：1901—1955》，伦敦，1956年，第485、491页。

别是为了镇压马来亚等地民族解放斗争和参加朝鲜战争而增加了支出，使得英国无法扭转国际收支方面的窘况。第二次世界大战结束以后的很长时间内，英国的军费支出形式被认为是“美国式的”。英国的军费负担长期大于西欧其他国家。1955—1963 年间，英国国民生产总值中用于防务的占 6.6%，而当时法国占 5.6%，西德占 3.3%，西欧其他各国平均占 3.0%。[①] 英国必须为它国外的驻军和基地支付费用，因此军费负担成了促使英国国际收支进一步紧张的原因之一。以 1960 年到 1973 年为例，这十四年间，英国的海外军费开支就增加了一倍以上，即从 1960 年的 2.03 亿英镑增加到 1973 年的 4.29 亿英镑。[②] 除此之外，为了安抚各个殖民地，英国还不得不以大量资金供给各殖民地作为发展和福利之用。第二次世界大战结束以后的十五年内，英国以各种形式（财政补助、贷款、投资等）供给各个殖民地和附属国的资金总额达到三十亿英镑之多。[③]

英国不得不采取各种手段来适应变化中的世界形势。但过去那些不利于英国维持国际收支平衡的基本因素仍然存在，因此尽管英国在五十年代末和六十年代前半期，在调整进口结构、增加工业品出口、增加各种非贸易收入方面作了不少努力，国际收支形势仍然不利。英国经不起资本主义世界贸易和金融方面的动荡的冲

---

① 安古斯·马迪森：“英国能增长多快？”，载《劳埃德银行评论》，1966 年 1 月，第 9 页。

② 蒂尤：“改善国际收支差额的政策”，载白拉卡贝编：《英国经济政策，1960—1974》，剑桥大学出版社，1978 年，第 323 页。

③ 安德鲁·科恩：《英国在变动中的非洲的政策》，伦敦，1959 年，第 31—32 页。

击。果然，在国际收支连年出现逆差的情况下，1967 年 11 月，英镑实行战后第二次贬值。接着，1968 年 1 月，威尔逊宣布了在 1971 年底前撤出英国在苏伊士以东的驻军的政策（以后，保守党政府对这一政策作了一些修正，即在苏伊士以东地区仍保留少量驻军）。殖民帝国地位所加给英国国际收支状况的沉重负担，无论是工党政府还是保守党政府都已清楚地看到。它们想改变这种困境，但这又谈何容易？英国前任驻法国、西德大使尼古拉斯·亨德森在他那封著名的告别信中这样抱怨道："我们在过长的时期内继续试图发挥一种世界性的作用，没有根据我们的力量来发挥我们的作用。直到 1965 年 7 月，首相还在说：'我们的边界是在喜马拉雅山。'结果，我们在财政上承担了过多的义务。后来，当我们经济虚弱的现实变成不可避免的时候，我们不得不匆忙收缩。"[①] 四百年来殖民扩张所形成的局面，怎么可能在短期内改观呢？一百年来对殖民帝国的经营所产生的后果，怎么可能在短期内抹掉呢？

在谈到英国在十九世纪和二十世纪初所享有的国际金融方面的优势地位时，还应当注意到这样一点：由于英镑是世界通货和国际储备，它被外国政府和居民大量持有。外国人对英国经济的信任程度和看法，决定他们是否抛出英镑换取黄金或其他国家货币。这不仅与后来英镑的稳定性有关，而且还通过对英镑地位的影响而影响英国国内经济。[②] 这同样是英国的殖民帝国地位所产生的结果。在英国经济兴旺时，看不到这种情况对英国有什么不利之

① "英国的衰落，其原因和后果"，载《经济学家》，1979 年 6 月 2 日。

② 斯图尔特：《1964 年以来的英国政治和经济政策》，牛津，1978 年，第 7 页。

处。但在英国经济越来越衰落时，这种影响很可能化为一种强大的冲击，使衰落中的英国经济受到更大打击。

以上在分析英国的殖民帝国地位所产生的不利于英国经济的后果时，是从经济方面分析的。现在进而讨论与英国殖民扩张有关的社会政治问题。

一方面，尽管英国政府几乎从来不曾采取鼓励英联邦国家人民移入英国的措施，而是采取自由放任的态度，但英国的帝国地位却自然而然地促成了英联邦国家的人民迁居于英国的事实。[①] 而移入英国的前英属殖民地的居民中，最多的是来自印度、巴基斯坦和西印度群岛（尤其是牙买加）的移民，以至于在英国国内也形成一个有色人种问题。据 1966 年统计，在英国，来自西印度、印度和巴基斯坦的非白人人口分别为 454 100 人、223 600 人和 119 700 人。[②] 其中多数是五十年代起进入英国的。这种情况引起了英国社会的重视，认为这不仅影响英国的国内就业，而且会形成一个与英国生活方式不适应的、代表另一种文化的有潜在敌对意识的种族集团。[③] 这个问题今后可能越来越严重。另一方面，海外离心力量则已经变成了一种抵消英国政府为治疗英国经济病症的努力的力量。要知道，英国在历史上建立的殖民帝国是幅员广大的，这个帝国由许多块殖民地和半殖民地所组成。英国的对外经济渗透也是多方面的，有生产、贸易、交通运输、银行、保险、不动产经营等

① 海尔赛编：《1900 年以来英国社会的趋势》，伦敦，1972 年，第 489—490 页。

② 同上书，第 458—459 页。

③ 同上书，第 490 页。

部门的不同的投资者和经营者。他们的主要经济利益不是在英国本土，而是在国外。因此，当他们与英国资产阶级整体利益发生冲突时，往往同当地要求摆脱英国控制和争取更大自治权的势力合流，而不是像英国那样着重于国际事务与殖民帝国的利益。① 这种分歧有其经济根源，所以难以愈合。

著名的英国诗人吉卜林(Rudyard Kipling)曾说过："只知道英国的人，他知道什么英国呢?"确实是这样。如果我们不了解英国的殖民扩张，不了解英国作为一个其殖民地曾经遍布世界的大帝国的历史以及由此产生的问题，我们是不会了解"英国病"的病根的。②

---

① 对这一点，前引保罗·纳普伦德的《英联邦和帝国：1901—1955》(伦敦，1956年)一书进行了分析。

② 那么，使英国干脆放弃帝国的打算是否行得通呢？那也是行不通的。撇开政治威望、荣誉感、对历史的留恋等非经济方面的考虑不谈，就以经济因素而论，正如奥威尔(G. Orwell)所分析的，今天英国的经济还部分地依赖于帝国，一旦放弃了帝国，英国经济状况可能变得更糟。奥威尔说：尽管英国的左派在理论上都要求英国放弃帝国，但这些左派政治家们心中都清楚，一旦他们真的上台执政了，他们就会重新考虑这个观点了。参看奥威尔：《英国人民》，纽约，1974年，第21页。

第四章　福利国家、财政负担和低效率的经济

这一章考察英国作为典型的福利国家这一事实给国内经济造成的深刻影响。第一节"福利国家是英国阶级斗争新条件下的产物",概述了福利国家在英国出现的背景。在这里,一方面说明福利国家是英国工人阶级长期斗争的一个成果,另一方面指出它又是资产阶级玩弄的一个骗局,二者并不矛盾。第二节"骑虎难下:福利支出上的困境"着重考察了福利支出的非灵活性问题,从而说明福利国家给英国财政所带来的麻烦。第三节"福利国家和低效率的经济"以所谓平等和效率的矛盾作为分析的重点,揭示了当前存在于英国社会的动力真空现象及其产生的后果。在第四节"资本和专业人员外流的又一个原因"中,我们认为这种外流在目前英国的条件下,是与福利国家的现状有一定关系的,因为福利国家的环境在使得英国社会上的"弱者"受到照顾的同时,却挫伤了一切有才能的人在国内工作的积极性。第五节"福利国家的官僚主义化",则从英国政府和公民在福利事业问题上相互抱怨的角度来分析这场深刻的社会信任危机的性质,由此可以进一步了解到,把福利国家看成是"英国病"的病因之一,不是没有根据的。

第一节　福利国家是英国阶级斗争新条件下的产物

恩格斯在分析十九世纪后半期英国经济的特征时，曾指出英国享有两种垄断，即工业垄断和殖民垄断。列宁在二十世纪初年论述英国帝国主义的特点和英国经济的相对地位变化时，也是从工业垄断和殖民垄断这两方面进行阐述的。恩格斯和列宁当时所作的分析是深刻的，因为截至他们著述的那些年代为止，英国之成为"世界工厂"（即享有工业垄断）和这一地位的丧失，以及英国成为头号殖民帝国，占领广大的殖民地（即享有殖民垄断），基本上可以说明英国经济从十九世纪中期到二十世纪初这段时间内变化的原因和过程。但就英国经济的继续演变趋势而言，仅仅用这两种垄断来解释，那就显得不够了。事后的回顾和分析，往往要比当时的观察或预料更加确切。在恩格斯的"《英国工人阶级状况》1892年英国版序言"发表后八十多年和列宁的《帝国主义是资本主义的最高阶段》一书出版后六十多年的今天，再来研究一下十九世纪中期以来英国经济变化的原因和过程，必定会感觉到对某些问题的认识和理解要比以前清楚得多。工业垄断地位的丧失并未立刻引起英国经济的停滞和衰落，英国的极盛时代一直保持到二十世纪初；殖民垄断地位的丧失也并未就此断送英国经济的前程。在英国殖民帝国解体过程中，它还经历过第二次世界大战结束后惨淡经营的年代。工业垄断基本上可以说明十九世纪中期英国在世界经济中的地位，殖民垄断则可以说明二十世纪五十年代以前英国经济的特色。但如果要了解二十世纪五十年代以后的英国经济，要比较全面地、深刻地了解当前英国经济病态的根源，那么在分析英国作为“世界工厂”和作为殖民帝国所产生的影响之外，至少必须加上一个重要的社会经济因素，这就是英国作为典型的福利国家所造成的后果。福利国家在英国的出现，是在二十世纪四十年代后半期。福利国家这一因素对英国经济的消极作用，要比“世界工厂”历史和殖民帝国地位这两个因素的消极作用晚出现半个世纪左右。

恩格斯和列宁都对英国工人阶级队伍中被资产阶级收买的少数上层分子，即工人贵族的形成作过一些论断。恩格斯曾经写道：“当英国工业垄断地位还保存着的时候，英国工人阶级在一定程度上是分沾过这一垄断地位的利益的。这些利益在工人中间分配得极不均匀：取得绝大部分的是享有特权的少数，但广大群众有时也能沾到一点。”[①]列宁也曾指出：“十九世纪中叶英国几乎完全垄断了世界市场。这种垄断使英国资本获得难以置信的巨额利润。因此有可能从这些利润中拿出一点点给工人贵族——熟练的工厂工人。”[②]但资产阶级对一小部分工人阶级上层分子的收买与以后的福利国家的出现不是一回事。福利国家的费用既不是来自资产阶级靠工业垄断地位而获得的巨额垄断利润，福利国家的受惠者也不仅限于少数工人贵族和熟练工人。至于福利国家对于英国经济

---

① 恩格斯：“《英国工人阶级状况》序言”，载《马克思恩格斯全集》第 22 卷，人民出版社，第 323 页。

② 列宁：“哈利·奎尔奇”，载《列宁全集》第 19 卷，人民出版社，第 370 页。

的各个方面的影响，则要比资产阶级对少数工人贵族的收买大得多。无论从理论上还是从历史上进行研究，工人贵族的形成和福利国家的出现二者之间并没有直接的因果关系。工人贵族参加了福利国家的宣传，但福利国家的鼓吹者不止是少数工人贵族。福利国家出现后，资产阶级对工人贵族的收买也并未停顿。英国资产阶级即使在它丧失工业垄断地位之后，甚至在英国殖民帝国趋于解体的过程中，仍然可以动用自己的一部分利润收入来收买和扶植工人贵族。对工人贵族的收买并不是必须以工业垄断和殖民垄断地位的存在为前提。恩格斯曾说过："当英国工业垄断一旦破产时，英国工人阶级就要失掉这种特权地位，整个英国工人阶级，连享有特权和占居领导地位的少数在内，将跟其他各国工人弟兄处于同一水平上。"[①]恩格斯预见到英国工人的生活水平将不会比其他资本主义国家的工人生活水平特殊，这种分析是有根据的。但如果把恩格斯这段话理解为英国工人阶级中的少数上层分子将不再享有特权地位，不再得到特殊利益，这就不对了。加之，恩格斯并不是生活在出现了福利国家的时代，他没有能了解到英国的工人作为一个典型的福利国家的公民，是有可能与其他某些资本主义国家的工人过着略有不同的生活的。而且，即使在福利国家出现后，作为英国工人阶级上层分子的那一小部分工人，既以公民的资格从福利国家那里得到自己的一份利益，又以工人阶级中的特殊人物的身份，从资产阶级那里获取受到特殊照顾的一份利益。

---

① 恩格斯："《英国工人阶级状况》序言"，载《马克思恩格斯全集》第22卷，人民出版社，第323页。

这二者也并不矛盾。

福利国家在英国的出现，是英国社会经济矛盾和阶级斗争发展到一定阶段的结果。在分析这个问题时，既不能单纯从政治方面着眼，也不能只考察经济方面的原因，而应当把政治与经济结合起来进行探讨。[①] 福利国家思想的产生是较早的。十九世纪后期，英国的资产阶级经济学家、改良主义者、工会运动的某些领导人，考虑到国内阶级矛盾的尖锐化和社会主义思想的传播，于是主张利用现存的资产阶级国家结构，采取温和、渐进的方式，进行收入的再分配。这就是英国福利国家思想的雏形。由资产阶级国家主持收入的再分配，给公民以福利的保证，这种想法与设施同英国历史上的济贫法之类的国家经济活动，在性质上和作用范围上是不一样的。撇开伊丽莎白一世时代规定各地教区承担救济在本教区居住了一定期限的贫民的义务的法令不谈，即以 1834 年通过的适应于资本主义工业发展以后的新济贫法而言，它的中心思想仍是把济贫当作一种社会慈善事业来对待，而不是把福利当成是一种公民应当得到的权利。无论旧济贫法还是新济贫法，都把收容贫民习艺和防止无业游民在各地流浪作为政策的目标。英国统治阶级之所以愿意为济贫指定课税来源，因为它既考虑到这是使资本家易于获得廉价劳动力的手段，又可起到维护社会治安的作用。济贫法的实施成为英国历史上的一个耻辱，甚至资产阶级中也有不少人对这种救济方式和由此造成的剥削、贪污、不公正的行为表

---

① 彼得·里昂纳德（Peter Leonard）：“改造福利国家”，载《今日马克思主义》，1979 年 12 月，第 8 页。

示愤慨，认为济贫事业是罪恶之渊薮。而资产阶级中的另一部分人，则从经济自由主义的立场出发，认为国家似乎没有必要干预经济生活，包括用纳税人的钱来救济无业的贫民，因为据说这样的事业应当是教会和慈善机构担负的，国家插手反而给自己增添负担，并且使救济事业官僚主义化。

到了十九世纪末和二十世纪初，英国的国内阶级斗争形势与1834年新济贫法实施时已经有所不同。一方面，通过四十年代的人民宪章运动的开展，英国的工人阶级的政治力量加强了。在进行阶级斗争的基础上，英国工人阶级争取到有关工厂立法的若干新的规定，从而在劳动条件和生活方面有一定的改善。另一方面，英国工人运动中的改良主义思潮也得到了发展，某些工会领导人竭力鼓吹劳资协调，把经济斗争作为唯一的目标，要求在不改变现存社会政治结构的条件下进一步改善低收入者的劳动条件和物质福利状况。于是，这时英国统治阶级所面临的如何应付社会低收入者的问题，已经不再是所谓济贫的问题，或收容贫民习艺的问题了，而是适应于工人运动中的改良主义趋势，通过国家来主持收入的再分配，满足较低收入的社会阶层的广泛要求的问题，因为只有这样，才能避免国内阶级对立的激化，才能巩固资产阶级的统治。二十世纪初年，统治阶级中像威尔斯亲王、约瑟夫·张伯伦这样一些头面人物，也居然出来同工会运动的领导人和资产阶级知识界的名流一起，为在英国实行社会保障制度而呼吁，这不是偶然的。

但这时还不是福利国家思想得以付诸实现的年代。英国经济和社会方面的问题还没有充分暴露。社会保障制度施行的客观条件还没有成熟。只是又过了大约三十年，在三十年代经济危机和第二次世界大战对英国的严重打击下，在第二次世界大战结束时，英国国内要求国家保证充分就业和社会福利的呼声越来越高涨的条件下，英国政府才把福利国家当作施政的目标，英国才以福利国家的面貌出现在资本主义世界。所谓福利国家，用工党在1945年竞选中的诺言来表示，就是使公民普遍地享受到福利，使国家担负起保障公民的福利职责。关于英国政府的经济政策主导思想的这一番变化，留待下面第六章再来探讨。在这里，我们需要指出的是这样两点：

第一，不管英国政府和各个资产阶级政党的领导人怎样声明，战后这些年内英国政府所实行的福利措施，首先应当被看成是近一百年来英国工人阶级和劳动人民坚持阶级斗争所争取到的一种权利，而不是出于政府领导人的好心或某些资产阶级经济学家的卓见。三十年代经济危机期间的庞大失业队伍的存在，是对资产阶级统治的严重威胁。第二次世界大战结束后，英国可能面临的新的萧条，则是一个现实的问题。它迫使资产阶级政府考虑，如果不解决群众迫切要求的充分就业和社会保障，政治上的动荡不安将会带来更大的损失，那就既谈不到战后的经济恢复，也谈不到相当长一段时期内的经济增长。因此，福利国家无非是英国阶级斗争新条件下的产物，是英国的工会力量和广大劳动人民的力量不断壮大的条件下的产物。[①] 同时，也正因为我们承认第二次世界大战结束以后福利国家在英国的出现是英国工人阶级坚持长期斗

---

①　科里根(P. Corrigan)：“作为阶级斗争舞台的福利国家”，载《今日马克思主义》，1977年3月，第87—88页。

争的结果，所以我们在揭示福利措施对英国经济的各种不利影响的同时，还应当看到它多少给工人阶级和广大低收入阶层带来的某些利益，尽管是十分有限的利益。在这里，不能采取简单化的论证方式，即认为对工人阶级和广大低收入阶层来说，没有福利措施更好些，更有利于提高工人的觉悟，促进他们的思想革命化。如果按照这种逻辑推理，那么当初英国工人也不必为八小时工作制而进行斗争了。这显然是左倾空谈家的高调。

第二，从阶级实质上分析，任何一个资本主义国家不论以何种形式出现，都改变不了其资产阶级专政的性质。通过资产阶级政府而进行的社会保障形式的收入再分配，至多只是一种改良措施，因为资本主义生产资料所有制并没有变化，阶级对立的基础仍然存在。英国当然不可能例外。所以英国工人阶级和劳动人民在争取实现社会保障制度方面所取得的一些成果，始终不曾超出经济斗争的范围，它们不改变劳资之间的剥削关系。从某种意义上说，福利国家的出现甚至适应了维持资本主义再生产体系的经济需要，因为它维持了资本主义雇佣劳动制度和剥削制度。[①] 从这个意义上说，战后英国在阶级斗争新形势下出现的福利国家，实质上是资产阶级玩弄的一种骗局。这一骗局的目的很清楚，那就是企图以一些小恩小惠来“购买”国内的政治安定，缓和国内阶级斗争。

但结果又如何呢？福利国家一变而为压在英国身上的又一个

---

① 彼得·里昂纳德：“改造福利国家”，载《今日马克思主义》，1979年12月，第8页。

沉重的包袱。英国资产阶级当初在提出福利国家的主张并把它们变为实际政策时，没有料想到福利国家竟然会成为这样一种不堪忍受的重负，也没有估计到福利国家除了可能在财政上给英国政府增加麻烦而外，还引起了一系列难以应付的社会问题。例如，平等与效率的矛盾就是其中较突出的一个，而且这个矛盾还越来越尖锐。无怪乎1959年竞选中，两党都以“平等”为号召，许诺给选民以较多的福利，而到了1963年竞选时，两党又竞相以“给英国更高的效率”作为号召。[①] 这说明平等和效率之间的交替关系已在某种程度上被两党共同认识到，它们只可能按照具体情况作出二者择一的决策。在福利国家引起的社会问题中，还应加上人才外流、人口老年化、社会中间阶级的削弱等等，而且这些社会问题不是孤立存在的，它们彼此影响，互为因果。这样，福利国家的出现意味着给本来就已患上病症的英国经济火上加油。旧的病因（“世界工厂”的遗产和殖民帝国的后果）未除，新的病因又添。新旧病根纠缠在一起，使“英国病”难以诊治。

第二节 骑虎难下：福利支出上的困境

英国作为典型的福利国家，以维持充分就业和实行社会保障而自我标榜。但维持充分就业和实行社会保障二者的含义是不一样的。虽然无论工党还是保守党在鼓吹福利国家时，总是喜欢把二者相提并论，但从经济学的角度来分析，维持充分就业是虚的，

① 《经济学家》，1973年9月28日，第1093页。

它只是政府的一种诺言，并无实际的保证。它是通过政府对经济活动的调节来使之实现的一种方针或施政目标。政府并不直接承担吸收失业者就业的责任，而且即使它准备这样做，也是力不从心的，因为政府部门本身能够吸收的失业者人数毕竟有限。至于实行社会保障，则是具体的，它是一种“实惠”，以政府必须支付给有条件享受福利待遇的人们的货币额表现出来，这些货币成为居民手中的可支配收入。但维持充分就业的许诺和实行社会保障的实际货币支付是结合在一起的，因为经过三十年代经济危机的打击而在第二次世界大战结束后实行的福利国家纲领中，如果缺少维持充分就业的许诺，只有社会保障制度，那就很难被认为比当初德国的俾斯麦计划增添了什么新东西，所以也就很难适应四十至五十年代英国广大选民们的要求。

实行社会保障需要大量福利费用。维持充分就业也需要有一定的政府支出。虽然政府并不承担直接吸收失业者的责任，但如果政府想要通过对经济的调节来刺激企业扩大就业，减少失业率，那么这笔调节经济的费用（包括政府的投资和转移支付）也是不可缺少的。所以虚的维持充分就业的诺言也好，具体的社会保障支出也好，归根到底都建立在财政预算的基础上。

庞大的福利国家开支成为英国的财政负担。政府为了减少失业率而用于刺激经济的支出，是随经济周期的波动而变化的。当然，福利开支作为一种转移支付，它也许有一种内在稳定器的作用，即经济繁荣时期，它就自动缩减了，以免政府支出过大，通货膨胀过快；而经济衰退和萧条时期，它又自动增大，以维持社会一定的消费水平，防止失业率上升而给经济造成更大的震荡。然而从战后三十年英国财政支出的实际情况来看，内在稳定器的作用毕竟有限。政府直接支付给公民的社会保障支出，总的趋势是上升的。问题还不止于此。这些社会保障措施中，有些是工党内阁时期提出并实行的，有些是保守党内阁时期提出并实行的。两党都以福利国家的倡导者自居。关于这一点，不久前布鲁诺·弗雷和弗雷德里希·施耐德根据英国的历年选举情况，作了这样一个假定：在英国两党政治条件下，执政党的首要目标是继续执政，因而它总是尽一切努力来争取选民的支持。为了这一目的，它要实行扩张性政策。只有当它对自己在即将来临的大选中有获胜的信心时，它才能实行符合本党意识形态的政策。这意味着，两党在意识形态上的差异（如果确实存在差异的话）在一般情况下不是执政后制定政策时首先考虑之点。① 因此，两党中的任何一个都不可能轻易地取消福利措施和削减社会保障支出。福利国家的负担也就必然越来越沉重。

实行了社会保障制度的二十世纪中期的英国，与贫民习艺所时代的十九世纪中期的英国当然不可同日而语。公费医疗的施行过程中尽管有种种缺陷，但它比之没有公费医疗来说，无疑是一大进步：有病的穷人就医的机会增加了。给予失业者和低收入家庭的生活津贴虽然数额有限，但这毕竟是一种来自政府的福利，使得按官方标准计算的最低收入水平得到了某种保证。这都是英国工人阶级和劳动人民争取改善生活状况和劳动条件的长期斗争的果

① 弗雷（Bruno S. Frey）和施耐德（Friedrich Schneider）：“英国的政治—经济模型”，载《经济学杂志》，1978 年 6 月。

实。但是，不论是什么样的福利措施，都需要有财源，政府必须为福利项目筹集经常性的经费。正如其他资本主义国家一样，英国的财政收入建立在税收的基础之上。福利支出的激增，不可避免地使国家财政支出扩大。税收的增加如果还不足以弥补财政赤字，最常见的办法就是政府举债，但公债的还本付息最终仍然要靠税收来偿还。1950年以来英国税收增长情况以及尽管在增加税收之后，财政收入不敷支出的情况，可由下表来说明。

英国财政收支　（单位：亿英镑）

	1950	1960	1970	1976
财政收入总额	41.57	62.08	158.43	337.78
其中税收	37.30	57.28	152.95	324.56
所得税	14.04	24.33	57.28	170.14
公司税			15.89	26.55
遗产税	1.85	2.36	3.56	1.24
关税及消费税	15.20	23.90	47.02	109.00
雇佣税			19.09	
汽车牌照税	0.61	1.26	4.21	8.46
其他税收	5.60	5.43	5.02	9.17
其他收入	4.27	4.80	5.48	13.22
财政支出总额	39.09	65.62	156.46	403.12
差　额	+2.48	−3.54	+1.97	−65.34

资料来源：《每年统计摘要》，1959年，1966年，1976年；《统计月报》，1977年8月；《金融统计月报》，1976年8月，1977年9月。

同时还应当注意到，五十年代以来，除了极个别的年份英国财政收支有积余而外，绝大多数年份都是财政赤字年份，但财政收入占财政支出的比重，在五十年代和六十年代（1951—1970年），平均每年为97.07%。[1] 这就是说，虽然有赤字，但所占比例并不算很大。但七十年代前六年(1971—1976年)，英国平均每年财政收入在财政支出中所占比重降到83.5%。[2] 这表明了英国财政状况的恶化。

再作进一步的分析。依靠增加税收来弥补财政赤字，以保证社会保障制度的施行有充分的财源，这从表面上看来似乎是可以成立的。如果再考虑到累进制的所得税和财产转移税还能同时起着拉平收入差距、缩小财富状况的悬殊方面的作用，那么用增税的办法来达到缓和国内阶级矛盾的做法，也似乎是可行的。英国在实行社会保障制度时不是没有估计到税收的这种作用。从所得税率和财产转移税率方面看，英国已经是相当高的。但姑且不谈累进所得税制和财产转移税制在资源配置方面的效应，即以它对财政赤字的弥补来说，英国很早就遇到了尖锐的矛盾。五十年代中期，保守党内阁财政大臣巴特勒发现，所得税的增加固然可以增大财政收入，但企业的经济活动却受到了影响，因为它限制了消费，挫伤了投资的积极性，这就是说，福利国家的两项目标在增税减税的取舍上是有抵触的：要维持充分就业，减少失业率，就应当鼓励投资，促进消费，那就需要减税；而要实行社会保障，使社会保障支出有一定的财源，以免财政赤字扩大，那就应当增税。巴特勒采取的办法是：提高所得税的免税优待线和减低所得税率。增税和减税的取舍在六十年代的工党内阁期间也是一

---

① 根据英国《每年统计摘要》计算。

② 同上。

个颇费周折的问题。工党内阁的财政大臣塞尔温·劳埃德、詹姆斯·卡拉汉、罗伊·詹金斯等人既是社会保障制度的维护人，又是充分就业政策的坚持者，他们深感二者之间的难以处理的复杂关系的存在，而只好倾向于执行这样一种权宜之计，即在社会已经接近充分就业或失业率已限制在所谓社会可以接受的水平之内时，用维持原来的税率或增加某些税收来保证社会福利设施得以实行；否则，社会福利设施也需要压缩，这方面的支出就应当裁减。

五十年代和六十年代，英国在福利国家的费用支出和筹集方面的一个重要的经验是：税收和福利支出二者都是欠灵活的、缺乏伸缩性的，不过二者变动的方向恰恰相反。税收是宜减不宜增，即减税容易增税难。要减少税收，纳税人由衷地欢迎；但如果要增税，那么就会遭到纳税人的反对、国会的阻挠、反对党的攻击，甚至执政党的内部的分裂。舆论界会把这说成是“掠夺穷人的预算”，企业界会认为这是“准备制造失业”。所以，每一次增税都是对执政党的一次考验、一场斗争。关于福利支出的情况，恰好与此相反。福利支出宜增不宜减，即增加容易减少难。政府每增加一项津贴或扩大一种津贴的受惠范围，得到好处的公民心安理得地接受，认为这是理所当然的，因为在他们看来，这是“还税于人民”。如果要把付诸实施的福利项目和受惠范围加以缩小，比如像六十年代后期罗伊·詹金斯接任财政大臣后停止对中学生的免费牛奶供应和暂缓把中学生毕业的年龄从十五岁提高到十六岁的决定，就会引起社会的吵吵嚷嚷。詹金斯的这些缩小福利支出的决定牵涉面虽然比较广泛，但在英国整个福利计划中并不占十分重要的地位，即使如此，保守党对此的攻击仍是激烈的，工党内部也掀起了一场动乱，促成了政府的局部改组。

维持充分就业和实行社会保障在财政支出和收入方面的矛盾，以及税收和政府福利支出的缺乏伸缩性，都使英国政府在福利国家问题上处于窘境。但福利国家的口号既被保守党和工党所提出，福利设施既已成为事实，就等于把英国政府赶进了一条只能上不能下、只能前进不能倒退的狭窄胡同里。[①] 即使是财政赤字累累，它也只能把福利设施继续实行下去，否则政局的不稳和社会的动荡将会更甚于实行这些福利设施之前的情况。从下列有关七十年代英国财政支出计划的数字可以看出，福利和公共服务支出不但绝对数一直增加，而且它们在财政支出中的比重也是不断增加的(参看下页附表)。

这样，英国政府在面临财政支出扩大的时候，唯有采取增加国债和以新债还旧债的办法来应付财政赤字。福利国家不可避免地同赤字财政联系到一起。英国成为一个负债国家，原因是多方面的。政府用来维持福利国家的支出浩大，未尝不是原因之一。于是福利国家的受惠者转瞬之间又变成了通货膨胀的受害者。“羊毛出在羊身上”，用这句俗话来比喻福利国家的财政负担的归宿，倒是很形象化的。

---

① 莱斯利·伦科夫斯基(Leslie Lenkowsky)：“福利国家中的福利”，载小蒂瑞尔(R. E. Tyrrell, Jr.)编：《前途渺茫：英国社会民主主义的失败》，纽约州花园城，1977年，第146、151页。

七十年代英国财政支出计划①(按1975年价格计算)

(单位:百万英镑)

	1970—1971	1973—1974	1976—1977	1979—1980
财政支出计划总数 (不包括利息支出、应急储备等)	36 223	41 067	45 835	44 672
其中:住宅	2 827	3 330	4 097	4 090
环境服务	1 855	2 156	2 045	1 981
科学、教育、艺术	5 073	6 081	6 234	5 995
保健与个人社会服务	4 235	4 934	5 317	5 548
社会保障	7 200	8 080	10 002	9 963
其他公共服务	520	587	686	679
以上六项小计	21 710	25 168	28 381	28 256
以上六项在财政支出计划总数中的比例	59.93%	61.29%	61.92%	63.25%

为了弥补财政赤字而实行的货币供应量的扩大,以及由于公债发行额增加而引起的信贷膨胀和银行活期存款额增加,其结果使得物价不断上涨。物价上涨显然不利于一切固定货币收入的获得者和以货币形式出现的各种社会津贴的获得者。特别是,根据六十年代中期到七十年代初期的调查,消费品价格上升中,必需品价格的上升要比奢侈品价格的上升更快,房租和食品的价格上升的幅度要比耐用消费品价格上升的幅度更大。因此,物价上涨的

① 莫里斯(Derek Morris)编:《英国经济体制》,牛津大学出版社,1977年,第284—285页。

趋势是不利于养老金领取者和低收入者的。[1] 物价上涨引起的不平等趋势会带来一系列连锁反应。货币工资率要随物价上涨而增长，各种津贴收入也不可能长期保持不变。于是就造成了一种恶性循环：福利支出的增加引起财政赤字，财政上的困境使得国债总额滚雪球似地增大起来，这就使公民们实际得到的工资收入和各种津贴减少，于是他们要求增加福利，并再次引起财政支出的增加，如此循环反复不已。只要这种恶性循环不被打破，英国政府在财政上的困境就会一直继续下去。

下面我们再从福利支出增大对积累率的影响来分析英国经济的困境。第二次世界大战结束以后，英国经济虽有增长，但增长率并不是很高的，而政府所承担的福利事业，在战后初期较短的时间内却有比较显著的扩大。政府福利支出的增加并未与经济增长保持比例，它是在与实际生产总值并不适应的基础上增加起来的。这样，过多的资源被用到了消费方面。即使投资者的投资积极性不变，那么提高投资率也是困难的。何况在这种情况下，投资者的投资积极性还将因税后利润偏低而呈现下降的趋势。

政府福利支出增加后，随着社会对消费品和劳务的需求的扩大，在投资中，生产性投资和非生产性投资之间的比例也会发生变化，即在公众的消费压力之下，用于学校、医院和公共服务性建筑和设备的支出将会增大，否则就不能满足消费者的需要。

---

① 缪尔包尔(John Muellbauer)：“价格和不平等：英国的经验”，载《经济学杂志》，1974年3月，第34、44页。

由于上述这些情况，所以作为福利国家的英国看起来好像是两个英国：从经济增长的角度来看，它像是一个“穷国”，因为它的资本形成率慢，它没有多少经济资源可以用来促使经济增长，换言之，它把国民收入中本来可以用于发展经济的那部分收入消费掉了，而这一点正是历史上一切“穷国”经济的特征；从社会保障的角度来看，它像是一个“富国”，因为政府给公民们以各种名目的津贴和补贴，如失业津贴和疾病补助金，养老金，附加津贴，低收入家庭补助金（1971 年起），幼儿补助金，产妇补助金，寡妇津贴，残废者补助金，低收入家庭的房租补贴，领养老金者的药费补贴，食品补助金（1973 年起的牛奶，1974 年起包括面包、乳酪、黄油），领养老金者的廉价黄油供应（1973—1974 年）和牛肉供应（1974 年）等。这是其他一些资本主义国家所不可比拟的。

英国以典型的福利国家面貌出现于资本主义世界之后，它不仅在外表上表现出经济增长缓慢的“穷国”与福利支出方面的“富国”之间的不协调，而且实际上它已成为耗尽了国家财力和企业投资能力的“穷国”。政府的福利支出仿佛变成了一个无底洞，再多的经济资源也填满不了它。如果英国确实是一个经济实力雄厚和经济增长率高的国家，那么它也许还能负担得起扩大福利支出的费用，但英国做不到这一点，因为它是在实际上变成“穷国”的时候去担负只有“富国”才有能力承担的供养公民的使命的。这副担子太沉重了，而且这副担子一挑上肩，要想卸下来，却是非常困难的。这就是自称要以实行收入均等化为目标的“社会主义”英国的可悲之处。当然，正如前两章所指出，英国经济的病态由多方面原因所造成，福利国家的出现及其带来的财政上的困难只是其中一个原因。把福利国家的负担视为压在英国身上的沉重包袱之一，而不把它视为唯一的包袱，这是符合英国经济的实际情况的。这就是说，我们既不同意那种只把“英国病”归因于福利国家的出现的观点，也不同意那种忽略这一原因，而把“英国病”只归因于“世界工厂”地位的丧失或殖民帝国解体的看法。

第三节　福利国家和低效率的经济

作为典型的福利国家，英国所遇到的棘手的问题不仅仅是财政上的负担以及由此引起的通货膨胀，而且还产生了经济上的低效率，即劳动生产率的低下和经济资源的浪费。这个问题使得英国政府感到同样苦恼。

应当承认，第二次世界大战结束以后，英国通过税收，各个收入等级之间在货币收入上的差距缩小了。1964、1966、1967 三个年份税前收入与税后收入的比较可以说明这一点（参看下页表格）。

从表上可以看出，在纳税后，收入一万英镑以上等级不再存在了，收入一千英镑以上的等级所获得的收入所占的比重减少了，收入二百五十镑到一千英镑的等级所得的收入所占的比重则增大了。这就是收入均等化所带来的一个结果。[①]

① 海尔赛编：《1900 年以来英国社会的趋势》，伦敦，1972 年，第 79—80 页。

1964年、1966年、1967年英国各个收入等级在货币收入中所占的百分比：税前收入分配与税后分配的比较①

（单位：%）

收入大小	1964年		1966年		1967年	
（单位：英镑）	税前	税后	税前	税后	税前	税后
0—250	14.7	14.7	9.4	9.4	8.4	8.4
250—500	22.3	25.0	19.4	22.9	17.9	21.2
500—1 000	34.5	37.7	37.7	37.1	32.3	36.8
1 000—2 000	24.8	20.5	31.9	27.5	34.3	29.8
2 000—3 000	2.0	1.2	3.7	2.1	4.7	2.6
3 000—5 000	0.92	0.52	1.3	0.76	1.3	0.81
5 000—10 000	0.42	0.17	0.52	0.22	0.54	0.23
10 000—20 000	0.10	0	0.12	0	0.13	0
20 000＋	0.02	0	0.03	0	0.03	0
总和	100	100	100	100	100	100

收入均等化措施所带来的影响是不可忽视的，它必然对经济效率发生作用。在资本主义制度下，经济效率（包括劳动生产率和经济资源利用率）是建立在资本主义生产资料所有制的基础之上的。资本主义社会中的经济效率始终以雇佣劳动制度和资本主义生产过程中的饥饿纪律的存在为前提。资本主义制度下最大利润原则和市场竞争规律起着支配作用。对企业主来说，劳动生产率

① 海尔赛编：《1900年以来英国社会的趋势》，伦敦，1972年，第92—93页。

低下和经济资源的浪费意味着利润的丧失、竞争中失败的可能性的增加。对受雇的职工来说，不能向企业提供较多的生产成果和为企业节约较多的经济资源，意味着“不称职”，从而有被解雇的可能。企业与企业之间的竞争、劳动力市场上的竞争，促使经济效率不断提高。因此在资本主义社会中，在经济效率的背后，存在着资产阶级对工人的加紧压榨和残酷剥削，存在着大资本对小资本的排挤和吞并，存在着产业后备军对在业人员的无形的沉重压力。企业主因追逐利润而要求不断提高经济效率，职工为生存的需要而提高自己的工作效率，这是资本主义社会的特征。

福利国家出现后，这种情况是否在某种程度上有所变化呢？资本主义的市场机制的作用是否受到限制呢？虽然福利国家是在阶级斗争新条件下资产阶级政府玩弄的一种骗局，但在另一个意义上，它也是工人阶级和广大劳动人民争取改善生活状况和劳动条件下的长期斗争的成果，资产阶级政府是不得已而实行社会保障制度的。福利国家实质上是资本主义国家收入再分配的某种程度的调节。这种收入分配的调节并不触动资本主义制度本身，这是因为资本主义经济是在资本主义生产资料所有制的基础上运行的，分配关系取决于财产占有关系，取决于生产结构，分配本身就是生产的产物。在资本主义制度下，利息和利润作为分配形式，以资本的存在和资本对雇佣劳动的剥削为前提。工资只是工人的劳动力价值的货币表现，决不是工人劳动所创造的全部价值。如果说工人阶级和广大劳动人民通过政府的福利支出而增加了一部分收入，那只是说工人和劳动人民所创造的国民收入中有一部分回到了他们的手中，但并未否定他们的受剥削地位，因为回到手中的只是他们创造的国民收入的一部分，另一部分仍然以利息和利润形式归于资本所有者。因此，收入均等化措施并不意味真正的平等。尽管如此，我们必须承认，福利国家的出现以及通过税收而实行的收入均等化措施仍然在一定程度上削弱了资本主义市场上的竞争机制的自发调节作用。以英国的情况而言，可以从以下两个方面来加以说明。

第一，从劳动力市场来分析。战后，在英国政府的福利设施中规定了最低收入的保障和对公民某些基本生活需要的供给。这一点应当被看成是英国工人阶级长期坚持斗争的一个成果。但从资本主义经济运行的角度采看，这使得原来在劳动力市场上靠饥饿纪律来迫使工人寻找工作和提高工作效率的那种机制的作用受到了一定的限制。①

我们知道，在资本主义社会中，工人不是生产资料的主人，他们并不是靠政治思想觉悟而激发自己的工作积极性的（反侵略战争时期是一种例外的情况）。他们出于一种生存的要求，为较多的个人收入而改进工作；他们也出于同样的要求，为避免被淘汰、被排挤而提高个人技艺和生产效率。饥饿纪律迫使他们兢兢业业地干活。然而，一旦最低收入有了保障，最基本的生活需要得到了供给，而激励人们发奋工作的新的动机——政治思想因素的作

① 古甲拉提（D. Gujarati）在1972年的《经济学杂志》上发表了“失业行为和职业空位：英国（1958—1971）”一文，他对此进行了分析。他认为失业津贴的存在使一些失业者不急于找工作，从而延长了失业时间。

用——又不可能产生，于是形成了“动力真空”。个人提高工作效率的动力（饥饿纪律的压迫）渐渐消失或松弛，新的动力尚未产生，这种“动力真空”正是英国成为福利国家后所遇到的新问题，也是福利国家鼓吹者们事先估计不到的一个社会心理学方面的问题。

福利国家出现后，因资本主义劳动力市场上原有机制的作用受到限制而引起的经济效率损失，具体地表现为多干、少干差距不大，少干、不干无大区别。对福利的依赖性使得“吃大锅饭”的思想滋长起来，“混”的思想比较普遍。据丹尼斯·马基和斯宾德尔的分析，在英国由于实行了对失业者的救济（失业保险津贴），失业者寻找工作的刺激减少了。他们认为，这对于英国 1966 年以后失业率的增加以及失业与职位空缺并存现象的增多起了十分重要的作用，这一因素在提高失业率方面比技术变革因素所起的作用要大得多。① 马基和斯宾德尔的论述不是无争议的。例如，绍耶就提出不同的看法，认为马基和斯宾德尔在考察 1966 年以后英国的失业率时，漏掉了季节性变动的影响，过高地估计了福利支出因素的影响；而且在考察福利支出因素影响时只注意微观经济学问题（即福利支出对人们工作积极性的不利影响），而未注意宏观经济学问题（即福利支出扩大了总需求，从而增加就业机会）。但不管怎样，绍耶仍然认为实行失业救济制度后工作与闲暇的替代效应是可能存在的，失业救济如果有影响的话，其影响主要

① 马基（Dennis Maki）和斯宾德尔（Z. A. Spindler）：“英国的失业津贴对失业率的影响”，载《牛津经济文汇》，1975 年 11 月，第 451 页。

通过使失业期间的延长而表现出来。[①] 马基和斯宾德尔在答复绍耶和另一些人的批评时，把宏观经济学与微观经济学问题结合在一起分析，得出的结论依旧是福利支出与失业率增加二者之间有着密切关系。[②] 为什么福利支出(比如失业救济、失业保险津贴)能发生这种作用呢? 道理是不难明白的，英国《经济学家》杂志曾这样报道:

"失业者的日子并不好过，但是他们确实还能设法比他们一些有工作的最穷邻居拿回较多的钱。英国稀奇古怪的税收制度是弊害的根源。就业后的收入要缴税:一个有孩子的已婚男子每周收入达到三十英镑就要纳税，而这样的收入还不到男子平均工资的一半。但是，从失业救济金和补助救济金得来的收入却不需要缴税"。[③]

在英国现实生活中存在的这种税收制度和福利措施之下，在每一个有资格享有生活补贴待遇的人看来，反正政府可以保证最低收入标准，那么对个人收益(指个人所得到的工资收入和津贴、补助)和损失(指个人付出的劳动时间多少和工作量大小)就会有一种新的计算方法，这种平衡表不是公开的，它藏在每一个受雇佣者的心里，但它确实起着影响工作效率和影响工作与闲暇替代性的作用。尽管如今经济学界在课税对个人工作积极性影响大小的

---

① 绍耶(M. C. Sawyer):"评英国的失业津贴对失业率的影响"，载《牛津经济文汇》，1979年3月，第135—137页。

② 斯宾德尔和马基:"再论英国的失业津贴对失业率的影响"，载《牛津经济文汇》，1979年3月，第163页。

③ 《经济学家》，1977年1月1日。

问题上还有不同的看法，[1]但无论如何，可以承认这样一个最基本的判断：如果所得税率高得使加班工作的人感觉到自己几乎是在白干，那么在他挣得了足以维持生活的收入之后，多半是不愿加班加点的。这一点甚至在英国刚开始实行福利国家措施时，就已被人们发现了。[2]

福利国家出现后，资本主义社会的受雇佣者中间出现了“动力真空”的现象。那么，如何弥补这种“真空”呢？对英国来说，这是一个几乎不可能顺利得到解决的问题。从原则上说，在资本主义制度下，受雇佣的劳动者与雇主之间的矛盾是无法协调的。要他们去“热爱”企业，从而出于这种“热爱”而调动个人的工作积极性，这是不可能的。要他们“感激”这个福利国家，从而为了对福利国家感恩而努力为它工作，也是一种神话。这正如六十年代初英国的雇主们所抱怨的，说什么英国工人如今感到休息、地位和福利比劳动生产率更重要，以至于美国的工资率比英国高，而生产成本却

---

① 据乔治·布雷克(George Break)的研究，在英格兰和威尔士，税收的刺激作用和消极影响大体上是抵消的(“所得税和工作积极性：经验的研究”，《美国经济评论》，1957 年 9 月)。据弗尔兹(D. B. Fields)和斯坦伯雷(W. T. Stanbury)的研究，税收的消极影响大于刺激作用(“刺激、消极作用和所得税”，《财政》1970 年第 3 期)。而据布朗(C. V. Brown)和列文(E. Levin)的研究，个人所得税对英国工人工作积极性的影响不大(“所得税对加班工作的效应”，《经济学杂志》，1974 年 12 月)。但正如布朗和列文所指出的，这些结论都来自抽样调查(家庭访问)，调查人向被调查人提问的方式不同，影响调查的结果。比如说，如果先问被调查人纳税的情况，他的回答倾向于认为课税影响个人积极性；如果先问被调查人工作情况和收入，再问纳税情况，他的回答可能是课税对个人工作积极性的影响不大。

② 弗赖(Richard H. Fry)：“英国福利国家的评价”，载《英国，1919—1970》，芝加哥，1971 年，第 142 页。

比英国少。[①]

要知道,虽说英国是个典型的福利国家,虽说它所给予公民的福利比其他某些资本主义国家多一些,但英国社会不是一个平等的社会,它也不可能真正实现平等。因此,受雇佣的劳动者在获得某些福利的同时,仍然处处注意到社会上的不平等事实。他们不会满足,也不会就此对福利国家感激涕零,愿意为它奉献自己的精力与才智。他们把自己所得到的那些津贴视为理所当然的,并且认为数额过少,而对社会上仍然存在的收入和财富不平等现象忿忿不平,这就使他们不可能产生来自某种政治信念的新的动力。

从理论上分析,这里涉及的是两个问题。一是人们的相对收入和相对生活水平概念;另一是福利措施本身对于低收入阶层和高收入阶层的不公平待遇。

所谓相对收入和相对生活水平,是指人们之间的收入和生活水平的比较以及彼此之间的差距。从绝对收入和绝对生活水平看,与若干年前相比,英国的低收入阶层的状况是有所好转的。正如我们在"导论"中指出的,狄更斯时代的悲惨景象在英国已经不普遍了。但这并不意味着相对收入和相对生活水平上差距的消失。如今英国最富的1%的人仍然拥有全国个人总财富的四分之一至五分之一。[②] 最富的1%的收入与最穷的20%(甚至30%)的

---

① 艾里克·约翰斯顿(Eric Johnston):"英国考虑它的最复杂问题",载《英国,1919—1970》,芝加哥,1971年,第195页。

② 海尔赛:《英国社会的变化》,牛津大学出版社,1978年,第30、37页。

人的收入总和相等。[①] 再以 1968—1969 年的材料来看，如果把家庭收入低于平均收入 50%的家庭称为“贫穷收入者家庭”，把家庭收入占平均收入的 50%到 79%之间的家庭称为“贫穷边缘的收入者家庭”，那么前者有 200 万户，占家庭总数的 10.6%，后者有 558 万户，占家庭总数的 29.5%。[②] 低于平均收入水平的被称为贫困。这种贫困仍然是显著可见的。彼得·汤森德(Peter Townsend)在进行这方面的调查时，还公布了这样一个数字：1968—1969 年，在英国有财产的家庭中，最穷的 5%的家庭的财产平均价值是 31 英镑，而最富的 5%的家庭的财产平均价值是 28 185 英镑。到 1979 年，按照当前的财产估价来折算，最穷和最富家庭平均财产价值的差距是 93 英镑对 85 000 英镑。[③] 这当然会引起贫穷者心中的不平，感到自己是这个福利国家中的“被遗弃者”。

从福利措施本身对于低收入阶层和高收入阶层的不公平待遇来看，据彼得·汤森德的调查和分析，在 1968—1969 年，英国的年收入达 3 894 英镑的有较高收入的家庭，每年从社会服务得到的好处是 326 英镑，附加福利收入是 169 英镑，而年收入只有 1 110 英镑的较低收入家庭，每年从社会服务得到的好处只有 151 英镑，附加福利收入只有 13 英镑；[④]如果把全国家庭按富裕程度分为五组来看，各组平均每年得到的社会服务的好处是：最富的 20%家庭——411 英镑，次富的 20%家庭——287 英镑，中等的 20%家

---

① 海尔赛：《英国社会的变化》，牛津大学出版社，1978 年，第 31，171 页。

② “不丰裕的社会”，载《新政治家》，1979 年 10 月 29 日，第 623 页。

③ 同上。

④ 同上。

庭——225英镑，次贫的20%家庭——156英镑，最穷的20%家庭——105英镑。[①] 为什么会出现这种情况呢？这主要因为收入越多，年老时得到的养老金越多；子女上学的时间越长，从而得到的国家补助越多；休假和旅行的机会越多，从而从交通运输方面得到国家的津贴越多，等等。这又会引起低收入阶层的愤慨。难怪在英国会有福利国家更多地"使贫困合法化"，而不是"缩小贫困的影响"的议论。[②]

促使人们发奋工作，往往需要有精神上的动力。但对战后的英国来说，情况早已不同于清教徒的时代。它也不可能产生类似第二次世界大战中的战败国在恢复时期所有过的复兴精神的动力，或像某些发展中国家和地区的人民为摆脱国家长期受奴役、受剥削地位而有过的自强精神的动力。然而英国作为第二次世界大战的战胜国，作为虽然日趋解体，但依旧是保存了帝国结构的殖民国家，英国人不可能有所谓复兴精神，更谈不上什么自强的精神了。尽管前任英国驻法国、西德大使尼古拉斯·亨德森为此大声疾呼，但连他本人也对此缺乏信心。[③]

这就是福利国家出现后英国效率下降的原因之一。

第二，从资本市场来分析。由于英国在实行国民收入再分配的过程中采取高额累进制的所得税和财产转移税等拉平收入差距

---

① "不丰裕的社会"，载《新政治家》，1979年10月29日，第624页。

② "不丰裕的社会"一文的编者按，载《新政治家》，1979年10月29日，第622页。

③ 亨德森说道："看来现在有必要采取一些行动来激发民族意志感……如果能以其他国家在过去的这些年里所找到的那种民族意志来激励英国人，我们是能够复兴的。"（"英国的衰落，其原因和后果"，载《经济学家》，1979年6月2日）

的做法，因此原来在资本主义市场上资本受最大利润原则支配而进行配置的那种机制的作用也就受到了限制。前面已经提到，政府的福利设施是很花钱的，筹集这些巨额款项虽然不能完全依靠税收，而必须部分地依赖国债，但税收负担仍然沉重。特别是像英国实行的高额累进制的所得税和财产转移税，除了起到筹集经费的作用外，还被用来作为实现收入均等化的手段。收入均等化当然是不可能做到的，不过高收入阶层的收入在现行英国税制之下，确实有相当大的一部分转入了国库，这对投资者来说，追加投资的积极性必然大受挫折。

投资者的目的是要获得利润。哪一个部门可能获得较多的利润，资本就涌向那里。利润率过低，资本就被抽走。在资本主义市场经济条件下，利润率的高低成为调节资本配置的杠杆。然而税率增大，特别是所得税和财产转移税这两项税的税率增大后，投资者的心目中产生了对投资的新考虑。一是在关于投资—储蓄的交替关系中，将会偏重于储蓄，放弃投资，因为税后利润被认为偏低，投资不是那么有利可图的。二是在储蓄—消费的交替关系中，将会偏重于消费，放弃储蓄，因为储蓄所得到的利息收入要缴纳所得税，储蓄所形成的财产在转移给子女亲属时还要缴纳财产转移税，从而储蓄也被认为是不合算的，“存钱不如花掉”将成为人们的一种信念。三是在财产集中还是财产分散的选择中，财产分散会被感觉到是一种有利的形式。这是因为：所得税和财产转移税都是累进制的，财产越是集中，财产收入越多，所缴纳的所得税将越多，同时，财产越是集中，转移给子女亲属时所要缴纳的财产转移税也会越多。总之，无论从哪一个角度来说，宁要储蓄而不要投资，宁要消费而不要储蓄，宁要财产分散而不要财产集中，这对于资本形成都是不利的。英国社会上本来可以进行投资的富裕者，在福利国家出现后所发生的税率加重的措施影响下，不可避免地变得消极，他们的国内投资积极性减弱了。

对于投资者来说，增加利润收入是追加投资的动力，死后使子女亲属可以获得大笔遗产是生前不断积累财产的动力。在资本主义社会中，正是由于这些动力的作用，资产阶级才有积极性去投资，去攒钱，去发展企业。现在呢？税率过高，税后利润偏低，死后又无法把大笔遗产原封不动地让子女亲属继承，固有的投资和积累的动力减弱了，甚至消失了。那么是否产生了任何可以填补或替代的新的动力呢？就英国的具体情况而言，新的动力是不存在的。于是正如在受雇佣者方面出现了“动力真空”现象一样，在投资者方面也出现了“动力真空”现象。

第四节　资本和专业人员外流的又一个原因

英国成为典型的福利国家后，它所遇到的另一个社会经济难题是资本和专业人员的外流。

关于英国资本外流问题，我们在上一章讨论殖民帝国的后果时已经从投资的相对有利性方面进行过初步分析。资本总是涌向有更大投资收益的地区和部门。英国建立了一个庞大的殖民帝国，这使它的资本在国外能得到较好的出路，于是从十九世纪中期起，英国资本就以生产资本或借贷资本形式输出到殖民地、附属国和其他资本主义国家去。关于与资本外流有一定联系的移民问题，我们还将在下一章讨论英国的传统精神时，从社会流动性方面来加以考察。在本章这一节，只准备就福利国家的社会经济影响所涉及的方面，分析英国资本和专业人员的外流。总的看法是：除了历史上造成英国资本和人力外流的那些原因而外，战后英国政府所推行的社会福利政策，是最近这些年来这种外流的又一个原因。但应当注意到，一个资本主义国家成为所谓福利国家这一点，并不必然意味着它的人才是外流的。相反，它甚至可能是吸引别国人才的地区。对这一类问题，重要的是针对具体情况进行具体分析。所以我们只就英国的情况来考察这一点。

按照七十年代英国的税制，个人的一切收入，包括工资、薪水、佣金、奖金、股息、利息和租金收入，都应缴纳所得税。在1975—1976年度，单身人年收入中，675英镑为免税的，超过这个标准都要纳税。夫妇二人合计，收入中可以有955英镑是免税的。如果他们有一个孩子，再有240英镑收入可以免税；从第二个孩子起，每个孩子可使家长有188英镑免税。此外，靠赡养的老人也可使家庭收入中有一部分免纳所得税。应该纳税的部分的标准税率为35%。超过4 500英镑以上的所得税率越来越高。如果一年有15 000—20 000英镑应纳税收入，税率高达75%。收入再增多，税率更高，一直高达83%。此外，从资产得到的投资收入（股息、利息和租金收入），如果超过1 000英镑一年，应缴纳15%的附加所得税。因此，如果一个人一年得到20 000英镑以上的应纳税投资收入，最高的个人所得税率将是83%加上

15%,即98%。[①] 至于公司所得税,它同样是很高的。1973年起,扣除免纳税的公司收入之外,应纳税的公司收入按52%税率课税。余下的部分作为股息分给股东和作为公司保留收入。而股东们仍要为取得的股息缴纳个人所得税。

高税率必然使人们在工作—闲暇、投资—储蓄、储蓄—消费、财产集中—财产分散这样一些交替关系中,往往选择闲暇而不愿意工作,选择储蓄而不愿意投资,选择消费而不愿意储蓄,选择财产分散而不愿意财产集中。换句话说,维持福利国家的税收政策使人们的工作积极性和投资积极性都降低了。但这样的分析还是在假定资本和人力不移出国境的前提下进行的。如果一国采取的是禁止或限制资本和人力迁移到国外的政策,或者其他国家在税后投资收益和个人所得等方面的情形比英国更加糟糕,资本和人力都不愿意外流,那么上述分析是基本上符合实际状况的。然而事实上,英国的资本和人力可以自由外流,而且其他某些资本主义国家(如美国、加拿大、澳大利亚)的税率要比英国低得多,这样,人们除有上述各种选择之外,还面临着投资于国内还是投资于国外的选择,在国内工作和生活还是在国外工作和生活的选择。

毫无疑问,英国近年来的资本和人力外流是同国内税收过重分不开的。以资本来说,如果在国内能获得较高的投资收益,一般说来不会外流。资本的外流往往是由于它们在国内得不到良好的投资机会,不如投放到国外,以便获得更多的利润。根据

---

① 辛克莱(P. J. N. Sinclair):"财政",载莫里斯编:《英国经济体制》,牛津大学出版社,1977年,第297—298页。

约翰·邓宁的看法，六十年代中期以后，英国国内加工工业的税后利润率总是低于英国对外投资（加工工业）的税后利润率（税后利润率等于扣除税金和折旧后的利润同净资产之比）。（参看下页附表①）

英国国内加工工业与英国对外投资

（加工工业）利润率的比较　　（单位：%）

年份	英国对外投资（加工工业）的税后利润率			英国国内加工工业税后利润率
	西　欧	北　美	一切地区	
1960	8.1	5.8	8.0	11.5
1965	6.1	10.3	9.0	9.1
1966	7.2	10.0	9.0	7.3
1967	5.8	8.0	7.9	7.2
1968	10.6	9.5	9.8	7.9
1969	1.6	8.4	10.0	7.4
1970	12.0	7.7	9.9	7.0
1971	9.5	8.3	9.2	8.3
1972	11.8	9.7	10.7	10.4
1973	16.0	13.4	14.5	8.9
1974	11.1	14.2	12.5	8.3
1975	9.9	13.7	12.5	6.5
1976	14.5	15.9	15.9	8.5

① 约翰·邓宁：“七十年代中期英国在国际直接投资中的地位”，载《劳埃德银行评论》，1979年4月，第17—18页。关于英国国内加工工业企业的利润率数字，可以同本书第十一章第三节所引的几种计算结果相比较。

可见，英国的资本宁肯投入国外的加工工业部门，而不愿留在国内，税后利润率差异是一个重要原因。而英国税收负担较重、利润率较低，则又与福利国家措施有关。这使得国内资本为了逃避税收而转向国外。

人力的外流也许更能说明问题。在以往外流的人力中，有许多是在国内得不到发迹机会的人，甚至在国内没有出路和生活没有着落的人。他们认为到国外去就可以有所作为。而福利国家出现后，人力外流的情况发生了如下的变化：由于在国内得不到发迹的机会和感到生活没有着落的人仍然有可能继续移居国外，但现在竭力想移居国外的，却包括了那些在国内已经发迹的、成名的、有较多收入和地位的专业人员，他们并不是想到国外去寻求更大的成就和更多的发迹机会，而是想少纳税金，多保留些纳税后的可支配收入。这些外迁的移民中，包括了有一定地位的科学家、医生、教师、工程师、演员、作家、运动员、经理人员等等。[①] 他们到国外所得到的职业和社会地位，并不见得比国内已经得到的更值得羡慕，但由于缴纳的税金要少得多，所以宁肯外迁，而不愿留在国内。英国当代著名电影演员凯恩的外迁是很有代表性的。这位英国电影界最叫座的明星移居到了美国加利福尼亚，他说自己外迁的主要原因是忍受不了英国的高额所得税。他说："我热爱英国，

---

① 尼古拉斯·亨德森曾把法国普吉奥—雪铁龙汽车公司经理同英国莱兰公司董事长的收入对比，前者的工资是后者的工资的两倍多，而且还不算许多福利；对前者工资的最高征税率是60%，对后者的征税率则是83%；这种情况促使英国的优秀工程师和经理人员到法国去为法国公司和跨国公司工作。（"英国的衰落，其原因和后果"，载《经济学家》，1979年6月2日）

但我要等到税收政策改变以后才能回去。”[①]这样的例子举不胜举。英国最著名的写生画家萨瑟兰迁居法国，惊险小说作家福赛思迁居爱尔兰，作曲家沃尔顿迁居意大利，足球明星基根迁居西德，都不是为了到国外去寻求发迹机会，而是在有了社会地位和大笔收入之后，为了免纳高额所得税而外迁。[②]

当然，这并不是说，人们有了社会地位和大笔收入之后，都想迁出英国，其他一些经济、社会因素还起着作用，但税率较高这一点对英国有钱人外迁的影响，则是不可否认的。另一方面，有一些在英国生活没什么着落的人，或者并不具有什么突出的才能、因而显得普普通通的人，现在都比较留恋故土，常常不愿意像一二百年前他们的先辈那样，离乡背井，远渡重洋，到美国、加拿大、澳大利亚、新西兰等地去谋求出路。这种宁肯在英国本土失业而不愿离开英国生活环境的情况，虽然在两次世界大战之间就已被当时的人们所注意到，[③]但那时主要是社会文化因素起着作用。当福利国家出现后，经济因素变得重要起来。福利国家尽管在穷人们看来有这样或那样的弊端，但毕竟提供了最基本的生活需要保障，而高税率却不会使他们感到害怕，因为他们没有很多财产，许多人的

① 美联社记者格雷厄姆·希思科特的报导：“英国的人才越来越枯竭”（1977年10月8日伦敦电讯）。

② 佩奇（B. Page）：“保守党主义和税收神话”（载《新政治家》，1979年4月13日，第504页）中指出，与瑞典、挪威、丹麦、芬兰等北欧国家相比，英国不是税收最多的国家。但英国税收问题之所以成为爆炸性的，是因为英国的个人课税太重了，尤其是向中等收入的人征收的税率太高了。他的这个看法是很深刻的。

③ 菲力普·吉布斯（Philip Gibbs）：“英国失业者的难题”，载《英国，1919—1970》，芝加哥，1971年，第51—52页。

收入处于起征点以下或接近于起征点。政府征收的消费税虽然对这些人的生活发生影响，但消费税是一种间接税，它反映在物价的上涨上，不像财产转移税或所得税的高额累进税率那样明显地使个人收入或财产减少。正因为如此，所以这样一些人认为，如果没有确实的把握能在国外赚取更多的收入或积蓄更多的财富的话，那么还不如留在英国，得过且过。福利国家为那些在资本主义社会的生存竞争中处于不利地位的弱者提供了一副安全网、一个庇护所，使他们在或者留在国内“自我奋斗，以求生存”，或者到国外去“另谋生路，寻求发迹”这两种选择机会之外，又得到第三个选择机会：降低生活标准，靠政府的福利和救济措施在国内勉强地生活下去。

福利国家出现后，英国大量专业人员的外流，对国内的经济产生了深刻的影响。第一，对整个国家来说，这是经济资源的重大损失。姑且不谈伴随人力外流而一并发生的资本外流，即以人力外流本身来说，要知道，培养一个有才能、有经验、有知识的专业人员是不容易的，而现在，专业人员却流到其他国家去。这并不是说英国不需要这些人才，他们对英国说来并非过剩的。第二，专业人员的外流不利于英国的科学、文化、教育、卫生事业的发展，不利于英国生产技术的创新和经营管理工作的改进。这对于英国经济的长期增长趋势而言，显然带来消极的后果。第三，就英国今天的纳税状况来说，收入较高的专业人员是承担政府福利支出和其他支出的重要纳税人。他们因逃避税收而年复一年地外流。长期累计的数字是相当可观的。如果这种情况发展下去，那就势必会造成这样一种恶性循环：因逃避纳税而外流的人力越多，留在国内继续纳税的人肩上承受的税收担子就越重，于是这些留在国内继续纳税的人也就越想外出。

为了免于征税，也有人留在国内，但变得穷一些，收入少了，就少缴所得税，财产少了，就少缴遗产税，一直穷得降到起征点之下，那就再也不必缴直接税了，也就“解脱”直接税负担了。不管这种情形是多么不利于英国经济的发展，但在战后的英国，这却是事实。

从更广泛的意义上说，一个现代化的工业国家中，各种专业人员（包括科学、文教、艺术、卫生、工程技术人员和经济管理人员在内的广大知识分子阶层）的存量是衡量一国经济技术实力的重要指标。缺乏各种专业人员，是无法管理现代化经济的。只有加紧扩大本国专业人员的队伍，不断提高本国专业人员的水平，调动他们的工作积极性，才能适应现代化经济增长的需要。二十世纪世界各国的历史经验充分说明了这一点。然而在英国，我们所看到的却是相反的趋势，特别是第二次世界大战结束以来，即在英国以典型的福利国家面目出现后，更是如此。专业人员在英国的人数并不算少，他们的工作也是受到社会重视的，但是，由于征收高额累进税，他们的收入却大为减少；纳税后余下的那部分个人可支配收入，还要因严重的通货膨胀而受到损失。这样，只要一有机会可以迁居国外，他们就不愿继续留在国内工作和生活；即使留在国内，他们的工作积极性也要受到挫伤。

一个现代化的工业国家之所以衰弱，其原因之一，往往在于有意或无意地摧残、歧视、打击、迫害本国的知识分子和各种专业人员，或者使他们意志消沉，无所作为，或者迫使他们最终不得不到国外去寻求安身立命之所，使他们的聪明、才智、技术和工作激情在国外去发挥，为别国的经济文化事业服务。在英国，这一过程正在进行之中。但具有典型意义的是，在英国，这一过程并非政府有意识搞出来的，也不是通过某种政治或意识形态的迫害来实现的，而是由于福利国家以及与此有联系的各种财政措施无形地造成的。因此，这在历史上也许很难找到先例。

第五节 福利国家的官僚主义化

还应当指出，增大了的福利支出既有可能把英国变成经济资源耗竭和财政窘迫的“穷国”，也有可能使它更接近于成为一个办事机构庞大的、死气沉沉的官僚主义国家。

在资本主义经济中，市场机制是调节商品供求和资源配置的杠杆。政府在未承担公民的社会保障责任之前，特别是政府在未曾实行全民的医疗保健、教育和其他公共服务的社会福利措施之前，它的社会职能是很小的，它不必要维持一个庞大的主管社会福利的办事机构系统。当然，它也可能成为一个官僚体制的政府，但这主要是从军事和行政的方面来看，而不是从经济和社会方面来看。如果它拥有一批资本主义国营企业，或者它直接举办一批公共工程，或者它运用财政支出从事大规模的国家订货和采购，那么它在经济方面也会出现庞大的官僚系统。而当它成为福利国家后，这时它的官僚体制就会渗透到社会经济生活的各个方面。政府的社会职能越多，这个官僚机构也就越庞大。

维持庞大的福利国家的官僚体制，显然要求财政上的浩大开支。要把名目如此繁多的社会保障设施管理好，而且要把人数如此众多的社会福利待遇享受者的福利事业安排好，政府必须动员巨大的人力、物力和财力资源来从事这些工作。而在过去，这些是不必由政府过问的。现在，政府福利支出本身中就包括了用来维持福利国家官僚体制的支出，前者越大，后者也越大。与此有关的另一后果，则是效率上的拖沓和官僚主义习气在社会上的蔓延。这在医疗保健方面可能表现得更加突出些。例如公费医疗本来是一件方便患病者的事情，但公费医疗事业却以效率低著称，患病者得不到很好的治疗，以致怨声载道。医院变得越来越“衙门化”，治病变得越来越像是一种受罪。人们宁肯自己花钱，到私人开设的诊所去就诊，认为只有在那里才能得到患病者应该得到的体贴和照顾。

福利事业的官僚主义化对于以福利国家自诩的英国来说，是一种莫大的讽刺。作为纳税者，他们中有相当一部分人认为自己所给予福利国家的，要多于福利国家所给予自己的。更多的人认为自己享有一定的福利和保障是应当的，是合乎政府颁布的制度和规定的，并且是由他们自己承担经费的。然而在政府的官僚体制之下，在那些主管这些事业的官员看来，这是政府或政府工作人员给予公民的一种恩赐，似乎公民们是受布施者，是不应该有所挑剔，有所抱怨，有所不满足的。在官员的心目中，公民们是难以侍候的，因为他们总是不知足、不感恩。在公民看来，那种缺少好的服务质量的福利待遇是难以接受的，并且还要看工作人员的脸色，这简直是一种人格的屈辱。福利国家的官僚主义在社会心理方面引起了影响深远的后果：“没有热情”，“没有谅解”，“没有希望”。

"没有热情"是指公民对政府和政府官员对公民这两方面而言的。公民已不像社会保障制度刚颁布实行时那样激动或高兴。政府机构的官僚主义作风使公民们冷静下来,从而产生了对一切无动于衷的情绪。而政府官员对待公民也是这样,冷冷冰冰,仿佛仍同一百年前济贫院的执事们对前来要求施舍的贫民一样。"没有谅解",也是双方都存在的,因为既然公民们把官僚主义化的福利办事机构看成是异己的、"衙门化的"场所,既然官员们把公民们看成是不知足的、不感恩的受布施者,双方之间就只可能存在隔阂,甚至对立的情绪,而不可能出现彼此谅解、共同把福利国家的事情办好的气氛。"没有希望",是指双方对福利事业的展望而言。无论英国政府怎样以"社会主义"号召,怎样高唱"收入社会化",怎样追加福利支出,英国经济的前景是渺茫的。这是官员们和公民们不谋而合的看法。在公民们看来,政府增加福利支出固然是一件好事,但福利事业中的官僚主义作风和福利机构的"衙门化"很难根除;英国人民认定:只要今后福利机构的"衙门化"不朝更坏的方向发展,那就是不幸中的万幸。而在官员们看来,公民们的欲望是很难填满的,给他们更多的福利待遇,他们还是牢骚满腹,不积极工作,他们简直是不关心国家整个前途的个人主义者。

至于说到今天英国劳动者的生活状况与工作条件,比一百年前或五十年前的状况有所改善,这一点倒也是事实。根据科林·克拉克收集的材料,英国工时和收入的变动情况如下:[①]

---

① 科林·克拉克(Colin Clark):"收入的边际效用",载《牛津经济文汇》,1973年7月,第155页。

年　份	平均周工时	平均每人收入（以 1958 年价格计）	年工作周	年工作小时
1836	66	303 美元	51.4	3 392
1886	55	822 美元	51.1	2 810
1913	53.5	1 089 美元	51.1	2 734
1929	45.3	1 115 美元	51.1	2 315
1960	44.9	1 314 美元	50.1	2 249

另据弗尔伯斯·布朗收集的材料，由消费品组成的平均工资收入表示的实际工资变动指数来看，以 1890—1999 年为 100，1860 年——53，1870 年——64，1880 年——73，1890 年——96，1900 年——104，1910 年——104，1920 年——104，1930 年——124，（缺 1940 年数字，1938 年为 133），1950 年——169，1960 年——219，1970 年——298。[①] 此外，在英国，人们把政府提供的福利和津贴（包括各种补助金、养老金、教育和保健方面的利益）称作社会工资（social wage）。据 1976 年的材料，平均每个家庭得到的社会工资大约 1 100 英镑，约等于每家平均收入（4 491 英镑）的四分之一。从 1971 到 1976 年，物价上升了 97%，而社会工资增加了 170%。[②] 于是在政府官员们看来，公民们为什么还不知足呢？只要官员们持有这种看法，公民们在官员的眼里就是不值得同情的了，即使今后不增加福利，公民们也该满意了，与大战前相比，公

① 弗尔伯斯·布朗：“工业生产率和实际工资水平的国际比较，1860—1970”，载《经济学杂志》，1973 年 3 月，第 66—68 页。

② “实际收入”，载《经济学家》，1978 年 3 月 11 日，第 88 页。

民们还能有什么理由埋怨政府呢？然而公民们不这么看。彼此观察问题的出发点不同，对待政府福利支出的态度不同，无论政府怎样增加福利支出，也难以使得公民们的看法和官员的看法趋于一致。这是英国福利国家对人们心理所产生的不可忽视的消极作用。它的这种影响并不只是反映在人们的工作积极性和投资积极性减弱上，而且反映于公民们对政府福利事业缺乏热情、缺乏谅解、缺乏希望的精神状态之中。

我们在本章一开始就已指出，福利国家是英国阶级斗争新条件下的产物，是英国统治阶级为了缓和国内阶级斗争而采取的维护自己统治和保持资本主义制度的一种手段。从物质生活方面看，英国的福利措施给劳动者带来了某些经济上的好处，但劳动者生活状况的变化并不改变福利国家中的阶级关系、资产阶级对无产阶级的剥削关系。马克思曾指出："在工人自己所生产的日益增加的并且越来越多地转化为追加资本的剩余产品中，会有较大的份额以支付手段的形式流回到工人手中，使他们能够扩大自己的享受范围，有较多的衣服、家具等消费基金，并且积蓄一小笔货币准备金。但是，吃穿好一些，待遇高一些，特有财产多一些，不会消除奴隶的从属关系和对他们的剥削，同样，也不会消除雇佣工人的从属关系和对他们的剥削。"[①]这就是福利国家作为资产阶级维持资本主义条件下劳动力再生产的手段的本质所在。另一方面，我们在承认福利措施在维持国内的社会稳定和经济增长方面多少起过一些作用的同时，必须看到福利国家经过战后三十年的发展，终

① 马克思：《资本论》第1卷，人民出版社，1975年，第677—678页。

于变为压在英国身上的又一个沉重的包袱，而且包袱越压越重，以至于英国经济要向前迈进一步比什么都困难。福利国家正在不声不响地拖垮英国经济。不仅如此，福利支出本身以及因实行福利国家而必须采取的征税、通货膨胀等措施，还会对社会产生心理上的巨大反响：它使上层阶级和下层阶级同样不满，它使有投资能力的人和有专业知识的人同样沮丧，它使政府官员和广大公众同样抱怨，它使积极工作的人心灰意懒，它使成千上万的专业人员向往国外。它未能调动工作者的工作积极性，却使他们依赖国库的思想滋长起来。英国背上了福利国家的沉重的包袱，结果反害了自己。这岂是艾德礼刚就任首相时所能料想到的？

第五章　传统精神对经济稳定和增长的消极作用

在这一章，我们把传统精神的枷锁当作加剧英国经济的病态，使之难以在现行经济政策起作用的条件下恢复过来的又一个因素。这一章共分四节。第一节"什么是英国的所谓传统精神？"，简略地把传统精神这个概念作一些说明。第二节"门第、等级和社会流动性"，主要通过英国社会流动性与其他主要资本主义国家中的社会流动性的比较分析，来分析它对英国经济增长的不利作用。第三节"安于现状的守成思想"，从英国上层统治阶级和下层劳动人民中普遍存在的不愿变革或不肯轻易变革的思想状态，进一步考察英国经济变动的相对缓慢性。第四节"地方分权思想的由来"，则着重从英国地方与中央的关系的复杂性来说明国内离心势力，从而说明这种国内离心势力何以在目前会抵消英国政府为医治"英国病"所作的各种努力。

第一节　什么是英国的所谓传统精神？

造成英国经济停滞和衰落的主要原因是经济方面的。前面三章已分别从"世界工厂"的遗产、殖民帝国的后果和福利国家的负担三个角度作了一些分析。但经济因素不是唯一的因素。

意识形态的作用是不可忽略的。当然，在许多问题上，经济因素的作用和意识形态的作用相互结合，彼此影响。例如，在分析“世界工厂”的遗产时，我们曾经提到过那种过分重视经验，轻视技术教育和职工业余教育，迷信本国的成就，忽略外国的创新的保守思想；在考察殖民帝国的后果时，我们曾经指出在殖民帝国逐步解体的过程中，英国资产阶级还念念不忘帝国的荣誉和尊严，出于某种虚荣感而竭力维护形式上的帝国声势；在研究福利国家的负担时，我们也曾讨论了在英国以典型的福利国家面貌出现后社会各阶层工作积极性和心理状态的变化。这些都是与意识形态问题有关的。而在这一章，我们准备专门从英国的传统精神的影响着手分析，看一看这种精神究竟在何种程度上阻碍着英国经济的发展，加剧着英国经济的病症。但我们认为，传统精神作为一个因素，与前面三章提到的“世界工厂”、殖民帝国、福利国家这三个因素还不能等量齐观，特别是谈到第二次世界大战以前的情况时，它不能与“世界工厂”、殖民帝国这两点并列。它们的重要程度是不一样的。我们与其把传统精神的影响看成是造成英国衰落的直接原因，不如把它当作加剧英国衰落的因素，当作使英国陷于困境之中难以自拔的因素。道理是很清楚的，经济因素的作用要比意识形态因素的作用更重要，并且具有根本的性质。

首先要说明的是，这里准备分析的英国的传统精神指的是什么？在阶级社会中，社会意识形态不是超阶级的。马克思和恩格斯指出：“构成统治阶级的各个个人也都具有意识，因而他们也会思维；既然他们正是作为一个阶级而进行统治，并且决定着某一历史时代的整个面貌，不言而喻，他们在这个历史时代的一切领域中也会这样做，就是说，他们还作为思维着的人，作为思想的生产者而进行统治，他们调节着自己时代的思想的生产和分配；而这就意味着他们的思想是一个时代的占统治地位的思想。"[①]因此，我们在这里所说的传统精神，首先是指在近代和现代英国社会经济生活中起支配作用的统治阶级思想。但是我们也不能把问题理解得如此狭隘，把起支配作用的统治阶级思想只看成是统治阶级才具有的思想。如果那样，那就很难解释传统精神的影响了。应当说，既然统治阶级的思想是支配一个时代的思想，它就必然会支配非统治阶级中许多人的思想。比如，以门第高低看待别人的观念和守成思想，就是上自达官贵人，下至平头百姓，普遍存在于英国社会的一种思想，我们不能不看到这一点。

从英国近代史来看，1640—1688年的英国资产阶级革命是反对封建专制制度，争取建立资产阶级民主制度，保证资本主义生产方式确立的一场革命。它的反封建性质是明确的。但由于英国历史的特点和革命时期阶级力量的对比，这场革命由新贵族和资产阶级共同领导，1688年后建立的是由新贵族和资产阶级联合统治的君主立宪制政权。这场革命具有很大的保守性，政治和经济生活中都保存了相当多的封建因素，以至于研究英国社会经济史的专家们都有这样的看法：资产阶级革命虽然起源于英国，但它从未在英国取得充分的胜利。英国流行的价值观念不是资产阶级的，

---

① 马克思和恩格斯："德意志意识形态"，载《马克思恩格斯全集》第3卷，人民出版社，第52页。

而是封建时代就产生的、并且一直持续下来的价值观念。[①] 在英国，新贵族一方面保持着贵族身份，一方面也经营资本主义企业，并同土地保持着联系，他们兼以资本主义剥削方式和封建剥削方式获取自己的收入。资产阶级中的许多人，同新贵族不仅有思想上的一致性，而且在经济中和社会生活中同新贵族有联系。在乡村中，乡绅们在长时期内仍然受到尊敬，他们的思想和生活方式对于地方经济生活有着不可忽视的影响。封建的和资本主义的意识形态作为英国近代社会的统治思想，不仅支配着或影响着人们对事物的看法和价值判断，而且也制约着人们的行动。

在近代和现代英国的社会经济生活中起作用的传统精神，包括了门第观念和等级观念、不求变革和安于社会现状的守成思想，以及地方分权思想等等。它们既不是纯粹封建的，也不是纯粹资本主义的，而是在英国特定的社会条件下，封建意识形态和资本主义意识形态相结合的一种产物。

把英国社会上占支配地位的思想说成是封建意识形态和资本主义意识相结合的一种产物，并不与英国作为典型的资产阶级民主政治的国家这一点相矛盾。在“导论”中，我们曾经提到，英国社会上的资产阶级民主意识，表现为一种阻碍当前英国经济崩溃的因素。事实确是如此。英国社会上的封建因素主要表现在意识形态中，表现在人们的价值观念中，而不是表现在政治统治方式上。今日的英国决不是都铎王朝那样的封建专制统治，今日的英国的

① 马丁·韦恩纳(Martin J. Wiener)：“英国的一些舆论界领袖和经济增长”，载《当代历史杂志》1979年第4期，第353页。

统治阶级也不是靠法西斯独裁手段来维持自己统治的。我们不能用我们习惯了的“封建主义”这个概念来理解英国社会上的封建意识形态的影响，否则我们就难以理解为什么在英国一个普通公民能公开对首相进行批评和指责，一个英国首相在战争时期所享受的配给品会与普通公民一样多。

这种传统精神在英国资本主义发展初期也曾起过一定的积极作用。不能认为它们从来都是阻碍资本主义发展和不利于经济增长的。关于这一点，我们将在以下几节中具体地予以说明。同样地，它们在一开始就存在阻碍英国资本主义发展和不利于经济增长的一面。随着英国经济的发展，它们的积极作用越来越不明显，而它们的消极作用则日益突出，以至于在分析英国经济停滞和衰落的原因时，有必要把传统精神的枷锁看作压在英国身上的另一个沉重的包袱。

第二节　门第、等级和社会流动性

重门第，讲等级，这是英国封建社会的一种风尚。它在资产阶级革命后的英国长期保存下来。门第和等级适应于英国资本主义社会的统治阶级，即新贵族和资产阶级的利益和需要，从而在资本主义条件下为统治阶级服务。

一个重门第、讲等级的社会，实际上是一个阶梯式的社会。社会被划分为许多有形或无形的等级或阶层。它们与阶级的概念不尽相同，因为阶级是按照生产资料所有制的状况来划分的，而社会等级却同门第、个人的身份、职业的性质联系在一起。经商发财的资产者，尽管拥有巨额的财富，但如果他们既没有高贵的门第，又没有同一定的身份相称的学历、经历和职业，那么他们只被看成是暴发户，是普通的商人，而不被承认是社会的上层等级，他们在社会上仍受到冷遇，而无从进入上层的内圈。一个有贵族称号的家庭，即使已经变卖了土地，但仍以门第的高贵而炫耀于社交界。因此阶级与社会等级之间不能完全画等号。随着资本主义的发展和英国国内经济状况的变化，社会上关于门第与等级的看法也是有所变化的，即人们逐渐重视具体的财富和实际的权力，而改变了对空洞的称号和家谱、纹章的崇敬，不过这种改变是一个相当缓慢的过程，并且这种变化主要是在英国经济已经失去昔日的昌盛之后，是在帝国的光辉已经开始褪色之后，特别是在第二次世界大战结束之后才比较明显。

从原则上说，重门第、讲等级的社会观念与那种认为“金钱就是一切”、“金钱高于一切”的纯粹资本主义精神是不相容的。马克思和恩格斯在《共产党宣言》中曾指出，在资产阶级时代，“一切固定的古老的关系以及与之相适应的素被尊崇的观念和见解都被消除了，一切新形成的关系等不到固定下来就陈旧了。一切固定的东西都烟消云散了，一切神圣的东西都被亵渎了。”[①]这是就资产阶级在历史上所起的革命作用而言的。资本主义制度下的社会观念的发展趋势必然如此。但这一过程也因各国社会历史条件不同而有所差异。

以英国来说，虽然它是资本主义关系较早建立的国家之一，并

① 马克思和恩格斯：《共产党宣言》，人民出版社，1970年，第27页。

且是最早进行资本主义工业化的国家，但由于历史上的原因，由于英国资产阶级革命的特点和革命后建立的政权的性质，正是在英国，像门第观念、等级观念这样一些与"古老的关系"相适应的"素被尊崇的观念和见解"迟迟未被消除，家谱、纹章这样一些以往的"神圣的东西"还未完全受到亵渎。在资本主义的英国，统治阶级从来不曾变为普通的资产阶级，从来不曾发展为一种纯粹商业性的上层阶级。这一点被认为是英国近代史上的特点。[①] 1892 年，恩格斯曾这样写道："在英国，资产阶级从来没有掌握过全权。……直到今天，英国的资产阶级还深深感到自己的社会地位很低，甚至用自己的和人民的金钱去豢养一个供装饰用的有闲等级，要它在一切庄严的场合体面地代表民族；而且当他们自己中间有人被认为有资格进入这个归根到底是他们自己造就的高等特权集团里去的时候，他们便认为是无上的光荣。"[②]恩格斯揭示的，正是英国资产阶级的社会历史特点。这样，贵族珍视自己的门第和家世，资产阶级既反对它们，却又羡慕并想得到它们，从而原则上与资本主义精神不相容的旧社会观念，在实践上却变得与资本主义精神互相调和，彼此补充。

在英国资产阶级革命后的很长时期内，这种旧的社会观念起了巩固新贵族和资产阶级的政治联盟的积极作用。高贵的门第受到尊敬，但高贵的门第并不是像封建专制时期那样僵化的或绝对

---

① 乔治·奥维尔(George Orwell)：《英国人民》，纽约，1974 年，第 26—27 页。

② 恩格斯："《社会主义从空想到科学的发展》英文版导言"，载《社会主义从空想到科学的发展》，人民出版社，1974 年，第 29、30、31 页。

封闭性的，而是在一定程度上也向资产阶级开放，并且同资产阶级融合。这具体表现于两个方面：一方面，资产阶级中的某些被认为在才能上或成就上有“贡献”的“优秀分子”，可以被吸收到贵族队伍中来，取得爵位，成为门第高贵的社会上层分子；另一方面，贵族身份的继承权仅限于传授给一个孩子，而不能让所有的孩子都同样享受这种世袭的特权。贵族家庭的其余孩子的身份是平民，他们必须通过其他途径才能使自己立足于上层社会，或者说，他们应当靠专门技能、知识、行政经历或企业经营活动来维持自己的生活和取得自己的社会地位。从上述这两个方面所反映的情况来看，在英国资产阶级革命后的长时期内，贵族与资产阶级之间就成员的交流而言，其关系是密切的。高贵的门第依旧存在，等级的界限仍然鲜明，但非贵族出身中的某些人有可能上升为贵族，贵族队伍中也有相当多的人不断地离开它。这种社会流动性在英国资本主义发展初期，在某种程度上缓和了新贵族与资产阶级之间的冲突，保持了统治阶级内部的相对稳定的局面，巩固了新贵族与资产阶级的政治联盟。

门第之见当然不是仅仅反映于贵族与资产阶级之间的关系上。就英国全国范围而言，在人数上，资产阶级毕竟是少数，贵族则是极少数，占人口多数的是职工、小生产者和其他既无足够的资产，又无高贵的门第的独立经营者。按照职业的划分，这些人构成了社会上的不同的职业集团，而根据社会上传统的对职业高低贵贱的看法，不同的职业集团也就客观上形成了不同的社会等级。如果把具有高贵门第的贵族之家列为英国社会的最上层，把拥有巨额财产的资产阶级列为英国社会的次上层，那么按照英国社会上对门第和职业的传统看法，那些有一定专门知识技能的自由职业的独立经营者构成社会的中间等级，再次一级就是小职员、小商人、小业主，他们也可列为社会的中间等级，不过社会地位较低一些。而社会的下层等级则包括工人、手工业者、农民等等。职业的不同形成了不同职业的人们的相互不信任感。处于较低社会等级的人一方面以不信任的眼光看待较高社会等级的人，另一方面又力图使自己或自己的子女有机会进入较高的社会等级；处于较高社会等级的人以不信任的眼光看待较低社会等级的人，并竭力抵制较低社会等级的人进入自己这个圈子里，尽量排斥他们。这里所谈的，是指英国资本主义社会上的一般状况而言，并不等于否认个别的例外的情形。

在社会阶梯上，越是处于较高社会等级的人就越有可能更上一层楼，即上升到更高的社会等级；反之，越是处于较低社会等级的人就越受到限制，他们上升到较高的社会等级的可能性就越小。社会阶梯下降的可能性对任何一个社会等级说来都是存在的，即使是社会地位最高的等级也不能例外，只不过其机会较小，而且下降的过程比较缓慢，因为现实社会中的某些社会关系和经济关系对这种下降起了一定的阻滞作用。

因此，从门第和等级的角度来看，这是英国各个社会成员之间的另一场生存竞争，其意义并不下于经济方面的生存竞争。经济方面的生存竞争表现于：一个社会成员在资本主义资本市场，商品市场或劳动力市场上，必须胜过他的竞争对手，以便使自己的产品（包括劳动力在内）获得销路，使收益大于成本并有所积余，然后才能生存和发展。社会方面的生存竞争表现于：一个社会成员在重门第、讲等级的社会阶梯上下分明、身份和职业有高低贵贱之别的现实生活中，必须突破对社会流动的重重限制，去追逐那些被认为是上等的职位，使自己由较低的社会等级进入较高的社会等级，这样才能改变自己和自己的子女的身份和社会地位，赢得社会其他成员的尊敬。这种社会学意义上的竞争和经济方面的竞争虽然有着密切的联系，但性质并不完全相同。

英国资产阶级为了实现经济方面的自由竞争原则，在英国资产阶级革命后经历了一百多年的斗争。重商主义措施的逐个取消和特许公司的特权的废除，使资产阶级在贸易和企业活动领域内得以处在竞争的平等基础上。从十九世纪中期以后，竞争的平等性是被确认了的原则。任何人，只要有资本，就能参加市场的角逐。资本的大小是它在某个市场上能否争得一席地位的首要条件，资本持有者的个人身份在这里一般不起作用。市场对一切资本持有者开放。二十世纪以后，英国经济中所出现的垄断，也并不违背一切资本持有者可以平等地竞争这一原则，只是在竞争中，大资本占绝对优势，小资本难以立足，从而实际上被排斥在外。然而在英国社会中，社会学意义上的那种竞争却具有自身的特点。法律上，一切公民都是平等的。按照机会平等的原则，政府的一切公职应当向一切有资格的公民开放，任何职业的垄断或职业的排他性都是被禁止的。法律也禁止从人格上对任何公民有所歧视。但这种机会平等和身份平等只是法律意义上的，而不是社会学意义上的。门第、社会等级、职业的高低贵贱、上层社会的排他性、对不同职业和出身的人的不同待遇，是已经形成的社会习惯和风气，是牢固的传统精神的体现。即使这些并无任何法律上的根据，但却无形之中支配着人们的思想，制约着人们的行动。社会学意义上的竞争与资本、商品、劳动力市场上的竞争不同，它不能靠一纸取消限制和排他性的法令来使人们从此站在平等竞争的起跑线上。

不言而喻，这种支配着英国社会的无形的力量对英国经济至少产生了以下三方面的消极的影响。第一，它加剧了英国的资本与人力外流。第二，它挫伤了留在英国国内的广大人民的积极性和创造性。第三，它一般地降低了英国社会的经济效率。

现在分别考察这三个问题。

第一，关于英国资本和人力的外流问题。

在本书中，我们是比较注意英国的资本和人力外流问题的。我们在前面已经从殖民帝国的后果和福利国家的负担等方面对它进行了分析。这里所要进一步研究的，是英国的重门第、讲等级的传统精神怎样加剧资本和人力外流。传统精神的影响所促成的首先是人力的外流，资本是随着人力外流而一起流出的。

在资产阶级革命后的英国社会中，虽然各个社会等级都不像封建专制时代那样僵化或成为完全封闭性的，但从较低的社会等级上升到较高的社会等级的机会对于社会大多数成员说来，是不大的。他们感觉到，这种社会流动（即所谓垂直的社会流动）在国内环境中受到较多的限制，于是另一种社会流动，即跨地区、跨国界的社会流动（所谓水平的社会流动）便加快了。在国内感到受压抑，认为个人的发展前途具有局限性的人，指望在国外可以得到发迹的机会。在他们看来，在像美国、加拿大、澳大利亚、新西兰这样一些新开发的土地上，或者在印度、东南亚、远东、非洲这样一些英国的殖民地和附属国，门第和出身对一个英国人来说就显然不那么重要了，个人上升到较高的社会等级的机会也要比国内多得多，并且，至少自己在那里不会受到特殊的歧视。这样一种思想，驱使着一些英国人离开本土，作为移民或作为冒险家，去开创自己的事业。从历史上考察，特别是在英国殖民帝国解体之前，从英国外流的人力中，有相当一部分是感到在国内不得志的人，他们认为只有出国才能改换门庭，出人头地，脱离原来的较低的社会等级。英国的殖民地，除了为英国提供了资本市场和商品市场之外，还为英国公民尤其是受到一定专业教育的知识分子，提供了充当文官、教师、公司职员的机会，在那里，擢升的机会比国内多，上升到较高社会等级所需要的时间比国内短。当然，这些人之所以离开英国，也还有经济上的原因，例如寻找更多的个人收入，积累更多的个人财产等等，但社会学方面的原因是不能忽视的。英国历史上出现的人才外流现象，在战后长时期内继续存在着。尽管后来逐渐不像过去那样讲门第、讲等级了，但论资排辈的风气一直保存着，不让人才冒尖的观念还到处占着统治地位。暮气沉沉，这是英国社会的一种写照。门第不高、出身微贱、资历较浅但才能出众的人，总是感到在英国社会上受压抑。正如英国前工党领导人哈罗德·威尔逊在《英国社会主义的有关问题》（伦敦，1964 年）中所说的：“目前在美国的英国科学家们告诉我，他们决定（离开英国）的主要理由在于他们提升的希望黯淡。有一个人说，‘我们将等着人家死；我上面的人是五十多，如果有任何提升机会的话，我必须等到他退休或更早地患上冠状动脉梗死症。’”于是有才能的专业人员想离开英国，即使他们还留在国内，他们心情不会感到舒畅。他们有一种被埋没的抑郁感。讲门第、讲出身、论资排辈，必然使他们的积极性始终受到挫折，直到通过多年的、加倍努力的个人奋斗，有幸改变了处境为止。

以工人和农民来说，他们从英国外流固然与经济上受剥削、穷困、饥饿等有关，但其中许多人也考虑到，在新的国外环境中，自己的社会地位可能有所改善。这是因为，如果他们迁入一个由外来移民所组成的社会中，那么其中许多人彼此的社会地位是接近的，并且由于移民的某些利益的共同性，原来社会地位不同的人们之间的差距也会缩小一些；如果他们进入英国统治下的殖民地，那么不管怎样，他们作为英国的公民，在与当地人民接触的过程中，一般说来可以处于较特殊的社会地位，而不会感到自卑或受压抑。同时，由于英国公民在那里必定居于少数，于是彼此之间也不会像原来那样因社会地位悬殊而隔阂甚大。例如在十九世纪的西印度群岛和二十世纪初期的肯尼亚，"英国人的社会"的特殊性就表现得十分明显。移居到这里的英国下层社会等级的成员，其民族意识要比阶级意识或门第意识强烈得多。

长时期内的人力外流以及与此相伴发生的资本外流，从经济方面来看是英国的经济资源的一种损失。关于这一点，我们在前两章已经提到过了，这里再从社会学方面来作进一步的考察。从英国人口外流的历史来看（早期的移民这里暂且不谈），从十九世纪末年到二十世纪中期，英国人口的外流大体上可以分为三个阶段。十九世纪末到第一次世界大战前为第一阶段。这一时期英国外移的人口主要是移居美国和英国的殖民地与自治领，大部分是非熟练劳动者，包括农业劳动者。这与当时被移居地区迫切需要壮劳力有关，而英国政府在殖民地与自治领的土地政策也推动了英国人口的外流。[①] 两次世界大战之间为第二阶段。这一时期，英国外移人口主要是移居英国的自治领，即那些正在加速发展工业的地区。它们需要的是熟练的和半熟练的工人，而不是农业劳动者。从1919年到1930年，从英国移出的人数达二百万以上。[②] 三十年代萧条时期，人口外移的浪潮受到影响而暂时停了下来。但这并非由于英国工人们不愿离开英国，而是因为被移居地区经济形势恶化，吸收不了这样多的就业者。第二次世界大战结束后的年份为第三阶段。从这时起，移居国外的人口的特征是：移民中有较高比例的熟练工人、专业人员，还有官员和产业所有者，并且大部分人移居于英联邦国家。人力的外流早在四十年代末就引起了英国政府的焦急。[③] 但它未能阻止这个趋势。社会因素与经济因素在推动人口外流方面是同样重要的。而社会原因也许更难改变。这是因为，外流的人力中，除了逃避税收的那些人而外，其中有一些人显然是其才能和知识在国内被埋没的人，他们不能在英国本土发挥作用，而不得不到国外去寻找发迹的机会。这里反映出重门第、讲等级、限制垂直的社会流动的社会观念和社会习惯势力，实际上是削弱英国经济资源的一个有力的因素。假定资产阶级革命后的英国不是受这样一种传统精神的强烈支配，国内的垂直的社会流动有较大的可能性，那么它的经济资源的损失就会相对地减少。

---

① 海尔赛编：《1900年以来英国社会的趋势》，伦敦，1972年，第487页。

② 同上书，第498页。

③ 同上。

第二，关于英国国内广大人民的积极性和创造性问题。

重门第、讲等级的社会观念在原则上是与纯粹资本主义精神不相容的。在资本主义市场上，最大利润原则是推动投资，制约资源配置，提高资本主义经济效率的动力。但每一个在资本主义市场上以买方或卖方出现的生产者，同时也是社会的一个成员，他置身于一定的社会等级之中，他具有他的身份、职业以及与之相适应的社会地位。经济上，他希望得到更多的收入，积累更多的财富；社会上，他希望提高自己的社会地位，使自己和自己的子女上升到更高的社会等级。个人的积极性和创造性实际上主要由这两种动力——经济方面的利润动力和社会方面的垂直社会流动动力——共同调动。仅仅靠前一种动力，显然是不够的。否则就很难理解在资本主义制度下，某些社会成员为什么在积攒了相当数额的财富之后，始终感到还存在某种缺陷，即认为自己在社会地位和家庭门第上还低人一等，而要拼命朝这方面去继续奋斗，哪怕放弃一些财富和收入也在所不惜。否则也很难理解像伊顿、哈罗、温契斯特这样一些学校会有这样大的吸引力，以致非名门出身但家资万贯的子弟往往动用一切手段，企图进入这个为未来的社会上层等级造就候补者的特殊学校。

然而英国资产阶级革命后长期存在的社会现实生活，却对人们的社会流动的动力是一种抑制。社会的上层等级虽然不是完全封闭性的，但开放的程度也确实有限。同一个较高的社会等级的成员之间存在着友谊、亲戚关系或感情上的交流，彼此为子女的前途创造有利条件和承担照顾的义务。例如，在很长时期内，能够进入英国外交部，担任被认为有美好前程的外交职务的，主要是那些在英国外交界有势力的显要人物的子弟和亲属。殖民事务部门的一些被认为收入丰厚而且社会地位出众的职务，也很少落入与此无缘的家庭出身的人们的身上。大公司、大银行的董事们总是抱成一团，互相提携照应。[①]

一般人也在追求社会地位的上升。但由于受到各种限制，社会地位并不是那么容易改变的。这样，不仅使较低社会等级的人产生了对英国的社会制度的抱怨，而且也使他们产生一种逆来顺受、听天由命、得过且过的情绪。他们感到，如果没有机会到国外去施展自己的才能，那么这种才能在国内很可能被长期埋没。而英国社会的现实情况确实如此，所以他们感到改变社会等级是没有很大希望的。上述的两种动力中，只剩下了利润动力还在顽强地起作用，社会流动的动力减弱下来，至少在相当一部分人的身上减弱了。这些人为自己和自己的子女无法改变所处的社会地位而消沉，甚至悲观失望。在这里，只要把英国社会和美国社会作一番对比，就可以看得很清楚。在美国，门第不像在英国受重视，社会等级之间的流动不像英国那样受限制，对个人身份和职业区别的看法也不像英国那样固定不变，从这个意义上说，美国要比英国更加资本主义化，个人的积极性和创造性的发挥也就比英国充分些。这是任何一个把英美两国资本主义发展历史进行比较研究的人都不会否认的。

---

① 维特莱(R. Whitley)在“大金融机构董事之间的共同性与联系”(载 1973 年《社会学评论》，第 613—632 页)中指出，英国二十七家最大的金融机构的董事们，不仅互兼董事，而且都有同样的学历，属于同样的社会圈子，并且有许多家庭亲戚关系。

第三，关于英国社会的经济效率问题。

正如资本和人力外流问题、广大人民的积极性和创造性问题一样，经济效率问题也具有两重性，即它既是一个经济问题，也是一个社会学的问题。作为一个经济问题，英国经济效率之所以比较低，由于它的生产部门结构比较陈旧、技术装备程度和劳动生产率比较低、在高额累进税率之下投资积极性和工作积极性受到打击等原因所引起。作为一个社会学的问题，英国经济效率之所以比较低，首先与社会上存在的那种重门第、讲等级、限制人们的垂直社会流动的传统精神等有关。有才能的人流向国外，既是人力资源的损失，又是经济效率的减少。广大人民抱着逆来顺受、得过且过的想法，对上升到较高社会等级这一点不寄以较多的希望，这也是经济效率下降的原因之一。但除了这些以外，国内的垂直社会流动的阻力还具有另外两个十分不利于经济效率的作用：它使得各个职位提供的效率降低；它使社会上产生一些足以抵消经济效率的因素。

按照机会均等的竞争原则，资本主义社会的现有各个职位都是向一切有条件参加竞争的人开放的。择优的结果必然是，各个职位都由最优者或最适宜者担任，不适宜者被淘汰。这样，每个职位的占有者都能在自己的岗位上发挥自己的才能，从而使整个社会的经济效率保持于现实条件下能够达到的最好水平。但如果机会均等的竞争原则受到限制，人们的垂直社会流动有阻力，一切被认为是上等社会等级标志的职位只向受照顾者开放，职业的排他性未能被打破，那么这些职位显然不能提供应有的经济效率。道理是很简单的。要知道，人的才能来自实践，来自学习和锻炼，而并非来自遗传。通过特殊的照顾而优先占有某些职位的人，很可能不是最优者或最适宜者。因此，机会均等的竞争原则下的效率将会高于排除了这一原则之后所能提供的效率。像英国这样的国家，既然重门第、讲等级的社会观念和旧习惯势力长期有很大的影响，职业的排他性和垂直社会流动的阻力长期比较顽固，由此而产生的整个社会的经济效率的损失，虽然不能精确地估算，但无疑是相当大的。

同时，这种观念的长期作祟，还使社会上产生一些足以抵消经济效率的因素。其中一个因素是把本来可以投资于现代化生产的资金转而用于购买不动产，因为在一个比较重门第、讲等级的社会中，不动产，特别是土地、庄园，是与个人的身份和社会地位有比较密切的联系的。另一个因素是促使一部分社会成员较少地关心如何提高自己的工作能力和技术水平，较多地关心如何通过社交、婚姻或其他门路来改变自己的社会地位并使子女得以上升到较高的社会等级去。这也是整个社会的经济效率的无形的损失。再一个因素就是：由于社会的风尚是重门第、讲等级的，随之而来的必定是大量人力、物力、资金和时间被耗费于与生产无关的纯粹应酬性、礼节性的交往和奢侈性的消费之中，这种耗费同样是社会的经济效率的损失。

以上我们从各个方面考察了在社会流动方面的传统精神的影响问题。这种影响一直到二十世纪三十年代，在英国仍然是显著地存在着。到那时为止，英国社会仍然被人们视为“老式的”社会。三十年代以后，当然有些变化。但变化究竟有多大，还很难作出判断。例如，按财产继承方式来说，上层社会的大笔产业的代代相传仍是老一套的。二十世纪二十年代威基伍德(J. Wedgwood)关于英国财产继承问题(《继承的经济学》1929 年版)的研究表明，英国富户的个人财产主要来自父辈的遗产。而哈伯雷在把二十世纪五十年代英国上层社会财产继承情况与二十年代的情况进行对比后，得出的结论是二者并无明显的变化。[①] 1973 年，哈伯雷和麦克马洪一起，又把六十年代的情况同五十年代作了对比，仍然发现财产继承状况变化不大，即富户的财产传给下一代，下一代之所以有钱，主要由于他们有一个有钱的父亲。[②] 此外，少数人的父亲虽然没有钱，但由于婚姻关系，找到了有钱的岳父，从而也变得有钱。哈伯雷和麦克马洪在调查中还发现，某些人的父亲虽然不那么有钱，但其儿子之所以能够找到有钱的岳父，那显然是由于他们的父亲仍然属于社会上层或中层阶级的缘故。[③]

哈伯雷和希金斯在 1973 年对英国有钱的妇女财产和继承情况的分析(据统计，1960 年英国妇女拥有的个人财富占全国个人财富的 42%[④])，表明她们的绝大多数财富是来自其父亲或丈夫的遗产，至多只有 5% 的有钱妇女是靠企业家才能积累起自己的财富的。[⑤] 在婚姻关系上，哈伯雷和希金斯指出：富人子女的大约

---

① 哈伯雷(C. D. Harbury)："英国的继承与个人财富的分配"，载《经济学杂志》，1962 年 12 月。

② 哈伯雷和麦克马洪(P. C. McMahon)："英国富户遗产的继承和特征"，载《经济学杂志》，1973 年 9 月。特别是在第 832—833 页上，有较详细的论述。

③ 同上书，第 830 页。

④ 哈伯雷和希金斯(D. M. W. N. Hitchens)："妇女、财富和继承"，载《经济学杂志》，1977 年 3 月，第 124 页。

⑤ 哈伯雷和希金斯："妇女、财富和继承"，载《经济学杂志》，1977 年 3 月，第 131 页。

60%同富人的子女结婚。[①]“门当户对”至今仍是英国社会上层婚姻关系的一个特色。[②]

应当指出，我们在强调英国在垂直社会流动的限制的同时，并不打算否认战后时期英国在这些方面已经发生的变化。无论怎么说，战后英国垂直社会流动方面的变化仍是可以看到的。要知道，第二次世界大战期间，不同社会出身的人一起在军队和民防队伍中工作，这种经历和接触使得人与人之间的隔膜有所消除。[③]战后，由于消费方式的一些变化（如实行分期付款办法购买耐用消费品，人们易于购买到价格较低廉的时新服装等等），也使得各阶级出身的人在外表上的差别缩小了。[④]特别是战后的三十多年内，随着科学技术的进步和英国在生产领域内所经历的一些变化，专业人员的队伍发展起来，他们的人数增加很快。这是一个新情况。适应于科学技术发展现阶段的专业人员，主要是靠自己的知识、技能和经验而占据各自的职位的。门第和等级的限制，对他们说来要比若干年前小得多。同时，企业经营管理方式的逐渐改变也是对旧的社会观念的一次冲击，因为经验表明，即使在私人企业经营中，管理职能的世袭制也被认为是不利于企业发展的，从而资方也愿意让那些不是来自同一社会等级、但被认为有经营才能的最适宜者来担任企业的负责职务。不过这个过程在英国已经比其他主

---

① 哈伯雷和希金斯：“妇女、财富和继承”，载《经济学杂志》，1977年3月，第131页。

② 同上书，第130—131页。

③ 乔治·奥维尔：《英国人民》，纽约，1974年，第30页。

④ 同上。

要资本主义国家要晚得多。[①] 即使如此，在英国，企业高级经理的报酬同企业经营好坏、赢利的多少一般仍没有明显的联系。只是在较小的企业中，企业经理的才能才显得重要，他们的报酬才同企业经营的好坏有较密切的联系。这是对1969—1971年英国一千家公司情况分析所得出的结论。[②] 关于这种情况，可能有若干种不同的解释，如较小的企业害怕在竞争中垮台，所以重视发挥企业经理的才能，或较小的企业中有许多仍由资本家直接管理，等等，[③]但也可以看出另一种因素的影响：相对于其他主要资本主义国家来说，英国对人才或才能的重视程度仍是较差的。所以不久前，尼古拉斯·亨德森在把英、法、西德三国作了比较之后，这样说道："在德意志联邦共和国（实际上是在俾斯麦时代以来的德国），工业往往吸引了最优秀的人才，而在英国，那些从中学和大学毕业的学生看来不那么想在工业界找一个职业……在法国和德国，中等管理人员的平均工资，按税收和生活费用的差别调整后，差不多是英国的两倍。"[④]

社会方面的其他变化还可以举出一些。例如，大批中年的、已经有了孩子的家庭妇女参加了工作，以便赚取收入来为家庭添置耐用消费品，这一变化是五六十年代内英国社会上最显著的变化之一。到1963年，40至54岁的英国主妇中几乎有一半人在社会

---

① 参看本书第二章第四节。

② 科施(Andrew. Gosh)："英国企业主要负责人的报酬"，载《经济学杂志》，1975年3月，第88—89页。

③ 同上书，第76—77，88—90页。

④ "英国的衰落，其原因和后果"，载《经济学家》，1979年6月2日。

上就业。这显然是对英国社会的传统生活方式的一次巨大的冲击。[①] 又如，在现阶段的英国，像伊顿、哈罗这些学校，也开始招收工人家庭的子弟入学；高额遗产税使那些拥有大量不动产的名门望族很难让自己的后代再原封不动地接受祖辈的产业；门第和家谱不像过去那样受到敬重。这些都是可以被察觉到的变化。看来这种变化今后不会停顿，只会加速。但对于一个受着传统精神长期束缚的英国社会来说，在垂直社会流动方面，历史留下的遗产太大了，它需要意识形态和社会习惯的巨大变革，而不是点滴的改良。

总之，我们必须承认的是，作为影响英国经济停滞和衰落的一项历史因素来考察，从过去直至今日，使英国社会流动性受到限制的力量一直存在。如果没有这种旧社会观念和习惯势力长期作梗，英国经济的病态很可能不会像现在这样严重。

第三节 安于现状的守成思想

与那种重门第、讲等级的社会观念有所不同，英国社会上安于现状的守成思想不能被认为只是贵族阶级思想的表现，而应当被看作是两种不同的思想的综合：一是包括贵族阶级和资产阶级在内的英国统治阶级作为社会的既得利益集团，力求保持自己的既得利益的思想的表现，二是广大劳动人民身上浓厚的小生产者意识的反映。统治阶级和广大劳动人民从各自不同的立场出发，都

---

① “‘丰裕年代’的英国写照”，载《英国，1919—1970》，芝加哥，1971 年，第 180 页。

想维持现状，不要求变革，甚至抵制变革。

英国的统治阶级竭力想保持自己的既得利益：贵族想保持自己的特殊身份、爵号、社会地位和祖传家产，资产阶级想继续拥有自己的生产资料和剥削工人的权利，他们都不愿现状发生变革。贵族阶级有这种守成的思想，是毫不奇怪的。与世界上其他资本主义国家中的贵族不同的是，它在英国受到资产阶级革命的波动是较小的，它的利益并未因这场革命而受到很大损失，而其中相当多的人在革命后还继续拥有较高的地位和较多的财产。因此他们在本能上是安于现状的。至于资产阶级，一般说来，由于它经常不满足于自己得到的利益，总想扩大自己的财富和提高自己的社会地位，所以不会以现状为满足，而希望按自己的意图来变更现状。但对于英国资产阶级来说，在这方面也有其特殊性。这是因为：英国是最早进行资本主义工业化的国家，它曾经成为"世界工厂"，并占领了广大的殖民地，建立了头号的殖民帝国。从英国资产阶级革命的时候算起，到二十世纪初期英国的极盛时代结束之时为止，英国资产阶级在这段很长的时期内始终是得志的、逞强的。它不曾受到什么挫折，一切都相当顺利。因此它缺少像其他某些主要资本主义国家的资产阶级那种竭力想通过变革、创新来打开局面、扩大势力的迫切要求。英国的资产阶级相对于其他国家的资产阶级而言，守成思想要浓厚得多。

维多利亚女王临朝的六十多年是英国资产阶级踌躇满志的年代。那种不求变革和安于现状的守成思想，在英国上流社会表现得十分充分。资产阶级不但对已经习以为常的生活方式和消费行为十分心安理得，不求改变，甚至对生产领域内已经出现的进步、变革、创新也抱着将信将疑的态度。新的技术措施不受重视，新的生产方法不受鼓励，新的工业部门也得不到发展的机会。这里当然有经济方面的原因，因为任何一种新的生产技术的变革都会引起原有固定资本的贬值。这种对切身物质利益的考虑就是资产阶级的守成思想的经济根源。这一点正如哈罗德·威尔逊六十年代中期在《英国社会主义的有关问题》一书中所感叹的：“工业革命中一百五十年的领导地位，在我们过多的工业经理身上产生了一种对于变化的内在抗拒。就世代相袭的家族企业来说，尤其如此。‘这对我祖父是很有用的，它对我也是很有用的’。‘世界上将永远需要斯努克牌的机床’。‘我是一个讲究实际的人，不需要什么工业研究这一套无聊的东西，也不需要为此而搞什么市场研究’。”英国不善于在国际市场竞争中推销自己的产品，实际上也与这种守成思想有关。过去，当英国工业品名列世界前茅时，英国货当然不愁没有顾客。然而当英国工业技术已落后于一些资本主义国家，国际市场竞争加剧时，英国人仍然有自己高人一等的看法，不屑于仿效某些外国商人那样推销自己产品，似乎这是有失身份的。商业上的保守思想不可能不成为英国经济增长的一个障碍。[①]

从社会阶级关系上来分析，英国资产阶级和贵族阶级所采取的政治上的保守态度在很长时期内也是一致的。英国资产阶级革命后建立的新贵族和资产阶级的政治联盟建立在这两个阶级的共同利益的基础之上。随着英国资本主义的发展，资产阶级中的不同集团或不同阶层之间的矛盾，以及它们同贵族阶级之间的矛盾，

---

① 多纳尔德逊：《英国经济指南》，牛津大学出版社，1972年，第216页。

有时也比较尖锐，但这种矛盾的存在并未动摇这一政治联盟的基础。特别是在十九世纪中期以后，在议会改革已经实行和自由贸易原则已经确立的前提下，英国资产阶级和无产阶级之间的矛盾上升到主要地位，资产阶级内部各个集团和阶层之间的矛盾以及它们与贵族阶级之间的矛盾逐渐缓和下来。英国资产阶级不仅在经济上要求保持现状，而且在政治上也要求如此。英国的现存政治制度和阶级关系被认为是完善的，守成、安于现状是正统的思想的表现，讲求革新则是异端思想。正因为如此，所以即使在资产阶级内部，也很少有人出来高唱变革的调调。那种要求实行共和制的呼声，或者要求改变现存政治结构的主张，在十九世纪后半期和二十世纪初期的英国资产阶级中，是没有市场的；英国没有成文的宪法，但它比一些有成文宪法的资本主义国家在政治上显得稳定些，动荡要少一些。在英国资产阶级内部，没有出现一个有影响的明显地要求改变现存社会政治结构的有势力的政治派别，或主张废除政治上传统组织形式的激进政治团体。英国资产阶级的经济上的守成思想与政治上的守成思想，十分自然地结合在一起。二者都是维护既得利益的思想的反映。

如果从英国资产阶级内部两个不同集团的政治态度的接近来看，那么可以看得更加清楚。维多利亚中期的英国，资产阶级有两大集团。一个是以伦敦城为中心的商业和金融业资本家集团，另一个是以英格兰北部工业城市为基础的工业资本家集团，而在这两个集团之外，还有一个大土地所有者或贵族地主集团。他们在政治上的传统倾向是：工业资本家集团历来倾向于自由党，要求一定的变革，贵族地主集团倾向于保守党。伦敦城的商业和金融资本家集团介于二者之间，但在十九世纪中期，仍主要倾向于自由党。从维多利亚后期起发生了变化，伦敦城的商业和金融资本家集团与贵族地主集团越来越接近，它在政治上也转向保守党。自由党仍是以“开明派”自居的，它得到工业资本家集团的拥护。而到了第一次世界大战结束之后，工业资本家集团终于也步伦敦城商业和金融资本家集团的后尘，离开了自由党，而转入保守党一边。这样，到二十世纪二十年代初，英国资产阶级内部两大集团之间的界限已不那么清楚了。[①] 十九世纪中期，在英国资产阶级中，还有过一定影响的变革之风，到二十世纪二十年代初已荡然无存。二十世纪初年，英国的新上层阶级，是一个把贵族地主、银行家、工业资本家、商人融合为一体的阶级。[②] 守成、安于现状、维持既得利益成为它的特色。如果说工商业者的第一代是北部或威尔士小城镇上起家的手工业者，那么到了他们的子女一代，企业扩充了，活动地点移到了大城市，家庭成员进入著名公立学校和牛津大学，在选举投票中，他们也从自由党的支持者变为保守党的支持者。[③] 随着资产阶级中大多数人转向保守党，自由党也就衰落下来了。

而在英国的广大劳动人民中，不求变革和安于现状的守成思想的存在则与他们的浓厚的小生产者意识有关。产业革命以前的英国是一个小生产者在人数上占优势的国家。十五世纪起，在英国农村中就已形成了一个人数众多的自耕农阶层，自耕农的人身

---

① W. D. 鲁宾斯坦：“现代英国的财富、名流和阶级结构”，载《过去和现在》，1977年8月，第124—125页。

② 海尔赛：《英国社会的变化》，牛津大学出版社，1978年，第46页。

③ 同上。

是自由的，不再承担封建劳役的义务，他们或者自己拥有一小块土地，或者向地主租佃土地，缴纳固定的货币地租。自耕农的经济是典型的小生产经济。在城镇中，手工业经济在十五至十六世纪也是比较发达的。稍后，随着行会势力的逐渐削弱，一部分较富裕的手工业者力图摆脱行会的束缚，经营较大规模的作坊，但他们的生产仍是手工劳动性质。英国历史上长期进行的圈地运动严重地打击了自耕农经济。自耕农的被剥夺是英国近代经济发展过程中的一个重大的事件，但这并不等于英国农村中小生产经济的消失。没有固定租佃期的小佃户仍然存在着，其中一部分人就是过去的自耕农。由于乡村土地被自由出售，在旧式的自耕农消失之后又出现了购买小块地产并且自身经营农业的新型的小农场主，他们是独立的农业经营者、商品性农产品的生产者。在工业中，大型作坊和手工工场的发展，为过渡到机器大工业准备了必要的物质技术基础。产业革命使近代工厂制度在英国工业中占据统治地位。但机器大工业的兴起并不能消灭城镇和乡村的手工业，工厂的出现也并未把手工作坊全都挤垮。长期之内，在英国，正如其他资本主义国家的情形一样，是机器生产与手工生产并存、近代化工厂和小手工作坊并存的局面。这样，无论在农业还是在工业中，小生产经济的比重在资本主义工业化开始以后仍是较大的。

此外，产业工人的重要来源就是小生产者，其中包括失去土地的农民、城镇和农村的手工工人和破产的手工业者。小生产者的习惯和意识在产业工人身上还长期保存着。他们往往以小生产者的眼光来看待一切，重视个人的狭隘的经验，对生产中的变化的反应比较迟缓。他们不习惯于一个迅速变更的环境，总是感到周围的事物变化得太快。他们的守成思想也是本能的反映。

英国社会中，上层既得利益集团不求变革、安于现状的思想和下层劳动人民的不习惯于变革、从而对现状处之泰然的思想，尽管产生的根源不一样，但其表现却十分相似。上层既得利益集团之所以守成不变，因为他们认为唯有保持现状，才能使自己继续享有现在的物质利益和精神上的优越地位；下层劳动人民之所以守成不变，因为他们对周围的事物习惯于从自己的狭隘的经验出发，认为变动的结果很可能使自己不习惯、不适应，从而怀疑这种变动的成效，认为不变也许比变动更为妥当。上层统治阶级把变革、创新视为异端而加以抵制、排斥。企业界把变革和技术上的创新当成是冒险的行为，不愿进行大量投资，[①]劳动者则把变革当成对自己的祸害，竭力加以回避。这样，守成思想在英国社会中，几乎从上层到下层都以一种正统的思想出现，维持现状的想法成了英国的传统精神。

无可否认的是，在促使英国经济长期停滞的若干因素中，守成思想对英国经济的消极作用是其中一个因素。到了十九世纪末和二十世纪初，技术的进步已经使得其他一些资本主义国家的工业部门结构开始发生变化，并且使它们有赶上英国经济的可能性或大大超过英国经济的可能性。但直到此时为止，英国社会上相当多的人对此并不感到惊慌或忧虑，他们仍然不慌不忙地循着自己原来的经济发展道路，缓慢地前进着。他们对于帝国经济的现状还是满意的，或者说虽然已经不那么满意，但并不打算使它发生大

---

① “英国的资本冒险者在哪里?”，载《经济学家》，1977 年 7 月 23 日，第 73 页。

的变化。少数“有识之士”的惊呼，在社会上引不起有力的反响。这当然有经济上的原因，但守成思想这一意识形态方面的因素，也并非没有起过一定的作用。二十世纪三十年代，空前严重的资本主义经济危机使英国经济遭到沉重的打击，“世界工厂”地位和庞大的殖民帝国所引起的后遗症充分暴露出来，技术的变革、新工业部门的发展、企业经营管理方式的改变、英联邦组织形式的调整，这一切都到了非进行不可的地步。英国如果再不按照新的政治形势和经济情况而在国内政策和国际关系方面作一些适当的变化，就会连任何既得利益都保持不住了。只是到了这个时候，英国社会上才刮起了一阵要求改革之风。但这阵风却是和缓的，而且是有节制的。英国终究是英国。在这里，既没有美国“新政”派那样激昂的呼声，也没有法国人民阵线那样剧烈的论战，更不用说德国纳粹式的蛊惑人心的煽动或西班牙政界和思想界的持久的动荡了。除了英国的政治和经济的特点而外，表现了英国社会传统精神的守成思想也是重要的因素。在守成思想的影响下，即使在需要对现状加以调整和变革的时候，调整也往往是比较渐进的、适度的。这就是三十年代英国的实际情况。

甚至在现阶段，即在“英国病”不断激化的条件下，英国社会上的这种不求变革和安于现状的守成思想仍然是显而易见的。通货膨胀、失业、高额累进制税收、经济效率低下、经济增长缓慢等现象，在英国不可谓不严重。罢工浪潮此起彼伏。工党政府换成保守党政府，保守党政府又换成工党政府，工党政府再度更换，这都说明选民对执政党的信任态度的变化。但说到英国的政治结构，说到英国的社会制度，那么多数英国人并未感到它是糟糕的，需要抛弃。一半以上的英国人认为它还是令人满意的。[①] 尽管人们越来越感觉到福利国家变成压在英国经济身上的沉重的包袱，财政支出过大引起的通货膨胀使人们难以忍受，但谁也不想使国家卸下这个包袱，甚至每当谈到英国是福利国家时，人们却充满了一种自豪感，仿佛它所加给英国经济的负担算不了什么，也不会带来什么恶果。说得更严重些，似乎英国人心理上产生了一种麻木不仁的感觉，对这一切无动于衷。英国社会存在着一种“逆来顺受”的情绪。[②] 这种态度乍看起来似乎不可思议，因为与英国的现状竟是如此不协调：一方面通货膨胀严重，工人为提高工资水平而不断展开罢工斗争，社会上各个依靠固定货币收入为生的阶层怨声载道；另一方面，一半以上的英国人并不把英国的政治制度视为必须否定的东西，他们对具体的政策措施不满，而对整个政治制度采取保守的态度，不要求对它进行变革，认为变革的结果也许比现状更坏。一方面高额累进制税收大大挫伤了国内的投资积极性和工作积极性，使得资本和人力纷纷外流，使得留在国内的专业人员的效率减低；另一方面，即使那些感到税收负担太重而不得不移居到国外的人，也仍然对英国的政治制度采取保守的看法，不把它看成是令人不能容忍的东西，而只是感到政府的某些做法过头了。他们决不是政治意义上的难民或逃亡者。他们到了国外，也仍然不反对这个政治制度。他们与十九世纪俄国的侨民不同，与二十世纪

---

① 诺尔曼·莫斯(Norman Moss)：“从统计数字看英国”，载《伦敦新闻》，1979年5月，第52页。

② “英国自作自受”，载《读者文摘》，1976年2月。

三十年代的德国的外流者不同。他们与爱尔兰的移民也是不同的。对于这一切，我们既要从英国资产阶级政治制度本身的特点，也要从英国历史上政治斗争的特点来分析。应当承认，英国社会上传统的守成思想虽然已经有所削弱，并且将会继续削弱，但它今天仍然起着一定的作用。英国政治制度和社会生活中所保存下来的中世纪的遗风，也许比西欧其他资本主义国家都更多一些。这是无可否认的。

第四节　地方分权思想的由来

今日英国的国名是大不列颠及北爱尔兰联合王国，由英格兰、苏格兰、威尔士、北爱尔兰四个地区组成。英格兰是其中最大的、经济最发达的地区。它又按经济发展程度的不同而分为若干个不同的经济区，例如伦敦周围的地区、较落后的西南地区、工业发达的中部地区、经济发展程度中等的北部地区等。英国作为一个拥有海外殖民地的殖民帝国，在近代历史上一直存在着离心和向心两种趋势的斗争，离心趋势是指各个殖民地（包括那些由移民组成的殖民地）力图摆脱本土的控制和统治的趋势，向心趋势则指它们或者出于自身的政治经济需要，或者迫于外来的政治经济压力，而有同本土加强联系、同本土结合在一起的趋势。英国作为由国内各个不同地区组成的国家，在近代历史上也同样存在着离心和向心两种趋势的斗争。在这种情况下，离心趋势表现为各个外围地区力争在经济上和政治上享有较大的自主权，向心趋势则表现为外围地区认为自己同英格兰中心地区加强联系将更有利于本地区。地区的离心趋势发展到极点就是脱离英国而独立或分治，但一般说来，地区离心趋势的表现就是地方分权化。

地方分权化对英国说来是一个老问题。即使在英国维多利亚时代这一极盛阶段，地区的离心趋势也不曾消失。但当时英国是兴盛的，经济是繁荣的，地区的离心趋势还不引起人们注意。二十世纪初仍然如此。所以说，爱德华时代的英国尽管是一个不平等的国家，但却是一个“紧密地结合”的国家。① 不仅国内经济繁荣时期离心力减弱，而且国家在政治上处于困难时期，向心力也会增强。同舟共济的思想只有在这种非常时期才能充分表现出来。所以两次世界大战是促进国内团结的有力因素，地区离心运动这时是不得人心的。②

国内经济衰退但国家的安全并未遇到重大威胁的时期，则是英国各个地区离心趋势加强、向心趋势减弱的时期。主要是二十世纪六十年代以后，尤其是最近这些年，地区的离心趋势大大加强起来。苏格兰要求分治，威尔士要求分治，甚至英格兰的某些地区也要求享有更大的自主权。③ 至于北爱尔兰的争取独立，那就更不待言。为什么会发生这种现象？这里有某种偶然的因素，比如说，恰好在苏格兰沿海发现了储藏量丰富的北海油田，一些苏格兰人认为这个利益应当是属于苏格兰的，至少大部分应归于苏格兰，于是他们想到过去的“光荣的年代”，感到在北海油田问题上自己

---

① 海尔赛：《英国社会的变化》，牛津大学出版社，1978年，第151页。

② 同上书，第152—153页。

③ “如今英格兰北部又闹起来了”，载《经济学家》，1978年5月27日，第24—25页。

吃了大亏。这里当然也有历史方面的原因。例如，各地区之间的工资和就业等方面差异不可能仅仅用竞争（包括实际的竞争和潜在的竞争）因素来解释。[①] 中世纪起，伦敦周围地区与苏格兰、威尔士等地的经济发展状况就是很不相同的。伦敦很早就是通商大邑，是西欧、南欧、北欧商人云集，外国商馆遍设的地方，而苏格兰的某些城镇只算是“大渔村”。至于威尔士，不过是穷山沟罢了。可见地区差别早已存在。但产业革命以后英国各地区之间经济发展程度的不同则是根本性的因素。引起地方强烈不满的外地城镇失业率较高的情况，主要是近一百多年尤其是近五十年内地区经济发展的不平衡性所造成的。长期的不平衡发展造成了今天的格局。因此，到了现在，英国各地区失业率的不平衡现象已十分显著。以 1976 年 10 月份的情况来看，英国失业率最高的十个地区有九个是在北爱尔兰，那里官方公布的总失业率是 10.6%，几乎高于英国平均失业率的一倍。在苏格兰、威尔士和英格兰北部等政府鼓励工业投资的地区，失业率也在 8%—9%左右。而且这些地区的失业是长期的，每一个职位空额通常有 15—20 个人在争取。[②] 英国今天各地区失业率的不平衡性只能归结为长期经济发展不平衡性的结果。正如梅特卡尔夫所指出的，三个主要因素决定着地方城镇的失业率，一是工人技术水平低，二是地区经济结构的特点，三是地区需求不足的程度。这三个因素会和地方的经济

---

① 哈特（R. A. Hart）和麦克凯（D. I. Mackay）在“工资上涨、区域政策和地区收入结构”（载《经济学报》，1977 年 8 月）一文中对此进行了较详细的分析。

② 《经济学家》，1977 年 1 月 1 日。

发展程度有关。教育越落后、年老劳动力人数越多、工业越不发达、地方财政越困难的外地城镇，失业率越高。这是英国经济中一个带有规律性的现象。[①]

在英国资本主义发展过程中，苏格兰、威尔士、北爱尔兰，甚至英格兰的某些地区，被当作“国内殖民地”。它们与英格兰的某些经济发达地区之间的矛盾不断尖锐化，它们作为廉价劳动力和原料的供应地，作为加工制成品的销售场所，受到经济发达地区的资本的剥削。特别是从英国的整个殖民帝国的区域分工角度出发，有意识地牺牲国内农业，以加强同海外自治领的经济联系的条件下，国内这些经济落后的地区经济更加凋敝，当地居民的生活水平相形之下更加低下。这就是地区离心趋势发展的经济背景。

除了历史的、经济方面的原因而外，文化和意识形态领域内的因素也是重要的。这些因素可以追溯到中世纪或古代。历史表明，英国实际上是一个多民族的国家。在盎格鲁—萨克逊人和朱特人来到英国之前移居于不列颠的克尔特人，并没有被盎格鲁—萨格逊人和朱特人所消灭。爱尔兰、苏格兰、威尔士和英格兰西南部山地的居民，许多人就是克尔特人的后裔。在十一世纪以后漫长的年代内，英格兰王国的统治区域基本上只限于英格兰境内；威尔士到十三世纪末才被完全征服；英格兰对苏格兰的战争断断续续，延绵了几个世纪。直到封建主义时代终了，苏格兰仍然未被英格兰占领。爱尔兰也是如此，英格兰在许多世纪内只统治了爱尔

---

① 大卫·梅特卡尔夫(David Metcalf)：“英国的城镇失业”，载《经济学杂志》，1975年9月，第584页。

兰的一部分。爱尔兰的被征服已是十七世纪初的事情。苏格兰人、爱尔兰人、威尔士人作为克尔特人的不同部落的后裔,在长期反抗英格兰王国征服的斗争中,始终保持自己的固有的文化和语言。他们具有本民族的生活方式和生活习惯。苏格兰人、爱尔兰人、威尔士人都是今日被容纳于大不列颠及北爱尔兰联合王国疆域之内的少数民族。他们在历史上与英格兰征服者之间形成的隔阂,长久未能消除。在这个基础上,再加上资本主义发展之后所造成的区域之间经济发展的不平衡性和居民生活水平的差距的扩大,地区的离心趋势自然而然地加强了。

在分析苏格兰、北爱尔兰和威尔士的离心趋势时,也应该注意到民族和文化因素的作用往往是同经济因素的作用交织在一起的。这是因为苏格兰人、爱尔兰人和威尔士人总是把本地区经济落后和居民生活水平较低看成是遭到英格兰资本的剥削、英格兰企业的竞争,以及来自英格兰的人力的排挤的缘故。在二十世纪世界性的民族主义思想高涨的影响下,他们的地方民族主义思想也不断增长。其中最典型的就是要求北爱尔兰脱离英国而同爱尔兰合并的独立运动思潮,要求威尔士脱离英国的分离主义。这种地方民族主义在一定程度上反映了当地的资产阶级与英格兰的资产阶级的利益冲突。至于说到英格兰的某些地区,例如西南部地区和北部邻近苏格兰的地区,这些地区虽然有一些克尔特人的后裔,但多年来与盎格鲁—萨克逊人的共处,已经不再讲本民族的语言了,风俗习惯和生活方式上的特点也不像过去那样显著。这些地区要求分治的主要原因,是当地居民考虑到自己是英格兰的经济发达地区的剥削对象,是英国经济增长的牺牲品。他们认为分治的好处不仅在于能得到政治上的自主性，而且能有较快的经济增长率。[①] 他们要求政府把更多的财政收入用来发展本地区的经济和文化，把更多的资源用来提高本地居民的生活水平，使之接近于英格兰的其他地区。

此外，还应当注意到，地区离心趋势的发展在某些方面也受到英国历史上固有的分权思想的影响。克尔特人从欧洲大陆移居不列颠诸岛的时候，他们处于原始公社阶段。克尔特人分几批前来，每一批又包括若干部落。克尔特人按部落分散在各个村落，从未形成过集中的政治组织。罗马征服者对不列颠的占领，就道路建筑和伦敦城的建立而言，留下了不少遗迹，但罗马在不列颠的政治思想方面究竟留下多少影响，对不列颠以后的社会经济结构究竟起了什么样的推动或阻碍作用，那是很不明显的。罗马的文化影响实际上仅限于沿着罗马大道而建立的城市中。它对不列颠广大乡村生活的影响是微不足道的。罗马文化在不列颠从未生根，而等到罗马军队撤退，城市荒废之后，罗马文化也就烟消云散了。罗马军队最终退出不列颠之时，已经是五世纪初，西罗马帝国本身已处于危急状态，此后，直到西罗马帝国灭亡，它再也没有力量返回不列颠。

盎格鲁—萨克逊人和朱特人进入不列颠时所处的社会发展阶段，与当时日耳曼各蛮族部落大致相似。他们也是分散地来到不列颠的，各个部落之间没有统一的组织和领导。他们摧毁了罗马时代的城市，杀戮、驱逐居住在英格兰境内的克尔特人。在这个过程中，盎格鲁—萨克逊人和朱特人逐渐转向农耕，并将俘虏的克尔

① “分裂的王国”，载《经济学家》，1977 年 12 月 31 日，第 101 页。

特人变为奴隶和农奴。战争中增大了权力的部落军事首领逐渐变为政治上的最高统治者，这就是国王。但王国数目较多，国王无非是占领了较大一块土地的部落联盟的大酋长而已。八世纪末和九世纪丹麦人的入侵，促进了英格兰各个王国的统一。丹麦人在十一世纪初年最终征服了英格兰，建立了一个统一的封建国家，但时间很短。丹麦人的入侵和征服，对英国此后的政治思想的发展的影响并不大，因为他们继承着盎格鲁—萨克逊时代各个王国的政治管理的既成事实，即国家的最高统治者只是部落联盟的大酋长，地方的权力仍然由部落的贵族掌握，后者对国家最高统治者效忠，实际上却是半独立的。与盎格鲁—萨克逊的王国一样，丹麦人建立的国家也不是中央集权的国家。

1066 年诺曼人入主不列颠，完成了英格兰的封建化。威廉一世和他的继承者曾经试图加强中央集权，摧毁盎格鲁—萨克逊时代的地方分权传统。全境的土地调查为建立中央集权制的王国财政准备了条件。国王法庭的建立则是对地方贵族势力和传统司法惯例的削弱。但诺曼人毕竟是外来的，威廉一世和他的继承者力求把当时欧洲大陆上的封建集权的做法贯彻于英国，决不是轻而易举的事。盎格鲁—萨克逊的地方分权传统在英国已经相当牢固，因此，在诺曼人入主英国后仅仅一百五十年，就发生了著名的大宪章运动。大宪章运动的实质是对封建王权的约束、对集权制的限制。

都铎王朝是在红白玫瑰战争大大削弱了地方贵族势力的基础上建立的。它所建立的是集权制的封建统治。在它统治的一百三十年间，亨利七世、亨利八世、爱德华六世、都铎·玛丽和伊丽莎白一世，都有加强中央集权的打算和具体行动。随着地方贵族势力的削弱，地方分权思想也受到了抑制。但议会的传统已经在英国确立，即使在都铎王朝时代，议会仍然发挥自己的作用，形成对王权的牵制。一种类似于现代内阁的枢密院是在亨利八世时期正式建立的。枢密院作为国王的顾问团体，指导和监督地方行政事务。它依赖地方贵族来管理地方，实际上维护了地方分权的趋向。都铎王朝的另一个显著特点是国家没有建立一支由中央直接指挥的武装力量，中央的财政收入的有限也使国王没有能力维持这样一支常备军。这也是英国地方势力得以继续与王权抗衡的原因之一。总之，英国与欧洲大陆某些封建国家不同，它的中央集权倾向始终小于后者，它的地方分权倾向则大于后者。斯图亚特王朝时代，情况基本未变。

十七世纪中期的英国资产阶级革命确立了新贵族和资产阶级在英国的联合专政。出于发展资本主义经济的要求，新贵族和资产阶级需要加强中央集权的国家机器，限制地方分权势力。旧的地方分权势力转而支持复辟派。1715 年和 1745 年的两次复辟派的武装叛乱被平息后，不仅资产阶级统治巩固下来，而且中央集权倾向加强了。但从盎格鲁—萨克逊时代起就存在的防止王权膨胀的传统并未消失。在英国资产阶级革命之后最终确立的是虚君共和政体。议会成为最高立法机构，内阁必须得到议会的信任，这些都是为了防止出现国王个人的专断独行。在英国的资产阶级民主制度下，中央的集权并不意味着中央把一切权力都绝对地集中在自己手里。它不像独裁的中央集权制那样扼杀地方的任何自主性，而是通过法律或惯例，在中央集权的基础上，保留地方的适当的自主权，并以资产阶级民主方式来调节中央和地方的关系。这样，在英国，在代表地方封建势力的旧的地方分权趋势逐渐消声匿迹的同时，体现地方资产阶级利益的新的地方分权趋势却开始冒头，并随着地方资产阶级力量的壮大及其与中央的矛盾的加深而发展。只要了解到这一点，那就比较容易理解，为什么除苏格兰、爱尔兰、威尔士这些克尔特民族——文化影响深刻并且在民族与文化方面与英格兰有所不同的地区一直存在地区离心趋势而外，英格兰的某些地区也有这种离心的趋势。

地区离心趋势和地方分权主义对英国经济的消极影响虽然有时不是那么强烈地反映出来，但无论如何不能否认这种消极影响的存在。它是一种抵消力量，在不同时期以不同的程度抵消了英国政府为改善国内经济状况而作的努力。它是一种牵制力量，使英国政府在调整国内经济政策和对外经济关系时不得不有所顾忌，甚至为了照顾地方分权势力的利益而不得不牺牲资产阶级的整体利益。特别是，当地区离心趋势发展到极点，采取极端形式来摆脱英国统治时，英国政府必须耗费较大的精力和经济资源来对付它。英国经济的病症已经够严重了，地方分权主义作为抵消力量、牵制力量的出现，特别当它同罢工斗争或暴力行动结合在一起时，无异于给已经足够严重的经济病症再火上加油。[①] 从这个意义上来说，大不列颠及北爱尔兰联合王国境内的地方分权主义更类似于西班牙的巴斯克分离运动和加塔隆尼亚的地方分权主义，

---

①　维尔(G. F. Will)对“英国病”的看法是：“英国病”在政治上的症状与经济上的症状是不可分的，“英国病”的恶化也是政治因素与经济因素相交织而引起的，在当前，英国在政治上的情况甚至比经济上的情况更糟糕(“英国人得了什么病?”，载《新闻周报》，1979 年 2 月 5 日，第 92 页)。这种看法是有道理的。

即经济的、民族—文化的、传统政治思想的因素已经结合在一起，汇成了一股日益侵蚀着国家实力、不断消耗着国内经济资源的离心力。并且，由于地方分权主义的根源是如此深刻，这也不是某些人所设想的那样，制定成文的英国宪法，使英国有重大的宪制改革就能消除的。[①]

当然地方分权主义或地方离心趋势对今天的英国来说，也不能完全看成是消极的因素。它在某种程度上也有积极的一面，这就是它对于英国中央政权是一种鞭策，也是一种抗衡力量。这种积极的一面同样不能忽视。[②] 为了应付地方的分治力量，缓和离心的趋势，中央政权不能不把国内各地区的平衡发展提到议事日程上来，不能不防止行政权力的过分集中，不能不注意到过分集中所带来的一切后果。即便是“亡羊补牢”，能“补”就好。“亡羊”而不“补牢”的统治集团，是最愚蠢不过的。

以上，从第二章到第五章，我们在分析英国经济病症的根源时，分别从“世界工厂”的遗产、殖民帝国的后果、福利国家的负担、传统精神的枷锁四个方面作了历史的和现实的考察。让我们重复一句，这一切充分说明“英国病”的根子牢牢地扎在它的历史土壤之中。压在英国身上的包袱是这样沉重，以至于不是任何一种行政、立法或社会经济的措施就能把它们卸掉的。它们的由来是如此之久，其印迹是如此深刻，也不是任何一次小有成绩的改革就能

① “分裂的王国”，载《经济学家》，1977年12月31日，第101页。

② 《经济学家》，1979年2月17日，第126页。

把它们的影响抹掉的。

那么英国经济究竟能否摆脱这些病症呢？1977 年 2 月，由马修斯（R. C. O. Matthews）和金（M. A. King）执笔的，代表克莱尔小组（the Clare Group）[①]的观点的“英国经济：七十年代后期的问题和政策”一文，把当前英国经济问题分为三类：一类是战后长期存在的、主要是英国特有的问题，另一类是大多数发达国家常见的问题，而对英国则是新出现的问题，再一类就是对英国说来是新问题，并且主要限于英国等少数几个国家才有的问题。属于第一类的问题有经济增长缓慢，第二类问题有通货膨胀、严重衰退和失业，第三类问题有国际收支逆差增大。[②] 克莱尔小组对当前英国经济问题的分析虽然有一定的道理，但总的说来，他们还只是停留在表面现象上，没有深入到历史根源上去分析。我们说，英国经济问题的病根要从历史上去探寻，那么对于医治这个病症的对策，也应当有一个历史的考察。所以本书的下编将转而考察英国资产阶级政府历来所采取的各种对策，特别是四十年代中期以来所采取的对策，并分析它们的效应。

---

① 克莱尔是剑桥大学一个学院的名称。这个小组由凯恩克罗斯、费恩斯坦（C. H. Feinstein）、弗来明（J. S. Flemming）、开伊（J. Kay）、金、马修斯、奥本海默（P. M. Oppenhimer）、波斯纳（M. V. Posner）、普列斯特（A. R. Prest）、雷达威（W. B. Reddaway）、萨琴特（J. R. Sargent）和西尔伯斯东（A. Silberston）等经济学家组成，他们着重于研究当前英国经济问题及政府的对策。

② “英国经济：七十年代后期的问题和政策”，载《密德兰银行评论》，1977 年 2 月，第 1—2 页。

下编　回春无术

——“英国病”对策的剖析

第六章 二十世纪英国经济政策的理论基础

经济政策总是在一定的经济理论的指导下制定的。它们集中反映了占统治地位的阶级的意志和经济利益,并被用来为巩固和加强统治阶级的政治经济地位这一总的目标服务。不仅不同的阶级有不同的经济政策,即使是同一个阶级执政,随着社会阶级矛盾的发展和客观政治经济形势的变化,经济政策也会有重大的转变。二十世纪以来英国经济政策的演变十分清楚地说明了这一点。从自由放任到国家调节,从平衡预算到赤字财政,从济贫法到福利国家措施,所有这些莫不是英国国内外环境和英国相对地位变化,以及英国社会阶级矛盾尖锐化的结果。至于像国有化、财政调节、社会保障、工资和物价管制等重大的政策行动,在十九世纪末和二十世纪初的英国几乎是不可能想象的。因此,对二十世纪英国经济政策史的研究,可以使我们较深入地了解英国殖民帝国主义在最近几十年内解体和没落的过程,了解当前英国在通货膨胀—失业并发症与国际收支危机交织的困境中陷于何等窘迫的状态。

一国的经济政策包括两方面的内容：第一，政策目标，即政府希望通过所制定的经济政策去实现的目标；第二，政策手段，即为了达到既定的目标，政府应当采取哪些具体措施，并且怎样执行它们。由于政策目标往往不止一个，实现同一个目标的政策手段也可能有若干种，政策目标之间、各种政策手段之间往往发生冲突，互相牵制、抵消，因此在目标和手段方面必须进行协调，否则就无法符合政府本来的意图。① 从这个意义上说，作为制定经济政策的理论依据的经济学说非常重要，它论证一定的政策目标的必要性以及各种政策目标之间的轻重缓急，它说明政策手段的效应，它探讨各种目标和手段之间的关系，并设计出一定的协调方案。由于对政策目标、政策手段的观点不一致，虽然各派经济学说实质上是相同的（例如都是资产阶级庸俗经济学说），但它们之间的分歧可能相当大，以至于成为针锋相对的两派或好几派。尽管如此，毕竟有一派的经济学说及其经济政策主张会被政府认为最有利于维护自己的政治经济利益，于是这一派的经济学说便被接受为制定经济政策的指导思想。而随着客观政治经济形势的变化和需要的变化，政府可能认为另一种经济学说及其经济政策主张更符合自己的意图，从而改变了制定经济政策的指导思想，并相应地改变了

---

① 关于现代资本主义国家经济政策目标和政策手段的关系，最初是由荷兰经济学家丁伯根（J. Tinbergen）在所著《经济政策：原理和设计》（阿姆斯特丹，1956 年）一书中提出的。西方经济学界对英国经济政策的研究，往往以丁伯根的分析方法为依据，并有所发展。本书在讨论英国经济政策时，也借用他们的概念。但需要指出的是，归根到底，一个资本主义国家的各种经济政策的根本目标在于维护资本主义制度，巩固资产阶级统治，使资本所有者得以不断获取剩余价值。

经济政策。二十世纪英国经济史上,这种改变是异常显著的。下面,我们准备根据近七八十年英国经济的发展过程,着重阐述作为英国资产阶级政府制定各个阶段的经济政策的指导思想的演变,并分析它们演变的基本原因。

第一节　自由放任主义——第一次世界大战以前英国经济政策的指导思想

前面已经提到,十九世纪末和二十世纪最初几年是英国经济的极盛时期。虽然美国在工业产值和主要工业品产量方面超过了英国,德国在这些方面正直追英国,但英国占领了最富庶和面积最大的殖民地,从殖民地和国外投资场所攫取的利润远远超过了美国和德国。英国的经济实力是雄厚的:伦敦作为世界金融的中心,英镑作为世界上最硬的通货,英国的商船队作为世界上最强大的国际航运手段,英国的银行界作为有力量向外国政府和企业界提供最大数额的信贷的金融机构,这是当时人们所公认的。世界的黄金由产矿地区源源不断地直接输入伦敦,并在伦敦市场上出售,这种情况对于巩固英国的经济霸权具有极为重要的意义。[①] 在金本位制条件下,黄金由产矿地直接输到伦敦出售,不仅保证英国能得到充足的黄金供给,从而保持储备的稳定性,而且减少通常情况下国际间现金输送而引起的汇率的波动,从而保持英镑的稳定。

① 比契:《英国的国际黄金流动和银行政策,1881—1913》,哈佛大学出版社,1935年,第43—44页。

通过长期的经营，英国的工业品拥有自己的传统市场，出口总值不断增长。美国和德国工业产值之相继超过英国，这时还不曾给英国带来实际的威胁。不仅在轻工业品方面是这样，在反映一国冶金和机械制造水平的重型武器的生产和出口方面，英国仍然居于世界的前列。德国仍然只能出口军事工业的产品，而无法像英国那样出口军事工业的技术和成套设备。① 美国也做不到这一点。它只是在某些军工产品上超过英国，而仍希望引进英国的军事工业技术。② 因此，二十世纪最初十年依旧是英国的极盛时代，尽管这时已是极盛时代的尾声。③

从经济政策方面来看，这一阶段英国所奉行的是自由放任主义，政府不干预企业的经济活动，而只是为企业活动提供有利的国际和国内的政治环境。虽然约瑟夫·张伯伦在 1903 年曾倡议实行一种保护贸易和帝国特惠政策，作为政治上加强帝国范围内的联系和经济上防备来自其他帝国主义国家的竞争的手段，但这一倡议被否定了。④ 英国海军的强大威力和英国在货币金融、国际收支等方面的优势，被认为足以成为帝国繁荣的保证。因此政府干预被看成是不必要的。自由贸易几乎被当作“自然规律”来接受，在整个英帝国范围内继续执行着“敞开大门”的政策。⑤

作为这种经济政策的指导思想，是剑桥学派的经济理论。剑

---

① 特列比尔科克(C. Trebilcock)：“英国的军火工业和欧洲的工业化”，载《经济史评论》，1973 年 5 月，第 256 页。

② 同上书，第 257—258 页。

③ 详见本书第一章第一节。

④ 保罗·纳普伦德：《英联邦和帝国：1901—1955》，伦敦，1956 年，第 53 页。

⑤ 理查逊(J. H. Richardson)：《英国对外经济政策》，伦敦，1936 年，第 17 页。

桥经济学体系是当时英国资产阶级经济学的正宗。它继承了十九世纪前期自由贸易学说的传统。它的基本学说在马歇尔于1890年出版的《经济学原理》，特别是在该书第五篇"需求，供给与价值的一般关系"中得到最充分的表述。剑桥体系的核心是马歇尔的微观经济学的局部均衡学说。[①] 它的自由放任的政策思想就是由此引导出来的。

马歇尔把力学中相反两种力量形成均势的均衡概念引入经济学。他认为，当供求均衡时，一个单位时间内所生产的商品量称作均衡产量，它的售价则称作均衡价格。他写道："当供求处于稳定均衡时，如有任何意外之事使得生产规模离开它的均衡位置，则将有某些力量立即发生作用，它们有使它恢复均衡位置的趋势；正如线上悬着的一块石子，如果离开了它的均衡位置，地心引力将立即有使它恢复均衡位置的趋势一样。生产数量围绕着它的均衡位置发生的种种动荡，具有相同的性质。"[②]马歇尔也考虑到供给和需求实际上处于不断变动之中，但他认为这种情况不会改变均衡的趋势，因为随着供给和需求的变动，均衡产量和均衡价格也有所变动，从而给予产量和价格新的摆动的中心。

马歇尔的均衡分析是所谓局部均衡分析，即考察个别工业部门和个别市场的均衡状态。他是在假定其他工业部门和其他市场

---

① 应当注意到，马歇尔早期经济思想的特色并不是局部均衡学说，而是经济增长学说。这是近年来西方经济思想史研究者对马歇尔早期著作《工业经济学》(1879年第一版，1881年第二版)以及其他未发表的手稿分析后得出的结论。参看维塔克(J. K. Whitaker)的"1881年的马歇尔体系"一文，载《经济学杂志》，1974年3月，第11页。

② 马歇尔：《经济学原理》，第八版，伦敦，1920年，第346页。

的供求状态不变的前提下考察个别工业部门和个别市场的均衡状态的。不仅如此，在以马歇尔为代表的剑桥经济学体系中，这种局部均衡分析与所谓完全竞争的市场条件结合在一起。马歇尔的假定是：“需求和供给自由地起着作用；买方或卖方都没有密切的结合，每一方都是单独地行动着，存在着很大程度的自由竞争；这就是说，买主一般都是自由地同买主竞争，卖主一般都是自由地同卖主竞争。”[①]在这样的市场条件下，各种产品的价格和各种生产要素的价格都可以因市场供求比例的变化而自由升降，然后通过价格体系的自动调节作用，使得一切可以利用的生产资源（包括劳动力和生产资料）在生产中得到充分的利用，从而使经济趋于均衡。

按照剑桥经济学体系，由各个个别市场构成的整个国民经济的产量、就业和价格水平，是被当作已知的前提，似乎没有必要在分析个别市场的均衡状态之外再来分析它们。至于在市场竞争过程中个别企业兴衰存亡的命运，既被认为是天经地义，无足惊异，又被当成是个别现象，不妨碍均衡的实现。很说明问题的是，马歇尔使用了代表性企业的概念。这种代表性企业是指一般工业部门中处于正常经营状态的中等规模的企业，企业本身的活动不可能对其他企业的活动产生重大的影响，而且它所处的那个工业部门也不可能对其他部门产生重大的影响。马歇尔写道：“有的企业在上升，有的企业在衰退。但是，像处女林中的典型树一样，‘代表性企业’总是具有几乎相同的规模，因此，该企业资源所产生的经济

---

① 马歇尔：《经济学原理》，第八版，伦敦，1920年，第341页。

不变,因为生产总额不变,附近辅助工业所引起的经济也不变等等。”[①]尽管在市场竞争过程中,一些企业衰落了,关闭了,但总有一些新企业在出现,在发展,只要兴起的和衰落的两种力量相互抵消,经济均衡就不会受影响,就像树木的枯荣不致影响整个森林的面貌一样。

作为剑桥体系核心的局部均衡学说成为十九世纪末和二十世纪初英国政府制定经济政策的指导思想。与英国当时还拥有的经济优势和英国经济的实际情况相适应,英国把自由放任主义奉为应当恪守不渝的准则。在英国政府当局看来,既然经济中的供求两种力量能自行调节产量和价格,使之趋于均衡,有什么必要依靠政府来进行调节呢?既然英国至今仍能凭借经济优势和海上霸权的地位来维持帝国的现状,并源源不断地取得海外投资和贸易的收入,那么有什么必要来限制市场机制的作用呢?无论在国内市场上还是在国际市场上,都让供求两种力量去自行发挥作用。即使有可能造成暂时的供求不相适应,但摆动的结果仍是停留在某个均衡点上。即使个别企业可能在竞争中失利,但不断有新企业来补充,整个经济不会发生衰落。这种均衡思想正是英国当时对自身经济力量和经济前景的乐观主义和自信心的反映。

剑桥经济学体系的局部均衡理论是这一时期英国政府的自由放任政策的理论依据。但这一时期的自由放任主义在实质上已不同于一个世纪以前英国资产阶级古典政治经济学所鼓吹的

① 马歇尔:《经济学原理》,第八版,伦敦,1920年,第347页。

自由放任主义了。十八世纪末和十九世纪初期英国古典学派的自由放任主义，具有反封建的特色。当时英国资产阶级面临的主要任务是扫清资本主义发展道路上的封建势力的障碍，自由放任主义成为反对地主阶级和重商主义的理论武器。英国资产阶级确信通过自由贸易和自由竞争，能保证资本主义生产方式在英国的完全确立，以及保证英国能够迅速占领国外市场，建立经济的霸权。而在十九世纪末和二十世纪初，英国剑桥学派的自由放任主义是以调和英国国内资产阶级与无产阶级之间的矛盾，维护英国资产阶级在国内和国外的既得利益，为殖民帝国主义的现存秩序进行辩护为特色的。这时英国资产阶级面临的主要任务是力图维持现状，掩盖英国社会上日趋尖锐的阶级矛盾。局部均衡理论和以此为基础的自由放任主义成了宣扬资本主义制度完善性和合理性的理论武器。英国资产阶级暂时还能凭借自己的军事和经济优势，对维持现状抱有乐观和自信的态度。它认为继续奉行自由竞争和自由贸易政策，更加符合本阶级的利益。马歇尔在论“正常需求增加的结果”时，曾这样明确地写道：“在早已采用机器的国家，像在英国，工业一般都超过借保护获得巨大利益的阶段，而对任何一种工业的保护差不多总是有缩小其他工业的市场，特别是国外市场的趋势。”①马歇尔是在二十世纪初发表这种观点的。值得注意的是，他在1898年出版的《经济学原理》第四版上，在谈到“正常需求增加的结果”时，没有这段话。马歇尔在二十世纪初修订此书后加上这段话，绝非偶然，这

---

① 马歇尔：《经济学原理》，第八版，伦敦，1920年，第465页。

正是英国资产阶级此时不仅竭力想维持现状，而且自以为能够维持现状的信念的流露。①

第二节　货币调节理论的发展

1914—1918 年的第一次世界大战给予英国经济沉重的打击。海军力量削弱了，海上独一无二的优势地位消逝了，对外投资和非贸易收入减少了，而进口总值和贸易逆差却不断增大。特别重要的是，英镑的稳定地位发生了动摇。大战开始后，英国就停止了黄金兑换。为了筹措战费和应付战争时期的各项开支，英国除了大量出售它所拥有的国外有价证券和发行公债外，国库券和银行券的流通数量猛增。通货膨胀的严重程度使英镑的汇价大幅度下降。大战结束后，财政和经济方面陷于困境的英国已没有能力再恢复古典式的金本位制。直到 1925 年，英国虽说恢复了黄金的兑换，但这时实行的已经不是有效金本位或金币本位（自由铸币，无限法偿），而是采用金块本位制（规定向英格兰银行兑取黄金，至少要有四百盎司）。②

相形之下，美国充分利用了第一次世界大战对自己的有利形势，加紧对外扩张，成为国际金融界最有势力的债权者。世界黄金储备的 40％被美国所掌握。英国变成了美国的债务国。纽约一跃而为国际金融中心。世界的黄金不再主要由产矿地区直接运到

---

① 参看马歇尔：《经济学原理》，第四版，第 1 卷，伦敦，1898 年，第 524—526 页。

② 详见本书第一章第二节。

伦敦，而是也直接运往其他国家。[①]

从英国国内的经济状况来看，战争造成的破坏相当严重。原料不足、出口萎缩、居民购买力降低，造成了民用工业的凋敝。而军事工业部门的畸形发展，不仅加剧了国民经济的比例失调，而且在战争结束后立即发生了严重生产过剩，引起经济更大的混乱。从1920年经济危机年份算起，整个二十年代英国经济是停滞的。煤、铁、造船、纺织品等重要产品的产量都未恢复到战前的水平。生产设备闲置，失业率远远超过二十世纪初的水平。

在二十世纪二十年代的这种新形势下，英国政府还能原封不动地沿用第一次世界大战以前的那种经济政策吗？显然是不可能的。一切都要随着英国政治经济形势的变化而变化。英国资产阶级正统经济学派仍然是剑桥学派，但后期剑桥学派主要在货币理论、垄断理论和福利理论三个方面补充并进一步发展了原来的观点。后期剑桥学派的重要代表人物，在货币理论方面是霍特里和凯恩斯，在垄断理论方面是斯拉法和琼·罗宾逊，在福利理论方面是庇古。但在二十世纪二十年代和三十年代初，主要是后期剑桥学派的货币理论同英国经济政策有直接的关系，垄断理论和福利理论当时基本上仍处于“学院经济思想”的阶段，并未成为制定经济政策的依据。

剑桥的经济学家们在第一次世界大战以前很少专门论述有关

---

① 比契：《英国的国际黄金流动和银行政策，1881—1913》，哈佛大学出版社，1935年，第44页。

货币的理论问题。[①] 马歇尔的名著《经济学原理》就没有在货币理论方面展开分析。凯恩斯曾经说过，剑桥的货币理论当时只是口头传述，而一般并不见于文字。[②] 口头传述的主要是维护传统的金本位制和保持通货稳定的观点，这一点与第一次世界大战前英国在国际金融中的强大地位和英镑的稳定状态相一致。第一次世界大战后情况的变化，使剑桥经济学家转而注意货币问题。1917年，庇古根据马歇尔的观点在《经济学季刊》发表了"货币的价值"一文。马歇尔自己后来在 1923 年写了《货币、信用与商业》一书。他们着重从理论上说明物价水平与货币数量之间的依存关系。

货币理论的探讨与经济政策的动向紧密地联系在一起。二十年代英国资产阶级面临的一个重要问题是：为了消除英国的经济停滞和减少国际贸易逆差，英国是否应当恢复战前英镑汇价？是否需要重新实行金本位制？英国财政部的官员和专家，倾向于遵循传统的做法，即按战前英镑汇价重建金本位制。他们认为这是有利于使英国经济摆脱第一次世界大战造成的困境的一条出路。凯恩斯反对这种做法。霍特里对这种做法采取保留态度，并提出若干补充性的建议，他们两人就是后期剑桥学派货币理论的代表者。[③]

凯恩斯在 1923 年所著《货币改革论》中，从剑桥方程式的原理

---

① 熊彼特：《经济分析史》，伦敦，1955 年，第 1083—1084 页。

② 克莱因：《凯恩斯的革命》，商务印书馆，1962 年，第 7 页。

③ 说得更确切些，后期剑桥学派货币理论的代表者应当是马歇尔本人、庇古、霍特里和凯恩斯。

出发，提出了自己的著名货币数量公式[①]：

$$n = PK \quad \cdots\cdots (1)$$

$$n = P(K + rK') \quad \cdots\cdots (2)$$

这里，n 为货币流通量，P 为每一消费单位的价格，K 为公众要求以货币取得的消费单位数，K′为公众以银行活期存款想保持的消费单位数，r 为银行保持的储备金比例。凯恩斯的公式突出了货币数量调节的政策含义。根据这些公式，假定 K、K′、r 不变，n 与 P 成正比例。但其中，n 和 r 直接受货币当局控制，K 和 K′要随公众的消费和储蓄的心理而变动，亦即随经济周期而变动。因此，货币当局除了可以运用利息率来影响 K 和 K′而外，必要时还可以直接调整 n 和 r，以影响 K 和 K′，最后影响 P 的数值。[②] 凯恩斯从货币数量论得出了通货管理的政策主张。

凯恩斯认为，唯有通货管理才能有利于当时的英国经济，因为它能使国内物价保持稳定。凯恩斯反对恢复金本位制，因为金本位制的恢复在当时的条件下，只不过使得英镑的汇率有可能稳定下来，但会引起英国出口困难，从而无助于国内物价和就业的稳定。并且，在黄金储备上与美国相比处于劣势的英国还不得不因此受制于美国。凯恩斯写道：“说老实话，金本位制现在已经是一种野蛮作风的残余。从英格兰银行总裁起，所有我们这些人，现在所主要注意的是，如何使企业、物价和就业保持稳定，当我们不得不在(价格稳定与汇率稳定)两者之中取其一的时候，我们决不会

---

① 凯恩斯：《货币改革论》，伦敦，1924 年，第 77 页。

② 同上书，第 85—87 页。

故意牺牲这一方面而迁就那个过了时的事物。”①

霍特里不像凯恩斯那样断然拒绝金本位制。他主张以金汇兑本位制来代替战前的金本位制，使黄金只保存国际清算和发行准备的作用，而不容许它自由流通和出口。与凯恩斯相似的是，霍特里也认为有必要对通货（包括黄金）进行管理，基本管理方式一是加强各国中央银行（特别是英美两国中央银行）之间的合作，防止金价波动和过度发行，另一是使中央银行通过利息率的调整来影响信贷数量，再通过信贷数量的变动来影响消费者的收入和支出，以达到影响存货变动和物价水平。

凯恩斯和霍特里之间当时虽有观点上的分歧，但在基本论点上仍是接近的。② 他们作为后期剑桥学派货币理论方面的代表人物，都不主张恢复战前的金本位制，都从货币数量论出发提出货币调节的主张，并且都把货币调节看成是使英国摆脱二十年代经济困境的途径。熊彼特在《十大经济学家》中曾指出：从《货币改革论》到《货币论》，凯恩斯是霍特里学派的人。这反映了当时的实际情况，尽管到了三十年代中期，凯恩斯和霍特里的分歧变得不可调和了。

1925 年，英国在恢复金本位制时，政府并没有接受后期剑桥学派经济学家关于货币调节的学说，而是寄希望于提高英镑汇率，使英镑价值固定在黄金上，从而达到提高英国在国际金融中的信誉，巩固伦敦作为世界金融市场的地位等目标。英国政府在对英

① 凯恩斯：《劝说集》，商务印书馆，1962 年，第 160—161 页。

② 同上书，第 161—162 页。

国经济形势的认识方面整整落后了二十年。它用二十年前对英国资产阶级可能有利的政策思想来设计英帝国已开始解体阶段的经济政策。当然，它也并非完全没有考虑后期剑桥学派的主张，例如，它实行的是金块本位制，而不是古典式的金币本位制。它对运用英格兰银行利率政策的必要性的认识也有所增加。然而，金本位制的恢复以及由此引起的通货紧缩政策立即给停滞中的英国经济带来更大困难：进口增大，出口受阻碍，投资需求不旺，失业人数增加。正是在英国政府恢复了金本位制并遇到困难之后，后期剑桥学派的货币理论才被英国政府逐渐理解和接受。它终于成为英国政府货币政策的指导思想，这一点导致六年后金本位制的取消和对货币政策的强调。

但从理论体系来说，后期剑桥学派的货币理论只是对传统庸俗经济学的发展，而不是对它的否定。传统庸俗经济学认为金本位制是完美无缺的，后期剑桥学派则认为它在当时情况下会损害英国经济的利益；传统庸俗经济学认为利息率有自发调节经济的作用，国家对货币的管理和调节是多余的，后期剑桥学派则认为当时英国政府非管理通货不足以维持经济的稳定。管理通货这一经济思想的产生和被英国统治当局逐渐接受，反映了英国垄断资产阶级对资本主义经济和谐和英国经济优势信念的部分动摇。它企图借助于国家的货币调节来弥补资本主义经济的缺陷，借助于在流通领域的干预来挽回已经形成的颓势。但剑桥经济学的基调——通过市场调节使资本主义趋于充分就业均衡的学说——仍是后期剑桥学派的理论基础。储蓄必然全部转化为投资，储蓄和投资处于均衡状态之中，这一前提不变。后期剑桥学派的货币理论并未从取消金本位制或管理通货学说进而否定这种均衡理论。

不仅货币理论是如此，当时基本上仍处于"学院经济思想"阶段的后期剑桥学派垄断理论和福利理论也都是在剑桥经济学的均衡学说基础上进行的。马歇尔的局部均衡理论从未被摒弃。所以后期剑桥学派的观点与马歇尔理论是一致的，它是剑桥经济学体系发展的一个阶段——后期阶段，而不是越出剑桥经济学轨道之外的另一个派别。

第三节　凯恩斯革命

三十年代资本主义经济危机的爆发，动摇了剑桥经济学体系。马歇尔的均衡学说遭到了致命的打击。

英国是在二十年代经济长期停滞的基础上爆发三十年代经济危机的。虽然从工业生产指数来看，英国在危机期间下降的幅度不如美国和德国那样严重，但英国出口贸易的锐减、贸易逆差的增大，以及海外投资收入的下降，则是最严重的。英国从第一次世界大战起开始的帝国解体过程，大大加快了。①

危机开始后，英国政府中经济政策的决策者、财政部的官员和专家们仍然以剑桥经济学的均衡理论作为政策的指导。这种理论对危机原因的解释是：通过供求力量的自动调节，经济本来是会趋于充分就业均衡的，而如今之所以发生严重的失衡，关键在于供求

① 详见本书第一章第三节。

力量的自动调节受到了诸如工资太高或利息率不合理等因素的干扰。一旦缩减了工资或调整了利息率，失衡现象就会消除。因此，根据剑桥经济学的均衡理论，应付当时经济危机的主要对策，是说服工会同意削减工资的措施，以及加强中央银行通过货币政策，影响利息率水平，管理信贷数量和货币流通量的措施。至于二十年代在英国就已出现的通过公共工程以减少失业的政策主张，英国财政部一直持有异议，因为根据剑桥学派的均衡学说，任何时候可以作为投资资金的储蓄额是一定的，如果政府借用了一部分，留给企业的部分就要相应地减少。这就是说，即使在财政收支平衡的前提下，公共工程支出也不会创造奇迹，因为公共工程计划的就业只不过把私人企业中的就业加以转移而已；如果公共工程支出使得财政入不敷出，造成预算赤字的话，那就会进一步破坏均衡，把经济弄得更糟。至于对待进口，政府决策人士的做法是：“对于他们力量所能达到的那部分人，尽可能普遍地降低生活水平，希望降低的结果，将部分地对进口发生影响，使进口减少。”[①]凯恩斯对这种做法评论道：“不想直接限制进口，而宁可采用这样一个愚蠢方式，简直是荒谬绝伦的举动。”[②]

三十年代经济危机爆发后，根据这一学说而设计的经济政策仍在被运用，尽管它们被危机的深刻化和持久化证明无效。虽然英国在 1932 年征收 10％普遍进口税，正式结束了十九世纪四十年代以来的自由贸易政策，但这并未能使英国经济摆脱危机状态。

---

① 凯恩斯：《劝说集》，商务印书馆，1962 年，第 216 页。

② 同上。

进口量虽然下降了，但这是国内经济危机、失业和开工不足现象严重所引起的，主要不是由于征收了进口税。[①] 单纯依靠关税政策来干预，看来是远远不够的，这样，在三十年代，资产阶级迫切需要产生一种可以替代剑桥经济学体系，重新解释危机的原因和制定对策的新的资产阶级经济理论。因此，凯恩斯经济学应运而生。1936年，凯恩斯的《就业、利息和货币通论》的出版是这种"新经济学"形成的标志。凯恩斯原是以后期剑桥学派的货币理论家身份出现的。在写作《通论》时，他完成了从后期剑桥学派的货币理论家到"新经济学"的创始人的转变。

凯恩斯在《通论》中创立的资产阶级"新经济学"是一个宏观经济学的体系，它所考察的是资本主义经济中通常情况下存在的就业不足问题，以区别于正统的剑桥学派微观经济学体系，以及假定充分就业为已知前提的局部均衡学说。凯恩斯在方法上离开了剑桥经济学的轨道。他以国民经济总量分析来代替后者的个别市场和个别企业分析(个量分析)。更重要的是，凯恩斯在理论上否定了剑桥经济学——实际上是从萨伊那里沿袭下来的传统观点——所谓资本主义经济的完善性、和谐性，通过供求力量自发作用就可以使经济趋于充分就业均衡的论证。这就是所谓"凯恩斯革命"。凯恩斯认为，由于边际消费倾向递减规律、资本边际效率规律和灵活偏好规律的作用，资本主义经济中的总需求或有效需求的不足是不可避免的，有效需求的不足是资本主义经济危机和失业的根源。为了减少失业和避免发生经济危机，就应当设法增加有效需

① 波拉德(Sidney Pollard)：《英国经济的发展，1914—1950》，1962年，第200页。

求。作为“新经济学”创建者,凯恩斯在《通论》中所提出的这一套论证方式和观点在整个资产阶级经济学界引起了震动。虽然他是以一种庸俗经济学理论来反驳另一种庸俗经济学理论,以一种歪曲资本主义经济现实的论调来代替另一种歪曲资本主义经济现实的论调,但这种替代毕竟是资产阶级经济理论和政策指导思想方面的重大转折。为什么凯恩斯会从后期剑桥学派的立场转到“新经济学”的立场呢?这应当从二十年代后期和三十年代初期英国经济的恶化和凯恩斯对医治英国经济“病症”的着眼点的改变分析起。

《货币改革论》一书出版(1923年)后仅仅半年,凯恩斯就着手《货币论》一书的写作。《货币论》在1930年出版。在六年的时间内,凯恩斯受到其他一些著名资产阶级经济学家的影响。例如英国的罗伯逊(Dennis Robertson)于1926年出版的《银行政策和物价水平》一书就对凯恩斯有很大的影响,该书的某些论点是罗伯逊在与凯恩斯讨论后提出的。[①] 此外,尽管凯恩斯在《货币论》写作过程中,并未充分利用瑞典经济学家的著作,而是独立地得出自己的结论的,[②]但凯恩斯仍借用了维克赛尔的一些术语,并表述了与维克赛尔相类似的结论。[③]

《货币论》一书与《货币改革论》相比,凯恩斯的经济思想的主要发展是:

---

① 卡恩(R. Kahn):“关于凯恩斯思想发展的某些问题”,载《经济学文献杂志》,1978年6月,第547页。

② 哈罗德(R. Harrod):《凯恩斯传》,伦敦,1951年,第409页。

③ 克莱因:《凯恩斯的革命》,商务印书馆,1962年,第21—22页。

第一，新投资与储蓄之间究竟应当存在什么样的关系？这在《货币改革论》中是不明确的。而在《货币论》中，凯恩斯指出：利润(Q)分为消费品生产的利润(Q_1)和投资品生产的利润(Q_2)，投资的市场价值为I；新投资的市场价值为I′，储蓄为S。

$$Q_1=I'-S$$

$$Q_2=I-I'$$

$$Q_1+Q_2=(I'-S)+(I-I')$$

$$Q=Q_1+Q_2$$

$$Q=I-S$$

由此可见，新投资的市场价值(I′)对于利润(Q)的形成极为重要；新投资少而储蓄过多，即$I'<S$，则消费品生产的利润(Q_1)为负数，经济将收缩。要使企业家能够获利，社会就业量能够扩大，就应当使$I'-S$为正数。①

第二，物价水平是怎样决定的？凯恩斯在《货币论》中提出的基本交换方程式是②：

$$P=\frac{E}{O}+\frac{I'-S}{R} \quad \cdots\cdots (1)$$

$$P=W_1+\frac{I'-S}{R} \quad \cdots\cdots (2)$$

在这里，P为消费品价格水平，O为产量，E为生产要素的收入，R为消费者购买的物品数量，W_1为平均每个单位生产量的收入。根据这些公式，在$\frac{E}{O}$或W_1不变的情况下，P与$I'-S$成正比

① 凯恩斯：《货币论》第1卷，纽约，1930年，第151页。

② 同上书，第135—136页。

例变化，与 R 成反比例变化。假定 R 不变，那么决定 P 的基本变量就是 $I'-S$。

第三，利息率水平与物价水平之间是什么关系？凯恩斯在《货币论》中，把自然利息率和市场利息率之间的一致与否当作起重要作用的因素。自然利息率是使投资和储蓄相等的利息率，市场利息率围绕自然利息率而波动。一旦市场利息率与自然利息率不一致，投资和储蓄之间就会出现差距，而物价水平又会因投资和储蓄之间差距的出现而波动。[①] 这就是说，利息率水平和物价水平之间存在着间接的但重要的关系。

第四，货币数量的变化如何影响物价水平？凯恩斯在《货币论》与他自己过去的表述方式不同的是，这时，他把人们持有的存款细分为收入存款、商业存款和储蓄存款三种，其中储蓄存款的流通速度等于零，其影响可以略去不计，收入存款（M_1）指个人手头的现金和个人存入银行的款项，商业存款（M_2）指企业保留的现金和企业存入银行的款项。这种划分被认为是《货币论》的主要创见之一。[②] 因为有了这种划分，物价水平就不是仅仅取决于笼统的货币数量和笼统的货币流通速度，而必然取决于由 M_1 和 M_2 组成的货币数量和相应地代表 M_1 和 M_2 的流通速度的 V_1 和 V_2，其中，M_1 和 V_1 与生产要素收入有关，M_2 和 V_2 与利润率和利息率有关。这样，货币数量论虽然仍是凯恩斯在《货币论》中表述的物价理论的基础，但它已在较大程度上不同于《货币改革论》中的表

---

① 凯恩斯：《货币论》第 1 卷，纽约，1930 年，第 155 页。

② 克莱因：《凯恩斯的革命》，商务印书馆，1962 年，第 27 页。

述了。[①]

从理论体系来说,凯恩斯在《货币论》中依然没有同剑桥经济学关于通过市场调节使资本主义经济趋于充分就业均衡的学说相背离。凯恩斯在这里依然以后期剑桥学派的货币理论家的姿态出现。但从政策含义来说,可以看出,凯恩斯比以往任何时候表现得更加急于运用中央银行的货币政策来医治英国经济的病症。根据《货币论》里的观点,中央银行加强对货币数量的控制和对利息率的运用,就可以调节物价水平,并进而影响投资和储蓄之间的差额,影响就业量。在对货币数量的控制方面,除了控制收入存款和商业存款外,还应当控制其流通速度接近于零的储蓄存款。[②] 在对利息率运用方面,要点将是使市场利息率和自然利息率之间维持某种一致性,以便保持投资率的稳定性,从而影响物价水平和就业量。然而,正如资产阶级经济学界评论的,《货币论》是"失败的",因为它出版于1930年,这时已经是大危机年代,包括英国在内的所有资本主义国家企业运用中央银行的货币政策来克服经济危机的措施,都不能使失业缓和,使经济从危机中解脱出来。当凯恩斯兜售他的货币调节措施时,在资产阶级经济学界几乎得不到什么竭诚的支持者,至少在美国是如此。[③] 至于《货币论》中关于主要资本主义国家进行货币合作的建议,在三十年代资本主义各国加紧货币战的时刻,也只能成为一种空想。

---

① 凯恩斯:《货币论》第1卷,纽约,1930年,第266—268页。

② 凯恩斯:《货币论》第2卷,纽约,1930年,第346页。

③ 戴维斯(J. R. Davis):《新经济学和旧经济学家们》,衣阿华大学出版社,1971年,第121—122页。

英国的经济危机日趋严重。货币干预的无效，再加上《货币论》的“失败”，促使凯恩斯很快向“新经济学”转变。《货币论》作为《通论》出版前的凯恩斯最重要的理论著作，在某种意义上也是一个过渡性的作品，它主要在两个方面为《通论》作了准备。一方面，当凯恩斯在《货币论》中把 $I'-S$ 的差额看成是吸引企业家投资和扩大就业量的动力时，他已接近了《通论》中刺激投资需求以弥补有效需求不足的论点；另一方面，他在《货币论》中对存款类型的划分，以及对于人们保持现金的动机的分析，是《通论》中提出的灵活偏好理论产生的重要前提。《通论》并不否定《货币论》中关于货币政策的建议，只是不把这种政策视作唯一的或最重要的反危机对策，而且给予这种政策以“新”的理论解释，即以货币需求理论来代替旧的货币数量理论，以储蓄—投资方程式和灵活偏好方程式代替基本交换方程式。

凯恩斯在《通论》中提出的货币需求理论的要点是：人们的灵活偏好特别是投机动机决定对货币的需求，银行活动特别是中央银行对货币供应量的调节决定货币的供给，货币的需求和供给二者决定利息率水平，利息率和资本边际效率二者决定投资总额，从而影响有效需求，有效需求的增长将引起总产量和就业量的增长。凯恩斯认为，在达到充分就业之前，货币供应量增长固然有可能使物价上升，但不会发生真正的通货膨胀，只有在达到充分就业之后，有效需求继续增长，形成过度需求时，真正的通货膨胀才出现。[①] 由此可见，《通论》与《货币论》相比，货币理论和货币政策

① 凯恩斯：《就业利息和货币通论》，商务印书馆，1977 年，第 258 页。

主张方面最重要的不同是：只是在《通论》中，货币理论和货币政策主张才同有效需求理论联系在一起。可以说，凯恩斯的货币需求理论无非是建立在有效需求理论之上的货币数量论的一个变种。

对于凯恩斯在《通论》中建立的资产阶级宏观经济学体系而言，理论上的更重要的准备是他在二十年代后期对财政问题的研究。对财政问题的研究并非当时凯恩斯研究的重点，因为在二十年代，英国经济虽然处于长期经济停滞状态，但还不曾恶化到三十年代危机期间那样严重的程度。有关市场调节达到充分就业均衡的传统学说的影响仍占主要地位。货币调节被认为是最迫切的任务。凯恩斯同后期剑桥学派其他经济学家一样，都持有这种看法。但联系到英国政界和经济学界已经出现的关于运用公共工程支出来减少失业的方案是否有效的问题，学术界有不同看法。凯恩斯也参加了对财政支出的效应问题的讨论。对此后英国经济政策及其主导思想的发展有重要意义的是：凯恩斯尽管在货币问题上以资产阶级庸俗经济学"正统派"的身份出现，但在财政问题上却表现为与大多数"正统"经济学家意见相左的资产阶级庸俗经济学的"异端"理论家。针对着劳合·乔治提出的公共工程方案，"正统派"从传统的资产阶级庸俗经济学关于充分就业均衡的假定出发，断言这一计划无助于解决失业问题，因为公共部门支出和就业的增加只不过是私营部门支出和就业的转移，总支出和总就业量不会增加。凯恩斯在与亨德森(H. D. Henderson)合写的《劳合·乔治能做得到吗?》(1929年)这本小册子里，发表了在当时说来是新的观点，即认为必须不仅看到政府支出的直接后果，而且应当看到由此产生的一系列连锁反应，以及所造成的累计的效应。而英国财政部的官员，却支持当时政府各部部长反对关于举办公共工程的意见。罗宾逊夫人把这看作当时英国舆论状况的一种反映，因为在受传统资产阶级经济学影响的政府官员的心中，扩大财政支出仍被看成是有弊而无利。[①] 到大危机爆发后，在1931年6月英国财政部向国会提出的《麦克米伦报告》中，凯恩斯作为报告的起草人之一，又进一步阐述了他的这种看法，即认为在大量失业的条件下，政府的公共工程支出并不会转移本来可以用于私营部门的资源，从而公共工程支出是有利于缓和失业现象的。这种与《货币论》几乎同时出现的经济政策主张，以后在《通论》中得到充分的发展，成为“新经济学”的重要组成部分。

但这一时期凯恩斯关于财政问题的研究与《通论》中对同一问题的论述相比，还缺少两个重要的方面。其一就是乘数原理。凯恩斯在《通论》中借助于卡恩的乘数原理，财政支出的效应就不再仅仅停留于推论阶段，而似乎变得可以具体计算出来。其二就是消费函数理论。在凯恩斯的体系中，要了解政府投资（以及私人投资）对于收入增长的乘数作用，关键是了解消费与收入之间函数关系，因为乘数取决于边际消费倾向。1929年凯恩斯讨论公共工程支出的后果时，并没有建立他后来的消费函数理论，所以也就不可能建立“新经济学”的财政理论。这一过程是由《通论》完成的。[②]

---

① 琼·罗宾逊在“经济理论的第二次危机”（载《美国经济评论》，1972年5月）一文中有较详细的分析。

② 克莱因：《凯恩斯的革命》，商务印书馆，1962年，第41—42页。汉森：《凯恩斯学说指南》，商务印书馆，1963年，第72、77页。

至此，作为此后英国政府反经济危机措施主要手段的财政政策的指导思想终于基本形成。政策指导思想的这一变化是重要的。无怪乎资产阶级经济学家认为，实际上有两个"凯恩斯革命"。一个是理论上的"凯恩斯革命"，即以有效需求理论来代替剑桥学派的经济自动调节趋于充分就业均衡的理论。另一个是政策上的"凯恩斯革命"，即要求把政府的首要责任之一转为控制有效需求即总需求的水平：如果有效需求不足，主要以财政政策来刺激它或直接提供它；如果需求过度，主要以财政政策来抑制需求。①

英国经济政策的指导思想在三十年代的变化，清楚地表明了英国资产阶级及其经济理论家们已经对资本主义经济特别是英国经济的所谓完善性、和谐性完全失去了信心，而不得不乞求加强了的国家干预，以维持经济的稳定。在英国经济还处于兴旺的阶段，剑桥学派的经济学家对它的完善性、和谐性以及自动保持充分就业均衡的能力是深信不疑的，因此既不需要政府对经济进行调节，也不需要一种把整个国民经济作为考察对象的宏观经济理论。在英国经济开始走下坡路和帝国开始解体的阶段，为了使它摆脱经济停滞，恢复昔日的国际经济地位，后期剑桥学派的经济学家提出了货币调节等主张，但一切仍从市场调节使资本主义经济趋于充分就业均衡的概念出发，因为他们不曾料到英国经济将会受到三十年代那样严重的打击，他们也不曾设想只有通过财政干预才能稍稍减轻失业和萧条给资本主义经济造成的祸患。现代资产阶级

① 詹姆士·米德："凯恩斯革命"，载米洛·凯恩斯编：《关于约翰·梅纳德·凯恩斯的论文集》，剑桥大学出版社，1975年，第82页。

宏观经济学就是这样产生的。政策指导思想的转变是英国经济“病症”恶化的结果，是剑桥经济学体系破产的结果，是三十年代资本主义经济危机的结果。当时，政策指导思想的这种转变并不是凯恩斯一个人的“功绩”，因为在《通论》出版以前，资产阶级经济学界已经有一些人提出要依靠财政政策作为经济稳定的主要手段。[①] 但凯恩斯作为“新经济学”的创建者和宏观经济稳定政策的指导思想的奠基者，最早从经济理论上对现代资本主义国家的反危机措施作出系统的解释和论证。这就是资产阶级经济学界习惯于把上述变化称为“凯恩斯革命”的原因。在这里，凯恩斯不仅作为英国垄断资产阶级的代言人和谋士，而且作为国际垄断资产阶级的代言人和谋士，编造出这种为国家垄断资本主义辩护的经济理论的。在垄断资产阶级政府看来，它具有很大的实用性，因为在传统庸俗经济学被认为失灵的时刻，凯恩斯提供的理论和政策主张似乎成了“救命的稻草”。

第四节 凯恩斯经济学和英国“社会主义”理论的结合

《通论》出版于1936年。这正是大萧条时期。凯恩斯根据自己的有效需求理论，设计了一套应付萧条和失业的政策措施。但这并不代表凯恩斯的政策主张的全部。那种把凯恩斯经济理论仅

---

① 戴维斯：《新经济学和旧经济学家们》，衣阿华大学出版社，1971年，第144—145页。

仅归结为萧条经济学的观点，是片面的。

凯恩斯经济学中关于经济政策的基本主张是维持经济稳定。根据凯恩斯关于有效需求不足产生非自愿失业，过度需求造成真正的通货膨胀的论断，经济稳定无疑包括两个方面：萧条时期反萧条，通货膨胀时期反通货膨胀。总的政策手段就是调节有效需求（即总需求），也就是通常所说的需求管理。

值得注意的是，凯恩斯在把《通论》中的经济学原理变为政府的经济决策方面，恰恰不是从萧条经济学开始，而是从通货膨胀经济学开始的。这是因为《通论》出版后不久，第二次世界大战就爆发了。英国经济转入了战时经济的轨道。英国政府在1936年后不久面临的主要国内经济问题，不是过度供给，而是供给不足，不是萧条，而是通货膨胀，不是失业，而是缺乏劳动力。这样，在英国政府还来不及运用刺激总需求的手段以减少英国社会上的失业人数的时候，经济政策的重点就变为如何抑制总需求以防止通货膨胀的来临。为了防止出现通货膨胀，第二次世界大战爆发后不久，凯恩斯提出要抑制战时消费需求和增加储蓄的主张。凯恩斯还指出：如果消费需求被抑制，公众手中会保留巨额流动资金，那么一旦战争结束，这一大笔流动资金涌入市场，将会使通货膨胀不可收拾；但凯恩斯认为这种状况是可以避免的。他指出，只要政府在抑制战时消费需求过程中不仅仅依赖公众的自愿储蓄，而且还采取强迫储蓄的办法，那么在战争结束后，储蓄的减少和消费需求的增加有可能是一个延续的过程，而不会是突发的行动，通货膨胀的时延和在若干年内的逐渐发作甚至可以成为战后暂时经济稳定的因素，因为它将与战争结束后就业减少、失业增多的影响相互抵消，从而避免战后大萧条的爆发。

凯恩斯也估计到,仅仅靠大战期间被压抑的消费需求来抵消战后可能出现的萧条,那是很不够的。他认为,要防止两次世界大战期间大量失业现象的重演,在战后有必要实行一项由政府来保证充分就业的方案。[①] 同时,他认为要防止两次世界大战期间英镑地位不稳和英国在国际经济中地位下降的情况再现,在战后还有必要重新制定英国的国际金融政策和重新安排英国和资本主义世界其他国家的经济关系。由于《通论》是以国际经济条件为已知作为前提来论述的,它涉及国际经济领域内的政策问题不多,因此,《通论》成为英国政府制定战后英国充分就业政策的指导,《通论》和《货币论》二者共同成为英国政府重新安排战后国际经济关系的理论依据。前一政策体现于1944年英国政府发表的《就业政策白皮书》中,后一方面的内容则体现于1944年布雷顿森林国际货币金融会议的协议中。凯恩斯本人当时具体从事后一方面的工作,较少参预前一方面的工作。但无疑的是,这两项工作都是在凯恩斯经济理论的指引下进行的。[②]

---

① 正如我们在以下一些章节中将会提到的,降低失业率或维持充分就业本身并不是英国资产阶级最关心的。经济稳定目标还必须服从于政治稳定目标。罗宾逊夫人有过一段精彩的分析。她写道:"持续很高的就业水平并不是工业领导人所欢迎的。它确实带来高额利润,但它却削弱他们在阶级斗争中的地位。正如卡莱斯基所发觉的,工厂纪律和政治稳定比利润更加受到企业领导人的重视……(充分就业的结果),工业界的头头们就害怕工人将无法加以控制,并将要'教训他们'。"("经济增长的年代",载《挑战》,1976年5—6月。)

② 摩格里奇(D. E. Moggridge):"第二次世界大战中的经济政策",载米洛·凯恩斯编:《关于约翰·梅纳德·凯恩斯的论文集》,剑桥大学出版社,1975年,第188、190页。

第二次世界大战使英国本土遭到严重的破坏，战争使英国历来借以维持帝国海外势力的海军优势丧失殆尽，连第一次世界大战后与美国并列的局面都不可再得了。战争使英国债台高筑，国际收支逆差剧增，英国在国际贸易和国际金融中地位大为削弱。美国势力不仅广泛渗入英国的自治领和殖民地，甚至渗入英国本土。帝国在加速解体之中。这就使英国政府把凯恩斯所设计的一套国内外经济政策措施当作医治英国"病症"的法宝。凯恩斯经济学也就成为资产阶级经济学的正宗。

第二次世界大战结束后，英国国内经济政策的基本目标是防止重演三十年代的大萧条，维持经济稳定，维持低失业率，然后在这个基础上恢复和发展经济。英国国外经济政策的基本目标是防止英国的国际经济地位的进一步削弱，力求实现美英两国在国际经济方面的合作，以便维持整个资本主义世界经济秩序的稳定，然后在这个基础上加强英国的竞争能力，巩固和扩大英国资本的海外利益。充分就业政策就是从这些考虑出发来制定的。英国同意布雷顿体系的安排（即承认美元的优势地位），也是出于这番考虑。①

但英国的政治和经济思想有自身的特征。特别是在涉及国内经济政策时，这种特征就格外明显。二十世纪初，在德国有新历史学派的经济思想家，在美国有制度学派的经济思想家。这些经济思想家都是资产阶级非正统派思想家，他们实质上维护现存的资本主义制度，但从制度上对后者进行某种揭露和批评，主张对私人

① 详见本书第一章第四节。

垄断资本进行适当的限制，在收入再分配方面采取政府调节等措施。他们是资产阶级改良主义者。他们不主张以革命的方式来改革现存的资本主义制度。新历史学派是当时德国政治经济条件下的产物；制度学派是德国历史学派的变种，是当时美国政治经济条件下的产物。在二十世纪初的英国，既没有德国那样的新历史学派，也没有美国那样的制度学派。但在马歇尔时代的英国却存在着英国式的类似于历史—制度学派的非正统派资产阶级经济思想家，即以韦伯夫妇为代表的费边社会主义者。[①] 1884 年成立的费边社从来不是一个具有广泛群众性的政治组织，而是一个主要由持有相同政治观点的知识分子组成的、松懈的小团体。但它的影响却远远不能以它的人数来衡量。它的成员的著作和它本身的出版物带有鲜明的政治色彩，即鼓吹用温和渐进的改良办法，通过选举和代议制，利用现存的资产阶级国家结构，调节经济，主持收入再分配，以及逐步把土地和资本转为社会所有，以实现自己所向往的社会主义。

韦伯夫妇（西德尼·韦伯和比特丽斯·韦伯）是费边派早期最重要的理论家。他们同萧伯纳、贝赞特夫人（Annie Besant）、爱德华·皮斯（Edward Pease）、格拉汉·华莱斯（Graham Wallas）等人一起，构成二十世纪初期费边派的核心。在经济学说方面，韦伯夫妇的《工业民主主义》（1897 年）一书作为英国式历史—制度学派

---

① 除开十九世纪三十年代的英国早期制度主义者理查德·琼斯，在马歇尔同时代人中，霍布森通常被看成是非正统的“异端”经济学家的代表者之一。但熊彼特认为韦伯的影响更为重要（熊彼特：《经济分析史》，伦敦，1955 年，第 832—833 页）。

的早期代表作，与马歇尔的《经济学原理》这一资产阶级经济学正统派的代表作相抗衡。韦伯夫妇推崇约翰·斯杜亚·穆勒关于平等和财富分配的改良主义观点，特别是后者从道德的角度来讨论所有权和分配制度的合理程度的分析方法。韦伯夫妇的著作对当时和此后英国的"社会主义活动家"有着重要的影响。工党的许多重要人物都承认自己受到这种影响。英国工党建立时期，在理论上也接受了费边社会主义的许多内容。韦伯等人在工党中的作用是不可低估的。①

二十年代和三十年代初，托尼(Richard H. Tawney)作为费边派经济学家，先后发表了两本重要著作，即 1921 年出版的《贪婪的社会》和 1931 年出版的《平等》。它们继韦伯夫妇的《工业民主主义》之后，阐释了费边社会主义的经济主张。托尼认为，社会主义所要关心的中心问题是平等问题，而平等的实现则依赖于公平合理的分配，现实社会中收入分配不平等，使人们之间存在着鸿沟，从而引起各种动乱。因此，托尼把平等主义和收入分配看作经济学所要解决的迫切问题，把国有化看成是改变所有制和使生产者摆脱目前受束缚地位的措施。② 他的这种见解与当时还在英国资产阶级经济学界占着支配地位的剑桥经济学均衡学说是格格不入的。尽管同一时期后期剑桥学派的庇古也打出福利经济学的旗号，并且也受到费边派理论的某种影响，但后期剑桥学派的福利经

① 科林·韦尔奇(Colin Welch)："知识界举足轻重"，载小蒂瑞尔编：《前途渺茫：英国社会民主主义的失败》，纽约州花园城，1977 年，第 42 页。

② 托尼：《贪婪的社会》，伦敦，1923 年，第 149—150 页。

济学仍然以马歇尔的均衡学说为基础，而不像托尼那样从历史—制度主义的方法论来论述社会平等和收入分配不合理等现象的原因与后果。

与此同时，另一个对英国思想界有重要影响的费边派分子、工党理论家拉斯基，也十分活跃。他鼓吹在保存英国资产阶级政治结构的基础上，通过工党政府的经济政策，实行社会主义。这是费边社会主义在新阶段的发展。与十九世纪末、二十世纪初韦伯夫妇所宣传的理论相比，拉斯基的理论的影响更为广泛。这一理论通常也被称为英国“社会主义”。拉斯基就是英国“社会主义”的主要代表。

三十年代后期和四十年代，英国“社会主义”的鼓吹者休·盖茨克尔和休·道尔顿，成为工党的“新理论家”。盖茨克尔所著《过渡时期金融政策》(1935 年)和《货币与日常生活》(1939 年)、道尔顿所著《对英国切实可行的社会主义》(1935 年)，都表明在经济学领域内，英国“社会主义”的传统始终循着韦伯夫妇和拉斯基所开创的途径被保持着。三十年代和四十年代在工党中起着重要作用的另外两个活动家赫伯特·摩里逊和斯塔福德·克里浦斯，同样是英国“社会主义”的鼓吹者。摩里逊自称其思想受韦伯夫妇的影响，克里浦斯后来还被选为费边社的主席。这就是当时英国资产阶级经济学界非正统派的理论发展概况。

当凯恩斯经济学取代了剑桥经济学的正统地位之后，英国资产阶级经济学界产生了一个“新”的情况，这就是居于新正统地位的凯恩斯经济学与一直居于非正统地位的英国“社会主义”日益接近，并且终于合流。这一合流开始于四十年代后半期，此后二十年，它成为英国经济政策的指导思想。

凯恩斯经济学和英国“社会主义”为什么会合流呢？

剑桥经济学的核心是局部均衡学说，它强调资本主义经济的完善性、和谐性，认为无需政府干预，通过市场自发作用就能使经济趋于充分就业均衡。这是与费边社会主义关于政府调节经济，干预收入分配，甚至把若干部门的生产资料收归社会所有的论点不相适应的。而且，从客观形势来说，剑桥经济学支配着资产阶级经济学界的年代是英国经济的极盛时期的尾声（第一次世界大战前）和英国经济患“病”的开始阶段（二十世纪二十年代）。以剑桥理论作为经济政策指导思想的英国政府，仍遵循马歇尔的传统，而不准备另辟新径。甚至麦克唐纳的工党政府，基本上仍是按照传统的经济政策办事，而不打算（或者认为没有条件）把费边派所鼓吹的改良措施付诸实施。然而，在三十年代经济危机和第二次世界大战的连续的沉重打击之后，形势发生了显著的变化。

从经济理论方面来说，代剑桥经济学而起的凯恩斯经济学承认资本主义经济不可能自动趋于充分就业均衡，并且承认资本主义社会中确实存在着收入分配不均和食利者阶层等不合理现象，从而要求政府进行干预。所以凯恩斯经济学的出现使英国的费边社会主义者从理论上找到一个支柱。① 这就使凯恩斯经济学与费边社会主义二者有了互相接近的可能性。从客观形势来说，英国经济的日益恶化，第二次世界大战结束时英国经济力量的衰落，以

---

① 伊特维尔（R. Eatwell）和赖特（A. Wright）：“工党与 1931 年的教训”，载《历史》1978 年第 2 期，第 52—53 页。

及英国资产阶级唯恐战后重演三十年代大萧条的担心，使英国政府感到如果单纯实行凯恩斯的调节总需求的政策，而不辅之以若干制度方面的改良措施，是不易于缓和国内劳动人民的不满情绪和加速恢复英国经济的。这样也就使得凯恩斯经济学与英国“社会主义”的合流不仅具有经济理论上的可能性，而且也具有政策上的必要性。这就是说，凯恩斯经济政策和英国“社会主义”的经济政策的混合物，被英国资产阶级及其政府看成是最适合第二次世界大战以后英国国情的经济政策。这种结合意味着英国政府采取了一种特殊的“管理”资本主义的形式。[①]

具体地说，在第二次世界大战结束后的英国，英国政府所标榜的混合经济和福利国家目标，是凯恩斯主义者和英国的“社会主义者”共同倡导的。从韦伯夫妇到拉斯基，历来要求消灭贫困，合理分配收入，以及把若干部门的生产资料转归社会所有，使公有经济和私人经济并存。凯恩斯主义者则认为，在政府调节经济的各项措施中，最重要的是财政调节手段，而财政调节之所以能发生作用，关键在于国家拥有越来越庞大的预算，预算在国民生产总值或国民收入中占据越来越大的比重，这样，政府的干预就能把过去资本主义社会中的单一的私人经济变成公私部门混合生长的经济。凯恩斯主义者还认为，要使资本主义国家真的转变为所谓福利国家，首先必须保证做到充分就业。贝佛里季正是以凯恩斯的调节总需求的理论作为依据，提出他的充分就业方案的。贝佛里季是

① 彼特·里昂纳德：“改造福利国家”，载《今日马克思主义》，1979 年 12 月，第 8 页。

自由党的经济学家。但他的方案同样得到了工党甚至保守党的支持。[①] 不仅如此，所谓福利国家的另一个基本标志——社会保障，也与凯恩斯的经济理论密切有关。这是因为国家用于社会保障的支出被认为是促使经济稳定的一项有利因素，它们可以在社会上维持一定的消费、投资和就业量，并刺激更多的投资，从而在发生萧条时可以阻滞经济活动的下降。贝佛里季提出的社会保障方案之所以与他的充分就业方案一样受到英国资产阶级的重视，正因为它被认为有助于实现英国政府战后最关心的保持经济稳定这一政策目标。从这个意义上说，福利国家是一种"英国人的发明"。[②]

简单地说，战后二十年英国经济政策的指导思想就是凯恩斯的需求管理理论加上英国"社会主义"的改良主义学说。

战后二十年，无论是工党内阁还是保守党内阁，都是遵循这一指导思想的。两党的经济决策人物都不曾离开这条轨道。在个别问题上，例如关于国有化的范围和程度、国有化的具体实行办法、其他社会改良措施的实行办法、需求管理的具体做法、微调的幅度等等，两党之间曾经有过分歧，但凯恩斯经济学是两党都信奉的。费边派学说或后来的英国"社会主义"理论对两党领导人都有影响。充分就业是两党都想达到的政策目标。"从摇篮到坟墓"的社

---

① 1945年5月18日，丘吉尔在给工党领袖艾德礼的信中，希望艾德礼同意延长战时联合政府。他在信中说道：如果延长战时联合政府，"我们将共同尽我们最大的努力来执行我们已向议会提出的白皮书中所包括的社会保障和充分就业的方案。"（丘吉尔：《第二次世界大战回忆录》第6卷，伦敦，1954年，第515页）

② 莱斯利·伦科夫斯基(Leslie Lenkowsky)："福利国家中的福利"，载小蒂瑞尔：《前途渺茫：英国社会民主主义的失败》，纽约州花园城，1977年，第144页。

会保障制度是两党领导人都用来标榜自己致力于社会改良的旗号。[①]

1945年7月，英国大选的结果，工党执政，艾德礼组阁。很快第二次世界大战就结束了。英国的战后经济政策由工党内阁首先推行。但如果这时是保守党获胜，保守党内阁也会推行类似的稳定经济的做法，只不过在国有化程度、范围和方式上可能会有些差异，而在按照凯恩斯经济学进行需求管理，维持充分就业，以及加强国家财政调节等基本方面不会有什么显著的不同。特别是在1947年保守党年会采纳的由布特勒（R. A. B. Butler）主持的工业政策委员会提出的工业宪章（Ind. Charter）中，当保守党明确地把凯恩斯经济学作为政策指南之后，更是如此。[②] 战后英国的政治形势和经济状况、两党的资产阶级政党性质的一致性、凯恩斯经济学已取代剑桥经济学而居于主流或正统地位、英国“社会主义”的有力影响——这一切决定了：当时两党中不管谁上台，都会把凯恩斯主义和英国社会主义的混合物当作战后英国经济政策的指导思想。[③] 五十年代麦克米伦的保守党内阁推行的经济政策并不比工

---

① 战后英国经济政策指导思想即凯恩斯经济学和英国“社会主义”的混合在较长一段时间内被两党所信奉，这并不意味着具体措施和做法一成不变。虽然两党都按这种指导思想制定经济政策，具体措施和做法经常变换却是英国经济的一个特征。这就是通常所说的英国政策的多变性。参看E. S. 基尔森编：《经济政策比较：西方和东方》第1卷《一般理论》，阿姆斯特丹，1974年，导言，第9页。

② 席格·莱顿-亨利（Zig Layton-Henry）：“保守党中的民主改革”，载《当代历史杂志》，1978年10月，第665页。

③ 帕特里克·科斯格雷夫（Patrick Cosgrave）：“保守党的失败，1945—1975”，载小蒂瑞尔编：《前途渺茫：英国社会民主主义的失败》，纽约州花园城，1977年，第102页。

党政府的经济政策"保守",就是清楚的证明。[①] 通常所谓英国保守党不同于欧洲大陆上的保守党的一个特点,就是指它善于适应变化着的形势,而其根据之一也在于此。[②]

第五节　现代凯恩斯主义和来自左、右两方面的挑战

以需求管理和社会改良为基本内容的英国经济政策指导思想,在战后二十年左右的时间里,一直支配着保守党和工党的经济决策人物。这是英国殖民帝国解体的年代,也是英国资产阶级为了从大危机和二次大战的双重打击下恢复过来而惨淡经营的年代。帝国虽已解体,英联邦继续存在;极盛时代只是留在记忆之中,但战争的创伤已经消失;没有再发生像三十年代那样严重的经济危机,战后的失业率与战前相比是较低的;经济在增长,技术改造在进行,福利国家的形象终于被树立起来了。资产阶级报刊和经济学家们主要把这些归功于凯恩斯,部分地也归功于韦伯夫妇。他们说:如果没有凯恩斯和韦伯的理论,特别是如果没有凯恩斯的理论,英国能享有这二十年的比较平稳的生活么?相当一部分英国公民也同意这样一种看法。

在这里应当提出马修斯和希克斯的分析。马修斯认为五十至

---

① 帕特里克·科斯格雷夫:"保守党的失败,1945—1975",载小蒂瑞尔编:《前途渺茫:英国社会民主主义的失败》,纽约州花园城,1977年,第113页。

② 席格·莱顿-亨利:"保守党中的民主改革",载《当代历史杂志》,1978年10月,第653页。关于这一点,我们将在第七章中进一步分析。

六十年代前期英国的失业率之所以低于三十年代，主要靠两个因素起着作用。一是长期以来劳动力从农业向工业转移的过程结束了，从而相对于资本而言，劳动力供给显得不足。二是私人投资的增加。这两个因素中，至少第一个因素不能归功于凯恩斯主义的政策。[①] 马修斯的观点发表于1968年。后来，希克斯在1973年指出：战后较长时期的经济繁荣很难断定就是凯恩斯政策的功绩，凯恩斯政策可能起了作用，也可能无需乎凯恩斯的政策，而依靠迅速的技术进步和所谓“社会主义”倾向的公共投资二者的结合，就足以产生繁荣了。[②]

马修斯和希克斯的分析有一定道理。当然，我们也并不否认凯恩斯理论对英国经济政策有某种程度的影响，也不否认根据凯恩斯理论而制定的需求管理政策对战后二十年的英国经济有一定的稳定作用。但不能夸大这些影响和作用，不能因此忽视战后美国资本和技术输入以及英国工业技术发展所产生的后果。[③] 而且，即使说到战后二十年的平稳，那也只是相对于三十年代而言的。英国经济的病根没有消除，病症仍在发展，不过它是悄悄地发展着。需求管理种下了恶果，福利国家使英国背上一个超过了自己能力的沉重包袱。比较平稳的英国经济是脆弱的经济。1967年的英镑危机宣告了战后二十年比较平稳阶段的结束。它是英国

---

① 马修斯(R. C. O. Mathews)：“为什么英国战后能充分就业?”，载《经济学杂志》，1968年9月。

② 希克斯(J. R. Hicks)：《凯恩斯经济学的危机》，商务印书馆，1979年，第2—3页。

③ 详见本书第一章第四节。

国际收支状况显著恶化的必然后果，也是由此开始的一系列动乱的第一环。需求管理本来就不是医治英国经济病症的有效药方。它以扩大财政赤字和通货膨胀的办法来刺激投资和消费，虽然也曾造成暂时的、相对的经济稳定和繁荣，但在“财政赤字无关紧要”的思想影响下，这一政策带来的后果是灾难性的。[①] 首先，它使生产能力的扩张和有支付能力的需求之间的矛盾加深了。需求管理方针指导下取得的英国经济的平稳，意味着英国经济病症的复杂化。任何一个奉行凯恩斯主义的资本主义国家都不可避免地要尝到失业和通货膨胀并发的苦果，英国也绝非例外，而且还要厉害一些。

如果说六十年代以前英国的通货膨胀（当时是较低的通货膨胀率）受英国财政的直接影响还不明显（除开朝鲜战争时期而外），那么七十年代以后英国财政支出对通货膨胀的影响却是十分明显的。[②] 七十年代英国经济的动荡大大加剧。失业率在提高，通货膨胀在加快，国际收支状况继续恶化，国内各阶层的不满情绪也更加滋长。摆在英国政府面前的最迫切任务，现在已不是单纯想维持充分就业，而是要应付停滞膨胀。这是七十年代的当务之急。

标准的凯恩斯经济学是资产阶级宏观经济理论。它考察的是总需求价格和总供给价格之间的均衡关系。根据凯恩斯的解释，总供给大于总需求或总需求（有效需求）不足，产生失业，在达到充

---

① 华尔特·艾尔提斯：“凯恩斯派传统教义的失败”，载《劳埃德银行评论》，1976年10月。

② 梅纳德和里凯根姆：《通货膨胀的世界》，伦敦，1976年，第140—142页。

分就业之后，需求的进一步增长将引起通货膨胀。需求管理就以此作为理论的依据。刺激需求被认为可以减少失业，抑制需求被认为可以缓和或制止通货膨胀。但不管怎样，失业和通货膨胀似乎不可能并发。1944年，贝佛里季在《自由社会的充分就业》中告诫说，增加就业将伴随着货币工资增长的压力的加大，并且很可能在达到充分就业之前，物价就会有较大的上涨。同年，在卡莱茨基影响下，牛津大学统计研究所在研究中提出，要实现充分就业，需要有以下三方面的管制措施：对外贸易管制、工资管制、私人投资总额管制，否则通货膨胀问题和国际收支问题就会接踵而来，难以应付。[①] 但这些告诫在四十年代中期并未引起人们注意。凯恩斯自己也不曾料在他死后二十年会发生普遍性的失业与通货膨胀并发症。现在它不仅发生了，而且看来还是持久性的。要应付失业和通货膨胀并发症，在英国政府的决策人物的心目中，显然不能再依靠战后二十年内一直奉行的需求管理了。英国政府需要针对新的情况制定新的经济政策。资产阶级经济学家在停滞膨胀问题上的探讨和提出的新理论，则为英国政府制定新的经济政策提供了理论依据。

七十年代，英国政府的当务之急是应付失业与通货膨胀并发症，相应地，新的经济政策中最重要的是工资—物价管制政策或称收入政策。

什么是收入政策的理论依据？资产阶级经济学界对停滞膨胀

---

① 戴维·沃尔斯维克：“需求管理终结了吗？”，载《劳埃德银行评论》，1977年1月。

的解释不一，但归结起来，在对制定英国经济政策有影响的经济学家中间，有两点看法是相同的：第一，失业和通货膨胀不仅来自需求方面的原因，而且来自供给方面的原因。第二，经济生活中不完全竞争的因素和市场结构问题不可忽视，因为它们都影响失业率和通货膨胀率。对停滞膨胀过程的分析和对工资—物价管制政策的探讨，需要深入到标准凯恩斯理论一般不涉及的生产要素供给、不完全竞争和市场结构的领域中，需要研究一系列微观经济学问题。凯恩斯的《通论》出版以前的剑桥经济学，特别是后期剑桥学派对上述问题的某些论点，至此又引起了资产阶级经济学界的注意。资产阶级经济学的这一动向从另一个侧面反映了资本主义国家经济决策者们的想法：在资产阶级微观经济学被认为不能解释三十年代经济危机和大量失业现象的时候，资产阶级宏观经济学应运而生，成为热门；而在资产阶级宏观经济学又被认为不能解释七十年代的停滞膨胀时，资产阶级微观经济学又被重视起来。现在的问题是：资产阶级经济学家们竭力想把宏观理论与微观理论结合在一起，替宏观经济学寻找所谓微观基础。

1958年，伦敦政治经济学院教授菲利浦斯在“英国失业与货币工资率变动率之间的关系，1861—1957”一文（《经济学报》，1958年11月）中，依据大约一百年的经验统计资料，表述在货币工资率与失业率之间存在着一种彼此交替的关系。他用一条以货币工资率变动率为纵轴，以失业率变动率为横轴的向右下方倾斜的曲线来表示它。从理论上说，菲利浦斯曲线所表现的这种交替关系并不符合标准凯恩斯理论的原意，因为它意味着社会还未达到充分就业之时就已经出现货币工资率的增长或物价的上升了。尽管菲利浦斯曲线一出现就引起资产阶级经济学界的一场争论，但正如罗宾逊夫人在“经济理论的第二次危机”（载《美国经济评论》，1972年5月）中所指出的，菲利浦斯曲线是为了证明“为保持物价稳定，必要数量的失业继续存在是件好事”，所以对于英国财政部来说，它成了推行凯恩斯主义的需求管理的有用工具。在低通货膨胀率和低失业率二者不可得兼的条件下，经济决策人物却可以有一个选择，用较高的通货膨胀率来换取较低的失业率，或用较高的失业率来换取较低的通货膨胀率。虽然1961年7月，保守党内阁的财政大臣劳埃德曾采取冻结工资这一管制工资和物价的措施，以便加强英国商品在国际市场上的竞争地位，但当时的这种做法只不过是一种临时性的应急措施（于1962年8月结束），工党以反对这种硬性做法而增加了公众对它的支持。英国此时并不是不想通过工资—物价管制来管理经济，但正如当时英国经济学家针对英国政府实际收入政策的建议所批评的，只要工会不支持收入政策，收入政策就难以取得预期的效果。[①] 因此，以标准凯恩斯式的需求管理来调节经济，仍被英国政府看成是最重要的管理经济的方法。

六十年代末期起，在英国，失业和通货膨胀并发症日益严重，并且与国际收支危机交织在一起，需求管理被认为不灵了，工资—物价政策在两党的施政纲领中越来越重要。这是因为在英国资产阶级政府的经济决策者看来，如果不限制工资的增长率，使它不至于大于劳动生产率的增长率，那么不仅通货膨胀率无法被抑制，而

---

① 克莱格（H. A. Clegg）：“要收入政策吗？”，载《劳埃德银行评论》，1962年4月，第6—7页。

且使英国商品因工资成本过高而无法与国外同类商品竞争，这样，出口将减少，进口将增大，于是对于英国的工业部门将是沉重的打击，就业量将缩减，失业人数还会增加。所以工资—物价管制政策在英国经济中有着特殊的意义。六十年代末期以后，英国两党中的任何一个政党如果想表白自己打算应付失业—通货膨胀并发症，它不能不提出自己的工资—物价管制政策，就像四十年代后半期，它不能不提出充分就业政策一样。①

失业与通货膨胀并发症一方面意味着凯恩斯宏观经济学的不适用，另一方面不仅表明菲利浦斯曲线的交替关系恶化，甚至还表明这一交替关系的消失。甚至可能出现这种情况，高失业率使通货膨胀率更加剧，因为这时在职工人不愿自动离职去寻求收入较高的职位，而宁愿对现有雇主施加更大压力，以提高工资率。② 工资—物价管制政策的目的，是要缓和失业—通货膨胀并发症，使菲利浦斯曲线关系改善。但凯恩斯宏观经济学的有效需求理论没有为工资—物价管制政策提供理论依据。资产阶级经济学家认为，凯恩斯的宏观理论缺少微观的市场结构理论。这就妨碍它作为七十年代的工资—物价管制政策的指导思想。

这里所说的微观的市场结构理论，主要包括三方面的内容：一是劳动力市场的结构、就业和失业的结构；二是产品和劳务市场的结构，即各个生产者在市场上的相对地位以及由此决定的产品和劳务市场的不完全性；三是工会议价力量和企业主议价力量的对

① 关于工资—物价管制政策即收入政策，将在第十章中详细分析。

② 《新政治家》，1979年2月2日，第146页。

比,工会力量较强的部门、企业主力量较强的部门、双方力量均衡的部门各自在市场中所占的份额。资产阶级经济学家认为,如果不把这些微观的市场结构问题弄清楚,就无法了解现代资本主义社会中的工资水平的形成过程、价格形成过程和失业的基本原因。

由于六十年代后期起失业与通货膨胀的并发并不是英国一国特有的现象,而是几乎所有资本主义国家共有的现象,工资和物价政策也是英国政府和其他资本主义国家的政府都强调的政策,所以对微观市场结构问题的理论研究是各国资产阶级经济学家共同关心的。1971年,美国尼克松政府实行“新经济政策”后,美国经济学家们对这些问题的讨论以及他们提出的有关论点具有一定的代表性。它们也影响了英国的资产阶级经济学界和英国政府中的经济决策人物。在尼克松实行“新经济政策”后,英国政府就派出专家到美国去考察工资和物价管制的经验,以便回国后搬用。[①]这种作为工资—物价管制政策或收入政策理论依据的微观市场结构学说的要点是:现代资本主义社会中,劳动力市场和产品,劳务市场都具有不完全性,由于工会力量的强大形成了工资刚性,也就是工资水平下降的不灵活性;由于企业主力量的强大,形成了价格刚性,即价格水平下降的不灵活性。工会力量与企业主力量相当,于是工资和物价相互推进,交替上升。另一方面,劳动力市场的不完全性,造成了失业与职业空位并存;产品和劳务市场的不完全性,造成了某些市场上产品和劳务过剩,另一些市场上产品和劳务的短缺。在工资刚性和价格刚性存在的条件下,职业空位可以引

---

① 《经济学家》,1972年11月11日,第85页。

起工资水平上升，而失业的存在不一定使工资水平下降；产品和劳务的短缺可以引起价格水平上升，而产品和劳务的过剩不一定使价格水平下降，于是就会发生这样的情形，即社会上既有失业，又有物价持续上涨，既有产品和劳务的过剩（这意味着部分生产设备的闲置和劳动生产率水平不高），又有工资率的增长。① 失业和通货膨胀的并发，以及随之而来的工资率增长超过劳动生产率增长、产品的国际竞争能力下降，使得政府主要利用收入政策来限制工资和物价增长。这项政策以微观的市场结构学说为依据。

利用收入政策来限制工资和物价增长，是现代凯恩斯主义关于应付停滞膨胀的基本政策主张。这是现代凯恩斯主义与标准凯恩斯经济学的重要区别之一。标准凯恩斯经济学是资产阶级宏观经济理论，主张运用宏观的需求管理来调节经济；现代凯恩斯主义主张以微观经济理论来补充宏观经济理论，以微观经济政策来补充宏观的需求管理政策。经济理论和政策上的这种演变与客观形势的变化和政策目标的变化直接有关，因为在战后二十年内，资产阶级政府面临的主要问题是维持战后经济稳定，所以反周期的宏观需求管理政策被认为是有效的，而六十年代后期起，资产阶级面临的主要问题是应付日益严重的失业与通货膨胀并发症，标准凯恩斯的宏观经济理论和宏观的需求管理政策被认为是失灵的，所以对微观的市场结构学说的探讨和以此为依据的收入政策的制定，成为资产阶级政府中经济决策者们注意的迫切问题。

---

① 杜生贝（J. S. Duesenberry）："通货膨胀和收入分配"，载伦德贝格编：《通货膨胀理论和反通货膨胀政策》，国际经济学协会，伦敦，1977 年，第 268—270 页。

但这种演变并不意味着资产阶级政府抛弃了凯恩斯经济学。微观经济理论和收入政策被看成是重要的补充，而不是替代物。主要是在失业与通货膨胀并发时，采取收入政策。[①] 换句话说，只要成本推进通货膨胀被认为应对“英国病”负重要责任，那么，旨在抑制成本推进通货膨胀的收入政策，就必然被认为是一种有益的处方。[②]

英国政府当前实行的经济政策，基本上就是这样的。两党在收入政策上有些争论，但并非要不要实行工资和物价管制之争；而是采取哪一种方式来管制工资和物价之争（例如，采取自愿协议方式来限制工资率增长率，还是以税收作为奖惩刺激，或者采取法律管制形式等等），以及工资和物价增长率的最大限度如何规定之争。

所以可以这么说，七十年代英国经济政策的指导思想是现代凯恩斯主义（包括宏观经济理论和微观经济理论）加上英国“社会主义”学说。七十年代初期著名的工党经济决策人物安东尼·克罗斯兰、乔尔·巴尼特和著名的保守党经济决策人物罗伯特·卡尔、基思·约瑟夫、杰弗里·豪，都是既接受现代凯恩斯主义，又要继续保持战后英国所谓的“民主社会主义试验”的传统，鼓吹福利国家论。

与标准凯恩斯理论一样，现代凯恩斯主义也是庸俗经济学理论。它否认现代资本主义社会中资本主义基本矛盾的加剧是日益

① 详见本书第八章。

② A. T. 布朗：“通货膨胀和英国病”，载《经济学杂志》，1979 年 3 月，第 11 页。

深刻的经济危机的原因,它讳言资产阶级政策采取的饮鸩止渴的反周期政策必然导致失业与通货膨胀的并发。它的微观的市场结构学说曲解当前失业和通货膨胀的原因和过程,为垄断资本推却责任,而把失业和通货膨胀归于工人阶级自己,或者说,归根到底因为工资增长率大于劳动生产率增长率,即工资增加得太快。[①]根据这种理论制定的收入政策,已被英国经济的实际状况证明是难以奏效的,它至多只是暂时缓和一下工资和物价的增长率,使出口竞争能力改善一些,从而避免某些部门失业的扩大,但物价不可能长期被遏制增长,工会的斗争不仅在经济上、而且在政治上使资产阶级遭到更大的损害。收入政策使得英国经济的病症更加复杂化,它与需求管理一样,一旦采用,欲罢不能。短期的工资—物价管制必将扩展为长期的工资—物价管制。[②]

当前,现代凯恩斯主义在英国正受到资产阶级经济学的非主流派(货币主义和新剑桥学派)学说的挑战。这就是通常所说的英国经济政策决策思想中的三派:作为政策指导思想的英国财政部观点、作为非主流派的货币学派观点和新剑桥学派观点。[③] 货币主义认为英国政府对经济干预得太多了,对自由市场的作用限制得过分。它们反对以财政手段调节经济,反对收入政策,甚至认为

---

① 彼特·德·沃尔夫(Pietor do Wolff):“收入政策”,载伦德贝格编:《通货膨胀理论和反通货膨胀政策》,伦敦,1977年,第472页。

② 劳伦斯·亨特(Laurونce C. Hunter):“英国收入政策失败的某些教训”,载加伦森(W. Galenson)编:《收入政策:我们能从欧洲学习到什么?》,纽约州伊塔加,1973年,第35页。

③ 莫里斯:“当前政策的不同选择”,载莫里斯编:《英国经济体制》,牛津大学出版社,1977年,第483页。

政府的福利措施搞过了头，结果不是使英国经济受益，反而是使英国经济受害。他们要求改以货币调节为主，充分发挥自由市场的作用，让亚当·斯密说过的那只“看不见的手”来安排资源的配置，以提高英国经济的效率。[①] 另一方面，现代凯恩斯主义的一个分支——新剑桥经济学以“异端”的姿态出现。它认为当前资本主义的问题是政治和社会制度方面的问题，并认为这是解决问题的前提。[②] 在具体政策上，它反对赤字财政政策，反对收入政策。它认为赤字财政只可能使英国发生工资—物价的螺旋式上升，进口剧增，出口萎缩，失业增多；它认为收入政策解决不了失业与通货膨胀并发问题，却把现存的收入分配不平等的格局固定化了，其结果只可能是加剧工资和利润在国民收入中相对份额的差距，因为在固定化的收入分配格局中，工资的份额无法变动，而利润的份额可以不受此种限制，依旧增大。新剑桥经济学主张把英国经济政策的重点移到收入分配方面来，以加强社会福利措施和改进现行税收制度等办法实现收入分配的均等化。新剑桥学派自命是凯恩斯左派，而把居于主流地位的现代凯恩斯主义说成是冒牌凯恩斯主义。

面临着来自货币主义方面以及来自新剑桥经济学方面的挑战，即右的和左的两方面的挑战，英国政府中的经济决策者们此后的动向如何？是继续把需求管理和收入政策作为医治英国经济病症的基本手段呢，还是使英国经济政策的指导思想再来一次重大

① 关于货币主义，详见本书第八章。

② 琼·罗宾逊：“问题何在？”，载《经济学文献杂志》，1977 年 12 月，第 1337 页。

的变化？所谓“向右转”——就是转到货币主义一边去，所谓“向左转”——就是转到新剑桥经济学一边去。1979 年 5 月撒切尔夫人组阁后，保守党政府的经济政策中的货币主义倾向大大加强了，但即使如此，目前还看不出已经完全抛弃凯恩斯主义和英国“社会主义”传统的迹象。尽管需求管理和收入政策看来不可能使英国经济摆脱停停走走的困境，但只要失业与通货膨胀并发症还不至于严重到威胁英国资产阶级的统治，那就会基本上按七十年代已经奉行的这一套做法做下去，只是在局部问题上作些调整或后退。当前资产阶级经济学中货币学派的某些论点和主张，在一定程度上可以被英国政府所采纳，但这暂时还不至于否定现代凯恩斯主义对英国经济政策的影响。①

① 在本书的结论中，我们将对这个问题进行探讨。

第七章 “社会主义”试验是英国经济的出路吗?

从本章起,我们将从各个不同的方面来剖析英国政府所实行的应付“英国病”的对策。首先分析它的“社会主义”试验。

本章共分为五节。第一节“国有化——英国‘社会主义’的试验”,分析战后英国实行国有化的历史背景,指出国有化在当时,既是作为一项社会改革,又是作为一项经济改革而被推行的。第二节“国有化与英国经济增长的关系”谈到国有化一方面起了促进英国经济增长的作用,另一方面又有着不利于英国经济增长的作用,但即使在它有利于经济增长的方面,它也不能被称为真正的社会改革。第三节“关于钢铁工业国有化与非国有化之争”,进一步考察了以钢铁工业为代表的加工工业国有化问题,指出英国工党和保守党在这个问题上的争论实际上是与经济效率有关的经营管理体制和决策形式之争。第四节“用收入再分配来代替国有化”分析近年来英国“社会主义”鼓吹者在经济理论方面的重要变化,这种转而强调收入再分配的事实恰恰反映了英国的国有化已走到了尽头。在第五节公私联合经营中,对英国国家资本与私人垄断资本的合营方式作了探讨,尽管这种合营方式在提高经济效率、加速技术创新方面有一定的优点,并且已取得了某种成效,但这与原来意义上的“社会主义试验”已经不是一回事了。总之，通过以上五节的分析，结论是很清楚的：“社会主义”试验已被证明不是英国经济的出路。

第一节 国有化——英国“社会主义”的试验

第二次世界大战结束后英国政府所标榜的混合经济和福利国家目标，是凯恩斯主义和英国“社会主义”共同倡导的。在凯恩斯经济学中，重点是国家通过财政和货币手段来调节经济，以解决社会的充分就业问题。凯恩斯并没有提出把生产资料收归国家所有的政策主张。生产资料国有化主要是英国“社会主义”鼓吹者的建议。但这种建议在战后的英国之所以被英国的凯恩斯主义者所接受，并且被工党政府——在一定程度上被保守党政府——所采纳和实施，不是偶然的。

在讨论战后英国的国有化问题之前，有必要对资本主义国有化的性质进行一些分析。马克思主义的基本观点是：国有经济的性质取决于国家的性质。正如恩格斯所指出的：资本主义国家“只是资产阶级社会为了维护资本主义生产方式的共同的外部条件使之不受工人和个别资本家的侵犯而建立的组织。现代国家，不管它的形式如何，本质上都是资本主义的机器，资本家的国家，理想的总资本家。它愈是把更多的生产力据为己有，就愈是成为真正的总资本家，愈是剥削更多的公民”[①]。恩格斯这段话，对于了解

① 恩格斯：“反杜林论”，载《马克思恩格斯选集》第3卷，人民出版社，第318页。

战后英国的国有经济的本质是完全适用的。

资本主义国家的国有经济，由来已久。包括英国在内的各个资本主义国家几乎都很早就拥有国家建立和管理的经济部门或企业。邮政系统和军械修理工厂就是最常见的例子。但那与我们在这里所要讨论的资本主义国有化还不是一回事。在英国，把电话电报事业收归国有，把煤矿和铁路收归国有，以及把英格兰银行收归国有的呼声，在十九世纪末和二十世纪初也已屡见不鲜。这种呼声既反映了不了解资本主义国有化实质的普通工人群众的良好的愿望，也反映了资产阶级改良主义者、自命为社会主义者的费边社成员的一种幻觉，即以为只要把若干经济部门收归国有，就可以消除贫困，缓和社会冲突，实现社会主义了。至于某些资本家，也曾有过把运输、动力、电信等部门国有化的想法。他们主要是从自身的经济利益出发，把降低运输、动力和电信费用作为增强企业竞争能力的手段。但在第二次世界大战以前，英国政府仍然只是建立个别的国营企业，而并未采取国有化的措施。

国有化作为一项政策，是第二次世界大战结束时工党内阁制定的。它一直被誉为英国“社会主义”试验的重要组成部分。

工党在1945年大选时提出的政策主张的基础，是早在1918年6月工党会议上通过的政策声明《工党与新社会秩序》。它是由韦伯夫妇精心设计和制定的。其中包括四项原则：第一项原则是主张以最低工资限额和最长工作周等条件来保证国民最低生活标准；第二项原则主张实行工业的民主监督，强调了工业国有化的必要性；第三项原则主张用向高收入者和资本征重税的办法来维持公共服务事业；第四项原则主张利用财政来扩大全民的教育文化事业。正是这样一个政纲，在 1945 年大选中吸引了对三十年代大萧条犹有余悸的、对战后英国社会改革抱有很大希望的选民们。工党执政后，从 1945 年起，通过一系列国有化法令，把一批煤炭、电力、煤气、铁路、航空、电信、航运企业收归国有。1951 年起又实行了部分钢铁工业的国有化。此外，英格兰银行也实行了国有化。工党的这些做法，基本上被保守党政府所继承下来。以后，保守党和工党的迭次更替，都没有从根本上动摇 1945 年工党内阁所开始的资本主义国有化事业，只是在部分行业特别是钢铁工业中，对国有化的程度有不同的看法和评价，从而造成时而放松时而又抓紧这些行业的国有化的具体政策变化。

为什么 1945 年起英国才正式执行国有化的政策，而在这以前，个别国营企业的出现并不意味着政府准备实行国有化呢？这主要是因为国有化措施在英国是以“社会主义”试验的面貌出现的。在国有化的鼓吹者和实行者看来，这既是一次社会改革，又是一次经济改革。

哈罗德・威尔逊在谈到工党所坚持的“英国社会主义”的目标时，把扩大国有制和使国营企业在社会中具有占支配地位的权力当作“英国社会主义”的目标之一，因为它既与所谓维护“社会主义”、个人幸福有关，又与发展生产、保证充分就业和物价稳定有关。[①] 英国国有化鼓吹者的主张之所以从 1945 年起得以实现，这

---

① 哈罗德・威尔逊在《英国社会主义的有关问题》(伦敦，1964 年)一书中关于国有化的论述，与他的前任艾德礼、盖茨克尔的论述相比，并无任何新的东西。因此，他的这种看法可以被看成是战后英国工党的一贯主张。

又与三十年代以来的形势变化不可分开。

三十年代严重的资本主义经济危机,暴露了资本主义经济的一般性问题,也暴露了英国经济的病态。前面已经指出,第二次世界大战是对英国经济进一步的沉重打击。为了防止战后英国重演三十年代的大萧条,资产阶级统治集团感到有必要实行某种程度的社会改革,即从社会经济的结构方面改变以往的单一资本主义私人经济的形式,而把它变为混合经济形式。为此,除了运用国家财政预算来调节经济以外,国有化政策也被提出来,当作改变社会经济结构的手段之一。国有化被认为是走向"社会主义"的一个步骤,是在英国进行社会改革的重要内容。与此同时,为了提高英国的经济效率,加快原有工业部门的技术改造,增强英国商品的出口竞争能力,英国政府也打算战后在经济领域内进行一些改革。但经过第二次世界大战,英国经济受到的损失很严重,要完全依靠私人资本来进行战后的经济与技术方面的改革,被认为是不大现实的。在战后英国资本不足、外汇缺乏、技术水平落后于世界先进水平的条件下,要进行规模很大的、涉及一系列重要工业部门的经济与技术改革,资产阶级普遍认为应当有国家直接参预,由国家提供资本和技术。于是国有化也就被看成是经济改革的一个必要的步骤。

第二次世界大战结束后,英国工党政府关于国有化的一系列政策法令,由于被赋予在英国既实施社会改革,又实施经济改革的性质,所以既能被英国的凯恩斯主义者所接受,又不曾遭到资产阶级中相当一部分人的抵制。在当时英国的凯恩斯主义者看来,维持充分就业是战后施政的最重要目标,而要做到这一点,扩大政府在经济生活中的作用和加强财政、货币调节措施是必要的，但混合经济体制将更有利于实现这个目标。当然，凯恩斯主义所主张的混合经济，并不一定非把国有化包括进去不可；如果通过对国家财政预算的运用就能达到充分就业，那就不必去破坏私人资本主义的所有权。但凯恩斯主义所主张的混合经济，也不一定就是绝对拒绝国有化的。在包括凯恩斯主义者在内的英国资产阶级经济学家的词汇中，“社会主义”与“共产主义”从来都是两个不相同的概念，“社会主义”被认为是同“民主政治”联系在一起的，“共产主义”则被看成是“布尔什维主义”的同义语。把生产资料收归国有，在他们看来，可以是“社会主义”式的，也可以是“共产主义”式的。他们不拒绝“社会主义”式的国有化，而对于“布尔什维主义”以及“布尔什维”式的国有化，则是强烈反对的。正因为如此，所以当工党政府提出国有化的政策，准备把它逐步付诸实施时，英国的凯恩斯主义者并未起来反对，而当国有化在若干部门已经成为事实后，英国的凯恩斯主义者也就接受了这一事实。他们认为这种国有化与“布尔什维主义”是不一样的。凯恩斯主义者接受了生产资料国有化主张。从当时英国具体的政治经济形势出发，为了防止战后再出现三十年代那种大规模失业的现象，为了缓和国内政治和经济矛盾，并不以“社会主义”(尽管是资产阶级的“社会主义”)作为旗号的凯恩斯主义者们，实际上成了战后英国的“社会主义”试验的推动者之一。

由于战后英国工党政府实行的国有化也是一场经济改革，是旨在提高英国经济效率和增强英国产品的出口竞争能力的，所以资产阶级中有相当一部分人对此没有异议。收归国有的主要有三种不同的部门。一是为私营经济部门提供动力、运输和通信的部门，这些部门的国有化，被认为可以降低私营企业的生产费用，有利于这些企业的发展。二是技术水平较低、长期亏损，而且缺乏资本在短期内进行技术改造的部门，例如煤炭工业和钢铁工业。对这些行业的私营企业主来说，企业收归国有等于卸下了一个包袱。对于其他行业的私营企业主来说，煤炭和钢铁工业国有化以后，这些工业可能有较大的发展机会，从而能提供比较廉价的燃料和原材料，也有利于降低企业的生产费用。三是关系到全国金融事业发展的中央银行的国有化。英格兰银行收归国有后，被认为有利于政府部门更方便地利用货币政策来调节经济，提供信贷，从而能促进私营银行和私营企业的发展。在这三种不同的部门中，除了钢铁工业国有化的范围和程度有些争议而外，其他方面的争论是比较少的。所以私人资本也就接受了工党政府的国有化政策。以后几届保守党政府也没有从国有化事业方面大步后撤。

加之，英国政府在把私营企业收归国有时所采取的具体措施，也减少了私营企业方面可能发生的阻力。早在1943年10月，正是第二次世界大战最紧张的时刻，丘吉尔在英国下院的演说中就说过，他本人并不反对国有化，而且早在第一次世界大战以后他就主张实行铁路国有化了。丘吉尔在演说中说道：“假使给予适当的补偿，所有的人都会接受国有化的原则。大家争论的问题不是道德上的是非，而在于实行国有化是否确实比依靠私人经营和竞争，更能为整个国家创造一个更有利的事业。”[①]工党政府在实行国有

① 丘吉尔：《第二次世界大战回忆录》第5卷，伦敦，1972年，第148页。

化时,考虑到私营企业的情绪,采取了一些具体措施。这些具体措施包括:第一,由政府对原企业主实行补偿制度,即以政府债券来换取原企业的股票。股票在作价时,一般高于市场价格,从而原企业主感到这种方式可以使自己得到好处。政府债券还能保证持有者得到稳妥的利息收入,这对于长期亏损的铁路、煤矿等企业的股票持有者说来,也是有利可图的、可供选择的方式。第二,原企业的董事和经理中,有不少继续留在收归国有的企业中工作,或被任命为管理机构的官员,因为他们被认为是有经验的、有管理能力的。

此外,英国政府为了获得工人阶级对国有化的支持,除了利用舆论宣传国有化就是“把生产资料变为社会公有财产”以外,还以保证企业内原有工人的就业作为条件。这对于处于长期亏损的部门内工作的工人来说,显然是有吸引力的。而为了管理收归国有的企业,英国政府还特地安排了工人代表参加管理。尽管实际上起的作用十分有限,但这种工人代表参加管理的形式,当时也使得工人对国有化的行动抱有好感,以为这真的是一种社会主义的试验。

第二节 国有化与英国经济增长的关系

正如迈克尔·里普顿教授在“国有化目的何在?”一文中所归纳的,在英国,国有化主要作为社会改革(民主管理、赢利归公)和经济调整(降低成本、提高效率)的一系列重要政策措施而被推行,它含有医治英国经济病症（维持高就业率和低通货膨胀率）的目的性。[1] 在战后二十年左右的时间内，即直到六十年代后期“英国病”激化之时为止，国有化的行动究竟在何种程度上促进了战后英国经济的稳定和增长，以及在何种程度上加重了这一病症，是一个比较复杂的问题。要了解这一点，必须联系战后二十年英国经济的背景和英国政府的其他一系列措施来进行考察。我们认为，不能简单地认为国有化对英国经济究竟是有利还是有害，而应当按照国有化所涉及的各方面的问题，具体地分析实行国有化之后英国经济所发生的积极的和消极的变化。

首先，从国有化给国家带来的财政负担来进行分析。由于英国实行的是给予原企业主补偿的制度，而且股票作价时一般高于市场价格，所以英国政府为此付出的费用是相当可观的。政府必须为发给原企业主的政府债券还本付息。不仅如此，在把这些企业收归国有后，政府还必须进行新的投资，这样才能实现经济与技术改造，才能设法改变某些长期亏损的企业的处境。政府对国有化企业的新投资又是加在财政之上的一个负担。而收归国有的某些部门，在经过政府管理和加以经济技术改造后，即使不像过去那样亏损了，但也不能向国家提供大量收入，因为它们的产品或劳务价格被认为需要维持在较低的水平，以便利用这些产品或劳务的私营企业可以降低生产费用，增强竞争能力。这样，从国家财政的角度来看，国有化无论就短期而言，还是就长期而言，都直接增加

① 迈克尔·里普顿（Michael Lipton）：“国有化目的何在？”，载《劳埃德银行评论》，1976年7月，第35—36页。

了国库的负担，对战后英国财政赤字的增加起了一定的作用。

但国有化对英国财政的影响还不止于此。国有化在某种意义上是通过国家财政渠道进行收入再分配的手段。付给原企业主的债务利息和支付给收归国有的企业及其管理部门的上层经营管理人员的薪水，归根到底来自政府的税收和企业本身剥削工人的收入。国有化不改变企业的资本主义性质，只不过把私人资本主义占有形式改变为国家垄断资本主义形式。通过财政渠道而进行的收入再分配，在这种情况下是有利于资产阶级的。这一点恰恰与英国工党政府在提出国有化时所鼓吹的“社会主义”试验的用意相反，因为它没有起到原来所宣扬的促进收入均等化的社会改革的作用，而是使得收入朝有利于资产阶级的方向再分配。如果再加上国有化部门向私营部门提供的较廉价的产品和劳务，从而使私营企业的所有者得以获得经济利益，那么收入再分配的这种有利于资产阶级的性质就更加清楚了。

因国有化而加重了的英国财政负担，以及国家对国营企业的投资增加，将助长英国的通货膨胀，而这又会影响英国工资收入者的实际收入。把这一结果同上述有利于资产阶级的收入再分配效应联系在一起考察，可以得出这样一种看法：在分配方面，国有化是有利于资产阶级（包括原来的企业所有者和其他仍然私营的企业主），不利于全国的工资收入者的。

其次，从国有化对英国国民生产总值的增长的影响来分析。应当承认，在某些因长期亏损，无力进行经济和技术改造的一些部门中，国有化之后技术进步的速度加快了，技术装备也开始转变为比较新式的、先进的，从而劳动生产率提高了。在煤炭工业中，五十年代每人每班的产量没有什么变化，六十年代由于技术改造的结果，劳动生产率迅速提高。到1971年，每人每班生产产量已由五十年代末的1.3吨，增加到2.4吨左右。这是国有化有利于经济增长的一个明显的证据。[①] 电力工业的情况也是十分明显的。如果没有国家对战后英国电力工业部门的直接投资，英国电力工业技术落后的现象仍会继续下去，并对整个国民经济产生消极的影响。交通运输方面的国有化同样起到了类似的作用，即国有化推动了英国交通运输业的技术进步，为全国提供了比较良好的运输设备，有利于国民经济各个部门的进一步发展。这样，不仅收归国有的某些部门因有国家直接投资和进行技术改造而提高了劳动生产率，促进了本部门的生产总值的增长，而且整个国民经济因动力、交通运输、电信等部门的技术进步和生产总值增长而得到了发展。应当承认，就这一点而言，国有化对英国经济增长是起了推动作用的。另一方面，像英格兰银行这样的庞大金融机构的国有化，也是有利于英国的经济增长的一项措施。英格兰银行是1694年由私人银行家组成的，它的主要任务之一是按较低利息率贷款给英国政府，同时它由议会授权，铸造货币，发行银行券。但它长期未取得中央银行的地位。1844年，根据银行法，英格兰银行的业务分为两部分，一部分为银行业务，另一部分为发行业务，按固定保证准备制度发行可以兑现的银行券，同时其他私人银行的银行券发行权则受到限制，即此后在英国境内任何地区不得再设立新

① 琼斯(K. Jones)：“对国有化工业的政策”，载白拉卡贝编：《英国经济政策，1960—1974》，剑桥大学出版社，1978年，第501页。

的发行银行，原来已发行银行券的私人银行则规定了发行的限额。这样，银行券的发行权就逐渐集中到英格兰银行手中。于是，英格兰银行逐渐成为实际上的中央银行。它的国有化并未使英格兰银行业务活动的性质发生根本的变化，因为它仍然是发行中心和银行信用的中心。但所有权形式的改变（国家资本代替了私人股份资本）以及随之而来的管理形式的改变（它作为政府的银行而由政府任命银行负责人），却给予政府运用货币政策来调节经济的更大便利。例如可以更直接地根据政府的意图，使用政府债券和银行信贷资金来扶植私人企业和私人银行的发展，或帮助它们渡过危机。

最后，从国有化对英国商品的出口竞争能力的影响来分析。第二次世界大战临近结束时，英国政府最为担心的是重演三十年代的大萧条。国内战时军事需求的减少可能被压制了的民间需求所抵偿，但出口额的下降则是可以预料到的，也是无法抵偿的。英国的商品在二十世纪二十年代已经明显地在国际市场中居于不利地位，三十年代，情况没有什么好转，而第二次世界大战期间，英国在生产技术方面又落后于世界先进水平一大步；这样，要避免战后出现大量失业，必须加强英国商品的出口竞争能力，而国有化作为一项经济改革措施，含有改造英国的现有技术装备，提高劳动生产率，增加商品出口竞争能力的意图。因此，从国有化可能增加国家对某些无力更换新设备和改进技术的部门的投资，以及从国有化使私营企业得以享受较方便和较廉价的动力、交通运输和电信，从而降低生产费用这些方面来看，国有化对于增进英国商品在国际市场上的竞争能力是有利的，而对于英国这样一个开放型的经济来说，商品出口竞争能力的改善对于国内经济又会产生有利的反应。

英国国有化部门的有利于各私营工业部门降低生产成本的作用，是大多数英国经济研究者们所承认的。格林和舒特克赖夫在《英国资本主义、工人和利润收入》一书中作了这样的概述：“国家能够……利用国有化部门来津贴私营部门；低价格和低赢利性等于给生产以津贴。实际上这一直是英国国有化部门的任务。……即使国有化部门的产量几乎有一半是直接出售给消费者的，但私人资本仍能从低价格中得到好处，因为它们有助于缓和工资压力。”[①]罗伯特·米尔瓦德认为可以从国有化部门的利润率来说明这一点。他指出，从五十年代到七十年代，英国国有化部门的利润率是很低的，1950—1952年、1955—1962年和七十年代初期都是亏损，其余年份即使有盈余，但扣除津贴后，利润率也只有百分之一二，至多百分之四五。[②] 米尔瓦德接着指出：国有化部门利润率的低下和七十年代起的亏损趋势，与国有化部门产量和劳动生产率的增长是很不相称的，特别是如果把国有化部门同私营加工工业部门相比，1955年以后，私营加工工业部门的劳动生产率增长幅度一直小于国有化部门，而利润率大大高于国有化部门。[③] 国有化部门的低利润可以保证私营企业的低成本，从而是维持私营企业的一定利润率的条件之一。

---

① 格林(A. Glyn)和舒特克赖夫(R. B. Sutcliffe)：《英国资本主义、工人和利润收入》，1972年，第163页和附注。

② 罗伯特·米尔瓦德(Robert Millward)：“英国的价格限制、反通货膨胀政策与公私部门，1949—1973”，载《经济学杂志》，1976年6月，第237、239、241页。

③ 同上。

根据以上的分析，我们可以初步得出这样的结论：国有化对于战后英国的经济增长，既有促进的一面，又有不利的一面。促进的一面主要来自国有化所引起的某些部门的技术改造和进步，以及国有化有利于降低私营企业的成本，从而有利于增加英国商品竞争能力。不利的一面主要来自国有化所加重的财政负担，以及由于政府对国有化部门的津贴而引起的纳税人负担的增加。[①] 英国选民苦于沉重的纳税负担而对包括国有化在内的社会改革方案的抗拒，成为对英国“社会主义”的有力挑战，这几乎是研究英国国有化问题的人所公认的事实。[②]

那么，在有利和不利这两方面，究竟哪一面更重要呢？从战后二十年英国经济增长的全过程来分析，可以说，在国有化开始后的较短时期内，国有化促进经济增长的作用表现得比较明显。这主要因为战后初期，英国的整个经济处于刚脱离战争环境而有待于恢复、调整的阶段，这时私营企业普遍感到资本缺乏，进行技术改造的阻力很大，特别是某些部门长期亏损，如果没有国家的直接投资和其他帮助，要改变这种半死不活的状态是相当困难的。于是国有化就其能够帮助私营企业摆脱当时的困境，促进生产技术的改造和降低企业生产费用这一点来说，很自然地受到资产阶级中相当一部分人的欢迎。国有化在这种情况下是促进英国经济增长的一项措施。但随着英国经济的逐渐恢复和发展，随着英国私营

---

① 约翰·雷德伍德(John Redwood)：“政府和国有化行业”，载《劳埃德银行评论》，1976年4月，第38页。

② “社会民主的代价”，载《经济学家》，1978年11月11日，第41页。

企业自身资本的逐渐充足和竞争能力的加强，国有化在这方面所起的促进经济增长的作用逐渐减少，以至于接近极限，而国有化所引起的财政负担加重，以及由此伴随而来的不利于经济增长的作用，则越来越明显。这种情况，势必引起了人们对国有化的希望的逐渐破灭，于是要求非国有化的呼声日益升高。

但是，有一点可以肯定，英国的国有化从来就不是真正的社会改革措施。这也就是许多英国经济学家如今所承认的，国有化既不是适宜的再分配收入的手段，也不是促进“工业民主”，让“工人参加管理”的有效方式。①

第三节 关于钢铁工业国有化与非国有化之争

在英国工党政府刚开始推行国有化政策之时，它并没有设想全盘国有化，即把一切部门和各种类型的企业都收归国有。一方面，它充分估计到这样做将会遭到极大的阻力，不仅所有的资本家都会反对这种做法，而且社会上许多人，包括官员、职员和知识界也会提出异议，因为他们认为这将动摇英国社会的基础——私营企业制度。另一方面，它也认为这不符合通过国有化以提高英国工业的劳动生产率的意图，因为一旦实行全盘国有化，加工工业部门将会出现某种程度的失调和效率降低的现象，这对于战后英国

---

① 比万(D. L. Bevan)：“国有化的行业”，载莫里斯编：《英国经济体制》，牛津大学出版社，1977年，第443页。

经济的恢复和发展是不利的。于是国有化局限在动力、煤炭、交通运输和电信部门,以及英格兰银行这一范围内。

钢铁工业是重要的加工工业部门。钢铁工业是否应当实行国有化的问题,不仅在英国社会上,而且在英国工党内部,也是有争议的。从工业部门结构来看,钢铁工业的情况比较复杂,它的许多部分属于机械加工工业的范围。从长期的赢利状况来看,由于英国钢铁工业已经是陈旧的工业部门,技术装备急待于更新,竞争能力不如国外的同类企业,所以它是属于亏损的行业之内的。但在战争刚结束的这一较短时期内,由于国内民用工业的恢复和发展,建筑事业的发展,以及铁道等设备有待于更新,钢铁工业还不是像煤炭工业那样处于毫无起色的状态。因此工党内部就有人建议暂不实行钢铁工业的国有化,改由政府委派一个管理委员会去管理钢铁工业。但是这种建议在工党内部并未得到普遍的支持,钢铁工业国有化的方案终于在 1951 年付诸实现。在钢铁工业国有化时,照顾了原来的部门结构,由政府作价把私营钢铁公司的资产收买过来。

围绕钢铁工业国有化问题的争论并未就此结束。保守党在战后接替工党执政后,基本上承袭了工党已经推行的国有化政策,但在钢铁工业是否应当国有化和钢铁工业国有化程度的问题上,却采取了不同的做法。保守党认为,钢铁工业的情形与铁路、煤炭、动力和英格兰银行的情形不同,它既不属于提供运输、燃料或信贷的部门,又不属于非实行国有化不足以扭转亏损局面的部门。于是在实行这一行业国有化两年之后就又开始实行钢铁工业的非国有化措施,国营钢铁企业的资产作价由私营企业所有者收回,而在这段时间内，国家对钢铁工业的直接投资，则等于奉送给私营企业主了。但仍有一些原来技术装备水平很差的钢铁企业的私人企业主认为，与其收回这些无法获得赢利的企业，还不如继续保存国营的形式。这样，钢铁工业的国有化也就部分地维持下来了。到五十年代末，英国钢铁工业的国有化程度大约为25%，即国家仍占有四分之一的生产能力。1960年10月的工党年会上，工党又把钢铁工业的重新国有化作为下届大选的纲领性的竞选内容之一，以对付保守党内阁一直推行的钢铁工业非国有化政策。

为什么工党在六十年代初会提出钢铁工业重新国有化的政策，并且在1964年工党组阁后把这一政策付诸实施呢？一种解释是：经过五十年代英国经济的恢复和发展，英国的钢铁工业状况已经有不少改进，但与当时西德和法国相比，英国在钢铁工业方面的进展仍是比较缓慢的。尤其是鉴于战后日本正致力于钢铁工业的发展，英国感到在钢铁产品的国际市场上，自己的地位正在削弱。如果不进行再一次较大规模的经济和技术改革，英国钢铁工业的前景是未可乐观的。在这样的国际经济形势下，英国工党便提出了钢铁工业重新国有化的主张，并在1964年上台后加以实现。这种解释虽然有一部分道理，但是不全面的。如果说钢铁工业的重新国有化有利于增强英国当时钢铁工业产品出口竞争能力，那么保守党也未尝不会改变自己的钢铁工业非国有化的主张，其他工业部门中的私人垄断组织（例如各个以钢铁产品作为重要原材料的工业中的私人垄断组织）也可能支持这一措施，因为这样一来，国营的钢铁工业就会提供较廉价和质量较好的产品，将会降低其他各行业的产品的生产费用，普遍地增强英国工业品在国际市场上的竞争能力了。

实际上，六十年代初钢铁工业重新国有化问题的提出与四十年代末钢铁工业国有化问题初次提出时的情况相比，已有两个重要的区别。一个区别是：这时，国有化几乎不再是作为一种大胆的社会实验而被提出来，而主要是作为一种经济上改进效率的措施被推行的。[①] 另一区别是：它所遭到的抵制要比战后初期大得多。

经过五十年代国有化的实践，事实证明，在钢铁工业这样一个技术比较复杂和产品结构不同于交通运输、煤炭、动力、电信等部门的加工工业中，国营部门的经营管理是十分重要的问题。经济效率不仅来自技术装备的更新和新工艺的采用，而且来自经营管理效率的高低。例如，铁路运输部门并不生产产品，而是为国内的生产和销售提供有利的运输条件；电力工业部门所生产的电力，是供国内需要的，并不被用于输出；煤炭工业部门虽然生产产品，并能提供一部分出口，但在国际市场上所遇到的竞争不像钢铁工业产品那样激烈。这些部门在实行国有化后，经营管理上也可能发生反应欠灵活、决策迟误、效率减退的问题，但比起钢铁工业来，情况还是好得多。钢铁工业是加工工业，它生产的产品是多样化的，这些产品在国际市场上所遭遇的竞争是有力的，因此它很有必要根据国内和国际市场的生产、价格等信息而及时地、灵活地作出调节生产和价格的反应，它也很有必要采取比较机动的方式来决定资本总额的扩大、信贷资金的获取、新技术的试验和采用等。集中决策形式被认为不如分散决策形式更有利于满足上述这些要求。

---

① “社会民主的代价”，载《经济学家》，1978年11月11日，第41页。

在经过五十年代的国有化实践之后，英国资产阶级开始认识到国有化特别是加工工业部门的国有化在经营管理方面的不足，认识到尽管国有化具有通过国家直接投资改进技术装备，以促进经济效率的一面，但也有经营管理不善、体制不灵活、决策不及时等降低经济效率的一面。所以加工工业的国有化并未受到资产阶级中多数人的赞同。

以英国钢铁工业来说，五十年代以后开始的国有化和非国有化之争实际上已远远超过钢铁工业私营企业主是否愿意放弃自己的既得利益或愿意把亏损企业变卖给国家，以获得相应补偿的范围，而涉及一个同国际市场息息相关的加工工业部门的经营管理和决策形式究竟应当怎样选择的问题，涉及怎样才能做到从总的方面说来提高经济效率、从而加强产品的出口竞争能力的问题。1960年，工党年会上提出钢铁工业重新国有化的政策主张，在一定程度上具有笼络人心的宣传意义。这是因为在英国工人群众当中，由于他们不了解资本主义国家的国有化的阶级实质，总以为把私营企业收归国有就意味着实现公有制或实现社会主义，所以把英国这个重要的工业部门重新国有化可以吸引选民们对工党的支持，在未来的大选中获胜。除此以外，在钢铁工业国有化之后是否有利于提高经济效率，增加产品出口竞争能力方面，工党只是片面地强调这一政策有利于国家直接投资，进行技术改造，以适应六十年代国际钢铁产品市场竞争加剧的形势，而回避了钢铁工业国有化之后的经营管理和决策形式，以及与此有关的经济效率问题。

1964年大选中，工党获胜，威尔逊组阁。钢铁工业的重新国有化作为政府的一项重要经济政策被实行了。为了统一经营管理实现国有化的钢铁公司，由国营的全国钢铁公司负责集中的决策和组织工作。而对于钢铁工业中还保留下来的若干家私营企业，则采取国家指导和协调的方针，尽管私营企业已经在这一部门中不占重要位置了。

在工党执掌政权的1964—1970年期间，保守党在钢铁工业国有化问题上的基本态度仍然未变。它认为像钢铁工业这样的加工工业部门实行国有化是不必要的、没有好处的。保守党的着眼点仍然是经营管理的效率和分散决策形式的优点，即靠市场机制来调整钢铁工业产品生产和销售的灵活性和及时性。保守党不像工党那样硬要给自己的纲领贴上“社会主义”的标签，它也不像工党那样想用“钢铁工业的国有化”来捞取选票。保守党感到，接受战后工党内阁所开始的在动力、交通运输、电信、煤炭和英格兰银行等部门的国有化的既成事实，这已经是自己所能达到的最大限度了。如果要从这个限度再向前跨进一步，那就要涉及加工工业的国有化，就会大大损害市场机制的调节作用，而使英国的经济效率降低。所以保守党不同意在加工工业中进行国有化，其中包括钢铁工业的国有化。

战后，保守党和工党执政的时间几乎是一半对一半。两党都从维护英国资本主义制度的基本立场出发，都想通过一些政策措施来使英国经济摆脱停滞和衰疲的状态，使英国的社会政治保持稳定，避免动荡。工党对国有化有特殊的“好感”。它以在英国实现“社会主义”为标榜，国有化则被当作“社会主义”的内容。工党每向前走一步，保守党就基本上接受既成事实。国有化正是这样一步一步实现的。为什么保守党政府要接受这一既成事实？这是因为，正如我们在前面已经一再指出的，第一，英国实行的国有化照顾了收归国有的私营企业的所有主利益；第二，除作为加工工业的钢铁工业而外，动力、交通运输、电信、煤炭等部门和英格兰银行的国有化，在为英国私营企业提供廉价的动力和运输等条件以及促进英国私营企业恢复和发展方面，起过一些有利的作用；第三，即使是钢铁工业的国有化，它也有可以依靠国家直接投资，扩大生产规模和加强技术装备更新的作用，这也是有利于英国经济的一面；第四，在英国社会上大多数人特别是工人把国有化看成是"社会主义"的措施，看成是一种社会改革的形式，因而保守党政府不能不考虑这一公众情绪，如果它想在国有化方面来一个全面的、大步的后撤，它就会成为公众谴责的对象而失去政治上的号召力。所以它能够做到的，是接受既成事实，只作一些局部的、小步的后撤，例如钢铁工业上的非国有化措施。

因此，不能认为保守党与工党之间在加工工业国有化问题上的分歧在于拥护资本主义制度还是反对资本主义制度。钢铁工业国有化与非国有化之争归根结蒂是经济效率之争，是与经济效率的增加或减少有直接关系的经营管理体制和决策形式之争。

钢铁工业国有化与非国有化之争——推而广之，加工工业国有化与非国有化之争——还直接涉及保守党和工党至今都面临的一个迫切问题，即在"英国病"激化的形势下，国有化是不是英国经济的一条出路？关于这一点，让我们再作进一步的探讨。

第四节 用收入再分配来代替国有化

前面提到，英国的国有化措施由工党首先开始实行，保守党是国有化既成事实的接受者。不过，这主要是就第二次世界大战刚结束和战后最初一二十年的英国情况而言的。英国资产阶级及其政治活动家和经济学家们，也是不断总结历史经验的。他们根据英国战后已经实行国有化的情况和国营企业所发生的一些问题，而不断修正自己原来对国有化的看法，提出新的补充意见。除了某些具体的建议和改进意见之外，还涉及一个根本性的问题，即生产资料的国有化对于英国这样的国家来说，是否转向“社会主义”所必要的手段？随着国有化过程中暴露出来的问题越来越明显，这种议论传播的范围越来越广，对原先主张国有化的工党中的一部分人的影响也越来越大。

假定说从资本主义转向“社会主义”是英国工党“社会主义”理论家们的一个纲领性的目标，那么这种转变的标志究竟是什么？在某些理论家看来，费边派当初提出的把生产资料收归社会所有的主张不一定是合适的和切实可行的。费边派的学说是：社会（或国家）占有了生产资料，使用生产资料所得到的收入也就归社会所有（或归国家所有），从而生产资料的社会化被看成是“社会主义”的一种标志。但反过来看，如果真正能做到收入社会化，那么即使不实行生产资料社会化，是否可以称为“社会主义”呢？收入社会化的重要手段之一，就是采用高额累进的所得税制度。在这种税制之下，任何个人凭生产资料所有权得到的收入（股票收入、房地产收入、利息收入等），在超过一定限度之后，都将有一大部分归于国库，归国家使用。这样，凭生产资料私有权获得收入的传统观念和做法就将失去意义。有生产资料私有权之名，而无生产资料私有权获得收入之实惠，生产资料私有权据说也就名存实亡了。

早在1956年，工党理论家安东尼·克罗斯兰就在《社会主义的未来》中说过，作为社会主义目标，首要的不是所有制，而是社会和经济的平等。工党对自己当初提出的国有化纲领，采取的是实用主义的态度。[①] 比如说，在工党理论家看来，只要坚持这种高额累进税制（所得税、财产转移税等），并保证通过国家财政实行收入再分配，使一切私人凭生产资料私有权获得的收入主要归“社会”使用，那么英国也能转向“社会主义”。这时，尽管社会上仍保留了私营企业之名义，但所要达到的效果却是相似的，而实行时可能遭到的阻力和发生的困难却会小得多。这时，既不必由国家直接花钱去购买私营企业的股票或国家用政府债券去换取私营企业的股票，也不必使国家在接管私营企业之后去花钱进行投资，因此在经济上可以节省下国库的一大笔开支。除此以外，国家也免除了在这些收归国有的企业中进行经营管理的责任，甚至也避免了为此承担营业上亏损的风险。原有企业的一套经营管理和决策形式可以继续保持着，从而经济效率也不会受到损失。战后初期国有化过程中出现的不同意国有化的社会舆论、后来社会上对国有化企业的各种批评，据说也可以因此而不再产生。这样，这些工党的“社会主义”理论家们心目中的英国“社会主义”目标仍然未变，不

① “社会民主的代价”，载《经济学家》，1978年11月11日，第41页。

过不再把国有化当作必要的手段了，或者说，不再以继续进行国有化作为必要的手段了。“社会主义”目标虽然还存在，但“社会主义”的含义已不再与生产资料社会化联系在一起，而已经降调为以收入再分配为基本内容了。

不再坚持生产资料的国有化这一理论上的转折究竟意味着什么？

第一，它反映了在像英国这样的资本主义国家中，在动力、交通运输、电信、中央银行等部门的生产资料国有化实现之后，要再进一步进行其他部门——主要是加工工业部门——的国有化，是有很大阻力和困难的。进一步的国有化不仅会遭到预定要收归国有的私营企业所有者的反对，而且会遭到其他私营企业所有者的反对，因为后者将把这看成是全盘国有化的一个信号。同时，由于加工工业部门不是向全社会提供动力、交通运输、电信等供应的部门，这样也就不存在一般私营企业指望国有化可以使自己减少燃料、运输、电信支出，降低生产费用的问题。加之，与铁路、煤炭等长期亏损的部门不同，加工工业部门的许多企业是赢利的单位，它们并不想拱手让出企业的股票去换取固定利息的政府债券。所以加工工业的国有化势必会遇到很大阻力。既然生产资料的国有化有困难，而“社会主义”目标在那些工党的理论家们看来又不能放弃，所以妥协的方式就是降调，以收入再分配来代替生产资料的进一步国有化。

第二，它反映了在战后英国国有化过程中所暴露的经营管理和决策形式方面的问题，以至于原来那些最积极鼓吹生产资料国有化的工党“社会主义”理论家中，现在有些人也对国有化以后的经济效率失去了信心。五十年代，经济学界就曾这样评述国有化企业在经营管理和决策方面的弊端：“大臣们连续不断地干预经营管理的细节，而对政策的失败却不负什么责任。”[①]这方面的一个十分突出的现象是：国有化部门和国有化企业往往是赔钱的，有些亏损得很厉害。造成这种现象的原因很多，包括政策性的亏损、历史遗留原因引起的亏损、经营管理不当的亏损、决策失误造成的亏损等等。政策性的亏损是难免的，因为按照英国政府的意图，国有化的部门有向国内私营部门提供较廉价的服务的任务，以帮助这些私营部门加强商品出口竞争能力。此外，促进某些新技术的发展也被看成是国有化部门的一项任务，这方面所耗费的巨大投资在短期内不能收回。历史遗留原因引起的亏损，是指英国某些陈旧落后的部门和企业，即使在收归国有后，仍很难扭转过去长期亏损的局面。这或者是因为这些部门和企业的生产费用过高，或者是因为产品销路不畅、价格偏低所造成的。国家接管后，较高的生产费用一时难以下降，销路也不易迅速打开，于是历史上存在的亏损状况保存下来了。但与国有化本身直接有关的两个重要的亏损原因，则是经营管理不当和决策失误。这与国有化部门的官僚化管理体制、官商作风、低经济效率是分不开的。

那么，英国的国有化部门是否应当按商业原则经营呢？这个问题在英国经济学界是有不同看法的。例如，约翰·雷德伍德认为国有化部门应当按商业原则来经营，每个部门都应创造正常的

---

① 门贝(D. L. Munby)：“英国的国有化工业”，载沃尔斯维克和艾迪编：《二十世纪五十年代的英国经济》，牛津，1962年，第145页。

利润,使政府补贴减少;迈克尔·里普顿则认为国有化以社会改革和经济改革为目的,不能像私营企业一样按商业原则经营。但双方有一点看法是一致的,即都认为英国某些国有化部门的官僚化管理体制、官商作风和低经济效率是一大弊病,只不过雷德伍德认为这种弊病来自英国国有化制度本身,而里普顿则把它们归咎于国有化部门的经理人员的行为。[①] 雷德伍德和里普顿的争论实质上反映了保守党和工党两种不同的对待国有化的态度。在私营企业经营的情况下,由于企业所有者和企业经营者自身的经济利益依企业的盈亏为转移,他们受利润原则的支配,而不得不随时根据市场生产、销售、竞争状况而作出灵活的反应。他们不可能拘泥于一成不变的计划,不可能受到行政方面的束缚而迟迟不去调整自己的生产、销路和价格。同时,或者由于这些企业在收归国有之前,一般规模并不过于庞大,或者由于它们在收归国有之前有自己固有的一套收集市场信息、了解市场动态的机构或方法,因此它们当时对于市场信息的掌握是及时的、比较符合实际情况的。依赖于这些市场信息而作出的决策,往往可以使企业获得较大的赢利或减少可能遭受的损失。在国有化之后,由于种种原因,企业负责人自身的经济利益不依企业的盈亏为转移,从而根据市场变化而作出灵活反应的必要性减弱了,甚至消失了,企业负责人不拘泥于一成不变的计划和行政原则而及时调节生产、销售和价格的情况

---

① 约翰·雷德伍德:"政府和国有化行业",载《劳埃德银行评论》,1976 年 4 月;"国有化行业的未来",载《劳埃德银行评论》,1976 年 10 月;迈克尔·里普顿:"国有化目的何在?",载《劳埃德银行评论》,1976 年 7 月。

也就同时消失。企业对市场信息的掌握不如以前，决策的失误增加了。国有化的企业变成了衙门，变成了“官商”，机构臃肿，办事效率下降，上级管理部门凭行政命令和既定计划向下贯彻，而不问实际的市场变动情况和未来可能的新动向。这样，怎能不亏损呢？战后英国较长时期的国有化经验，使得一些原来热衷于国有化事业的“社会主义”理论家，不得不退而求其次，把收入再分配作为在英国实现“社会主义”的可选择的替代方式。再说，英国的国有化工业能否转变为不依靠政府的补助和直接投资，而变得同私营企业一样呢？政治和社会方面的所涉及的问题暂且撇开不谈，单就经济方面而言，这未尝不是一条出路。这也就是五十年代保守党执政期间英国财政部的主张。但当时人们就已指出，这样做是危险的。国营企业资金自筹和盈亏自理必然导致错误的定价政策，导致错误的投资方向，从而对整个经济可能带来不利的后果。[①]这看来是一个不易解决的难题。

第三，它反映了在英国工党“社会主义”理论家中间有关“社会主义”的概念已经发生了某种变化。费边社会主义者所理解的“社会主义”，并不是科学社会主义的概念。不仅如此，费边社会主义者本身的观点也是复杂的，他们缺乏一致的认识。尽管如此，他们在谈到“社会主义”时，既包括生产资料的社会化，也包括收入的再分配，而生产资料的社会化所占的位置是重要的。工党建立时接受了费边社会主义的思想，以后在工党为英国的“社会主义”目标

---

① 门贝：“英国的国有化工业”，载沃尔斯维克和艾迪编：《二十世纪五十年代的英国经济》，牛津，1962年，第425页。

而活动时，国有化思想自然而然地成为这种“社会主义”的必要的组成部分。第二次世界大战结束后工党组阁，始终把生产资料的国有化作为自己的“社会主义”政党的标志，以示与保守党相区别。但一旦建议停止继续推行国有化——主要是加工工业国有化——的方针，而用高额累进税制度来拉平收入，使生产资料私有者不再能凭借产业权来取得较多的收入，并且认为“这就是社会主义”之后，“社会主义”概念的变换使得工党与保守党之间原来就不很显著的差别更不显著了。

应当注意到，与此同时，英国工党领导阶层的社会构成也发生了某种变化。两次大战之间，工党议员中有72%是一般劳动者，15%是大学毕业生；1945年，只有50%来自工人；1970年只有四分之一来自工人，而大学毕业生的比例则增加到一半以上。在内阁成员中，1924年麦克唐纳组阁时，大学毕业生只占30%。1969年威尔逊政府中，大学毕业生占83%。① 我们当然不能以此说明英国工党基本倾向的变化，但应当承认这对于英国工党的政治思想的变化有一定的影响。

我们在第四章中已经指出，福利国家是迄今为止两党都赞成的口号，有些福利国家措施是在工党执政期间开始实行的，有些则是在保守党执政期间开始实行的。两党的活动家都以给公民以福利相标榜，因此两党各自许诺的福利单子上所开列的各种津贴和补助的项目大体上差不多。现在，“社会主义”概念发生了变化，这等于工党的“社会主义”理论家们在重新宣布：实行了福利措施就

---

① 海尔赛：《英国社会的变化》，牛津大学出版社，1978年，第76—77页。

是实行了“社会主义”，福利目标就是“社会主义”目标。“社会主义”概念变换之后，两党之间一致性的基础比从前更广阔了。

《经济学家》杂志引了美国哈佛大学社会学教授贝尔(D. Bell)在1968年提出的欧洲社会党的五个共同特征：第一，完全接受议会制作为掌权的手段；第二，从代表特定的集团(工人)和争取工人的利益转变为代表“一般人”和争取“一般人的福利”；第三，承认社会主义的定义是一种社会和经济理想，是与民主观念不可分的；第四，不再把国有化概念作为社会主义的“第一原则”，代之以对企业的公共管制，作为实现社会财富分配的最好手段；第五，反对极权。可见，英国工党社会主义理论的这一转变不是孤立的，而是整个西欧社会民主主义思潮新阶段的反映。[①]

综上所述，可以得出这样的结论：什么是医治当前的“英国病”的处方？三十年前，工党的“社会主义”理论家们曾认为，国有化是灵丹妙药之一，因为它既是一项社会改革，又是一项经济改革。三十年前，保守党的活动家虽然对此并不以为然，但碍于形势，考虑到选民们的态度，也就采取现实主义的态度，接受工党开始的既成事实，不作大的更动。这就是说，在保守党看来，国有化究竟是不是可以医治英国的病症的药剂之一，不妨姑且一试。时至今日，在动力、交通运输、电信、煤炭、中央银行等部门早已实现国有化的情况下，在加工工业(包括钢铁工业在内)的国有化遭到不少阻力的情况下，在私营部门和企业收归国有之后暴露出越来越多的经营管理和经济效率问题的情况下，在国有化给英国增添了财政负担

---

① “社会民主的代价”，载《经济学家》，1978年11月11日，第40页。

以及国营部门和企业亏损累累的情况下，连原来坚持以国有化作为英国的“社会主义”基本内容的那些工党“社会主义”理论家也降调了，认为进一步国有化已无必要，即使不再进行国有化，只要有高额累进税制，仍无妨于英国的“社会主义化”。保守党呢，不仅不再像战后初期那样保持缄默，甚至也不像稍后在钢铁工业国有化和非国有化问题上那样就事论事，与工党展开辩论，而是从比较根本性的问题上对国有化的利弊得失提出尖锐的批评，以拒绝加工工业的进一步国有化。两党的这些态度变化，无可争辩地说明国有化学说在英国已变得过时了，除了工党中的一些号称左翼的“社会主义”理论家之外，谁也不再把医治英国病症的希望寄托在进一步国有化之上，谁也不再把进一步国有化作为英国经济的一条切实可行的出路。① 在英国，现在有些问题竟变得这样具有讽刺意味：正如《经济学家》杂志在 1979 年指出的，关于英国的造船工业和航天工业，从理论上说，保守党要使它们非国有化，即归还给私人经营，但私人部门看来不愿意接受它们，宁愿使之继续国营。②

资产阶级也有自己统治的历史经验。它可以依靠自己的经济学家制造舆论去欺骗公众，但它不能让他们骗自己。如果说国有化确实不可能成为英国经济的一条出路，那就不必自己骗自己了；国有化在英国似乎已走到了路的尽头。英国政府宁肯在国有化以

① 英国工党左派至今仍把扩大国有化作为自己的纲领，左派领导人托尼·本及其支持者谴责卡拉汉未能在 1979 年竞选宣言中把扩大国有化写进去。托尼·本相信，只有在用“药”中加强“社会主义的剂量”才能争取到选民。结果，当工党在 1979 年大选失败后，人们评论道：“是不是工党左派把选民吓跑了？”，参看“大选后的工党”，载《新闻周刊》，1979 年 5 月 28 日，第 21 页。

② 《经济学家》，1979 年 3 月 31 日，第 51 页。

外去另找出路，而用不着再维持多年前的信念和做法。这就是英国统治集团的国有化经验的总结。[①]

第五节　公私联合经营

尽管进一步国有化的计划如今已没有什么实际吸引力可言，但战后英国关于国有化的做法却提供了另一方面的经验，即国家对某些部门的投资可以起到加速技术改造的作用。这一经验也是英国资产阶级和经济学家们所承认的。英国电力工业和煤炭工业的技术进步，就是一个突出的例子。在电力工业中，核电站是国家投资兴建的。国家的巨额投资和对技术创新的重视，使英国核电站供应的电力逐年增大，而在全国总发电量中占到12%左右的比重。在以煤炭作为主要能源的火力发电工业中，新的发电厂（例如拉特克利夫发电厂）采用了最新式的技术装备，高度自动化，不仅大大提高劳动生产率，而且对环境污染有较大的控制。在这些单位，如果没有国家的直接投资及其对技术进步的鼓励和扶植，要取得成就是不容易的。再看看煤炭工业的情况。在技术上，由于历史遗留下来的原因，它已日益显得陈旧。正是在这样的条件下，英国实行煤炭工业国有化。国有化后，国家进行了投资，着手煤炭工业部门的技术改造。经过战后较长时间的国家投资和对技术进步的支持，一些老矿逐渐改变了战后初期的旧面貌，成为机械化采矿和安全生产方面有成效的企业。六十年代和七十年代新建的一些

---

① "国有化：不再搞了？"，载《经济学家》，1978年6月3日，第22页。

煤矿（例如著名的利·霍尔煤矿），则是采取新的技术装备、注意环境保护、强调安全生产的新型企业。这些例子说明，如果撇开国家直接投资所引起的巨额财政负担不谈，如果也把国有化之后在经济决策形式和企业经营管理方面所造成的经济效率减退这一点撇开不谈，单就促进部门和企业的技术改造来说，国有化仍然有它的积极作用的一面。从这个意义上说，在英国资产阶级为“英国病”的加深而苦恼，并且也为英国经济摆脱困境无方而苦恼的时候，国有化的上述有利于技术改造的作用，自然会被资产阶级考虑到。于是一种折中的设想——公私联合经营——便应运而生。

公私联合经营是指国家投资与私人资本（包括外国资本）共同经营企业。北海油田的开发和经营，被认为在这方面提供了一个成功的经验。英国原来是一个不出产石油的国家。它的石油（除了苏格兰有小规模的油母页岩提炼工业而外）主要靠海外供应。北海油田的开采是在六十年代着手进行的。1975 年 11 月 3 日，伊丽莎白女王亲按电钮，使英国北海福蒂斯油田的石油通过输油管流入英国的炼油厂，从此开始了英国本国大量生产石油的时代。据英国能源部宣布，八十年代，英国石油产量不仅会满足英国国内石油需求，而且还可以部分出口。对英国来说，这是一件了不起的大事，因为它对于稳定英国国内经济，平衡国际收支，以及发展石油化工等部门的重要性是不可低估的。然而北海油田位于风狂浪急的北海，英国资本过去尽管有在伊朗和东南亚开采石油的经验和掌握了必要的技术，但那些石油都位于陆地上。海底钻探和开采石油的技术和经验，英国都是不足的。同时，北海油田的开发和经营因技术上的原因始终存在着很大的风险，这对于取得银行资金来说也是相当不容易的。任何一家银行都必须考虑到所承担的风险。① 因此,英国政府只有采取国家部分投资,并且同私人资本(特别是美国资本)联合经营的方式。它有必要从多方面筹措资金,这样既可以解决技术和装备方面的问题,又可以弥补投资之不足。北海油田正是根据这种指导思想进行开发的。英国石油公司是一个部分国有化的石油垄断组织,英国政府大约拥有它的股份的一半左右。七十年代初英国石油公司在整个英国的北海油田的总开采范围中,大约占据五分之一的份额。此外,石油业的著名国际垄断组织,如英荷皇家壳牌公司、美国资本的埃克森公司、德士古公司、美孚公司、海湾公司等等,都参加英国北海油田的投资,进行开采。如果说北海油田在国家参预,合资开发,利用外资和国外先进技术,利用私营企业的经营管理和决策的某些长处方面确实是比较成功的,那么这种公私联合经营的模式是否也能被运用于英国的其他生产领域中去呢?如果英国的其他生产领域中也采取这种模式的话,那么是否就可以兼收国家投资和私人资本经营两方面的利益呢?或者说,是否就可以避免纯粹国营和纯粹私营所造成的弊端和缺陷呢?在英国的某些资产阶级政界人士和经济学家看来,这是一个值得总结和研究的新课题。

七十年代,对英国经济最为重要的两个生产领域是石油开采业和电子工业。石油开采主要就是英国北海油田的开发。这一重要的生产领域已经采取国家资本与私人资本(包括外国资本)合作的方式经营了,那么电子工业领域又将如何呢?迄今为止,英国的

① “银行为北海油田提供资金”,载《密德兰银行评论》1979 年冬季号,第 10 页。

微电子技术，特别是超大规模集成电路的制造和应用，还落在美国和日本的后面。英国目前用于电子计算机和微处理器的集成电路，其中有85%是从美国和日本进口的。从电子工业发展史来看，以超大规模集成电路为基础的微电子技术是继电子管、晶体管、集成电路、大规模集成电路之后的电子工业的又一新的发展阶段。它将大大推进生产过程和管理工作的自动化。无论在工业生产、农业生产，交通运输、国防工业、出版印刷，还是在家庭生活中，它都会引起一系列创新，甚至会带来整个经济和文化领域内的革命性的变革。英国社会各界对于电子工业尤其是微电子技术的重要性已经有所认识。这一点可以从1978年以来英国报章杂志上展开的英国发展微电子技术及其应用问题的讨论反映出来。[①] 但究竟怎样发展这一尖端科学技术？怎样把英国的电子工业推进到这一最新阶段？关键仍然在于如何解决资本、技术和经济效率问题。无论保守党还是工党，都一致主张英国必须在电子工业领域赶上美国和日本，否则与它们的差距会越来越大，至于具体的措施则不外乎国有化（即由国家直接投资和经营）、私营企业兴办、公私联合经营三种方案。而且在第二种方案和第三种方案中，都有吸引国外投资和容许外国公司建立企业或合办企业的问题。在英国资产阶级看来，根据战后国有化的经验和英国北海油田开发的经验，以及根据电子工业部门本身的技术特点，公私联合经营（包括同外国资本合作）将是比较适合于英国电子工业发展的。这种方式在解决资本、技术、经济效率三个方面都比纯粹国营和纯粹私营

---

① 《经济学家》，1978年6月3日，第121页。

更加有利些。

如果说石油开采和电子工业的情况表明公私联合经营将是比较有利的方式，那么由此产生的另外两个问题是：这种情况是否会被英国其他工业部门所仿行，从而英国将会出现各行各业的部分国有化的趋势？如果各行各业确实出现部分国有化的前景的话，那么这是不是英国经济摆脱当前困境的一条出路？

先考察第一个问题。

在英国，正如我们已经提到过的，在实现了动力、交通运输、电信、煤炭、中央银行等部门的国有化之后，国有化的浪潮实际已经过去。钢铁工业的国有化和非国有化争论了好些年，最后仍然只是把主要钢铁企业国有化。加工工业国有化的问题暴露得越清楚，进一步国有化的阻力就越大，实行的可能性就越小。因此可以预料，在最近的将来，英国不可能出现各行各业的全盘国有化，包括银行业的国有化。反对的声调是强烈的、不容忽视的。[①] 部分国有化实行的可能性较大。英国北海油田的开发已经提供了经验。电子工业很可能采取国家资本与私人资本（包括外国资本）合作的形式来发展微电子技术。造船工业中，自从英国国营的造船工业公司成立后，这一部门在政府的支持下正竭力进行技术的改造，以便赶上世界先进水平，它的前景也很可能是公私联合经营。另一些对英国经济有较重要意义的、并且急需英国政府扶植和直接参预以便加速技术改造的工业部门，都有可能采取部分国有化

---

① 约翰·雷德伍德：“国有化行业的未来”，载《劳埃德银行评论》，1976年10月，第43页。

或公私联合经营的方式，特别是可能吸引外资参加，以便获得新技术和经验。但这只可能限于一部分行业（主要是重要的加工工业部门），而不会实行各行各业的部分国有化。这是因为，与战后初期国有化浪潮时的着眼点已经不同了。当时，国有化既被当作一项社会改革，又被当作一项经济改革，现在，某些行业的部分国有化或公私联合经营的目的主要是促进新技术的研究及其在国内的应用，加快新工业部门建立和发展的步伐。这样，英国政府并不认为有必要在各行各业都这样做，至少在最近的将来不必这样做。而且，从实际情况看，国家投资能力也是有限的，它不可能把有限的资本用到对英国经济的意义还不那么重要和迫切的行业中去。

再看第二个问题。

我们在上一节曾谈到，国有化尽管有促进英国经济增长的一面，但它决不是可以医治英国经济病症的药剂。英国经济的困境是无法依靠国有化政策来解脱的。通过钢铁工业国有化和非国有化之争以及国有化本身暴露出来的问题，甚至连一些原来热衷于鼓吹国有化的那些工党“社会主义”理论家们，也终于改变了看法。如果说今后英国不采取过去那种国有化的方式，而采取公私联合经营的做法，那么能不能使英国经济摆脱困境呢？能不能使“英国病”就此消除呢？

根据目前所能了解到的情况来判断，英国北海油田的开发是成功的。这一成功固然与英国政府采取的公私联合经营的做法有一定的关系，但不能全归功于它。采掘工业的情形不同于加工工业，石油开采业尤其特殊。采掘工业基本上没有加工原材料的耗费，而只有设备耗费和劳动力耗费。采掘工业的盈亏在相当大程度上还取决于地下资源的储量、品位和地理条件。而对英国来说，恰好北海油田的储量丰富，油质良好，交通便利，加上七十年代世界石油价格上升，销路日增，这些都是开发事业取得成功的必要条件。其他加工工业部门即使同样采取公私联合经营的做法，由于各部门情形不同，销售市场状况又有所差别，未必就会取得这样的成就。

当然，如果说公私联合经营方式依然保留了私营企业在经营管理和决策方式上的固有的特点，具有灵活反应于市场变化的长处，而且并未因国家资本的参预而丧失这些特点和长处的话，那么国家资本的参预的确有助于这些部门或企业的经济发展，有助于加速新技术的研究和应用。但这样一来，国家资本的参预也就失去了原来那种国有化的意义了。在这种场合，国家资本的参预仅仅意味着国家给予私营企业一大笔新追加资本，凭资本数量取得收益，而不具有任何社会改革的含义，也不具有改变私营企业的经营管理和决策形式的性质。

这样一种方式的国家资本参预（即公私联合经营），即使能在促进经济增长和技术进步方面取得某种成就，但这也不等于说英国经济因此就能摆脱困境，找到出路。我们在本书上编分析“英国病”的根源时曾经说过，决不能把英国经济的问题简单地归因于缺乏新技术或原材料供应严重依赖世界市场。多年以来由于经济、政治、社会、意识形态等方面各种因素造成的通货膨胀、失业、国际收支逆差、经济效率低下，地方分权主义等现象，是不会由于国家资本参预某些工业部门而消失。没有国家资本参预，英国北海油田既然被发现，迟早也会得到开发。国家资本的参预加速了这一开发过程。尽管这样，难道北海油田的滚滚原油一流进英国的炼油厂，"英国病"就无影无踪了么？当然不会如此。英国有了自己的石油，这要比它贫油时代的日子好过得多。例如，由于北海油田的开发和产量不断增加，英国的对外贸易赤字在1976年至1978三年内大大减少，而由于开发和经营北海油田需要大量外国资本，七十年代资本流入量不断增加，从而英国国际收支情况有所好转。这是由特殊条件所造成的。它仍然不能改变英国贸易巨额入超的特征，甚至不能使英国免除国际收支的困难。[①] 就算把北海油田的成功完全归功于国家资本的参预吧，那么国家资本参预下所取得的油田开发的成就，仍治不了"英国病"。1975年以来，英国北海油田产量不断增加，但英国资本和人才照旧外流，卡拉汉政府依然在政局动荡中下台。可以料想的是，即使其他工业部门在英国国家资本参预下也取得了技术创新的成就，至多只能减轻英国经济病症的某些症状。何况，国家的投资不是来自国库么？政府靠什么取得这笔可供投资的货币呢？不是又得依靠政府债券的发行和税收么？财政上的负担将加剧本来就严重的通货膨胀，这是任何一个英国资产阶级经济学家也不得不承认的。

再说，国家资本参预下的新技术的应用当然能大大提高劳动生产率，增加英国产品的出口竞争能力。但失业问题又将如何解决？如果在国家资本参预下，英国的电子工业得到较快的发展，从而对整个英国工业的技术进步起了较大的推动作用，那么英国的失业队伍将会迅速增加。英国《泰晤士报》在1978年为了提高工

---

① "英国对外经济情况"，载《密德兰银行评论》1979年冬季号，第12—14页。

作效率，要通过电子计算机把编辑工作和照相排字工作联系起来，但工会担心采用新的工作程序后会裁减制图和排字工人，向资方进行斗争，以至于《泰晤士报》被迫停刊近五个月。只此一例，也可以反映出新技术采用和推广后对就业的压力了。

纵观战后三十多年英国实行国有化的历史，一个注意研究英国经济问题的人将会得出这样的看法：任何形式的国有化——从全行业的国有化到公私联合经营——对于“英国病”而言都是无济于事的；至多它只能解决个别的、局部的问题，而医治不了“英国病”。不仅如此，国有化除了财政负担和经济效率损失以外，还会遇到两个麻烦。一个麻烦是行业之间的竞争问题。这不仅是国有化部门同私营部门之间的竞争，而且包括国有化部门彼此之间的竞争。例如英国铁路公司、公共汽车公司、民航公司之间的竞争，英国煤气公司与电力公司之间的竞争等等。为了控制这种竞争，政府试图在资源供给方面加以调节（例如迫使英国电力公司烧煤，迫使英国民航购买国产飞机），不让它们根据市场情况去取得资源，因为那样会使得某些部门在竞争中处于更有利的地位，压倒另一些部门。① 但这样一来，受限制的国有化部门的效率又下降了。或者，政府对竞争中处于不利地位的那些国有化部门提供津贴。这样，既加大财政负担，又妨碍经济效率的提高。② 另一个麻烦就是国家与工会之间的关系的复杂化。我们知道，在国有化之前，英

① 约翰·雷德伍德：“政府和国有化行业”，载《劳埃德银行评论》，1976年4月，第38—39页。

② 同上。

国政府在私营企业的劳资纠纷中是以第三者的身份出现的。尽管英国政府就其阶级实质来说，是资产阶级的专政工具，是维护资本主义制度的，但政府作为资产阶级的总代表，它与个别私营企业主之间的矛盾始终存在。在处理劳资纠纷时，政府考虑的是本阶级的总体利益、长远利益，因此有可能采取不同于个别私营企业主的做法。然而国有化之后，政府却以国家资本的主人的资格出现。它与企业工人的关系一变而为雇主与雇员之间的关系。也就是恩格斯所指出的，在资本主义的国有经济中，“工人仍然是雇佣劳动者，无产者。资本关系并没有被消灭，反而被推到了顶点。”[①]这样，政府原来以为国有化作为一项社会改革措施，将使收归国有的企业的工人有所谓主人公的感觉，从而工人会安分守已，踏实工作，一切听从政府安排，与政府分担忧患。不管这些收归国有的企业的工人是否认清了资本主义国有化的本质，但他们却是从现实出发的，当他们从实际生活中感到自己仍然是雇佣者时，特别是当他们感到自己的实际工资收入减少和劳动条件变坏时，他们就照样起来斗争，把政府委派的企业负责人当作雇主看待。他们并不感到收归国有的企业已经是自己的企业。正因为如此，国营部门中的罢工浪潮从未停止过。煤矿工人的大罢工是最著名的例子。这不足以说明国有化连劳资纠纷这个难题都解决不了吗？[②] 以往流行的一种看法是：资本主义国营经济所占的比重越大，政府的权

---

① 恩格斯：“反杜林论”，载《马克思恩格斯选集》第3卷，人民出版社，第318页。

② 约翰·雷德伍德：“政府和国有化行业”，载《劳埃德银行评论》，1976年4月，第47页。

力越大，前者促进着后者。但对战后英国国有化情况的研究表明：二者之间的关系并不是那么一回事。英国国营经济的发展，并没有使它避免工人的罢工，而且一旦发生了罢工，也不是靠政府当局的权力所能解决的。[①] 既然以社会改革作为目标的，以“社会主义试验”标榜的战后初期全行业国有化都不能解决劳资纠纷问题，使国营企业中的纠纷酿成一次又一次的大罢工，那么部分国有化和公私联合经营的企业解决不了劳资纠纷问题，更是可以理解的了。

① 维尔：“英国人得了什么病？”，载《新闻周刊》，1979年2月5日，第92页。

第八章　需求管理将会怎样演变？

在第六章中，关于需求管理问题，我们曾作了以下几点概括：

第一，战后英国经济政策的指导思想是凯恩斯经济学和英国“社会主义”的混合物，即需求管理和社会改良的并用。凯恩斯经济学是工党和保守党都信奉的，充分就业是两党都想达到的政策目标，需求管理就是为了达到这一目标的主要手段。

第二，六十年代后期起，由于通货膨胀与失业的并发，标准凯恩斯经济学的宏观需求管理被认为失灵了，从而收入政策成为政府经济决策者注意的迫切问题。但需求管理并未被否定，仍然作为单独应付失业状况过度恶化或通货膨胀率大幅度上升的调节手段。收入政策则被用于应付通货膨胀—失业并发症。

第三，用凯恩斯的经济学的需求管理主张来指导英国战后经济政策的做法，正越来越受到来自资产阶级经济学非主流派学说的挑战。在英国，这种挑战主要来自两个方面。一是货币主义和新自由主义的挑战，要求废弃需求管理一套办法，让自由市场机制起更大作用。另一是新剑桥经济学的挑战，也要求废弃需求管理一套办法，而把政策的重点转移到收入分配和调整制度结构方面来。

这三点大体上可以反映战后英国资产阶级政界和经济学界关

于需求管理的一贯看法和当前关于需求管理的争论。当然，这只是一种比较粗线条的概括，因为在那一章，我们的目的是对二十世纪英国经济政策的理论基础的演变进行历史的考察，而不可能较细致地分析需求管理究竟能否充当医治英国经济病症的药方的问题。

这一章把需求管理作为英国政府应付英国经济长期病态的一种对策来进行专题考察。它共分为三节。第一节“需求管理与英国经济政策的各个目标”，从经济理论上分析需求管理与充分就业、价格稳定、经济增长、国际收支平衡这些目标的关系，以及上述各个政策目标之间的相互制约性。通过这些分析，可以清楚地了解需求管理实现过程中，英国政府之所以强调“松”的政策与“紧”的政策搭配使用和交替使用的基本原因。第二节“为什么需求管理依然是英国政府所喜爱的手段？”，在对需求管理的局限性进行分析之后，进一步讨论英国政府依然重视需求管理的理论依据。在这一节中，用较多的篇幅分析了六十年代以来英国的财政政策和货币政策的特点。这种分析有助于揭示英国的需求管理与其他某些主要资本主义国家（例如美国）的需求管理在具体做法上的区别。第三节“凯恩斯经济学和货币主义的接近”，针对英国的经济形势和英国经济学界的现状，论述了凯恩斯经济学和货币主义两个主要的现代资产阶级经济学流派之间的分歧所在以及它们在某些论点和主张上的相似性。这一节所得出的一个重要结论是：在英国，正如在其他主要资本主义国家一样，凯恩斯经济学和货币主义有彼此接近并各自从对方汲取有用的论点的趋势。尽管如此，两派的分歧并未消失。而当前的英国经济病症，既不是凯恩斯经济学的需求管理措施所能治愈的，也不是货币主义建议实行的货币政策所能应付得了的。

第一节 需求管理与英国经济政策的各个目标

在考察需求管理的目标和作用之前,有必要先对英国经济的运行状况作一些分析。请看下面这个图。

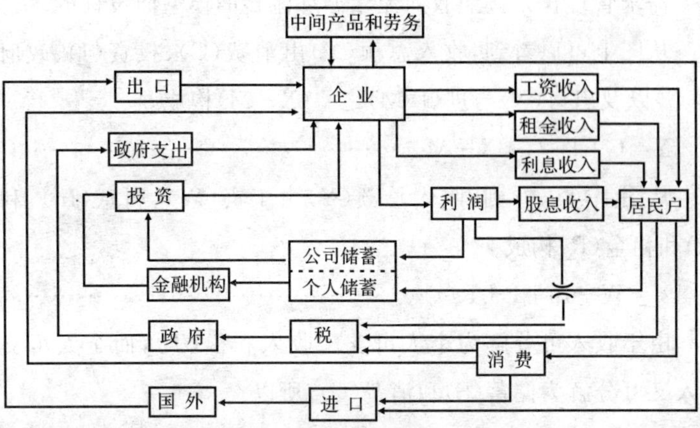

英国经济的运行

这个英国经济运行图是以凯恩斯经济学关于收入流量与均衡的学说为理论依据的。在企业与居民户两个领域间,存在着企业向居民户提供生产要素报酬(即居民各种收入)和居民户向企业进行购买(消费)和投资(通过金融机构,个人储蓄转化为投资)的关系。同时,只要企业保留一部分利润,这部分利润可以作为公司储蓄而转化为投资,而不必通过居民户或金融机构的中介。政府部门作为一个独立的领域，一方面同企业发生联系，另一方面又同居民户发生联系。政府以自己的支出流入企业，而企业和居民户的收入则通过直接税（包括居民户直接缴纳的税和由企业利润缴纳的税）、间接税（通过居民消费支出而缴纳的税）而归于政府。此外，企业还因向国外出售产品和劳务而从国外取得收入，企业和居民户则分别因购买国外的产品和劳务而使自己的收入流向国外。因此，这个英国经济运行图就是收入流量的循环流转图。

需求管理正是按照收入流量循环流转的模型而设计的。

从图上可以看到，收入总额（Y）由消费（C）、投资（I）、政府支出（G）以及出口（X）与进口（M）之差（X－M）构成。

$$Y=C+I+G+X-M \quad \cdots\cdots (1)$$

从图上可以看到，收入总额（Y）由工资（W）、利息（In）、利润（P）和租金（R）构成。

$$Y=W+In+P+R \quad \cdots\cdots (2)$$

由于收入可分解为个人可支配收入和税（T），而个人可支配收入又可分解为储蓄（S）和消费（C），所以

$$Y=C+S+T \quad \cdots\cdots (3)$$

这样，

$$C+I+G+X-M=C+S+T \quad \cdots\cdots (4)$$

M 移项后，

$$C+I+G+X=C+S+T+M \quad \cdots\cdots (5)$$

从公式的左端看，在价格不变的条件下，一定的收入量或产量代表一定的就业量。从公式的右端看，在劳动生产率不变的条件下，一定的收入量或产量代表一定的就业量。

需求管理就是根据这些公式而对投资(I)、消费(C)、储蓄(S)、政府支出(G)、税收(T)、进口(M)、出口(X)等变量进行政府干预的行为。

根据凯恩斯学说,影响私人投资的基本因素是预期利润率和利息率,影响消费支出的基本因素是个人可支配收入和消费倾向。而个人可支配收入又受就业、工资率、个人其他收入、消费物价指数和直接税大小的制约;消费物价指数则受到总产量、工资率、进口价格和间接税的支配。由于各个变量之间存在着上述这些相互制约的关系,因此对需求管理而言,具有特别重要意义的是对下面这些变量的调节:

(1)税收,包括直接税和间接税。前者影响个人可支配收入,后者影响消费物价指数,二者共同影响实际个人可支配收入。在消费倾向不变的条件下,税收的调节影响消费支出的大小。因此,由于私人投资要受到总产量或总收入水平和储蓄的制约,而总收入中包括了个人的利润收入,储蓄又来自实际个人可支配收入,这些又与税收的大小有关,所以税收的调节同样影响着私人投资。

(2)利息率。即使不考虑利息率变动对消费信贷的影响以及通过消费信贷的变动对消费支出的影响,利息率对私人投资的影响是十分重要的。它的绝对水平以及同预期利润率之间的关系,决定着私人投资的积极性。

(3)公共支出。公共支出中既包括了政府投资,也包括了政府的其他支出。在构成总最终支出的项目中,假如出口为既定的,那么公共支出的增加可以弥补私人投资和消费支出的不足,而公共支出的削减又可以避免因私人投资和消费支出增加而引起的总产量或总收入水平的过度上升。

(4)进口与出口。进出口差额是直接影响支出总额的。但进口价格却不是由英国所能决定的变量，它影响消费物价指数，从而影响实际个人可支配收入。

需求管理为了要实现稳定经济的任务，就应当设法直接地或间接地影响这些变量的变动，使得总产量或总收入水平符合于政府的意图。

在英国政府看来，在进行需求管理时，如果把影响利息率变动的货币因素暂时撇在一边，那么一个重要的问题是如何运用乘数的作用来施加政府支出对经济生活的影响。凯恩斯主义关于乘数作用的论述，是英国财政部在进行调节时的依据。

以 b 表示收入中用于消费的部分在收入中所占的比例，

以 I 表示最初的投资，

$$Y=I+bI+b^2I+b^3I+\cdots$$

或，$Y=I(1+b+b^2+b^3+\cdots)$

或，$Y=\left(\frac{1}{1-b}\right)I$①　…………（6）

① 这一公式是这样得出的：

令　$1+b+b^2+b^3\cdots+b^\infty=Z$

$bZ=b+b^2+b^3+\cdots b^{\infty+1}$

$Z-bZ=(1+b+b^2+b^3+\cdots b^\infty)-(b+b^2+b^3+\cdots b^{\infty+1})$

$=1-b^{\infty+1}$

由于 b 小于 1，所以 $b^{\infty+1}\approx 0$

因此 $Z-bZ=1$

$Z(1-b)=1$

$Z=\frac{1}{1-b}$

再假定税收和进口都随收入的增长而增长，从而简单的税收和进口函数分别是：

$$T=tY, \qquad M=mY,$$

同时，在考察收入中消费所占比例时，这里的收入是纳税后的实际个人可支配收入，因此，消费函数可以表述为：

$$C=b(Y-T)=b(Y-tY)$$

于是公式(1)可以表述为：

$$Y=b(Y-tY)+I+G+X-mY$$

移项：

$$Y-b(Y-tY)+mY=I+G+X$$

$$Y[1+b(1-t)+m]=I+G+X$$

$$Y=\frac{I+G+X}{1-b(1-t)+m}$$

$$=(I+G+X)\left[\frac{1}{1-b(1-t)+m}\right] \cdots\cdots\cdots\cdots\cdots\cdots (7)$$

这里的$\left[\frac{1}{1-b(1-t)+m}\right]$就是政府在调节经济时所要注意的乘数。

根据英国的情况，b 大约是 0.9，t 大约是 0.25，m 大约是 0.25，这样，$\left[\frac{1}{1-b(1-t)+m}\right]=\frac{1}{1-0.9(1-0.25)+0.25}=\frac{1}{0.575}\approx 1.75$

假定乘数是 1.75，这就是说，政府支出每增加 1 亿英镑，国民收入大约增加 1.75 亿英镑。[①]

---

① 舒里(M. J. C. Surrey)："国内经济"，载莫里斯编：《英国经济体制》，牛津大学出版社，1977 年，第 94 页。

在明白作为英国政府进行需求管理的英国经济运行的背景和政府决定增减财政支出时所考虑的乘数作用之后，让我们接着分析一下需求管理所要达到的几个目标之间的关系。

1. 充分就业、价格稳定与需求管理

需求管理反映了经济政策决策者所要实现的经济稳定这个总方针。换言之，需求管理是这样一种政策手段或工具，它为充分就业和价格稳定这两个政策目标服务。但问题是：充分就业目标与价格稳定目标二者之间往往无法取得一致，因为按照凯恩斯经济学的解释，要实现充分就业，就需要政府采取松的财政政策和松的货币政策，以刺激投资，刺激消费，并且在开放经济体制下，还需要刺激出口。这样，在实现充分就业的过程中，价格就不可能保持稳定状态，而可能随着需求扩大一起上升。一旦实现了充分就业，由于劳动力供求大体上保持均衡，工资水平是较高的，高工资水平不仅进一步扩大对商品的需求，从而进一步刺激价格上升，而且充分就业条件下市场所呈现的繁荣景象刺激了投资，甚至引起了投机热，这又加剧价格上升。所以充分就业之后的价格上升被认为是不可避免的。另一方面，从价格稳定的角度来看，按照凯恩斯经济学的解释，要实现价格稳定，就需要采取紧的财政政策和紧的货币政策，以限制投资，限制消费，并且在开放体制下，还需要限制出口，鼓励进口。这样，在实现价格稳定的过程中，就业问题是很难解决的。这是因为，如果原来社会上存在着一定的失业率，那么很难指望社会会扩大投资，吸收失业者；如果原来社会上没有较多的

失业者，那么在技术进步、劳动生产率增长或人口增长的条件下，也很难把新增加的失业者吸收到经济之中。此外，一旦在较长时间内维持价格的稳定，由于凯恩斯经济学中所分析的边际消费倾向的作用，以及由于资本预期收益的递减和对流动资产的偏好，小于充分就业的均衡是通常的现象，这就是说，失业的存在是必然的。因此，充分就业与价格稳定两个政策目标之间的矛盾，在凯恩期经济学来看，恰恰反映了松的财政—货币政策与紧的财政—货币政策之间的矛盾。二者是不可调和的。松的同时就不可能紧，紧的同时就不可能松。于是充分就业与价格稳定也就无法协调起来。

需求管理作为既被用来达到充分就业目标，又被用来达到价格稳定目标的一种手段。它的要点就在于对于松的财政—货币政策和紧的财政—货币政策的选择与运用。在五十年代初，当英国国内经济问题还不太复杂时，货币政策只是作为财政政策的辅助手段，起着维持充分就业而又避免通货膨胀的作用。[①] 但在这两大目标中，从战后英国长时期的实际情况来看，英国历届政府所关心的首先就是充分就业目标，因为充分就业被认为是符合英国“社会主义”方向的。只有在以后通货膨胀率显得过高，物价上涨的程度显得过于剧烈的场合下，政府才注意到必须同时关心价格稳定目标。所以需求管理的运用，在英国首先被用来减少失业率，维持较高的就业率。

---

① 纽林(W. T. Newlyn)和波特尔(R. P. Bootle)：《货币理论》，第3版，牛津，1978年，第172页。

2. 经济增长与需求管理

在战后英国经济中，提高经济增长率是一个迫切的问题。二十世纪初期以后，英国的经济增长是缓慢的，甚至是停滞的。战后英国政府急于想改变这种状态。这既是当时资本主义世界普遍掀起的“经济增长热”的一种反映或刺激，也是英国为扭转经济上日益落后于其他主要资本主义国家的形势的一种要求。这样，经济增长也就成为与充分就业与价格稳定目标并列的又一个政策目标。但经济增长作为政策目标，不仅与价格稳定目标有矛盾，而且与充分就业目标也不是完全协调一致的。

经济增长需要有动力。在资本主义经济中，经济增长依赖于许多因素，其中一个重要因素就是投资额的扩大，而投资额的扩大同投资的预期收益有直接的关系。预期利润率是推动私人投资者进行投资的动力。为了保证不断有新的投资，价格水平按照私人投资者的设想，最好是上升的，而不是固定不变的。价格水平上升可能给投资者带来更多的收益。特别是在货币工资率的调整慢于价格上升的情况下，由于实际工资率的下降，这就会显著促进私人的投资。换言之，为了刺激经济增长，需要刺激价格上升。另一方面，经济增长过程本身也必然增大了对生产资料和消费品的需求，并要求利息率保持较低的水平，促成信贷扩张，从而刺激价格上升。因此，经济增长和价格稳定作为两个不同的政策目标，它们之间的矛盾是显而易见的。

从经济增长的因素来分析，随着技术的进步和工艺过程的日益现代化，经济增长的实现主要不是靠增加劳动力，而是靠提高劳动力的文化技术水平和采用新的技术设备，以及靠经营管理的合理化和经济效率的提高。因此，尽管经济增长过程有增加就业的一面，但也有减少在职工人或降低每一投资额所需要的劳动力数量的一面。同时在这个过程中，还必然会发生劳动力就业结构改变的问题，即从某些部门多余出来的劳动力需要改变职业，到其他部门中去就业，这种转变对于相当一部分劳动力来说，存在着适应与否的问题。这也是劳动力市场上供过于求的另一原因。此外，由于经济增长过程中对劳动力的文化技术水平的要求越来越高，青少年中能被吸收到经济中去的机会越来越少，因为这部分人的文化技术水平在未经过专业训练时是不被企业所欢迎的。总之，经济增长目标从较长远的期间来考虑，并不一定是同充分就业目标相协调的。这里也存在着矛盾，只不过这种矛盾在某些情况下不那么明显，至少不像充分就业与价格稳定两个目标之间的矛盾，或像经济增长与价格稳定两个目标之间的矛盾那样突出。

那么，在经济增长过程中，需求管理究竟能起到什么样的作用呢？经济增长率是不是需求管理的目标之一呢？前面已经指出，在战后英国政府实行需求管理措施时所考虑的，主要是充分就业；而在实现充分就业的过程中，经济增长率的提高被认为是预料中的事业，是充分就业可以带来的必然后果，从而需求管理并不以经济增长作为直接的目标。为什么会有这样的设想？这是因为传统的关于经济繁荣的看法仍然对资产阶级政界有影响，即认为只要经济繁荣了，就业就自然会增加，经济自然会增长，充分就业目标也就附带地包括在经济增长目标之内。这种关于经济繁荣的传统看法，并未考虑到以下两点。第一，如果经济繁荣是靠技术创新所取得的，经济增长是来自劳动生产率的提高，来自新技术设备的作用，那么这种经济繁荣并不保证充分就业，经济可以在有较高失业率的条件下提高增长率，至少短期内能做到这一点。第二，反过来说，如果要通过政府干预经济的措施来人为地维持较高的就业率，而宁可降低劳动生产率，宁可牺牲技术进步的利益的话，那么即使撇开人为地维持高就业的措施所引起的财政负担及其不利影响不谈，这样一种就业，就算是充分就业，也不会带来经济增长，而很可能是充分就业与经济停滞在一段时间内并存。结果，这样的充分就业也是很难维持下去的。因此，正如沃尔斯维克在评论五十年代英国经济政策时所指出的，这一政策的缺点首先在于不重视经济增长，而只重视需求管理。① 沃尔斯维克认为，用限制生产增长来维持经济稳定的做法不可能是一种持久性的解决办法。② 这种看法是有一定道理的。

除此以外，在一些坚持实行凯恩斯经济学的需求管理的资产阶级政界和经济学界人士看来，需求管理作为一种政策手段或工具，本来就不适宜于服务于经济增长目标。据说，需求管理着重的是短期的经济调节，所以不适宜于长期的经济增长。需求管理运用的是松的或紧的财政政策和货币政策，即调节总需求，使短期内的总需求不足得以弥补或使过度总需求受到抑制的政策。这种政

---

① 沃尔斯维克：“英国经济，1950—1959”，载沃尔斯维克和艾迪编：《二十世纪五十年代的英国经济》，1962 年，牛津，第 72 页。

② 同上。

策既然只从需求方面对经济进行调节，而未考虑供给方面的问题，当然被认为本来就不适宜服务于长期的经济增长。不仅如此，还可作出这样的论断，由于需求管理未考虑到供给方面的问题，所以它对于同经济增长和供给联系在一起的资源有效配置目标和收入再分配目标的实现而言，也是没有多大作用的。在需求管理时，出发点往往是生产要素价格不变和劳动生产率不变的条件下，一定的收入量或产量代表一定的就业量。需求的调节就是对这种意义上的收入量、产量或就业量进行调节，因此它不可能有目的地改变资源配置和收入再分配状况，而至多只是顺便地或附带地涉及这些问题。例如，在经济稳定过程中抑制通货膨胀率有助于防止固定收入者收入状况的恶化；增加投资和提高产量有助于使闲置的生产资料和人力资源得到利用等等。

3. 国际收支平衡与需求管理

对英国经济来说，除充分就业、价格稳定、经济增长这三个经济政策目标而外，还有一个重要的目标，即改善国际收支状况，维持国际收支平衡。这个目标对英国经济之所以是迫切需要实现的，因为英国历史上遗留下来的国际贸易巨额逆差和资本外流，已成为威胁英镑的地位的现实问题。如果国际收支长期出现赤字，这将会给英国国内经济带来动荡，所以任何一届英国政府都竭力想避免出现这一点，而要设法增加出口，减少进口，防止资本外流，鼓励资本流入。

但国际收支平衡这个目标与充分就业、价格稳定、经济增长三个目标之间，又存在着不同程度的矛盾。要使它与其他三个目标保持长期的协调是很不容易的。就国际收支平衡与充分就业之间的关系来说，一方面，假定实现了充分就业，这时实际工资率可能保持在较高的水平上，而英国的工资成本在资本主义世界范围内是比较高的，在商品的国际竞争中原来就不处于有利的地位，这样一来，必然使出口竞争能力降低，从而影响国际收支平衡。另一方面，为了维持国际收支平衡，就应当加紧进行技术改造，提高劳动生产率，降低生产费用，以加强英国商品在国际竞争中的地位，这既要求工人有较高程度的文化技术水平，影响非熟练劳动者的就业，又有可能相对地缩小对一般劳动力的需求，加速以资本替代劳动力，因为英国在世界范围内的工资成本是比较高的，资本密集程度越高对英国越有利。这就是英国的充分就业目标与国际收支平衡目标之间的矛盾。这个矛盾在某种程度上反映了英国经济的特点，即英国与其他主要资本主义国家相比，劳动生产率较低，而工资成本却比较高。

就国际收支平衡与价格稳定之间的关系来说，类似的矛盾同样存在。英国是一个在对外贸易上严重依赖国外市场的发达的资本主义工业国。食物和工业原料（在北海油田开发前还包括石油）要靠国外输入，这是历史上由来已久的情况。先进的工业技术设备和某些耐用消费品也是重要的进口商品。英国国内的价格越是上升，那么在汇率不变的条件下，这对于进口是个鼓励，对出口是个挫折。国内价格水平高低，会通过进出口量的增减而影响国际收支差额。再从进口品的价格来分析，大多数英国进口品的价格不仅受到其他工业国家通货膨胀的影响，而且也受到英国通货膨胀率的影响。英国作为某些初级产品的世界市场上的大买主,它的国内物价上升将提高世界市场上这类产品的价格。世界上的某些工业品尽管受操纵价格支配,但英国价格上升后,出口工业品的国家也将调整在英国市场上销售的价格。这样,英国通货膨胀率越高,英国必须为进口品支付更高的价格。[①] 反过来说,从英国进口和出口的增减本身对国内价格水平的影响着手分析,出口的增加意味着总需求的增加,在供给为既定量以及投资需求和消费需求不变的条件下,出口的增加将带动物价的上涨。这是从出口或从需求的一方反映了国际收支平衡目标与价格稳定目标之间的矛盾。同时,进口的增加意味着总供给的增加,在需求为既定量以及国内生产要素的供给不变的条件下,并且在世界市场价格等于或低于国内市场价格的前提下,进口的增加将阻止物价的上涨,这从进口或从供给的一方反映了国际收支平衡目标与价格稳定目标之间的矛盾,这就是说:在需求为既定量和国内生产要素供给不变的条件下,在世界市场价格等于或低于国内市场价格的前提下,只有牺牲国际收支平衡这个目标,扩大进口,才能制止物价的上涨趋势或迫使物价下降,至少在短期内是这样。英国经济中存在的上述国际收支平衡目标与价格稳定目标之间的矛盾,同样反映了英国经济的特点。

再看国际收支平衡目标与经济增长目标之间的关系。为了长期经济增长,一方面需要使利息率保持低水平,以便鼓励私人投

---

① 莱维林(G. E. J. Llewellyn):“英国进口品价格的决定因素”,载《经济学杂志》,1974年3月,第20页。

资，但低利息率可能引起资本的外流，这会加剧国际收支上的不利地位；另一方面需要引进国外的先进技术，增加必要的产品的进口，这也会促成国际收支逆差的扩大。所以从英国的经济状况来分析，经济增长目标很难与国际收支平衡目标取得协调。这个矛盾从十九世纪末就已在英国出现，所以英格兰银行从十九世纪九十年代起就常常按国内业务和国际业务分别规定不同的利息率。[①] 但这种办法如今能在多大程度上协调国际收支平衡目标与经济增长之间的矛盾，是存在着疑问的；因为正如马修斯、金或克莱尔小组所分析，现阶段英国较高的通货膨胀率使英国利息率无法降低，高通货膨胀率已成为高利息率的原因，除非先降低通货膨胀率，否则国内利息率无法下降。[②] 在这样的条件下，要促进英国经济增长而又维持国际收支平衡，可供选择的途径是：第一，压缩进口、限制进口；第二，增加出口，特别是加强商品出口竞争能力；第三，使英国投资收益或利息率高于资本主义世界的一般水平，以便吸收国外资本；第四，依靠政府与政府间的双边协定，取得外援。撇开最后这一点不谈（因为这在很大程度上取决于国际政治因素），从前面三个与维持国际收支平衡有关的方面来看，都是不容易实现的，或者说，即使实现，至多只能暂时不妨碍经济增长，但与长期经济增长则有矛盾。英国政府可以采取一定的经济措施来压缩进口、限制进口，但那样一来，长期经济增长就会受到影响，因为

---

① "英国经济：七十年代后期的问题和政策"，载《密德兰银行评论》1977 年 2 月号，第 8 页。

② 同上。

英国的进口倾向较高，所以经济增长率越高，需要进口的商品也就越多。英国政府也可以采取一定的经济措施来增加出口。但要增加出口，不能单纯依靠国家的补贴，而有必要依靠技术创新，进口原料和先进设备，以加强出口商品在国际市场上的竞争能力。这意味着，加强出口要以增加进口、增加原料和技术设备的进口为前提之一。在短期内，可能在出口扩大之前，国际收支逆差先增大，因为进口的原料和技术设备增多了。至于使英国国内投资收益高于对外投资收益，这在今天的英国是不现实的，[①]至少在英国的工资成本较高、劳动生产率较低的条件下，这一点并不现实，除非遇到北海油田这样丰富的资源，为一切投资者提供了特殊的吸引力。但这种情况是带有偶然性的。加工工业中哪里有北海油田这样的“新边疆”？如果要使英国的利息率高于资本主义世界的一般水平，以便吸收国外资本，那么这个做法牵涉面太大了，对国内经济的影响也太大了，高利息率尽管可以阻止资本外流，促进外国资本流入，但这决不是英国资本外流和外国资本流入英国的主要原因，而高利息率对英国长期经济增长的不利影响却是存在的；尽管有些英国经济政策的研究者认为不能把高利息率对英国工业中固定资本形成的影响估计过大，但无论如何他们仍承认，像私人住宅建设、吸收外资、消费信贷等与促进英国经济增长有关的项目的变动总是与利息率变动密切有关。[②]

---

① 约翰·邓宁：“七十年代中期英国在国际直接投资中的地位”，载《劳埃德银行评论》，1979 年 4 月，第 17—18 页。参看本书第四章第五节。

② 蒂尤(J. H. B. Tew)：“货币政策”，载白拉卡贝编：《英国经济政策，1960—1974》，剑桥大学出版社，1978 年，第 290—291 页，第 302 页。

综上所述，国际收支平衡目标与充分就业、价格稳定、经济增长三个目标之间存在着各种各样的矛盾。需求管理在这些矛盾中可能起到什么样的作用呢？可以这么说，需求管理是不能解决上述这些矛盾的。需求管理所运用的是松的或紧的财政政策和货币政策。松的财政政策和货币政策可能刺激投资和消费的扩大，但无助于刺激出口的增加和促使进口的减少。不仅如此，对于英国这样一个国家而言，刺激投资和消费扩大的松的财政政策和货币政策将引起对进口品需求的增加，并使进口商有利可图，从而进口量将扩大。这些政策也将引起可供出口的商品量的减少。紧的财政政策和货币政策可能压缩投资和消费，但无助于缓和已经发生的国际收支危机，因为在紧的财政政策和货币政策起作用时，通货是紧缩的，出口商得不到信贷的扶植，扩大商品的出口要受到很大限制。加之，紧的财政政策和货币政策还延缓了经济中技术改造的速度。从出口竞争能力方面来看，这也是十分不利的。

那么能不能设想一种松紧搭配的需求管理方式呢？詹姆士·布恰南(James M. Buchanan)在《松的预算和紧的货币》一文中曾从理论上证明了在资本主义经济中实行松紧搭配的需求管理方式的可能性和必要性。他提出了这样三点理由：第一，根据以往需求管理的经验，紧的货币政策对于抑制通货膨胀还是起作用的，因为它抽紧了银根；但松的货币政策对于应付经济衰退的成效并不大，因为它并不一定能刺激投资。财政政策的效应则与此不同。在经济衰退时期可以利用松的财政政策来刺激投资，扩大需求，而在通货膨胀时期，财政政策不一定能变为特别紧缩的政策。这样，就可以利用松的财政政策和紧的货币政策的搭配，使得它们既有利于刺激投资，应付衰退，又防止通货膨胀加剧。第二，从选民的政治态度来分析，松的财政政策是被选民欢迎的，因为它的措施是减税，增加政府开支、扩大就业；紧的财政政策则不受选民的欢迎。至于紧的货币政策，尽管它能起到抑制通货膨胀的作用，但在选民看来，它与紧的财政政策不同，因为它同选民之间的关系不那么直接。这样，也就有可能实行松的财政政策和紧的货币政策的搭配。第三，松的财政政策将引起财政赤字，而财政赤字是靠发行政府债券来弥补的。靠发行政府债券而进行的增加政府开支、扩大就业的政策，被认为是无碍的，同时它将使居民产生这样一种想法：这一代人目前享受政府增加支出所带来的好处，而由下一代人偿还政府的债务。这样，松的财政政策的推行就不会有多大阻力了。[①]当然，在英国的需求管理中，是有可能按照詹姆士·布恰南所设想的这种办法去做的。而且从搭配方式上说，也不一定是松的财政政策和紧的货币政策的搭配，还可以有其他的搭配使用的办法。1969 年和 1970 年这两年需求管理的状况可以作为例子。

1968 年，公共领域收支赤字为 10.33 亿英镑，公共领域的借款需要为 12.79 亿英镑，货币供应量增加了 11.52 亿英镑。这意味着财政和货币方面所执行的是松的政策。1968 年以前的若干年的情形与此相似。1969 年，公共领域收支盈余为 4.29 亿英镑，公共领域借款需要为－4.66 亿英镑，但货币供应量仍增加了 5.03

---

① 威廉·密契尔等编：《宏观经济学文选：当前政府问题》，纽约，1974 年，第 216 页。

亿英镑。这意味着，财政政策是紧的，但货币政策却仍是松的。1970年继续如此。该年公共领域收支盈余7.40亿英镑，公共领域借款需要为－1 700万英镑，货币供应量则增加了15.86亿英镑。[①] 这种松紧搭配也表明，财政上的盈亏不一定同货币供应方面的松紧有密切的联系。

就英国的具体情况而言，英国资产阶级经济学家曾经建议采取了某种松紧搭配的做法。例如，减税（松的财政政策）、削减公共开支（紧的财政政策）、提高贴现率（紧的货币政策）三者并用，其目的在于：既不至于使经济在某些方面过紧，又不至于在另一些方面过分松动。所以松紧搭配被看成是一种特殊的平衡术，它被用来协调经济政策目标之间的冲突。

但即使采取了松紧搭配方式，至多也只能比单纯的紧或松的政策措施略胜一筹，要想依靠它来协调经济政策目标之间的冲突仍是不可能的。其道理在于：紧的政策措施的效应与松的政策措施的效应将会抵消。实际情况不会像詹姆士·布恰南所设想的那样圆满。布恰南过多地强调选民在政治上的态度，从而得出的是松紧搭配在实行时可以减少来自选民的阻力这一论断。这一点当然需要予以承认。虽然松紧搭配容易被实行，但这并不意味着它可以协调经济政策目标之间的冲突。相反地，正由于它易于实行，所以不可避免地会造成这样的后果：一方面，财政上长期是以松的政策为主，但财政政策松动惯了，反而使它失去了原来具有的刺激经济的作用；另一方面，货币上倾向于以紧的政策为主，但货币政

① 根据中央统计局：《国民收入和支出》与《金融统计》。

策紧缩惯了，也就不容易再在金融界和企业界发挥最初有过的刺激经济的作用。松的财政和紧的货币的这种局限性是不能被否认的。

第二节　为什么需求管理依然是英国政府所喜爱的政策手段？

1. 需求管理的局限性

需求管理是以资本主义经济危机的原因在于需求不足，资本主义国家通货膨胀的原因在于过度需求为前提的。它回避了资本主义的基本矛盾的存在，回避了资本主义制度本身所造成的生产相对过剩的危机形成的根源，也回避了资本主义国家的赤字财政政策和通货膨胀政策引起的恶果既表现为物价的不断上涨，又表现为经济的停滞和衰退。包括英国在内的所有资本主义国家，如果它们坚持奉行凯恩斯主义的需求管理那一套做法，它们迟早总会因财政赤字而陷入通货膨胀与失业并发的困境。从这个意义上说，需求管理不仅不是医治资本主义经济危机的灵丹妙药，而且恰恰是使危机复杂化的重要因素。当然，也正如我们在前面一再提到的，就短期或暂时的效应来考察，刺激投资和消费的财政政策和货币政策，有可能造成相对于前一阶段而言的经济情况的好转，因为需求被人为地扩大了；压缩投资和消费的财政政策和货币政策，有可能造成市场上货币流通量减少和信用的收缩，从而物价上涨的趋势暂时被抑制，因为需求被人为地限制了。这些短期的或暂时的效应可以是迷惑人的，它们给人们造成某种假象，似乎战后二十年左右的经济相对稳定和增长主要归功于凯恩斯经济学，归功于需求管理，而忽视了战后资本主义国家所受的战时创伤的恢复和科学技术的新发展在这方面的重要作用。[①] 就英国经济的例子来说，需求管理虽然不能被认为完全不起作用，但其作用毕竟是暂时性的。"英国病"的发展和以后的激化，证明了需求管理的失败。早在 1964 年，曾在英国财政部从事经济预测工作的克里斯多夫·陶在《1945—1960 年英国经济管理》中，就对英国需求管理的失败说了这样的话："就国内情况而论，预算政策和货币政策并不是使经济稳定的政策，反之，它们必须被看成是确实使经济不稳定的政策。"[②]克里斯多夫·陶以在他英国财政部工作的经验，并且在 1967 年英镑贬值和"英国病"激化的前三年就对需求管理作了这样的论断，应当说是很令人注意的。

1972 年，亚兰·马林在《菲利浦斯曲线(生于 1958 年——死于?)》一文中，就菲利浦斯曲线是否存在的问题对需求管理措施提出了怀疑。马林指出，菲利浦斯曲线关于通货膨胀与失业相交替的基本定理来自下述假定，即市场上的价格波动是由过度需求或过度供给所决定的。在目前价格的水平上，如果需求量超过了供应量，价格将上升，价格上升的幅度依赖需求量与供应量的差距的

① 详见本书第六章第五节。

② 克里斯多夫·陶(J. C R. Dow)：《1945—1960 英国经济管理》，剑桥大学出版社，1964 年，第 384 页。

大小为转移。在劳工市场上，情况亦复如此。如果对劳动有过度需求，工资会迅速上升。如果对劳动的需求可以用失业率来衡量的话，那么伴随着低失业的将是高的工资增长率，伴随着高失业的将是低的工资增长率。把工资成本看成价格的重要组成部分，工资水平的升降与价格水平的升降有着一致的趋势。就这一点而言，失业与价格上涨之间存在着高失业伴随低价格、低失业伴随高价格的关系。马林认为这就是需求管理政策制定者乐意接受菲利浦斯曲线的理由。他写道："如果菲利浦斯曲线是正确的，政治家们便有一个选择——他们可以有低通货膨胀或低失业，但不能兼而有之。不仅菲利浦斯曲线表明一种选择的存在，它还表明可以有交替关系……相信菲利浦斯曲线长期存在的信念，变得与下述信念联系在一起，即认为较高的失业是一种为抑制通货膨胀而必需的一种代价和唯一的办法。"[①]然而，英国的经验统计资料却表明，实际情况并未像菲利浦斯曲线所显示的那样，工资或价格的增长与失业之间不存在这种简单的关系。马林接着说："与菲利浦斯曲线的预言相反，我们有高失业和高通货膨胀。"[②]

菲利浦斯是根据1861—1957年英国的经验统计资料得到他的著名曲线的。其实，这将近一百年的时间又可分为三个阶段。

第一阶段是1861—1913年。这时失业率和货币工资变动率之间的关系，如果用曲线来表示，是一个向右下方倾斜的曲线。这

---

① 亚兰·马林（Alan Marn）："菲利浦斯曲线（生于1958年——死于？）"，载威廉·密契尔等编：《宏观经济学文选：当前政策问题》，纽约，1974年，第111页。

② 同上书，第112页。

表明货币工资率增长较快时，失业率是较低的；或者，失业率较高时，货币工资率增长很少，甚至下降。

第二阶段是1914—1945年。这一阶段又可分为1914—1919年、1920—1939年、1940—1945年三个小阶段。其中，1914—1919年、1940—1945年属于战争时期，1920—1939年则属于两次世界大战之间英国经济停滞和三十年代大萧条时期。因此，1914—1945年间的失业与货币工资变动率之间的交替关系比较复杂，看不出什么规律性。

第三阶段是1945—1957年。前三年是战后英国经济恢复时期。从1948年起，到1957年为止，失业率经常处于1%—2%，然而货币工资率的波动则是幅度很大的，从1%到11%，二者之间的交替关系也是不明显的。

菲利浦斯考察到1957年为止。那么1957年以后的情形又如何呢？

1957—1974年间，英国失业率与货币工资率变动率之间的关系又可分为两个阶段来考察（与以前一百年联系起来看，可称为第四阶段和第五阶段）。

第四阶段是1958—1966年。这段时间内，失业率大体在1%—2.5%之间，货币工资率增长率的波动幅度并不大。比较明显的是1958年、1959年、1960年，似乎可以看出有某种交替关系；1962年、1963年、1964年，这种交替关系也有所表现。但1967年以后，情况却不一样了。

1967年以后是第五阶段。从这时起，在失业率增加的同时，货币工资增长率幅度大大加快，二者的交替关系不再存在。菲利浦斯曲线关系的不再存在，意味着需求管理措施的制定者失去了制定以高失业率换取低通货膨胀率或以高通货膨胀率换取低失业率的调节方式的凭借。①

正如本书一开始就指出的，当前"英国病"的症状不仅是通货膨胀与失业的并发，以及这种并发症与国际收支危机交织在一起，而且还表现于经济效率的降低、地方离心倾向的严重等等。需求管理之所以不可能应付"英国病"，这里除了需求管理不可能消除社会、文化、意识形态和历史因素在加剧"英国病"方面的作用而外，也与需求管理无法协调英国各个经济政策目标之间的冲突有一定的关系。"英国病"的加深意味着：各个政策目标都在不同程度上未被达到，即使牺牲了这一政策目标，也无法实现另一政策目标。英国《经济学家》杂志在评论两党经济政策主张时曾说过，保守党和工党都想通过需求管理来拯救失调的英国的经济和患病的英国工业，但两党的"信念"统统都是幻觉罢了。②

在这里还有必要谈一谈需求管理同资源配置和收入再分配之间的关系。由于需求管理只是调节总需求，而不涉及生产要素供给问题，所以它对于资源配置的作用是有限的。由于需求管理所着重的是总产量的升降和总收入的增减，而不涉及各个生产要素供给的报酬问题，所以它对于收入再分配的作用也是有限的。琼·罗宾逊看出了凯恩斯的就业理论以及根据这一理论而设计的需求管理在资源配置和收入再分配方面的局限性。她写道："当凯

① 莫里斯编：《英国经济体制》，牛津大学出版社，1977年，第200页。

② 《经济学家》，1979年3月31日，第51页。

恩斯成为正统派时，他们忘记改变论题，忘记讨论就业所必需的去向。这主要关系到产品之间的资源分配，但资源分配也和人们之间的产品分配有密切关系。……凯恩斯并不需要一种长期的分配理论，虽然在他的将来文明的幻想中，他持有利润率下降的笼统观念。当单独论证将来利润的预期时，他关心的主要是此时此地的短期。"①需求管理作为一种短期的调节措施，不可能解决英国经济中的长期问题，这一点是英国经济决策部门所了解的。这些长期问题被认为需要靠其他方式来解决，而不能指靠需求管理。

正因为需求管理应付不了"英国病"，应付不了资源配置失调和收入分配失调等问题，所以才会产生对计划化的重视，产生对收入政策的强调，产生调整政府、企业界、工会三者之间的关系和重新制定对外经济政策的必要性问题，也才会在社会上出现再一次要求进行结构改革或社会改革的呼声。

2. 需求管理不可能被抛弃的原因

需求管理应付不了"英国病"，那么它是不是会被英国政府彻底抛弃呢？实际情况并非如此。无论是英国政府还是某些英国资产阶级经济学家，都依然把需求管理看成是有用的管理经济的办法。例如，不久前费恩斯坦和雷达威还特地提出，利用财政调节，减少税收，刺激私人投资，实行扩张，对七十年代末至八十年代初

① 琼·罗宾逊："经济理论的第二次危机"，载《美国经济评论》，1972 年 5 月。

的英国经济是十分必要的。[①] 尽管他们指出这种调节着重的是中期经济增长，而不是微调，但实质上仍是凯恩斯式的需求管理的老办法。[②] 为什么需求管理仍被抓住不放？可以从以下四个方面进行分析。

第一，在信奉凯恩斯经济学的人看来，尽管需求管理解决不了多种经济政策目标之间的协调问题，应付不了通货膨胀—失业并发症、国际收支危机和经济效率下降等问题，但作为一项基本的政策手段，不妨用于单独应付失业状况过度恶化或通货膨胀率大幅度上升。按照凯恩斯经济学的观点，失业状况恶化的原因在于总需求的不足，如果其他条件不变，那么只要刺激需求，就可以增加失业，从而需求管理未尝不是应付失业的手段。同样的道理，如果通货膨胀的原因被认为是由于出现了过度需求，并且如果其他条件不变，那么只要压缩需求，就可以抑制通货膨胀，从而需求管理未尝不是应付通货膨胀的手段。正因为如此，所以尽管还可以设计出各种办法来应付多种经济政策目标之间的矛盾及其造成的问题，还可以制定各个不同的措施来处理各种并发症，但在单独应付失业时，或在单独应付通货膨胀时，据说至今还没有找到一种比需求管理更有用的代替物。英国政府认为，运用手中的财政政策和货币政策来调节需求，不问长期效应，也不考虑其他副作用，从短期效应来看，仍是有效的。

---

① 费恩斯坦(C. H. Feinstein)和雷达威(W. B. Reddaway)："石油输出国组织盈余、世界性衰退和英国经济"，载《密德兰银行评论》1978年春季号，第19页。

② 同上书，第18页。

第二，需求管理作为应付失业这一单独的问题（即服务于充分就业单一目标）的手段，以及作为应付通货膨胀这一单独问题（即服务于价格稳定单一目标）的手段，在英国政府看来，不仅是有用的手段，而且也是方便的手段。它之所以被认为是方便的手段，因为需求管理的做法是指政府对手中的财政政策和货币政策的运用。财政政策的运用，无非是增税或减税，增加政府支出或减少政府支出，发行公债以弥补财政赤字等等。货币政策的运用，无非是调整商业银行法定储备率，调整贴现率，公开市场买进或卖出政府债券等等。虽然在实行需求管理过程中，人们逐渐发现某些措施并不如想象中那样灵活，例如增税比减税要困难些，减少政府支出不如增加政府支出那样容易，以及调整商业银行法定储备率的震动太大等等，但需求管理一套做法基本上还是方便的，政府只需根据市场状况，判断究竟是应当刺激需求还是应当压缩需求，从而作出相应的抉择。而对英国来说，政府在需求管理中侧重于财政手段来进行调节，还有其特殊的原因。这是因为英国国会制度授予财政大臣迅速实行变动税收的机动处置权，不仅在年度预算期间可以这样变动，而且自1959年以后，在跨年度的预算之间也可以机动地变动税收。这样，英国的财政调节方式对于实行需求管理的政府当局来说，还是比较方便的。[①]

无论实行财政政策还是实行货币政策，总之，主动权被认为掌握在政府的手中，这里不需要私人企业主采取主动的措施（与人力

---

① 戴维·沃尔斯维克：“需求管理终结了吗?”，载《劳埃德银行评论》，1977年1月。

政策不同），不需要同其他国家采取联合一致的行动（与对外经济关系的调整措施不同），也不需要同企业主、工会双方进行协商，以便在实施过程中减少某些阻力（与收入政策不同）。中央银行一旦作出放松或抽紧市场货币供应量的决定，并且照此办理，私人企业主只有接受这一既成事实。政府当局一旦获得了增税或减税的权限，采取税收的调节，或者政府当局一旦决定增加政府支出或减少政府支出，并付诸实施时，社会也只有按照这种新规定去做。既然需求管理能有这样一些方便之处，政府为什么会轻易地放弃它们呢？

微调作为一种具体执行需求管理中的财政政策和货币政策的方式来说，它之所以被政府经济决策部门所喜爱，也正在于它给予政府相当大的主动性或机动处置能力。困难在于调节的时机掌握上。它可能引起失误，但这被认为是次要的。沃尔斯维克对此曾这样写道："每个地方的一切波动都由政府管理失当所引起，这在理论上是可能的。我本人并不相信这一点，但如果确是如此，那就会把英国财政部的经济学家抬到他们这一行的顶点了。……这并不是说需求管理的做法从未引起过紊乱或者从来不曾造成技术性的错误，例如掌握时机方面的错误。"[①]但他认为，今后也许财政政策和货币政策能被更熟练地实行，这主要是一个微调的经验问题。

第三，需求管理作为应付失业或应付通货膨胀的一种政策手段，不仅被英国政府认为是有用的（指服务于某个单一目标而言）、

① 戴维·沃尔斯维克："需求管理终结了吗？"，载《劳埃德银行评论》，1977 年 1 月。

方便的（指主动权掌握于政府手中而言），而且也被认为是应急的手段。这就是说，在政府看来，尽管经济政策目标是多种多样的，但它们的轻重缓急不同。有的经济政策目标固然重要，但万一达不到这一目标，对政府本身的威胁还不是太大，从而被认为是可以稍缓的。资源有效配置目标就是其中之一。也有的经济政策目标在未能达到时，可能对经济造成较大的损害，但假定这时可以通过其他的办法来弥补一下，也还不至于立即构成对政府本身的威胁。国际收支平衡、经济增长之类的目标就是如此，因为国际收支危机，可以用牺牲国内黄金外汇储备来弥补；经济增长放慢或经济停滞，短期内也不会酿成大的动荡。在这些经济政策目标中，唯有充分就业目标被认为最为紧急。英国自从三十年代经济危机期间出现大规模失业之后，政府一直把这一经历记住，认为战后无论如何不应当再重演三十年代的大萧条。充分就业作为政府的施政方针，被工党和保守党所奉行。在政府看来，一旦失业率达到社会所不可容许的限界了，就必须尽一切力量来消除这种现象，以免威胁到政府本身的统治。另外，过高的通货膨胀率也被认为是使社会无法容忍的。过高的通货膨胀率使社会上靠固定货币收入为生的人的实际收入显著减少，它所牵涉的面是非常广泛的。职工、消费者、养老金获得者等等都是直接受害者。特别是工会以过高的通货膨胀率为理由而要求增加工资的斗争，可能影响政府的地位。这样，在各个经济政策目标中，继充分就业目标之后，在英国，价格稳定（说得更确切些，应当是抑制过高的通货膨胀率）目标被认为是又一个紧急的任务。头痛医头，脚痛医脚，多种病症并发条件之下，英国政府既然拿不出有效的办法来一揽子解决这些疑难病症，那就只有采取应急的措施，首先解决社会上过多失业的问题，并在必要时着手解决抑制过高的通货膨胀率的问题，其余目标就暂时顾不得了。按照这种想法，需求管理仍不失为一种好的“处方”，好就好在可以“大剂量”使用，从而较快“见效”。尤其是在大选的年份，这一点可以看得更加清楚。[①] 至于这种“大剂量”施用所产生的后果，那也暂时顾不上了，先把难关度过去再说，将来的困难留给将来去解决！在英国的政治和经济刊物上常常使用这样两个字来形容这一些：muddle through，意思是指，经过一阵波折，困难终于应付过去了。需求管理被认为是有助于把困难应付过去的方法：在失业者过多时，可以使他们减少一些；在物价上涨太快时，可以使它放慢一些。

不久前，弗雷和施耐德曾进行了这样的研究。据他们的研究，英国执政党与反对党相比，在受支持方面的领先程度受到经济状况的有力影响：通货膨胀率每增加1%使得其领先程度下降0.6%左右，失业每增加1%使得其领先程度下降6%左右，而居民可支配实际收入每增加1%则使得领先程度增加0.8%；如果执政党的领先程度降到临界水平之下，政府就要减少税收和扩大支出，以争取选民的支持。[②] 即使弗雷和施耐德所计算的上述数字不可能成为可靠的依据，但英国经济状况对大选过程中执政党政策的影响仍然不可忽视。所以说，需求管理还是被执政

① 保罗·莫斯莱(Paul Mosley)：“走向‘满意’的经济政策理论”，载《经济学杂志》，1976年3月，第70页。

② 弗雷和施耐德：“英国的政治—经济模型”，载《经济学杂志》，1978年6月，第250—251页。

党认为有用的。只要需求管理有这种用途,执政党就不可能抛弃它。

第四,需求管理虽然被认为不足以应付通货膨胀—失业并发症、国际收支危机、经济停滞、经济效率降低等多种病症,但却被认为是有助于创造解决上述这些病症的前提。或者说,需求管理所需要解决的问题,被认为是解决上述各种病症的基础。一方面,应当了解到某些经济政策目标之间固然有矛盾和冲突,但也有一定程度的相互促进、协调之处。例如,在一定的情况下,就业可以随着产量的增加而增加,也就是说,就业可以随着经济增长而增加。又如,在一定的情况下,国际收支顺差可以在就业增加和经济增长过程中实现,以出口带动经济增长既可扩大国内的就业,又可以保持国际收支的均衡。因此,只要需求管理方式被英国政府认为掌握得恰到好处,它能作为解决“英国病”的一个出发点,即靠它来使某些经济目标(不是一切经济目标)互相协调。另一方面,从理论上说,按照凯恩斯经济学的解释,国民经济管理的基本公式是使一国的消费与投资总额和与一国生产要素收入之和相适应。需求管理正是为了实现这一点。对外贸易是对这一基本公式的补充,即在需求和供给两边分别加上出口与进口额,从而在封闭经济的基础上扩展为开放经济的公式。同时,需求管理所要解决的是短期的任务,而不是长期的任务;它进行的是短期分析,而不是长期分析。长期分析中,必须考察供给问题,即生产要素收入问题。但短期分析应当是长期分析的基础,需求分析也应当是供给分析的前提。按照这种看法,一个资本主义国家,如果没有需求管理作为前提,管理供给和各生产要素的收入将是困难的。而经济资源的有效配置、经济效率、经济增长率等,则是供给方面的问题,只有在需求管理的基础上,或者至少是在管理供给与管理需求相配合的前提下,实现经济资源有效配置、提高经济效率、加快经济增长等才有可能。同样,如果没有需求管理,要管理进口和出口额,管理国际贸易差额,也是困难的。尽管英国与美国不同,对外贸易在国民经济中的作用要比美国大得多,但国内经济始终是英国经济的基础,对外贸易是在这一基础上进行的。

从以上四个方面来看,在"英国病"加重的现阶段,由于需求管理仍然被看成是服务于失业或通货膨胀单一目标的有用的政策手段、主动权掌握于政府手中的方便的政策手段,可以"大剂量"使用以便迅速见效的应急的政策手段、为调节供给和管理对外贸易提供前提的基础性的政策手段,所以它至今并未遭到英国政府的否定。[①]

3. 从需求管理的角度来理解停停走走全过程

如果我们了解到以上四个方面的问题,那么我们也就容易理解这样一点,即停停走走(stop-go)在某种意义上,不仅仅是英国经济现状的一种描述,而且还能被看成是英国政府的有意识的、有目的的政策行动,以及这种政策行动所必然造成的结果。

如果把松的财政与货币政策同货币贬值措施的效应结合起来

---

① 斯图尔特(M. Stewart):《1964 年以来的英国政治和经济政策》,牛津,1978 年,第 3 页。

考察，那就可以更清楚地了解需求管理的这一特色。按照需求管理的设计，松的财政与货币政策和货币贬值措施对失业率和国际收支的效应如下：

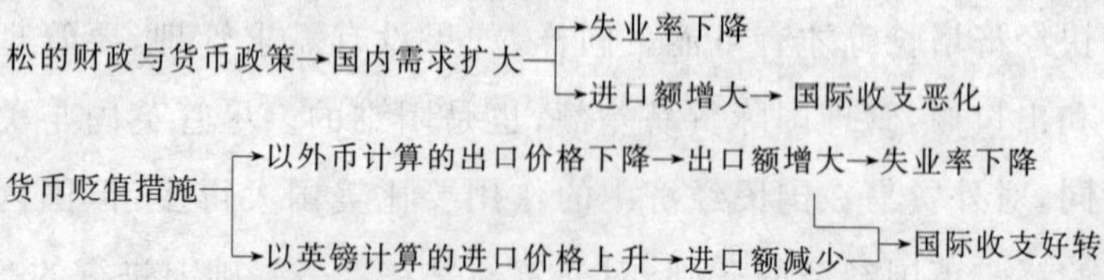

可见，松的财政与货币政策能降低失业率，但使国际收支恶化；而货币贬值措施能降低失业率，但却使国际收支好转。假定暂不考虑货币贬值在降低失业率和促使国际收支好转的同时，还可能引起的其他国家的报复活动等后果的话，那么松的财政与货币政策和货币贬值措施的结合施用，必然会导致英国经济有规则地呈现停停走走的局面。

在结合使用松的财政与货币政策和货币贬值措施时，可以有两种做法，一是先实行松的财政与货币政策，然后采取货币贬值措施；另一是先采取货币贬值措施，然后实行松的财政与货币政策。两种做法的经济效应是相似的。

先考察第一种做法。

假定需求管理从失业与国际收支盈余并存的条件下开始。为了应付失业，政府实行松的财政与货币政策，此后所发生的一系列连续的变化如下：

①　实行松的财政与货币政策后，失业状况有所好转。

②　但在失业尚未消除之时，国际收支状况将恶化。原有的国际收支盈余消失了，可能还会出现国际收支赤字，即这时将是失

业与国际收支赤字并存。

③　继续实行松的财政与货币政策，使失业终于消失。但国际收支状况继续恶化，国际收支赤字增大。这时出现的是充分就业条件下的巨额国际收支逆差。

④　由于连续实行松的财政与货币政策的结果，这时发生了通货膨胀。因此，尽管达到了充分就业状态，这时将是通货膨胀与巨额国际收支逆差并存。

⑤　于是采取货币贬值措施，使国际收支状况好转。通过这一措施，有可能消除国际收支赤字。

⑥　尽管消除了国际收支赤字，但通货膨胀仍存在，于是实行紧的财政与货币政策。

⑦　紧的财政与货币政策的实行，有可能使英国经济达到这样一个境界，即：既无通货膨胀，又维持充分就业，并使国际收支保持盈余（因为货币贬值措施仍发生作用）的境界。对于英国经济的决策者说来，这一境界通常被认为是最合乎理想的。

⑧　但这一理想境界是很难达到的，而且即使达到了，也难以保持，因为在通货膨胀消失或尚未完全消失的同时，失业就出现了。于是英国经济又恢复到按这种做法进行的需求管理开始前的状态——失业与国际收支盈余并存的状态。

⑨　这样就需要重新采取松的财政与货币政策，以应付失业。上面提到的①→⑧的全过程又重演了。

上面提到的①→⑧的全过程表明：松的财政与货币政策与紧的财政与货币政策交替实行的过程中，英国经济被有意识地置于停停走走的状态。执行松的财政与货币政策的过程称为“走走”；

执行紧的财政与货币政策的过程称为“停停”。

再考察第二种做法。

假定需求管理从失业与国际收支赤字并存的条件下开始。为了应付失业和国际收支赤字，政府采取货币贬值措施，此后所发生的一系列连续的变化如下：

①　采取货币贬值措施后，出口额可以增大，从而失业率下降，国际收支状况则逐渐好转，使之转为顺差。

②　失业率的下降使工资成本上升，从而使出口不易；而国际收支的顺差，则使得英镑实际上已经升值，继续靠增加出口来扩大就业将遇到困难。假定这时失业率虽已减少，但尚未达到充分就业水平。因此，又需要实行松的财政与货币政策来进一步消除失业。

③　松的财政与货币政策实行后，经济可能进入高涨阶段。失业率继续减少，甚至可以出现充分就业状态。这种情况也被英国政府认为是比较理想的。

④　但实际上，往往在临近充分就业之际，不可避免地出现了通货膨胀局面。与此同时，在失业率继续减少或临近充分就业之际，英国出口的困难也增大，国际收支又会出现逆差。所以这时出现的将是通货膨胀与国际收支赤字并存的情况。

⑤　在通货膨胀压力下，英国政府转而实行紧的财政与货币政策。

⑥　紧的财政与货币政策实行后，通货膨胀被抑制下来，但失业率却增大了。英国经济又恢复到按这种做法进行的需求管理开始前的状态——失业与国际收支赤字并存的状态。

⑦　这样就需要重新采取货币贬值措施，以应付失业与国际收支赤字的并存。上面提到的①→⑥的全过程又重演了。

这一切同样表明，停停走走既是对英国经济状况变化的描述，也是英国政府有意识地采取需求管理的结果。

总之，需求管理尽管有前面提到的局限性，并且不断地受到一些人的批评，但由于它既方便易行，又能供应急之用，所以它不会被抛弃。只要需求管理不被抛弃，英国经济的停停走走也就不会结束。今后，看来英国政府将继续运用过去一段时期已经用惯了的财政政策和货币政策，进行需求管理。这就是沃尔斯维克在1977年所说的：在英国，“过去的教训并非需求管理不曾起作用。它起了作用——但还不够。重要的是，不要抛弃它，而是要用补充的管理手段来支持它。”[①]

第三节　凯恩斯经济学和货币主义的接近

需求管理中的宏观财政政策和宏观货币政策虽然至今依旧被赋予一定的重要性，但是，经过近十年来关于需求管理效应的争论，特别是来自货币主义的相当苛刻的指责，需求管理这种做法本身是否多多少少也发生了一些变化？英国政府中坚持需求管理的人们是否多多少少也接受了来自货币主义的批评意见和有关建议，从而使需求管理的运用更适合英国政府保存需求管理的目的和要求呢？

---

①　沃尔斯维克：“需求管理终结了吗？”，载《劳埃德银行评论》，1977年1月。

为了说明货币主义在英国的影响及其对需求管理的指责所在，有必要先把货币主义的理论和政策主张简单地说明一下。

1. 货币主义的基本论点

从理论上说，货币主义的基础就是货币数量论。按照欧文·费雪的货币数量论的表述方式，以 M 表示货币流通量，V 表示货币流通速度，T 表示国民生产总量，P 表示国民生产总量的平均价格，则 MV=PT。在 T 为既定的条件下，如果 V 是比较稳定的，则 P 随着 M 的增减而升降。于是货币流通量 M 被看成是决定物价升降的主要因素，也就是经济中的有决定性意义的因素。按照庇古的货币数量论的表述方式，以 M 表示货币供应量（它与货币流通量是一回事），Y 表示实际的国民收入，P 表示平均价格，K 表示人们手头持有的货币在收入中所占比例，则 M=KPY。在 Y 为既定的条件下，如果 K 是比较稳定的，则 P 同样随着 M 的增减而升降。于是货币供给量 M 仍被看成是决定物价升降的主要因素，也就是经济生活中的有决定性意义的因素。货币主义的理论建立在这种传统的货币数量论之上。

在货币主义看来，从货币作为经济生活中有决定性意义的因素这一点来说，资本主义市场经济就动态方面而言是趋向于稳定的。市场经济本身并不产生可以导致长期不稳定的因素。这是因为，货币流通速度（V）或人们手头持有的货币在收入中所占比例（K）是比较稳定的，M，P，Y（或 T）这三个变量之间有一种自行调整、走向新的均衡的趋势。市场经济会根据货币数量（M）的变化而在价格(P)上作出反应,而物价上的调整又会相应地反映于生产,使生产的调整不会延续很长时间。因此,只要保持稳定的货币数量,或者说,只要货币供给量能按一种稳定的比率增加,价格的波动就不会是突然的,而产量所受到的冲击也就不会是显著的。

这里所涉及的是一个与传递机制有关的问题。按照货币主义的论述,货币、其他金融资产、不动产、消费品等的相对价格就是把货币因素的作用传递到经济中各个部门的机制。如果货币供给量增大了或减少了,相对价格就会发生变动,决策者就会改变自己的支出格局,产量也会受到影响。按照这种解释,利息率(借贷成本)的影响被认为是次要的。

至于菲利浦斯曲线关系,被货币主义认为是长期之内不存在的,至多它只是一种暂时的现象。菲利浦斯曲线学说的主要缺陷,在货币主义看来,就在于它未能把名义工资与实际工资分开,未能估计到工人对价格的预期引起的重要作用。既然菲利浦斯曲线关系被认为并无理论上的依据,所以依靠需求管理来抑制通货膨胀、消除失业、稳定经济的做法也就是徒劳无益的。

货币主义还认为,经济中的失业率是与实际工资率联系在一起的。在任何时候,经济中都存在着与实际工资率相适应的一种均衡的失业率,这种与实际工资率相适应的均衡的失业率,也就是使得劳工供给与对劳工的需求处于均衡状态的实际工资率水平上的失业率,就是自然失业率。即使达到了经济均衡的水平,这种失业率仍然有可能存在。需求管理不可能使它消失。

假定存在着较高的失业率,政府于是采取需求管理方式,用松的财政—货币政策把失业率降低一些,那么整个过程将是这样的:

(1)松的财政—货币政策实行后,通货膨胀率加大了。通货膨胀率的加大意味着实际工资率的下降,于是雇主感到有利可图,他们便扩大生产。这样,失业率就能够有所下降。较高的通货膨胀率可以伴随着较低的失业率。

(2)通货膨胀率加大后,工人们不可能长期察觉不到实际工资率的下降。一旦他们察觉到这一点,他们就会拒绝再按现行货币工资率受雇,而要求货币工资率有较大幅度增长,以弥补通货膨胀的损失。于是货币工资率上升,雇主感到不再有利可图,生产收缩,失业率又回升到原来的水平。这时较高的通货膨胀率和较高的失业率并存。

(3)政府再一次实行松的财政—货币政策,即以更高的通货膨胀率来换取较低的失业率。于是上述过程重演一次。

(4)工人终于再一次发现实际工资率下降,而要求提高货币工资率。这时,更高的通货膨胀率和较高的失业率并存。

由此可见,在实行需求管理后,尽管通货膨胀率不断上升,但失业率却一直维持于一定的水平上。这表明:在这种情况下的失业率,即暂时虽然下降,但不久就恢复原状的失业率,就是自然失业率。

根据以上的理论解释,货币主义认为资本主义市场经济无需国家进行需求管理,特别是不必要采用财政干预方式。这种干预方式被认为只可能使市场机制失去作用,使通货膨胀变得更加严重,而无益于失业率的真正下降。换句话说,货币主义相信:资本主义市场经济具有自行调整以维持长期均衡的作用,政府的干预只可能使经济变得更坏。因此,货币主义是经济自由主义思潮的表现。

至于需求管理中的货币调节措施，货币主义从自己的理论出发，也有一套不同于凯恩斯经济学的看法。按照货币主义的论述，用调节利息率来稳定经济，是一种无效的管理方式，因为那种寄希望于调整利息率来稳定经济的主张建立在这样一种假定之上，即认为一旦利息率降低，人们就不愿意储蓄，而愿意投资，于是经济就会受到刺激，摆脱停滞，走向高涨；反之，一旦利息率升高，人们就不愿意投资，而愿意储蓄，于是投资活动将减少，经济扩张就受到抑制，通货收缩现象就会出现。但货币主义把这种情况仅仅看成是一个过程的开始，而不是过程的结束，因为当利息率下降而引起投资增加后，收入也将增加，而收入的增加不仅使得人们增加了对货币的需求，而且还刺激物价上涨，使流通中的实际的货币量减少。对货币需求的增加和流通中的实际的货币量的减少造成了货币供不应求，利息率就会上升。这就抵消了货币当局降低利息率以稳定经济的努力。所以，它认为低利息率有可能导致银根的紧缩，即导致货币供不应求；高利息率则有可能导致银根松动，即导致货币供大于求。这种实际情况恰恰与需求管理部门的预料相反。可见，利息率的变化很可能把人们引入歧途。

货币主义不主张实行以调整利息率为内容的货币政策，但这并不等于否定货币政策的作用。在货币主义看来，货币政策能够给经济提供稳定的货币，提供稳定的经济活动的背景，使得货币起到润滑油一般的作用，而关键就在于使货币供应量保持稳定的增长率。这只有运用稳定货币供应量增长率的货币政策才能达到。货币供应量增长率相对稳定的时期，被认为就是经济活动相对稳定的时期。如果采取调整利息率的办法，那么，货币当局不仅稳定不了经济，而且还会使经济处于大起大落、急剧摆动的状态。

以上就是货币主义的基本论点。现在我们看一下它对“英国病”的处方。

2. 货币主义对“英国病”的处方

前面曾经指出，第二次世界大战以后，在英国财政部等经济决策部门担任重要职务的官员是凯恩斯经济学的信徒。他们实行的是以财政调节为主的需求管理措施。至于货币政策（以调节利息率为内容的货币政策），则被认为是次要的。在凯恩斯看来，财政调节与货币调节相比，除了能直接影响经济而外，在英国的条件下还有另一个优点，这就是：由于英国经济的开放程度较高，英国在国际金融中占据重要的地位，如果英国强调降低利息率，那就会使国外向英国借贷的数额增大，加速资本外流；而实行财政调节时，如果英国政府需要资金，则不愁向国外市场借不到钱。[①] 五十年代以后，流行于英国的仍是这种看法。英国财政部认为财政政策（尤其是税收政策）几乎在各方面都优于货币政策。[②] 而货币政策中所采取的主要是调整利息率的政策以及英格兰银行在公开市场上买进和卖出政府债券，以影响货币的供求，从而影响利息率的政

① 凯恩斯在芝加哥的哈里斯基金圆桌会议上的发言，载《失业是一个世界性问题》，芝加哥，1931年，第303页。

② 里特尔（I. M. D. Little）：“财政政策”，载沃尔斯维克和艾迪编：《二十世纪五十年代的英国经济》，牛津，1962年，第251页。

策。英格兰银行长期对货币主义的货币政策主张不感兴趣，主要出于以下考虑。

第一，它着重于维持政府担保的证券的价格稳定性，这样就不得不与控制货币供应量的打算相抵触，因为要维持这些证券价格的稳定性，英格兰银行必须随时抽紧银根或放松银根。

第二，它相信对货币的需求是较不稳定的，所以把利息率和信贷情况看作比货币供应量更好的指示器。

第三，它相信支出对于货币政策是很不敏感的，也就是说，货币供应量的增减对支出变动的影响是不明显的。①

英国当局对控制货币供应量这种做法的效力的怀疑，在英国赖德克莱夫委员会报告（1959 年）中达到了顶点。报告认为货币政策对支出的影响十分有限，如果要试图利用货币政策的话，那么也应当影响整个金融市场的头寸，而不是影响货币的数量。② 因此长时期内，货币主义学说只是在某些大学讲坛上和刊物中得到传播。英国的著名货币主义者莱德勒（D. E. W. Laidler）、帕金（J. M. Parkin）、沃尔特斯（A. A. Walters）长期以曼彻斯特大学和伦敦经济学院作为宣传货币主义学说的阵地。他们对英国政界的影响不是很显著。

六十年代中期以后，随着需求管理暴露的问题越来越明显，货币主义对凯恩斯经济学和英国财政部的政策的批评也就越来越尖锐。大约在六十年代末，货币主义学说部分地直接来自芝加哥大

① 纽林和波特尔：《货币理论》，第 3 版，牛津，1978 年，第 173 页。

② 同上书，第 174 页。

学，部分地来自国际货币基金的官员，在英国发生了较重要的影响。[①] 英国货币主义者们主要根据弗里德曼的货币理论和英国经济的具体情况，提出自己的观点和政策建议。可以把这种观点和政策建议概括为以下五点：

第一，英国的货币主义认为，造成通货膨胀的基本原因是公共经济在国民经济中所占的比重过大，政府开支过多，而政府收入却远远不能弥补支出，由此造成的财政赤字使得市场上货币流通量过大，这样，货币过多引起了通货膨胀。

第二，英国的货币主义认为，要想依靠通货膨胀来减少英国经济中的失业是困难的，因为这些失业者中许多人缺少就业能力，经济中缺少足以容纳这么多失业者的工作岗位，这样，不管政府怎样扩大开支，除了继续刺激物价上涨外，不可能使失业率有明显的减少。如果一定要通过财政措施使这些人就业，那么不仅经济效率会大大下降，而且财政负担会达到不能忍受的地步。

第三，根据以上两点，所以英国的货币主义者认为，英国政府的财政政策不仅不是医治通货膨胀和失业的良策，而且是使正常的经济活动受到损害的手段。因此有必要中止依靠赤字财政来刺激总需求的做法，而力求实现政府预算的平衡（主要削减政府的各项开支），制止超过国民经济增长需要的货币供应。

第四，英国的货币主义者认为，就英国经济的具体情况而言，货币供应量的调节政策对于制止英国的过高的通货膨胀率还是有

---

① 蒂尤(J. H. B. Tew)：“货币政策”，载白拉卡贝编：《英国经济政策，1960—1974》，剑桥大学出版社，1978年，第234—235页。

效的，但这一政策的效应反应比较缓慢，大约要有一年半到两年的时间间隔。这就是说，一次扩大货币供应量后，可能要一年半到两年之后才使经济获得扩大货币供应量的效应。因此，即使不依靠需求管理中的宏观财政政策，而只运用需求管理中的调节货币供应量的宏观货币政策，也不能使英国经济达到需求管理的目的。为此，在运用宏观货币政策时，就不能像在需求管理中那样靠阵发性的时松时紧的调节货币供应量的做法，而只能是有计划地、稳定地增加货币供应量，即按照经济增长率的一定比例来稳定货币供应量增长率，以收到逐渐使经济趋于稳定的效果。如果能做到这一点，那么在消除政府的财政干预和保证市场经济发挥作用的前提下，通货膨胀就会自然而然地渐渐缓和下来。①

第五，对于英国的失业问题，英国的货币主义者认为，要承认较高的失业率是不可避免的，并且如果想靠财政调节（如扩大政府开支）来消除失业，那是办不到的。在采取稳定货币供应量增长率之后，一定时期内仍然可能保持较高的失业率。那么英国的失业问题将如何解决呢？那只有依赖较长时期内经济本身的自动吸收就业的能力的恢复，即只有维护自由市场机制的作用，让经济从受国家干预和由此造成的破坏之下恢复过来，让经济有一个“健全的货币制度”，这样，经济本身才会产生自动吸收就业的力量。久而久之，除了那些实在没有就业可能的人以外，一部分失业者是会找到工作的。

---

① 帕金："英国通货膨胀正走向何处？"，载《劳埃德银行评论》，1975年7月，第5—6页。

这些就是英国货币主义的观点和政策建议。从理论上说，它代表的是相信资本主义经济有能力自行调节的反干预主义倾向。这种理论实际上与三十年代经济危机前流行于英国和其他主要资本主义国家的经济自由主义学说同样错误，即否认资本主义基本矛盾的存在，否认英国经济中的各种病症的根源是制度方面的，是由历史原因所形成的。它片面地强调货币因素在经济活动中的作用，错误地把资本主义国家的通货膨胀归结为货币流通量过多的结果。因此，理论上的错误必然使货币主义只可能得出下述不可信的结论，似乎一旦恢复三十年代经济危机以前那种基本上不需要资产阶级政府对经济进行调节的局面，战后英国的通货膨胀就会消失，只要不再对英国经济进行需求管理，不再进行财政干预或时松时紧的货币调节，“英国病”似乎就可以缓和下来，甚至消失。这种结论显然是完全违背英国经济的真实情况、歪曲二十世纪英国经济发病的原因和过程的。如果说凯恩斯主义者在对待“英国病”时，多少还承认英国经济中本来就已存在的严重问题，从而不得不采取加强国家干预的方式来寻找对策的话，那么货币主义者在对待“英国病”时，却采取回避历史与现实的手法，不承认英国经济中存在这种或那种矛盾，而认为自由市场经济的作用本身就可以使英国经济趋于协调。这是一种粉饰资本主义制度的滥调。从这个意义上说，货币主义比凯恩斯主义“保守”一些。

3. 怎样看待货币主义对英国政府需求管理措施的指责

“英国病”既不是凯恩斯主义一贯鼓吹的需求管理所能医治得

了的,也不是用货币主义者所建议的那套放松干预、仅仅有计划供应货币量的做法所能缓和或消除的。安东尼·班布里奇曾打了一个形象化的比喻。他说:"我有时似乎感到货币学派和凯恩斯学派很像《格利佛游记》中的大人国里和小人国里的人,从两个极端观察同一个问题。"[①]这个比喻从这样一个意义来说是恰当的,即两者都不能对"英国病"作出正确的诊断,也都提不出正确的处方。英国经济既不能靠信奉凯恩斯经济学的经济决策者们的办法来摆脱困境,也不能靠货币主义理论家们的主张来稳定。但能不能认为货币主义对需求管理或对英国战后一套凯恩斯式做法的指责也有其可取之处呢?能不能认为货币主义的批评也有击中凯恩斯主义的弊病或击中英国战后经济政策的弊病之处呢?这一点仍是需要承认的。至少在以下三个方面,货币主义的批评和指责是有意义的。

第一,虽然英国的货币主义者自己并未给英国经济的病症作出正确的诊断,但他们却能发现英国政府中的决策者们根据凯恩斯经济学对英国经济病症所作的诊断是错误的。简言之,据货币主义者的判断,英国经济的病症不在于缺少精确的需求管理,不在于自由市场经济本身无法使总供给与总需求趋于一致。货币主义者认为,战后英国政府之所以热衷于通过政府的财政干预来管理经济,正是从这一错误的诊断出发的。应当说,货币主义对凯恩斯主义的上述指责还是有道理的。

第二,对"英国病",货币主义者开不出正确的处方。希克斯的

① 安东尼·班布里奇:"通货膨胀",载《观察家报》,1974年9月29日。

这一段评论很说明问题。他说：“就英国而论，所有一切困难都是尖锐的。……对于这样一种困难，绝不可能有简单的答案。通过提供任何一种比较简单的措施去探求解决问题的办法都会是灾难性的”。[①] 他由此批评英国的货币主义者：“很难令人相信，单独采取的货币主义药方能够算是一个答案。由于实际工资阻力没有减少，所以不管是通过货币抑制，还是通过削减政府开支，需求的人为收缩都必定导致失业的大量上升。”[②]但货币主义者在发现凯恩斯主义者诊断错误的同时，毕竟也发现了凯恩斯主义者的处方的错误。货币主义者认为，以扩大政府支出和制造财政赤字作为医治失业的主要手段，或以紧缩政府支出和通货收缩作为抑制通货膨胀的主要手段，都是加重病情和使病情复杂化的处方，所以需求管理的处方是拙劣的。货币主义者的这一指责也是有道理的，尽管他们自己的处方丝毫不比这种处方高明。

第三，就个别问题的分析，特别是就它对凯恩斯主义的批评来看，货币主义关于货币政策效应和对资本主义市场机制作用的论点中，仍有某些可取之处。例如，根据英国经济的实际情况，可以认为，在资本主义经济运行中，不能轻视市场对于资源配置的调节作用，不能忽略货币因素的作用，不能不注意到货币供应量增减对于经济活动的影响的时间间隔。[③] 虽然货币主义者夸大了上述这些作用和影响，但只要不是过分夸大这些作用和影响，而是适当地

---

① 约翰·希克斯：“货币主义的错误是什么?”，载《劳埃德银行评论》，1975年10月。

② 同上。

③ “走向凯恩斯派的弗里德曼主义”，载《经济学家》，1978年6月17日，第38页。

注意到它们,那么这并不一定就是错误的。尽管货币主义在这方面的论述不能与它的整个理论体系、它的整个政策措施建议分割开来,但由于这方面的论述正是英国的财政部官员所忽视的,所以货币主义的意见多少仍有些道理。这就是说,货币主义总的说来不可能为英国经济设计出一条摆脱困境的道路,但它对资本主义市场机制作用的某些分析和对货币问题的某些观点,却比英国的凯恩斯主义者的看法要更符合英国经济的实际情况。

4. 货币主义的论点在何种程度上能被英国政府所接受

在这样的前提下,通过货币主义同凯恩斯主义的争论,通过货币主义理论家对需求管理的批评和指责,通过货币主义对市场机制和货币作用的表述,英国的凯恩斯主义和货币主义有一种在理论上和政策主张上接近的趋势。这一过程是从1971年开始的。[①]这正是"英国病"激化,通货膨胀与失业并发症暴露得日益明显的时刻。需求管理在应付通货膨胀—失业并发症方面的无能为力,开始被英国政府中的经济决策者们所承认。要否定或抛弃需求管理,在现阶段的英国是不现实的,因为在上一节中我们已经谈到,对英国政府而言,由于需求管理仍被看作是方便的、在某些方面是有效的政策手段,所以仍旧被政府所喜爱。既然如此,那么在继续保持需求管理时,英国政府能够做到的,只能是这样一点,即接受货币主义对需求管理的某些批评意见,从货币主义的论点和政策

① 纽林和波特尔:《货币理论》,第3版,牛津,1978年,第183页。

建议中吸收某些被认为有用的成分，给需求管理以修订或补充。货币主义者认为这已经是自己的理论上的局部胜利，而凯恩斯主义却不认为这是需求管理的抛弃或凯恩斯主义影响的消失。凯恩斯主义与货币主义的接近，是当前在英国可能实现的国家干预主义和经济自由主义两大资产阶级经济思潮的折中的结果。

应当指出，这决不意味着英国凯恩斯主义信徒和货币主义信徒会在一切问题上趋于一致。两派的接近主要是在两个方面，一是关于货币因素的作用问题，另一是关于市场对于资源配置的调节作用问题。

关于货币因素的作用问题，货币主义一直强调货币是唯一重要的因素，而批评凯恩斯主义只重视收入因素，忽略货币因素，从而只着重财政政策，轻视货币政策，并在货币政策中，只着重利息率调整，轻视货币供应量本身的调整。在凯恩斯主义与货币主义相接近的过程中，英国的一些凯恩斯经济学的研究者、评论者和追随者却不断声称凯恩斯本人从未贬低货币因素的作用和货币政策的影响。他们认为，无论从凯恩斯在《就业利息和货币通论》一书发表前的若干最重要著作来说，还是就《就业利息和货币通论》一书本身的内容而言，凯恩斯都是重视货币因素的作用的，而且也把通货管理作为影响社会经济活动的一个有效的手段。① 华尔特·艾尔提斯就说过："关于凯恩斯始终认为货币起重要作用这一点，

① 华尔特·艾尔提斯："凯恩斯派传统教义的失败"，载《劳埃德银行评论》，1976年10月。

怎样强调也不能算过分。”[①]他认为，正是英国财政部丢掉了凯恩斯这一教义。[②]

值得注意的是，现在，连接近英国财政部的英国凯恩斯派有些人也开始以凯恩斯本人的作品作为依据了。这意味着他们认为自己现在接受货币主义有关货币问题的某些论点时，并不是向货币主义屈服，而只不过是表明凯恩斯本人早已有言在先，现在是更忠实于凯恩斯的经典著作，发挥凯恩斯原有的观点。根据这种解释，货币因素应当被赋予重要的作用（即使不是唯一重要的因素），货币政策的运用可以对经济活动产生巨大的影响（这并不排斥对财政政策运用的必要性），货币供应量的多少是不可忽视的（究竟是通过利息率调整来增减货币供应量，还是通过对货币发行额和信贷额的直接控制来增减货币供应量，这个问题可以暂且撇在一边）。这就是事实上正在形成的新宏观经济政策的理论依据，而这种新宏观经济政策（财政政策与货币政策并重，在货币政策中，利息率调整与对货币发行额、信贷额的控制并重）正是凯恩斯主义与货币主义接近后的产物。

关于市场对于资源配置的调节作用问题，也是货币主义一贯强调的。货币主义认为凯恩斯主义只着重国家的干预，而忽视市场的调节，只着重政府管理经济条件下收入总量的变动，而忽视自由市场机制仍然保持着通过价格升降来使资源达到合理配置的巨

---

① 华尔特·艾尔提斯：“凯恩斯派传统教义的失败”，载《劳埃德银行评论》，1976年10月。

② 同上。

大能力。在凯恩斯主义者们看来，情况并非如此，因为凯恩斯原著中从来不曾贬低市场经济的地位，也从来不曾否定市场机制的作用，凯恩斯本人并不是统制经济的鼓吹者，而只是认为市场经济有缺陷，有待于政府进行适应的、及时的调节。基于这种解释，在同货币主义进行争论的过程中，英国的凯恩斯主义者们认为可以接受有关加强市场调节作用的论点，只不过不把这种论点说成是货币主义所独有的，而是包括凯恩斯本人在内的许多经济学家所共有的。这同样意味着凯恩斯主义不是向货币主义投降，而是正确地理解凯恩斯本人的历来的思想。也正是基于这种解释，所以英国的凯恩斯主义者开始同货币主义者一起，不主张扩大政府管理的范围，只让它在现在已经达到的需求管理的限度内起作用，而把供给方面的管理——除开已经国有化的部门而外——仍然留给市场经济本身，仍然听从价格的升降来调节。

凯恩斯主义和货币主义在货币问题和市场机制问题上的接近，在英国1973—1975年经济危机之后日益明朗。英国政府试图用减少公共支出、放松对于财政的压力的办法来缓和通货膨胀，而把解决社会上的失业问题更多地听任私人市场经济去承担。尽管这并不是卡拉汉政府的最重要的经济政策，但就上述措施而言，已经显示出在凯恩斯式的传统做法中已经掺和了货币主义的成分。《经济学家》杂志用“凯恩斯学说的货币主义化”来形容这种趋势，不是没有理由的。[①] 另一方面，英格兰银行的决策者们也日益接受了货币主义的理论，不再把对利息率的调节作为货币政策的唯

---

① “走向凯恩斯派的弗里德曼主义”，载《经济学家》，1978年6月17日，第37页。

一内容或主要内容，而且也考虑到货币流通量的问题了。即使它至今还没有把控制货币流通量看成货币管理的唯一准则，但看来已把它当作一个主要准则。[①] 而在撒切尔夫人组阁后，保守党政府的经济政策中，货币主义关于扩大私人市场经济作用和减少财政干预的重要性的建议又进一步得到了运用的可能性。[②] 这也是凯恩斯主义和货币主义接近的一个明显的迹象。

但要英国政府完全按照货币主义设计的一套主张来管理英国经济，仍是有困难的。一方面，战后三十年来已经实行的英国"社会主义"的措施和凯恩斯主义的经济政策不可能一下子被废弃。选民是不愿意这样做的，他们不愿牺牲已经得到的来自国库的补助和利益。另一方面，货币主义的政策主张在实行过程中会有技术上的困难。就以稳定货币供应量增长率来说，远不是那么容易的。这里首先涉及货币的定义问题。在英国，M_1 是英格兰银行使用的狭义的货币定义，它指流通中的货币（纸币和铸币）与私人领域的银行英镑活期存款之和。活期存款没有利息或者只按很低的利息率计息，主要是供货币结算之用的。M_3 指流通中的货币与公共领域、私人领域的银行一切英镑存款之和。外币存款如今通常不包括在内，原因在于：外币存款被认为对英国国内经济的影响不大。M_1 和 M_3 的变动并不是一致的，甚至二者可能发生反方向的变化，因为在利息率上升的情况下，公众有可能取出银行的活期存款，转为定期存款。

---

① 《新政治家》，1979 年 7 月 20 日，第 80 页。

② 《新政治家》，1980 年 5 月 16 日，第 730 页。

按照英国货币主义者提出的稳定货币供应量增长率的要求，所要稳定的货币供应量不是指稳定狭义的货币(M_1)的供应量，而是指稳定广义的货币(M_3)的供应量，或者如某些英国的货币主义者所主张的，是指稳定与 M_3 密切有关的货币基数(monetary base)。如果以 M_3 作为要使之稳定的货币供应量，那么货币供应量和货币基数有什么关系呢？

以 M 表示货币供应量(指 M_3)，B 表示货币基数，m 表示货币供给乘数，C 表示流通中的货币量，R 表示银行的现金储备额，D 表示银行存款额，那么货币供应量由流通中的货币量与银行存款额所构成，即等于通常所说的 M_3。这样，$M=C+D$

货币基数由流通中的货币量与银行的现金储备额所构成。

$$B=C+R$$

货币供应量和货币基数之间的关系是：

$$M=mB$$

货币供给乘数是：$m=\frac{M}{B}$

这样，

$$m=\frac{M}{B}=\frac{C+D}{C+R}=\frac{\frac{C}{D}+1}{\frac{C}{D}+\frac{R}{D}}$$

$$M=\frac{\left(\frac{C}{D}+1\right)}{\left(\frac{C}{D}+\frac{R}{D}\right)}\cdot B$$

这就是说,货币供应量、货币基数、货币供给乘数这三个变量相互制约。但应当注意到,这三个变量中,货币供给乘数的变动是比较大的。

1972—1978 年英国货币供给乘数[①]

年份	第一季度末	第二季度末	第三季度末	第四季度末
1972	21.8	21.5	20.7	20.3
1973	19.2	19.1	18.0	17.6
1974	17.2	17.6	18.2	18.7
1975	18.6	18.7	18.7	19.7
1976	19.2	19.6	19.2	20.0
1977	19.8	20.0	19.8	20.9
1978	19.6	19.8	19.9	20.6

从表上看出,1973 年的货币供给乘数波动于 17.6—19.2 之间,波动幅度相当大,其余年份的货币供给乘数也是有一定的波动幅度的。根据 M=mB 的公式,M(货币供应量)等于 m(货币供给乘数)与 B(货币基数)的乘积。由于 m 有较大的波动幅度,所以不能认为货币供应量与货币基数之间有十分密切的变动一致性。

同时,由于货币供应量中很大一部分是银行存款额(D),银行存款额与收入、财富、利息率的变动、公众对资产形式选择的行为等有关,因此是难以预测和控制的。至于货币基数的预测和控制也不那么容易,因为货币基数中的组成部分包括银行的现金储备额(R),而银行的现金储备额与银行存款额也没有紧密联系。银

① 英国全国社会经济研究所:《经济评论》,1980 年 2 月,第 82 页。

行现金储备额本身变动很大，而且它同银行存款额之间的比例是有较大幅度摆动的。例如，1972—1978 年，按季度末资料，银行现金储备额与银行存款额之比可以高达 1∶5.98（1972 年第二季度末），也可以低到 1∶3.76（1978 年第一季度末）。这一比例的不稳定性，反映了对货币基数的变动的预测和控制的困难。

再说，无论是货币供应量（M）还是货币基数（B），都包括了流通中的货币量（C）。这是指公众手中持有的货币量而言。如果要对货币供应量进行预测和控制，或者要对货币基数进行预测和控制，都有必要了解流通中的货币量的变化。然而，这些都不容易被准确地了解。近年来，流通中的货币量固然基本上呈现上升的趋势，但流通中的货币量与银行存款额之比却是大幅度波动的。这种波动并不表现出什么规律性。关于这一点，请参看下表。

1972—1978 年英国的银行现金储备额以及银行现金储备额与银行存款额之比[①]

年份	银行现金储备额（百万英镑）				银行现金储备额与银行存款额之比 $\left(\frac{R}{D}\right)$			
	第一季度末	第二季度末	第三季度末	第四季度末	第一季度末	第二季度末	第三季度末	第四季度末
1972	952	1 089	1 017	1 069	5.69	5.98	5.33	5.00
1973	1 032	1 156	1 202	1 196	4.72	4.97	4.73	4.32
1974	1 184	1 212	1 299	1 446	4.29	4.34	4.56	4.79

① 英国全国社会经济研究所：《经济评论》，1980 年 2 月，第 82 页。

续表

年份	银行现金储备额（百万英镑）				银行现金储备额与银行存款额之比 $\left(\frac{R}{D}\right)$			
	第一季度末	第二季度末	第三季度末	第四季度末	第一季度末	第二季度末	第三季度末	第四季度末
1975	1 347	1 374	1 360	1 454	4.57	4.51	4.34	4.59
1976	1 279	1 437	1 371	1 491	4.07	4.42	4.06	4.33
1977	1 388	1 477	1 471	1 738	4.16	4.25	4.13	4.62
1978	1 444	1 626	1 618	1 859	3.76	4.08	3.96	4.31

1972—1978 年英国流通中的货币量以及流通中的货币量与银行存款额之比①

年份	流通中的货币量（百万英镑）				流通中的货币量与银行存款额之比 $\left(\frac{C}{D}\right)$			
	第一季度末	第二季度末	第三季度末	第四季度末	第一季度末	第二季度末	第三季度末	第四季度末
1972	3 517	3 668	3 345	4 090	21.0	20.1	19.6	19.1
1973	3 968	4 122	4 128	4 438	18.1	17.7	16.3	16.0
1974	4 350	4 535	4 769	5 166	15.8	16.2	16.7	17.1
1975	5 136	5 341	5 537	5 924	17.4	17.5	17.7	18.7
1976	5 886	6 151	6 360	6 726	18.7	18.9	18.9	19.5
1977	6 548	6 897	7 025	7 730	19.6	20.0	19.7	20.6
1978	7 635	7 910	8 218	8 891	19.9	19.9	20.1	20.6

① 英国全国社会经济研究所:《经济评论》,1980 年 2 月,第 82 页。

从上述分析可以看出，在英国，要按照货币主义所设想的保持货币供应量稳定增长率的办法去做，对货币供应量和货币基数的预测和控制都是有困难的。这就是说，只要英国政府还没有一种可以控制银行存款额、银行现金储备额以及流通中的货币量的有效办法，对货币供应量或货币基数的控制就无法有效地实施。

也许，英国可能采取另一种折中的办法来迂回地实现货币主义的要求，这就是设法调节货币的流量，而不一定要去控制货币的存量。前面提到的 M_1、M_3 或货币基数，都是存量概念。国内信贷扩张额(Domestic Credit Expansion，简称 DCE)则是一个流量概念，它反映一定时期内的国内信贷额的变动。这本来是国际货币基金官员在五十年代提出的概念，但从1969—1970年度起就被英国所采用。它今后很可能在需求管理中起到更重要的作用。与 M_1 或 M_3 相比，用国内信贷扩张额作为衡量货币流通情况的尺度，有一个明显的好处，这就是它考虑到英国的国际收支状况。但只要涉及英国的国际收支，问题又会复杂起来。

怎样计算国内信贷扩张额(DCE)呢？或者说，国内信贷扩张额由什么项目构成呢？请看下列公式：

国内信贷扩张额＝公共领域的借款需要－非银行的私人领域购买的政府债券＋银行借给私人领域的英镑贷款＋外流的资金

其中，公共领域的借款需要(简称 PSBR)＝私人领域的财务上的盈余＋国际收支赤字

七十年代英国的经验已经表明，只有在国际收支状况可以预测以及不发生突然的资金国内外流动的情况下，国内信贷扩张额(DCE)才能作为需求管理的有效的指标被运用。否则，DCE 的调

整和预测也是困难的。加之,要调节国内信贷扩张额,还涉及公共领域的借款需要(PSBR)问题。后者又同英国财政和公共支出联系在一起,它同样是不稳定的和难以掌握的。

以上所述,表明了按货币流量指标来调节英国经济,与按货币存量指标来调节一样,都遇到不少困难。

但不管怎样,在英国,凯恩斯主义与货币主义的接近毕竟是一个事实。主张按凯恩斯主义方式来管理英国经济的人们,现在已越来越多地考虑货币主义者的观点和政策主张。需要弄清楚的是:这种接近是否改变了需求管理的性质和内容?事实表明:这种接近对需求管理的性质不曾产生巨大的影响,需求管理的内容也不会因此有什么实质性的变化。这是因为:

一方面,从需求管理所涉及的范围来说,并不因凯恩斯主义和货币主义的接近而有所缩小。需求管理,顾名思义,就是政府管理需求。不要求把政府管理的范围扩大到调节需求的限界以外,而把它限制在调节需求的领域内,这是凯恩斯主义接受了货币主义的某些论点之后所能够表现出来的折中观点。但这并不会动摇凯恩斯主义者固有的对需求管理的信念。正如在上一节中已经分析的,不管需求管理暴露出多少问题和多大的局限性,看来需求管理的基本做法仍将在英国保持下来,受到政府的喜爱。

另一方面,在具体的管理需求的方法中,今后有可能比较强调货币政策,而稍稍改变偏重财政支出扩大和削减的做法。这是凯恩斯主义与货币主义接近对需求管理的一种影响。货币主义对货币因素的强调和对财政干预方式的批评,只是在这样一个限界内可能被凯恩斯主义逐渐采纳。但这不是需求管理内容的实质性变化，而只是方法上小小的修改。对既定政策作较大的修改，会产生很多问题，可能短时间内明显地暴露严重后果。政策的改变需要有一个过程。凯恩斯主义者了解这一点，所以即使他们认为货币政策非加强不可，他们也只可能逐渐地、缓慢地采纳有关加强货币政策的建议。撒切尔夫人组阁后一年的经验表明，英国当局正是这样做的。

既然需求管理未被抛弃，也未发生实质性的变化，那么前面提到过的需求管理的局限性及其对于英国各个经济政策目标之间的冲突的无效性始终存在。所以凯恩斯主义与货币主义接近后的需求管理，作为医治“英国病”的一种手段，是不可能获得重要的效果的。撒切尔夫人组阁一年来英国经济中通货膨胀和失业状况并未好转的事实同样表明，不管英国财政部和英格兰银行怎样运用兼有凯恩斯主义和货币主义特色的财政政策和货币政策，英国经济眼下不会有什么起色。

事实上，撒切尔夫人实行的经济政策中，如果说有较多的货币主义倾向的话，那么这种倾向更主要地反映于对私人市场经济活动的重视，而不在于改变在英国实行已久的需求管理的基本做法。

第九章　计划化和中、长期的安排

这一章实际上是前一章的续篇，因为正如本章第一节“计划化——需求管理的扩展”的标题所表明的，需求管理着重的是短期的安排，而计划化所要协调和解决的是中期和长期的经济问题。需求管理的扩展就是计划化，所以英国的计划化无非是为了弥补需求管理之不足而推行的应付“英国病”的措施。第二节“一个简单的英国经济计量模型的剖析”中所依据的是英国全国社会经济研究所宏观计量模型。通过对这个模型的剖析，可以看出英国经济的计划安排是困难重重的，英国经济不可能循着政府的政策制定者预定的道路顺利地发展。第三节“关于投资的经济效果问题”，指出英国经济增长当前面临的主要问题，不仅仅是投资率的高低或投资基金的筹集问题，而且是一定的投资与生产量的比率的大小或投资的经济效果问题。英国经济结构的现状和政治、社会生活中存在的许多不确定因素，使得投资经济效果较差。这显然不是计划化所能解决的困难。

第一节　计划化——需求管理的扩展

前一章的最后一节谈到了英国需求管理的正在发生变化的

一个趋势，即通过凯恩斯经济学和货币主义在某些论点上的接近，它们在具体政策建议中也有各自从对方汲取有用的东西的倾向。但除此以外，需求管理作为应付失业和通货膨胀的一种政策手段，还可能发生什么变化？根据英国经济的实际情况和经济理论界的动向来看，另一个变化就是把短期的需求管理扩展为中、长期的安排。里特尔在评论英国五十年代需求管理的经验时就指出，五十年代英国经济所暴露出来的困难是难以兼顾多种政策目标，而难以兼顾多种政策目标的主要原因之一，就在于缺少长期的计划安排。[①] 稍后，卡梅茨基在评论六十年代后期以来的英国经济问题时也认为，英国经济之所以是发达资本主义国家中最弱的一个，英国经济政策之所以如此无效，主要原因在于英国经济政策制定者只着眼于短期问题，只拟出短期措施，而缺乏长期的解决问题的打算。[②] 这些看法都有一定代表性。它们反映了作为需求管理的扩展的计划化有日益受到重视的趋势（需求管理和计划化二者合在一起，在英国时常被统称为经济管理）。

需求管理原是按照凯恩斯经济学的原理所设计的。凯恩斯经济学关于调节总需求的学说是短期分析的结果。在短期分析中，无论是刺激投资和消费，还是压缩投资和消费，都只考察现期的结果和最近未来的结果。对于较远的未来的影响以及由此

---

① 里特尔：“财政政策”，载沃尔斯维克和艾迪编：《二十世纪五十年代的英国经济》，牛津，1962 年，第 275 页。

② 卡梅茨基(E. Kamecki)：“六十年代英国经济政策的弱点”，载 E. S. 基尔森编：《经济政策比较：西方和东方》第 2 卷，阿姆斯特丹，1975 年，第 44 页。

所引起的比较长期的需求变化，则是不列入考察对象的。简单地说，这种做法可以归结为：失业多了，就来一点通货膨胀，把失业减一减。至于通货膨胀之后，较长时期内对就业有什么影响，短期的需求管理是不考虑的。反之，通货膨胀率高了，就宁肯增加点失业，把通货膨胀压一压。至于失业增多之后，较长时期内财政收支有何变化，信贷需求有何变化，货币流通量有何变化，这也不在短期的需求管理考虑之中。对于当前英国经济的多种并发症而言，特别是对于宏观财政政策和宏观货币政策所引起的副作用而言，仅仅着眼于短期的需求管理，那是很不够的。客观形势和政府所面临的稳定经济的任务，要求把短期的需求管理加以扩展，使之长期化，至少使之在今后若干年内对经济的变动有适当的影响，以便政府当局能够多少控制需求的大致变化的方向。因此，计划化很自然地成为英国政府心目中的使英国经济摆脱困境的另一条出路。虽然从历史上看，工党经济专家们在三十年代中期就已经有了计划化的打算，美国的罗斯福新政、苏联的第一个五年计划，甚至纳粹德国经济部长沙赫特的一套统制经济的做法，都曾对三十年代的费边社会主义者发生过某种影响，但在英国，国家制定计划的想法正式产生于六十年代初期，它被认为是经济政策思想中一个主要的创新。① 保守党政府首相麦克米伦和财政大臣劳埃德在 1961 年夏末共同起草了一封致企业界和工会的信，建议成立全国经济发展委员会(NEDC)，

① 麦多斯(P. Meadows)："计划工作"，载白拉卡贝编：《英国经济政策，1960—1974》，剑桥大学出版社，1978 年，第 412—413 页。

参加这个委员会的有政府、企业界、工会三方面的人员，负责全国的计划化工作。这个建议得到了支持。于是 1961 年 12 月 21 日，英国政府正式批准建立这个机构，它此后成为英国“国家机器中的一个重要而有用的组成部分”。[①] 从 1963 年 12 月起，又决定在各个行业建立经济发展委员会。它们后来被称为“小奈迪”(little Neddies)，负责协调本行业的经济活动、竞争、效率和劳资关系，并使本行业的生产和销售尽可能地同全国计划的制定和执行情况一致起来。

英国从六十年代起开始实行计划化，在一定程度上受到了当时法国的“计划化”工作的影响。法国的计划化的历史在西方资本主义国家中是比较早的，如果从 1947—1953 年制定第一个计划算起，到 1961 年为止，已经有了制定和执行三个计划(第二个计划从 1954 年到 1957 年，第三个计划从 1958 年到 1961 年)的经验。法国的计划通常被称为是指示性的计划，它对私营企业没有强制性和约束性，而是通过财政部、中央计划化委员会、法兰西银行等政府机构，利用政府开支、税收、信贷基金、价格等杠杆，一方面指导国营企业的投资计划和投资方向，另一方面影响私营企业的投资生产和经营，把私营企业的活动纳入国家的计划轨道。在这种方式下，各个行业的私营企业可以在不同程度上受到国家计划的影响，但是一切并不妨碍私营企业经营的独立性和积极性。法国前三个计划的执行情况是较好的，这对于英国有着不小的吸引作用。英国官员、企业家和经济学家在同法国官员、企业家和经济学家的

---

① 麦克米伦:《从政末期》，伦敦，1972 年，第 37 页。

非正式会晤和交往中,渐渐了解到法国计划化工作的优点。于是,1961年春天,在伦敦举行了关于法国经济计划工作的讨论会,会议由英国全国社会经济研究所和法国应用经济科学研究所召开。英国财政大臣和政府其他官员参加了这次会议。会上介绍了法国的经验,特别强调的是国家经济增长目标的制定及其对各行各业的影响问题。这次会议对英国计划化的推行的影响是不可忽视的。①

计划化(或制定中、长期的经济计划)不仅涉及对需求的计划安排,而且涉及对供给的计划安排,以及供给与需求之间的协调问题。计划化既包括英国整个国民经济范围在内,也与英国各个地区的、部门的经济活动的调节有关。计划工作是由英国政府主持的,但由于这是在资本主义经济基础之上进行的,并且考虑到在英国已经存在相当大比重的国营经济部门,所以政府、国营企业、私人企业的雇主和工会的代表在经过讨论之后决定由上述这几个方面共同承担责任,以保证计划的实现,克服实现计划规定中的指标的障碍。

在英国,严格说来,始终没有像法国那样有系统地制定和执行政府的经济计划。英国的计划化作为需求管理的补充和扩展,无非是政府对经济发展前景的一种预测和控制数字。用工党的话来说,英国的计划化代表着一个方向,即工党所要求逐步实现的"社会主义"方向。在保守党看来,虽然谈不到什么"社会主义"方向问

---

① 麦多斯:"计划工作",载白拉卡贝编:《英国经济政策,1960—1974》,剑桥大学出版社,1978年,第404页。

题，但仍然可以把计划化看成是一种经济增长的设想。

计划化作为需求管理的补充与发展，它和需求管理的区别主要在于短期安排和中、长期安排的区别。具体而言，英国的计划工作中所要强调的项目和所要注意到的问题，与短期的、经常性的需求管理的不同表现于：

第一，人力资源的安排。

在短期的需求管理中，一般是不考虑人力资源问题的。政府在调节总需求时，总是把劳工市场的供给当作既定的量，而把失业率的变动仅仅同劳工市场上的现有登记失业人数相联系。但要实现较长期的经济稳定，解决需求管理实行之后仍将出现的失业问题，那么就不得不考虑和规划人力资源的有效利用。进一步说，如果要考虑到经济的增长，那就更应当注意人力资源问题，制定有关的人力政策。因此，英国的计划化中的一个日益重要的项目就是人力计划。人力计划实际上就是七十年代起政府不断重视的中、长期的人力政策。①

英国人口增长率是缓慢的，人口变动对经济增长和需求变动的作用是不大的。② 关于这一点，雷达威曾根据 1961 年和 1971 年两次普查结果作了说明。他指出，这两个年份之间需求的增长主要归因于生产率的增长而不是人口增加，因为这段时间内英国国内生产总值实际增长 31%，人口大约增加 5%，而就业人数几

---

① 艾略特(R. Elliott)："工业关系与人力政策"，载白拉卡贝编：《英国经济政策，1960—1974》，剑桥大学出版社，1978 年，第 617—618 页。

② 雷达威："零人口增长的经济后果"，载《劳埃德银行评论》，1977 年 4 月，第 18 页。

乎未变。[①] 只要经济增长和技术改革继续进行，那么劳工市场的供求不可能因人口增长缓慢而发生较大的变化，因为将会有一部分过剩的劳动者加入到劳工市场中来，而经济增长本身又会把一部分劳动力吸收到经济中去。当然，零或接近于零的人口增长对于一部分工作者（如教师）说来，也可能是引起失业率增加的一个因素。但雷达威认为，这个问题对英国今后的经济增长不具有重要意义，因为教师对学生的比率不是固定不变的。在零人口增长率的情况下，新入学的学生人数将减少，每个教师所教的学生人数也可以相应地减少。这应当被认为是提高教学质量、劳动力质量的途径，从而也是提高劳动生产率，有利于经济增长的途径。[②]

英国政府认为人力计划的着重点不在于按人口增长率变动来进行安排。它认为根据英国的情况，着重点应当放在劳动力的训练和再训练以及劳动力的地区和部门转移方面。劳动力的训练和再训练的目的，是尽可能让新加入劳工市场的劳动力有适应当前就业需要的技能，并且尽可能让一部分因技术改革而多余出来的劳动力重新获得必要的就业技能。这样的安排，被认为既可以缓和现实的失业问题，又可以解决较长时期内熟练劳动力不足的问题。劳动力的地区和部门转移的目的，是要尽可能缓和工业集中地区和原有工业部门中的劳动力过多的现象，使得新建设的地区和新发展的工业部门得到劳动力的供给。此外，劳动力的再训练

① 雷达威："零人口增长的经济后果"，载《劳埃德银行评论》，1977 年 4 月，第 18 页。

② 同上。

和转移还要适应英国经济结构的变动的需要，因为与其他主要资本主义国家相比，英国的经济结构状况仍然被认为是比较老式的，在经济增长和技术进步过程中，结构仍会继续变动，如果不预计到这一点，并在人力上作出相应的安排，劳动力过剩和不足这两方面的问题都难以得到解决或缓和。[①] 特别应当注意的是，七十年代，英国失业率和失业人数的增长是十分迅速的，职位空缺额尽管也增长，但相形之下要缓慢得多，而且从1978年以后，职位空缺额占失业人数的百分比大体上徘徊于11%—18%的范围内，这似乎已很难改变。

在人力资源的安排中，另一个具有重要意义的考虑是劳动生产率的增长计划。整个生产量的增长速度依赖于劳动力的增长率和劳动生产率的增长率。前面已经提到，英国的劳动力增长率是缓慢的，生产量增长的很大部分将不得不依靠劳动生产率的增长。为此，就必须在改造原有技术设备和采取新技术设备的同时，加快劳动力的训练和再训练，否则生产量增长的目标就不可能实现。

---

① 这里举一个例子。对英国医疗卫生状况的批评之一，通常是患者抱怨医院人手不足，就医难。但根据托德委员会报告估计，1976—1980年，英国医生会供过于求，而造成供过于求的主要原因是人口增长率停滞，转入英国的医生人数增加，医学院校毕业生增多。亚兰·梅纳德(Alan Maynard)和阿瑟·华尔克(Arthur Walker)在“医生太多了吗?”(载《劳埃德银行评论》，1977年7月)一文中认为，托德委员会报告的估计有缺陷，实际情况是：由于医院的效率太低，医生的作用既未充分发挥，医疗服务质量也有待于改进，英国医生究竟是供过于求还是供不应求，必须结合医院效率和医疗服务质量来重新考虑。为此，他们认为有关医疗卫生的人力资源计划的研究和制订是迫切需要的。

七十年代以来英国的失业和职位空缺[①]

年份	失业		职位空缺	职位空缺额相当于失业人数的百分比
	失业率(%)	(千人)	(千人)	(%)
1970	2.6	602.0	185.8	31
1971	3.4	775.8	129.0	17
1972	3.7	855.0	147.3	17
1973	2.6	611.0	306.7	50
1974	2.6	605.9	297.1	49
1975	3.9	929.1	154.2	17
1976	5.3	1 272.4	122.4	10
1977	5.7	1 378.0	154.7	11
1978	5.7	1 376.5	210.4	15
1979	5.4	1 305.9	241.3	18
1980年1月	6.1	1 424.9	206.6	14

总之,无论从经济稳定、经济增长还是从经济结构变动的角度来看,人力的计划化作为需求管理的长期化的一种需要,被英国经济学界和政府部门共同看成是势在必行之事。即使是反对财政部观点的新剑桥经济学家和英国货币主义者,尽管他们对需求管理本身及其做法提出批评,但对于人力计划化却同样是感兴趣的,或者至少是不表示异议的。这是在英国的计划化工作中所遇到阻力

① 英国全国社会经济研究所:《经济评论》,1980年2月,第115页。

最小的一项工作。[①]

第二，总投资和部门间投资比例的安排。

在短期的需求管理中，调节总需求的措施包括了对总投资的调节，但那只是从经济稳定的角度着眼的。计划化作为短期的需求管理的扩展，应当考虑到中、长期的经济增长和以后的经济稳定，并且还应当考虑到经济结构的相应变动，因此，投资计划化在计划工作中无疑应占据中心的位置。

但根据英国经济的情况，尽管国有化已经在经济中占据一定的比重，但大多数加工工业和其他许多非生产部门仍是私人经济，有赖于私人的投资。国家的投资可以对这些私人经济部门发生作用。虽然它不可能替代私人投资，但公共支出的方向或国家投资的分配实际上却能多少影响私人投资的方向及其分配。这就是投资计划化的基本宗旨所在。按照英国政府的意图，投资计划化不仅有助于促进长期的经济增长和维持以后的经济稳定，而且需要通过投资在部门之间的比例的调整，刺激那些被认为有利于加强英国商品竞争能力的部门（例如电子工业）、有利于改善英国国际收支和保证能源供给的部门（例如石油工业）、有利于多吸收劳动

---

① 乔治·萨恰罗波洛斯（Georrge Psacharopoulos）在对英国劳工市场现状进行研究后，得出这样一个论点：通过人力投资和劳动者职位变更，从事“坏职业”的人可以获得“好职业”，但由于对脑力劳动者、各种专业人员的需求量并非固定不变的，而是有可能增加的，所以一个体力劳动者成为一个脑力劳动者或专业人员，并不意味着必须同时有一个脑力劳动者或专业人员失去原有的职位，降为体力劳动者。这是人力计划化在英国遇到较少阻力的原因之一。参看萨恰罗波洛斯：“劳工市场二元性与收入分配：英国的实例”，载克雷尔（W. Krelle）与索洛克斯（A. Shorrocks）编：《个人收入分配文集》，阿姆斯特丹，1978 年，第 421—437 页。

者就业的部门（例如服务部门），以及有利于环境保护和环境改造的部门等等。

投资计划化作为一项中、长期的计划工作，在英国政府看来，与人力资源计划化不同的是，它更加需要政府利用现有的财政措施和货币措施作为促进其实现的手段。这里包括减免税收的措施、政府津贴的措施、有计划的低利率长期信贷等等。英国政府认为，尽管政府确定的投资增长率指标和部门间投资分配比例数字并没有行政的或指令性的意义，但通过政府、企业、工会三方面的协调和共同保证，通过财政措施和货币措施的刺激，投资的计划还是可以实现的。①

第三，国际收支的计划化。

从经济理论上说，国际收支本来不属于中、长期计划，而是属于短期安排的问题，这主要是因为在国际收入项目和支出项目中，存在着许多难以预测和控制的不确定因素。与人力资源计划和投资计划不同，国际收支问题在更大程度上是现期的问题，而不是经济增长的问题。如果把国际收支作为中、长期的安排来对待，那么很可能是没有实际意义的。

---

① 把投资计划化与人力资源计划化结合起来考虑，并且运用财政手段来协调人力政策实施过程中的问题，这是当前经济学界关心的一个新研究课题。据杰克曼（R. A. Jackman）和莱雅德（R. Layard）在“长期劳工政策的效率问题”（载《经济学报》，1980年8月）一文中的分析，如果英国政府给雇佣非熟练工人的雇主以一定的津贴（以便鼓励雇主多雇佣非熟练工人，增加投资，减少失业），并向雇佣熟练工人的雇主征收一定的税金（以便筹集到发放上述津贴的资金，使国家财政上不增加支出），那么这将既有利于经济增长，又有利于减少失业，并且还有利于提高非熟练工人的收入（这是因为增加对非熟练工人的雇佣，可以提高他们的工资水平）。这种人力政策被认为是最有利的。

但英国政府仍然把国际收支纳入了计划化的范围之内。它是从本国具体情况出发来考虑这一问题的。在英国，在短期的需求管理工作中，国际收支问题并未得到专门的注意。关于这一点，我们在前面谈到需求管理所暴露出来的局限性时已经提到过。而国际收支问题尽管与人力资源、投资等经济增长问题有所不同，但由于它不仅对英国国内经济的稳定和中、长期的增长非常重要，而且由于它还涉及英国对外经济关系的调整（既包括短期安排，又包括中、长期调整），所以六十年代以来，历届英国政府都把国际收支作为计划的项目来认真对待。

英国政府认为，国际收支计划化问题主要指如何从增加出口和减少进口、减少政府在国外的净支出、限制国内私人资本的输出着手，来调整收支项目。政府可以通过自己的措施使这几方面的指标符合于预定的要求；至于其他方面的收支（如国际信贷、外国资本流入等），较难依靠英国单方面的努力使之按英国政府的意图实现。从这个意义上说，国际收支计划化可以被看成是进口管制和出口津贴方案的扩展。按照这种方案，似乎只要限制了进口额，或者扩大了出口额，英国的国际贸易收支状况就会好转，从而使英国的整个国际收支发生变化。当然，事情并不会如此简单，因为进口管制涉及英国进口倾向较高的问题。如果不考虑英国收入增长过程中对进口工业品和农产品的需求的更快的增长，进口管制将影响经济增长率。而出口津贴涉及英国财政支出的增加问题。如果为了出口而加大财政的负担，国内通货膨胀率的加剧又是不可避免的。加之，进口管制和出口津贴也都涉及英国对外经济关系的调整，它们决不是容易实现的。下面，在第十二章中，我们将会展开论述。

与此有关的另一个问题是政府活动与私人企业活动的配合程度。在这方面，通过英国单方面努力而基本上可以实现计划的国际收支项目中，最为简单的是减少政府在国外的净支出，其中包括海外的军事费用和对发展中国家的援助等等，因为减少这些开支并不会影响国内私人经济，而在增加出口、减少进口、限制国内私人资本输出时，则需要国内私人经济予以配合，因为主要的出口商品是私人经济提供的，对进口商品的需求也主要来自私人企业和居民家庭，而私人资本输出更是各个资本持有者的事情。政府不可能直接在这些方面采取行动，而是要靠一系列有关的政策措施对私人经济施加影响，让企业主、消费者、资本持有者按照政府的意图去做，以促使政府计划中的国际收支项目得以实现。

于是问题又回到与需求管理有关的财政政策和货币政策上面来，这就是说，要使得国际收支计划得以实现，归根到底还必须依赖需求管理措施。政府可以通过财政上的津贴和税收（消费税、关税等）刺激出口和限制进口，也可以通过货币政策的运用（低利率出口信贷、进口信贷限制）起到类似的作用。而为了限制国内私人资本的输出，尽管财政政策和货币政策起的作用不如外汇管制政策那样直接，但也是可以起到一定的作用的。例如减低国内投资的所得税，发行优厚利率的中、长期政府债券等等，都能限制国内私人资本输出。此外，如费恩斯坦和雷达威所建议的中期经济增长计划（使英国每年国内生产总值增长5%左右）中，也强调减税的作用，即认为减税（而不是采取扩大财政支出办法）收效快，能使私人改变投资计划，增加私人投资，并能消除工资增长的影响（因为减的是个人所得税)。[1] 他们认为,如能通过减税而促使中期经济增长,财政收入自然会增加,而不会使得财政赤字扩大;这一措施只要与汇率调整配合,英国国际收支也就会好转。[2] 因此,同投资计划化相类似,国际收支计划化作为一项有助于缓和英国经济病情的出路,同样不能不以需求管理中经常运用的财政—货币措施作为政策手段。这不仅表明了计划化是需求管理的扩展,而且也意味着国际收支计划化实现中的困难在很大程度上也是需求管理中所遇到的困难。

另外,按照圣詹姆斯小组(这是一个指导英国国营企业和私营企业进行经济活动的经济预测的俱乐部)依据英国财政部的宏观经济模型对英国经济前景的预测,英国的国际收支计划之所以难以实现,除了上述已经分析过的这些而外,还应当考虑到英国国内工资水平的增长程度,而国内工资水平的增长程度却不是财政政策和货币政策所能控制的。对这一点,圣詹姆斯小组作了如下的分析:假定英国政府不可能限制工资的增长率,英国工业的竞争能力将下降,从而恢复经济、增加财政收入和改善国际收支的打算就会落空;假定英国的工资今后循着中间的道路增长,再加上英国政府采取紧缩公共支出、抑制通货膨胀率的政策,那么即使可以促成经济恢复和某种程度的消费繁荣,但这种消费繁荣主要靠增加进口来维持,进口增加后,英国的国际收支不可能出现较大的好转,

---

① 费恩斯坦和雷达威:“石油输出国组织盈余,世界性衰退和英国经济”,载《密德兰银行评论》1978年春季号,第19页。

② 同上书,第18—19页。

甚至逆差还会增加。[①] 国际收支的逆差需要设法弥补。在现阶段，北海油田将对弥补英国的国际收支逆差作出贡献。但是，实际上，如果用北海油田收入来弥补因进口增加而扩大的国际收支亏空，这被认为是对英国石油资源和石油收入的一种浪费。[②] 圣詹姆斯小组关于英国国际收支前景的分析，是有一定道理的。它的分析进一步说明了英国的国际收支问题必须一揽子解决，而不可能指靠个别经济措施来解决。下面我们将在第十二章中再详细地讨论这个问题。

第四，地区经济发展的协调。

需求管理是以整个国民经济作为对象的。总需求的调节与地区经济发展虽然有一定的联系，但并不是一致的，因为地区发展的不平衡性和地区资源条件的差异，在总需求与总供给相适应的情况下，很可能使得各个地区或者供不应求，或者供大于求。地区经济的不稳定势必又对整个国民经济的稳定发生影响。经济稳定是如此，经济增长和经济结构的变动更是这样。两次世界大战期间，英国政府对待国内地区发展不平衡的政策有过这样一种变化：起初是鼓励落后地区的人们离开家乡到工业发达的地区去寻找工作，后来又着重于鼓励工业迁移到失业率较高的地区去。但这两种做法当时都没有取得成效。[③] 第二次世界大战结束后，英国政府为了促使落后的地区的发展，解决当地就业问题，曾建议采取措

① "政府能成功吗?"，载《经济学家》，1980年6月21日。

② 同上。

③ "英国的新旧工业区：官方对待经济悬殊的态度"，载《密德兰银行评论》，1964年5月，第4页。

施影响新企业的布局，消除劳动力流动的障碍，以及为提高劳动者技术水平创造条件。[①] 但战后最初十五年左右的时间内，这些建议很少付诸实现。

在这里，我们应当注意到的一个方面是英国工业的布局的某种特殊性。与美国的情况不同，在英国，工业布局中要考虑的重要因素不是运输成本。英国是一个人口密度较大但国内有良好运输条件的岛国，英国许多企业的原料供应来源和产品市场是广为分散的，运输成本在工业总成本中所占的比重不大。这些特殊性使得英国的工业企业选择位置时并不把运输成本当作一项重要因素来对待。[②] 因此，尽管政府希望工业能够分布到经济较不发达的某些地区去，并认为这样将使企业更接近原料产地或产品市场，但企业全都无意于此。加之，在战后英国政府力图发展国内经济较不发达地区的同时，企业的经营方式也逐渐发生了变化，即所有权与管理权的分离过程加速了。于是在选择厂址时，除了利润而外，还出现了其他标准，包括地区的社交文化生活等因素。新工厂的经理部门往往宁肯选择繁荣的地区作为厂址，不愿设厂于偏僻的、但可能降低成本的地区。[③] 这些原因使得英国政府的地区发展政策难以收到预期效果。

一直到六十年代初，鉴于战后最初十五年地区经济发展政策

---

① "英国的新旧工业区：官方对待经济悬殊的态度"，载《密德兰银行评论》，1964年5月，第4页。

② 列昂内尔·尼德尔曼（Lionel Needleman）："我们要怎样对待区域问题？"，载《劳埃德银行评论》，1965年1月，第49—50页。

③ 同上书，第50页。

效果不大,英国政府才决心用增加财政支出和补贴的办法来扭转上述的不利趋势。从1963年起,国家大量拨出用于区域经济政策的经费。这一点可由国库的区域经济政策费用的增加情况来说明。1954年到1959年,平均每年国库支出的区域政策费用大约只有四百万英镑,1960年到1963年平均每年为一千四百万英镑,而1964年到1967年,增至平均每年九千一百万英镑。[①] 至此,情况才有所好转。所以六十年代末的英国报刊,开始较多地谈论苏格兰、英格兰北部的经济发展。但进入七十年代,随着英国整个经济形势的恶化,又是这些经济较不发达地区受到较大的打击。这些地区的经济停滞和相对衰落的结果,地方分权主义也就滋长起来了。

目前,英国实行区域经济协调发展方面所面临的是两项任务。一是加速开发和建设经济发展较落后的地区,使它们比其他地区有较快的增长率。例如北爱尔兰、苏格兰、威尔士、英格兰北部、英格兰西南角,这些都是被认为既有经济发展潜力、但目前经济发展又相当落后的地区。所以区域经济政策的着重点应放在这些地区,这不仅具有经济意义,而且被认为具有政治意义,因为地方分权主义和地区离心趋势的主要原因之一在于这些地区感到自己在经济上是低人一等的、落后的、受歧视的。英国政府希望缓和这些地区与发达地区之间的矛盾。为此,解决当地的就业问题被提到首位。而就业又是同当地经济结构的变化联系在一起的。农业、

① 巴雷·摩尔(Barry Moore)和约翰·罗德斯(John Rhodes):"英国区域经济政策效应的估计",载《经济学杂志》,1973年3月,第88—89页。

采矿业、造船业和冶金业的就业人数在总就业中所占比重迅速减少。除造船和冶金以外的其他加工工业中就业人数的比重则迅速增加。[①] 另一个着重点是改造原来工业比较集中，从而环境损害比较严重，城市建设比较落后的地区（例如英格兰东南部和中部某些经济发达的地区）。这里人口密集，失业者较多。在经济协调发展方面，地区劳动力的安排和利用成为一个突出的问题。正如哈特和麦克凯在研究英国各地区工资差异问题时所指出的，由于经济发达地区的工资对经济不发展地区的工人有较大的吸引力，地区间的工资差异推动着低工资地区工资的上涨，所以一个积极的区域发展政策既有助于使国内劳动力得到较有效的利用，又有助于抑制各地工资相互影响而上升。[②] 当然，任何地区的发展都需要解决一个资金问题，没有政府大量直接投资，或者用政府的直接投资来吸引私人资本，那么开发新地区和改造原来地区都会是一句空话。

以上从四个方面扼要地说明英国当前试图通过计划化来补充经常性的、短期的需求管理的情况。但不管其中哪一个方面，人力资源安排也好，投资计划化、国际收支计划化、区域计划化也好，都不可能成为使英国经济摆脱困境的新的出路。

早在 1965 年，《经济学家》就对英国政府公布的 1964—1970

① 巴雷·摩尔和约翰·罗德斯：“英国区域经济政策效应的估计”，载《经济学杂志》，1973 年 3 月，第 92 页。

② 哈特(R. A. Hart)和麦克凯(D. I. Mackay)：“工资上涨、区域政策和地区收入结构”，载《经济学报》，1977 年 8 月，第 280 页。

年的经济计划发表过这样的评论：计划不是行动纲领，而只是统计上的猜测，因此对计划能否实现，表示悲观。[①] 相隔十多年了，如果说那时英国经济还处于战后二十年左右的相对稳定发展阶段的尾声，《经济学家》杂志尚对英国经济的计划化作出悲观的分析，那么在七十年代末期，当英国经济的病症不断加重，问题暴露得如此明显的时候，英国政府试图依靠经济计划化来解决国内经济问题，这究竟有多大的现实意义，还能作出不悲观的估计么？温故而知新，只要能对以往英国计划化的实际情况有所了解，这一点是不难明白的。

对英国1961—1966年的全国经济发展委员会计划（the NEDC Plan）的执行情况以及政府在私营部门和国营部门的管理机构和工会代表合作之下提出的1964—1970年全国计划（the National Plan）的执行情况进行考察，可以对上述这些问题有较深入的了解。[②] 下面是三个统计表和对这些统计表的分析和说明。

全国经济发展委员会计划，1961—1966年：
目标年增长率和执行情况

	目标	修订的目标（1964年修订）	实际
宏观经济变量			
国内生产总值	4.0	4.0	3.0
平均每个工作者的国内生产总值	3.2	3.2	2.5

① 《经济学家》，1965年9月18日。

② 白拉卡贝编：《英国经济政策，1960—1974》，剑桥大学出版社，1978年，第415—416页。

续表

	目标	修订的目标（1964年修订）	实际
劳动力	0.8	0.8	0.7
加工工业投资	3.3	1.4	0.7
货物进口	4.0	4.7	4.1
货物出口	5.0	5.1	3.9
消费者的支出	3.5	3.6	3.7
各行业的数字			
煤：产量	0.9	1.0	−1.7
石油：内销量	7.6	7.6	9.9
电力：销售量	10.0	10.0	7.4
煤气：销售量	2.8	64	7.1
糖果：产量	0.7	−0.1	0.2
化工品：产量	7.6	7.6	5.7
钢：产量	5.5	4.6	2.5
机动车辆：产量	10.0	9.5	6.4
纸张与板料：产量	2.5	2.5	2.4
建筑业：产量	4.1	4.4	3.0

资料来源：全国经济发展委员会《到1966年的英国经济的增长》和《经济增长报告》；中央统计局《国民收入和支出，1964—1974和1966—1976》，伦敦，1975年和1977年；中央统计局《每年统计摘要》。

从表上可以看出，在宏观经济变量中，国内生产总值、平均每个工作者的国内生产总值、出口的实际增长率都低于目标增长率，劳动力、消费者支出、进口的实际增长率与目标增长率或修订以后的目标增长率出入不大。而最为严重的是加工工业投资，它不仅大大低于目标增长率，甚至低于已经作了重大修改的目标增长率。而加工工业投资正是计划增长中的一个关键问题，它的执行情况与计划指标相差如此之大，清楚地说明了整个计划的实现是缺乏保证的。各行业产量之所以未能完成计划，不能不认为与投资计划的落空有密切关系。

下面再看 1964—1970 年的全国计划的目标与具体执行情况。

全国计划，1964—1970 年：

目标年增长率和执行情况（宏观经济变量）　　（单位：%）

	目标	实际
国民生产总值	3.8	2.2
平均每个工作者的国民生产总值	3.4	2.6
总固定资本形成		
加工工业和建筑业	7.5	4.8
其他私营的行业	3.8	4.6
国有化的行业	4.5	1.5
住宅	4.8	1.5
公共服务	7.7	5.6
总计	5.5	3.5
防务	1.0	－3.0
其他公共机构现期支出	4.0	4.2
个人消费	3.2	1.8
货物进口	4.0	4.4
货物出口	5.3	5.7
劳动力	400 000 人	－210 000 人

资料来源：经济事务部《全国计划》；中央统计局《国民收入和支出，1964—1974 和 1966—1976》；中央统计局《每年统计摘要》。

这个统计表上的数字同样说明，固定资本形成，特别是国有化行业和加工工业，建筑业的固定资本形成的执行情况是最差的。政府的计划化既然不可能使投资符合计划的要求，劳动力的增长之所以出现负数，就决不是偶然的了。如果把这些宏观经济变量的目标增长率与实际增长率之间的相距同下表各行业的数字合并起来考虑，那就更能看出计划化的困难是不可低估的。

全国计划，1964—1970年：

目标年增长率和执行情况（各行业的数字）　（单位：%）

	产量		就业		平均每人产量	
	目标	实际	目标	实际	目标	实际
加工工业	4.4	2.7	0.5	—	3.9	3.0
采掘业	−0.9	−3.9	−5.1	−7.4	5.4	3.8
建筑业	4.6	1.6	0.9	−3.3	3.7	5.1
煤气、电力、自来水	8.4	5.0	1.7	−0.9	6.5	6.0
农、林、渔业	3.5	1.8	−2.7	−5.7	6.3	8.0
运输和通信	4.0	3.2	−1.0	−0.7	5.0	3.9
物资流动	2.8	1.8	0.1	−1.6	2.7	3.5
保险、银行、金融	4.2	4.7	2.2	7.0	2.0	−2.1
专业和科学服务	2.4	3.2	3.0	3.3	−0.6	−0.1
各种服务	3.3	0.7	0.8	−2.9	2.5	−3.7
公共管理和防务	1.8	0.7	0.9	1.3	0.9	−0.6

资料来源：经济事务部《全国计划》；中央统计局《每年统计摘要》。

当然，这也不是说计划化毫无成效可言。成效总是会有的。至少在以下三个方面可以有一些成效。一是在计划化之下，政府可能对经济中比较落后的部门有较大的注意，从而促进了这些部门的较快增长，使英国的经济结构朝着比较符合英国政府意图的方向变化。这就是说，即使总的固定资本形成较慢，但并不等于说英国政府不可能使某些部门得到较大的投资。六十年代末到七十年代，对石油工业投资的增加就是一例。二是在计划化之下，政府可能对经济上比较落后的地区有较大的注意，从而促进了这些地区的较快发展，使英国的地区经济情况有所变化。例如，苏格兰东部沿海地区的发展速度近年来较快，可以证明区域计划化仍有一定的成效。三是在政府行政开支方面，只要政府打算在这方面节省开支，所以同计划化以前相比，情况多少要好一些，尽管某些行政项目的开支问题不是单靠英国政府单方面的节约所能改善的。

但就整个计划化而言，今后还不能作出比较乐观的估计。一方面，英国经济的计划化在性质上是属于资本主义计划化范畴之内的。虽然国营经济有一定比重，但资本主义私营经济毕竟是基本的，无论人力的安排、投资比例的确定、同国外市场的联系，还是资本的国外流动，政府只能对私人施加影响，而这种影响最后可能达到何种程度，则必须取决于其他许多非政府力量所能控制的因素。这是涉及私人经济的独立自主权的问题。前面已经提到过，在英国，国有化实际上已经达到了限界，或者至少已经接近了限界，甚至在加工工业中都难以进一步实现国有化，更何况在包括金融、贸易、服务业在内的整个国民经济之中去进行国有化。既然如此，要实行计划化，必然只能依靠政府对私人经济的影响。这样，这个矛盾就很难解决了。另一方面，即使不考虑私人经济可能对政府制定的计划指标的抵制，也不考虑私人经济本身在实现政府制定的计划指标时可能遇到的困难，就从政府方面来说，要实行自己制定的计划指标，也不是没有困难的。经济增长率计划的实现，包括人力资源计划、投资计划、国际收支计划的实现，必须从整个英国经济状况的变化来考察。它们能否实现，与通货膨胀趋势、市场销售额变动、居民可支配收入变化趋势、国际竞争等因素有关。这又是需求管理所无法解决的老问题。下面试以解决失业问题为例。

当前英国的失业问题之所以难以得到解决，其原因是多方面的。青年失业者缺乏必要的技能，固然是一个原因，但除此之外，企业界的态度也起了重要作用。这是因为，英国企业界对经济前景并不抱有乐观态度，它不愿意在企业中保持一定数量的后备劳动力，所以企业吸收劳动者的能力是有限的。[①] 加之，今天进入英国劳工市场的青年人人数之所以较多，因为第二次世界大战结束后的一段时间内，英国出生率曾一度有较快的增长，这也给解决当前失业问题造成了困难。[②] 人力资源计划化究竟能在多大程度上解决失业率过高的问题，是大可怀疑的。

再以解决经济相对落后地区的失业率这一问题来说，这是一项花钱的计划。据齐德曼的计算，1968 年政府再训练中心中平均每个受训练人的社会费用是 603 英镑。[③] 梅特卡尔夫认为这个费用在 1974 年时已升为 1 000 英镑。假定一个中等城镇有五万男性劳动力，其中非熟练劳动力占 30%，即 15 000 人，现要把这比例降为 22%，即 11 000 人，那就要训练 4 000 人，花费 400 万英镑。[④] 而再训练非熟练劳动力本身还不等于使非熟练劳动力就业。使他们就业，还需要另外的开支。可见，要把一个城镇的失业率减少 1%（比如说从 7%的失业率降到 6%），财政上的负担决不是轻松的。全国范围的人力计划化的实现不可避免地要成为财政上的一大笔负担。

---

① 关于这个问题，泰勒（J. Taylor）在“失业行为和职业空位：英国（1958—1971年）：另一种观点”（载《经济学杂志》，1972 年）一文中作了比较充分的分析。

② 福斯特（J. I. Foster）：“英国的失业与职业空位之间的关系（1958—1972 年）”，载莱德勒和普尔迪（D. L. Purdy）编：《通货膨胀与劳工市场》，曼彻斯特，1974 年，第 164 页。

③ 齐德曼（A. Ziderman）：“英国成年人再训练的成本和收益”，载《经济学报》，1969 年 11 月。

④ 梅特卡尔夫：“英国的城镇失业”，载《经济学杂志》，1975 年 9 月，第 586—587 页。

总之，计划化对英国说来，即使还能勉强看成一件新鲜事，但它要想解决的却是成堆的老问题。它作为需求管理的扩展，可能比需求管理的适应性稍广一些，但要靠它来解决一大堆老问题，却是远远不能胜任的。英国经济既不能从短期的需求管理那里找到自己的出路，也不能从较长期的计划化那里找到出路。这个结论，甚至连英国政府也不得不承认。

第二节 一个简单的英国经济计量模型的剖析

在舒里所著《英国经济的分析和预测》一书中，提到了一个关于英国经济的总量模型。[①] 虽然这个模型是根据总需求变化的理论建立的，从而主要用于对周期性变化作出有计划的反应，还不适用于规划英国经济的长期增长。但舒里认为，这个模型有两个用途：一是作为简单的预测之用，即在假定公共支出、出口等外生变量为既定的条件下，考察各有关内生变量的变化途径；二是可用来分析整个经济的动态过程，推算国内生产总值的增长概况。

这是英国全国社会经济研究所以英国经济作为依据的一个宏观计量模型。

模型中，被看作外生变量的有消费者信贷、进口价格、间接税、公共机构消费、出口、给私人的补助、工资率、雇主向私人养老金的

① 舒里(M. J. C. Surrey)：《英国经济的分析和预测》，伦敦，全国社会经济研究所，1971年，第1和第8章。

缴纳、军队薪饷、雇员向国民保险的缴纳、净海外转移等。固定投资总额则被看作部分外生的变量。

各个外生变量和内生变量之间的关系，由10个行为方程式和7个恒等式来表示。①

---

① 英国全国社会经济研究所关于英国经济的总量模型中的行为方程式包括：

1. $IRSE=f(GDP,IRSE_{-1})$
2. $DNI=f(GDP,DNI_{-1})$
3. $WS=f(GDP,WS_{-1},TIM)$
4. $TAXWS=f(WS,TIM)$
5. $TAXO=f(IRSE,DNI)$
6. $CEND=f(RDW,RDO,CEND_{-1})$
7. $CPIFC=f(WS,GDP,MP,CPIFC_{-1})$
8. $FCA=f(CE)$
9. $S=f(GDP,TFS,FCA,S_{-1})$
10. $IMP=f(INV,TFS)$

恒等式包括：

11. $CPI=\alpha CPIFC+\beta T$
12. $RDW=(WS+FP+NI+\gamma_C G-TAXWS)/CPI$
13. $RDO=(IRSE+DNI-NTA-TAXO)/CPI$
14. $CE=CEND+(\triangle CR)/CPI$
15. $TFS=CEPAC+GFI+EX$
16. $INV=S-S_{-1}$
17. $GDP=TFS+INV-IMP-FCA$

以上公式中的符号的含义是：

CE＝消费者的支出(按不变价格)

CEND＝消费者的非信贷支出(按不变价格)

CG＝给私人的现期补助(按现行价格)

CPI＝消费物价指数

CPIFC＝不包括间接税内容的消费物价指数

CR＝消费者信贷(分期付款或银行债务)(按现行价格)

DNI＝来自股息和净利息收益的收入(按现行价格)

这个全国社会经济研究所关于英国经济的总量模型尽管被认

(接上页)

EX=商品和劳务的出口(按不变价格)

FCA=要素成本的调整(按不变价格)

FP=军队的薪饷(按现行价格)

GDP=国内生产总值(按不变价格)

GFI=固定投资总额(按不变价格)

IMP=商品和劳务的进口(按不变价格)

INV=存货变动(按不变价格)

IRSE=来自租金和自营的收入(按现行价格)

MP=进口价格(按不变价格)

NI=净保险缴纳(ERC减EEC)

NTA=净海外转移(按现行价格)

PAC=公共机构消费(按不变价格)

RDW=个人实际可支配工资和薪水收入(按不变价格)

RDO=个人其他实际可支配收入(按不变价格)

S=存货水平(按不变价格)

T=组成消费物价的一部分的间接税(按不变价格)

TAXWS=对工资和薪水征收的税(按现行价格)

TAXO=对其他收入征收的税(按现行价格)

TFS=最终销售总额(按不变价格)

TIM=时间

WS=工资和薪水额(按现行价格)

行为方程式中,第(1)—(3)式表明个人收入的各个组成部分是如何确定的,第(4)和(5)式表明对个人收入征收的直接税的确定,第(6)式是不包括耐用消费品的支出在内的消费函数方程式,第(7)式是不包括间接税在内的物价方程式,即物价由前期物价、工资和薪水总额在国内生产总值中所占比重,以及外生变量进口价格所确定的。第(8)式表明要素成本调整与消费者支出的函数关系。第(9)和(10)式表明存货水平、存货变动与进口之间的关系。

这七个恒等式中,第(15)—(17)式是国民核算恒等式,它们分别表示最终销售总额、存货变动和国内生产总值的组成与确定。

第(12)—(14)式表示实际可支配的个人收入和消费者支出的确定。这些收入和支出的确定全与消费物价指数有关。

第(11)式是关于消费物价指数的确定。这里又包括了行为的假定,即消费物价指数中的间接税所占的比重。

为相当简单,但它所涉及的范围仍是足够广泛的,因为它包括生产与收入分配各个领域,包括政府、企业和居民各个部门。作为模型的理论基础的,基本上是凯恩斯主义的经济学说,也就是需求管理的一套理论依据。需求管理过程中所遇到的主要困难,即它无法应付英国现实经济中多种并发症的困难,既不能依靠一定经济计量模型对前景的预测而作出有效的安排,也不能使政府或企业界使自己未来的行为去适合经济预测的要求。这种经济计量模型的意义,在某种程度上说仍是学术性的,而非政策指导性的。如果说它对政府有一定参考价值,那么这主要是指它能供经济预测之用,即向政策的制定者提示现实经济中的问题症结可能在什么地方,或者说,可能有哪些因素对经济稳定和增长发生不利的作用。但一方面,这些提示并不具有确定性,因为模型毕竟是理论上的、概念性的,而现实经济是错综复杂的;另一方面,这些提示并不能使政策制定当局找到可以应付现实经济问题的手段。

例如,根据上述全国社会经济研究所的模型,英国政府支出对国内生产总值增长的乘数是很低的。这就是说,靠扩大政府支出来刺激经济增长的收效不大。为什么会这样?舒里认为主要有两个原因,一是英国进口倾向很高,另一是扩大政府支出对经济增长可能起到的作用被税收所抵消或减弱了。[①] 这两个原因是比较符合实际情况的。而这个模型之所以能有某种参考作

① 舒里编:《宏观经济学问题》,牛津大学出版社,1976 年。舒里为《经济计量模型》一章所写的引言,该书第 480 页。

用，因为在这一问题上，它向人们提示，不能把稳定英国经济和刺激英国经济增长的希望放在扩大政府支出之上。但英国进口倾向之所以很高，英国政府的课税之所以抵消或减弱政府支出对经济增长的刺激作用，模型中并未加以说明。模型更不可能提示降低英国进口倾向或改变现行英国税制和税收结构的途径。即使说统计资料的应用是可信的，计算中的误差可以减少到最低限度，那么这个模型对于规划英国近期经济增长的作用仍是十分有限的。

把全国经济发展委员会的1961—1966年计划和经济事务部的1967—1972年的"今后任务"计划(The Task Ahead)中进口增长与国内生产总值增长之比的计划数字与实际数字作一番比较，就更能看出问题的所在。

在1961—1966年计划中，[①]

国内生产总值的计划增长＝22%

国内生产总值的实际增长＝16%

$$\frac{\text{国内生产总值实际增长}}{\text{国内生产总值计划增长}}=71\%$$

$$\frac{\text{进口的计划增长}}{\text{国内生产总值的计划增长}}=100\%$$

$$\frac{\text{进口的实际增长}}{\text{国内生产总值的实际增长}}=119\%$$

由此可见，即使在1961—1966年间英国国内经济还比较平稳

---

① 斯托特(D. K. Stout)："中期政策"，载莫里斯编：《英国经济体制》，牛津大学出版社，1977年，第426页。

的条件下，进口的实际增长就已超过了国内生产总值的实际增长。虽说这种情况是英国计划和管理部门所难以预计的，但毕竟实际情况与计划数字的出入还不太大。

而在1967—1972年计划中，[①]

$$\text{国内生产总值的计划增长}=17\%$$

$$\text{国内生产总值的实际增长}=13\%$$

$$\frac{\text{国内生产总值的实际增长}}{\text{国内生产总值的计划增长}}=74\%$$

$$\frac{\text{进口的计划增长}}{\text{国内生产总值的计划增长}}=129\%$$

$$\frac{\text{进口的实际增长}}{\text{国内生产总值的实际增长}}=284\%$$

显而易见，在1967—1972年，英国经济动荡的情况下，进口实际增长大大超过了国内生产总值的实际增长，不仅英国计划和管理部门事实上已失去了对事态的控制，甚至可以说，计划本身几乎失去了意义。

不可能不得出这样的结论：在动荡的英国经济条件下，假定英国的计划和管理部门仍然没有能力控制英国的进口数额的变动，无法降低高的进口倾向，那就不可能有对于英国经济前景作出任何有实际意义的重要的预测。问题当然不止于此。模型的建立者是根据一定的经济理论来选定变量和处理有关变量之间的关系的。即使是一个复杂的经济模型，也会舍弃若干重要的因素，只考

① 斯托特：“中期政策”，载莫里斯编：《英国经济体制》，牛津大学出版社，1977年，第426页。

虑某些因素。这个英国全国社会经济研究所的模型既然是一个简单的模型,而且是根据凯恩斯经济理论建立的,它对某些因素的舍弃不可能不对模型的适用性发生影响。

一个显著的例子就是不把固定投资总额作为内生变量来处理,而是把它作为部分外生变量。这种偏重于个人消费支出和政府消费支出,忽视固定投资的作用的做法,在理论上是很难自圆其说的。在现代英国经济中,即使把个人投资所起的作用撇在一边,政府的固定投资在经济运行中所产生的反应以及由此引起的其他经济变量的变化,都是十分清楚的。因此,无论从国内生产总值变动的近期预测来看,还是从政府扩大支出对经济增长的作用来看,都不能把固定投资完全排除在经济模型之外。

再进一步分析。假定经济模型中把固定投资完全包括进去了,那么是否就能对英国经济的前景或较长期的安排作出精确的预测或有效的安排呢?这同样是不可能的。我们并不认为哈罗德—多马模型是足以规划一国未来经济增长的可靠依据。哈罗德—多马模型在现代资本主义经济的条件下,只可能是某种参考的增长公式。但哈罗德—多马模型并不把投资率的变动当作唯一的因素加以考虑,这一点还是对的。它提出,均衡的增长率取决于两个变量,即投资率和投资的生产率(即投资效率)。这就是说,在投资率不变的情况下,投资的生产率(投资效率)越高,则经济增长率越大;同样的道理,在投资的生产率(投资效率)不变的情况下,投资率越高,经济增长率也越大。

我们不妨也从哈罗德—多马模型所分析的这两个变量来考察英国经济的增长趋势。试问:在了解了英国经济中的问题之一在于投资率不高或固定投资总额增长速度缓慢之后，难道提高投资率和加速固定投资增长率就能加快英国的经济增长了吗？事实并非如此，因为决定经济增长率的另一重要因素是投资的生产率即投资效率，也就是一定量的投资所能造成的产量增加额的大小。然而投资效率不仅仅是量的问题，它与经济结构状况、制度因素等密切联系在一起。投资效率高，即使投资率较低，经济增长率仍可达到相当大的比率；反之，投资效率低，投资率再高也很难把经济增长率提高。

由此可见，通过建立经济模型来预测和规划英国经济前景的做法，是不会给英国经济政策制定者找到摆脱当前经济困境的出路的。①

英国全国社会经济研究所的上述模型是有关英国经济的若干种宏观经济模型中的一种，也是英国全国社会经济研究所编制的经济计量模型中较简单的一种。该所编制的另一个大型的经济计量模型，包括 22 个行为方程式和 51 个恒等式。它比这个模型要复杂得多。英国财政部自己也编制了一个经济计量模型。它被英国政府用来进行经济预测和对变量变动程度的控制。它也是比较复杂的。② 此外，伦敦商学院的模型（LBS model）包括 68 个行为

---

① 在英国《新政治家》杂志 1980 年第 1 期（1980 年 1 月 4 日出版）的长篇社论“左派的未来”中，谈到了英国工党左派未来的倾向（这是英国报刊近年来的一个时髦题目）。值得注意的是，它的着重点放在对英国经济和政策行动前景的测量、模拟和分析上。看来，尽管通过建立经济模型的做法不会使英国找到摆脱困境的出路，但今后连工党左派也会越来越热衷于经济模型的编制。八十年代，在英国很可能出现一种“模型热”。

② 关于财政部模型的评论，参看《经济学家》，1980 年 2 月 2 日，第 63 页。

方程式、17 个技术方程式和 69 个恒等式。它可分为消费、投资、贸易和国际支付、个人收入和劳工市场、公司收入、价格、利息率、政府部门这样八个领域，对经济活动进行预测。它也比这里所分析的模型复杂得多。[①] 我们之所以在这里选择英国全国社会经济研究所这个简单模型作为剖析的对象，并非由于它比其他模型更适宜于或更不适宜于说明英国经济的动态过程，而只是因为它比较简单，同时也与凯恩斯经济学的基本原理相符，所以对它的剖析是有典型意义的。它有助于了解这一点，即不能指望通过经济模型的建立来使英国经济循着符合政策制定者的道路发展。

第三节　关于投资的经济效果问题

本章第一节在分析 1961—1966 年英国全国经济发展委员会计划和 1964—1970 年全国计划时已经指出，就固定资本投资而言，把实际增长率同目标增长率相对照，计划的完成情况是很差的，因为年实际增长率缓慢。但如果从战后长时期英国整个固定资本投资的变动情况来考察，那么仍能看出这一投资有不断增长的趋势。据统计，1950、1960、1970、1976 年英国各部门固定资本投资额和工业投资额的增长情况如下：

---

① 鲍尔(R. J. Ball)："伦敦商学院的英国经济季度计量模型"，载兰登(G. A. Renton)编：《经济的模型化》，1975 年，第 4 页。

英国各部门的固定资本投资

<table>
<tr><th>项　目</th><th>1950 年</th><th>1960 年</th><th>1970 年</th><th>1976 年</th></tr>
<tr><td>固定资本投资总额
(亿英镑)</td><td>17</td><td>41</td><td>92</td><td>230</td></tr>
<tr><td>各部门所占比重(%)</td><td></td><td></td><td></td><td></td></tr>
<tr><td>农业渔猎业*</td><td>5.4</td><td>3.8</td><td>2.8</td><td>14.8</td></tr>
<tr><td>工业</td><td>40.1</td><td>39.2</td><td>34.7</td><td>33.5</td></tr>
<tr><td>交通、运输、贮存</td><td>12.4</td><td>13.1</td><td>12.8</td><td>9.8</td></tr>
<tr><td>住宅</td><td>19.1</td><td>18.2</td><td>16.3</td><td>20.0</td></tr>
<tr><td>公共行政管理</td><td>3.1</td><td>4.6</td><td>9.0</td><td rowspan="3">22.0</td></tr>
<tr><td>服务</td><td>16.9</td><td>19.7</td><td>21.4</td></tr>
<tr><td>其他</td><td>3.0</td><td>1.4</td><td>3.0</td></tr>
</table>

*　1976 年建筑业不包括在工业中，而包括在农村渔猎业中。1976 年农村渔猎业栏还包括一小部分服务行业。

资料来源：英国《国民收入与支出》，1960 年、1968 年、1963—1973 年；英国《每月统计摘要》，1977 年 6 月。

英国工业各部门的固定资本投资

<table>
<tr><th>项　目</th><th>1950 年</th><th>1960 年</th><th>1970 年</th><th>1976 年</th></tr>
<tr><td>工业投资总额
(亿英镑)</td><td>7</td><td>16</td><td>32</td><td>77</td></tr>
<tr><td>各部门所占比重(%)</td><td></td><td></td><td></td><td></td></tr>
<tr><td>矿业</td><td>4.7</td><td>5.9</td><td>4.1</td><td>32.4</td></tr>
<tr><td>制造业
(1976 年不包括建筑业)</td><td>67.3</td><td>67.6</td><td>71.5</td><td>51.1</td></tr>
<tr><td>钢铁和有色金属</td><td>8.3</td><td>11.7</td><td>8.0</td><td>9.6</td></tr>
<tr><td>石油和煤制品</td><td rowspan="2">12.8</td><td>0.9</td><td>2.6</td><td>1.5</td></tr>
<tr><td>化工</td><td>8.3</td><td>11.9</td><td>8.3</td></tr>
</table>

续表

项 目	1950 年	1960 年	1970 年	1976 年
机器、造船、金属制品	11.5	14.3	13.2	10.5
运输机械	4.7	4.1	7.3	3.8
食品、饮料、烟草	7.6	7.9	7.7	6.6
纺织、皮革、缝纫	9.2	5.3	5.3	2.8
造纸、印刷、出版	3.4	4.2	4.2	2.4
其他	6.2	5.6	6.3	5.4
电力、煤气、自来水	28.0	26.5	24.4	16.5

资料来源:英国《国民收入与支出》,1960 年、1968 年、1963—1973 年;经济合作与发展组织《各成员国国民经济统计等 1950—1968 年》;英国《每月统计摘要》,1977 年 6 月。

按下列两种方法中的任何一种方法来计算,即或者以 1950 年英国工业品批发物价指数为 100,1976 年为 395 来计算,或者以 1950 年英国消费物价指数为 100,1976 年为 478 来计算,[①]在消除物价上涨的影响之后,1976 年与 1950 年相比,英国固定资本投资和工业固定资本投资都有所增加。因此在一定程度上可以用固定资本投资额的增长来说明战后英国经济的增长。

但如果把 1950—1976 年这段时期分为两段来考察,即把 1950—1970 年作为一段,把 1970—1976 年作为一段来考察,那么还可以看出另一个倾向。1970 年与 1950 年相比,工业品批发物价上升 80.5%,消费物价上升 122.2%,[②]而固定资本投资增加 441%,工业固定资本投资增加 357%。1976 年与 1970 年相比,工

① 国际货币基金组织:《国际金融统计月报》1971 年增刊,1977 年 5 月。

② 同上。

业品批发物价上升 119.6%，消费物价上升 115%，[①]而固定资本投资只增加 150%，工业固定资本投资只增加 141%。可见，战后英国固定资本投资和工业固定资本投资的增长主要是在 1950—1970 年阶段。从七十年代起，固定资本投资增长是缓慢的，趋势是下降的。因此，从英国经济较长期安排的角度来分析，应当承认，提高投资经济效果肯定要比增加固定投资有着更为迫切的意义。这一方面因为在现实经济生活中，要增加政府的固定投资势必会使英国的财政状况进一步恶化；另一方面，要扩大私人的固定投资，则除了要以提高居民实际收入水平为前提外，还必须有足够的刺激因素来促使私人固定投资增加，而英国恰恰缺少这种刺激。虽然前面曾经提到，采取公私联合经营或英国资本与外国资本联合经营的方式，可能有利于增加投资，实现技术改造，但这还不可能立即成为英国固定资本投资的主要来源。所以固定资本投资的经济效果问题，对当前英国说来是至关紧要的。如果英国的投资经济效果能提高，哪怕固定资本投资减少，仍能促使经济增长。反之，如果投资经济效果较差，那么不管怎样增加投资，提高投资率，经济增长率还是难以增大的。

为此，我们有必要从工业政策方面来考察一下英国政府对待投资经济效果的态度和做法。

暂不考虑制度和社会、文化、心理方面的因素，[②]只从量的方面着手分析。假定把政府的税收政策和税率作为既定的，那么企

① 国际货币基金组织：《国际金融统计月报》1971 年增刊，1977 年 5 月。

② 详见本书第四、第五和第十一章有关部分。

业的总收入等于总成本加利润。

以 TR 表示总收入，TC 表示总成本，Π 表示利润，P 表示企业产品的平均价格，Q 表示企业的生产量，W 表示企业的工资额，L 表示企业的劳动力数目。那么，

$$PQ = TR = TC + \Pi \quad \cdots\cdots (1)$$

$$P = \frac{TC+\Pi}{Q} \quad \cdots\cdots (2)$$

如果在方程式的右边乘以 W/W 和 L/L，那么并不改变这个方程式。

$$P = \frac{TC+\Pi}{Q} \cdot \frac{W}{W} \cdot \frac{L}{L} \quad \cdots\cdots (3)$$

(3)可以改成下式：

$$P = \frac{TC+\Pi}{W} \cdot \frac{W}{L} \cdot \frac{L}{Q} \quad \cdots\cdots (4)$$

在这里，W/L 表示平均每人的工资，即平均工资率，可以用 w 来表示；L/Q 是 Q/L 的倒数，即平均每人产量的倒数。平均每人产量就是劳动生产率，现以 k 来表示，那么 L/Q 就是 1/k。所以上述方程式可以改为：

$$P = \frac{TC+\Pi}{W} \cdot \frac{1}{k} \cdot w$$

$$P = \frac{PC+\Pi}{W} \cdot \frac{w}{k} \quad \cdots\cdots (5)$$

根据方程式(5)可以看出，如果劳动生产率(k)低，其结果将是：或者工资率(w)必定是低的，或者价格水平(P)必定是高的，或者$\left(\frac{TC+\Pi}{W}\right)$必定是低的。而这又需要使得非工资成本(包括原材

料和燃料成本、租金)是低的,或者利润(Π)是低的。但这些非工资成本对于一个企业说来,同企业规模、产量水平联系在一起,它们不可能按企业的意愿降到低水平,而工资率(w)也不会轻易地下降。这样,如果企业不可能使价格水平提高的话,低劳动生产率只可能导致低利润。①

以上是从一般理论的角度对P,W,TC,Π,k,w之间的关系的分析。就当前英国工业而言,所遇到的是下述情况,即相对于其他主要资本主义国家,英国的劳动生产率是较低的。英国较低的劳动生产率使它的产品价格在国际市场上处于较高的水平,同时又使它的工资率在同西方几个发达的资本主义国家相比处于较低的水平。而且英国经济的问题还不止是低工资率和低劳动生产率,问题还在于工资率的增长率大于劳动生产率的增长率,即劳动生产率与工资率相比,处于更低的状态。这种情况不仅使得低利润成为不可避免,并且还使得利润率继续下降。低利润使得投资的刺激不断减弱。

英国与西德、法、意、比、荷、卢六国的上述几项指标的比较,充分说明了这一点:②

	西德、法、意、比、荷、卢六国	英国
平均每小时工业产量增长率,1966—1972	51%	26%
平均每小时毛收入增长率,1966—1972	114%	89%

① 莫里斯:"工业政策",载莫里斯编:《英国经济体制》,牛津大学出版社,1977年,第457页。

② 同上书,第458页。

续表

	西德、法、意、比、荷、卢六国	英国
平均每单位产品工资成本的增长，1966—1972	38%	52%
消费物价指数的增长，1966—1972	27%	41%
出口额的增长，1966—1972	160%	66%
净经营剩余（net operating surplus）在国内生产总值中的百分比，1972	25.2%	17.3%
投资率（投资在国内生产总值中的百分比），1972	23.6%	19.8%

以主要工业部门实物劳动生产率进行比较，也许更加形象化一些。以钢铁工业为例，主要资本主义国家平均每个工人每年钢产量如下：①

	1960年（吨）	1970年（吨）	1970年比1960年增长的百分比
英国	93.2	99.7	+7%
美国	170.6	238.1	+40%
日本	94.7	326.4	+245%
西德	121.5	199.1	+64%
法国	132.3	219.5	+66%

① 《世界经济统计简编》，三联书店，1978年，第161页。

各国煤矿矿井工人的劳动生产率比较如下：[①]

	1960年（吨）	1970年（吨）	1970年比1960年增长的百分比
英国	1.42	2.21	+56%
美国	9.65	13.88	+44%
日本	0.72	2.39	+232%
西德	1.61	3.00	+86%
法国	1.24	1.82	+47%

从平均每个工人的钢铁产量可以看到，英国不仅是几个主要资本主义国家钢铁工业劳动生产率最低的，而且也是劳动生产率增长最慢的。至于煤炭工业的情况，从劳动生产率相比，英国仅仅略胜于法国，而落后于美国、西德和日本；从劳动生产率增长率相比，英国落后于日本和西德。英国较低的劳动生产率与它较低的工资率、较高的工资成本、较高的产品价格、较慢的出口增长率、较低的利润率和较低的投资率，都是不可分割地联系在一起的。

要使英国改变这种不利的经济地位，从计划化的角度考虑，显然就不是单纯提高投资率或积累比例的问题，而要设法提高投资的经济效果，并且在提高投资经济效果的工作中，提高劳动生产率尤其重要。

然而在英国，投资经济效果的提高与投资率的提高遇到了同样的困难，因为一方面，影响投资经济效果的因素是错综复杂的；另一方面，投资经济效果能否提高往往又以提高投资率为先决条

① 《世界经济统计简编》，三联书店，1978年，第135页。

件。这就是说,如果没有一定量的追加投资,对部门和企业进行重大的技术改造,在投资的经济效果方面无法出现显著的变化。

按照1975年11月英国政府关于工业战略的白皮书中的分析,造成英国低劳动生产率的因素有如下这些:

第一,从投资本身来看,包括投资额较少,投资项目的选择不当,对投资支出的利用不当等等。

第二,从劳动力方面看,包括经营管理的缺乏效率,企业人浮于事,劳资纠纷,缺少熟练劳动力,对劳动力流动的限制,劳动报酬制度不恰当等等。

第三,从资金周转和供给方面看,主要指工业在资金周转和供给方面不灵活。

第四,从政府方面看,包括政府政策的易变性、不稳定性,政府用于公共支出和消费的比例过大,政府对国营工业部门的决策的干预过多等。

这些因素中,有些是可以通过政府制定的中、长期计划对之发生作用的。例如,熟练劳动力的缺少可以通过人力资源的计划工作来解决,政府用于公共支出和消费的比例过大也可以通过投资的计划化来加以变更。有些则可以通过政府的经济工作的改进来着手解决。例如,关于投资支出的利用不当、对劳动力流动的限制、政府对国营工业部门的决策的干预过多等因素,就属于这一类型。

但像经营管理的效率较低、劳资纠纷、劳动报酬制度的不恰当、政府的政策的不稳定性等影响劳动生产率的因素,却是带有根本性的。它们同英国经济、政治、社会、心理等方面的问题纠缠在一起，不是通过政府制定中、长期计划所能解决的。政府的中、长期计划即使可以在投资额的增减和投资分配比例上有所调整，使得一些劳动生产率较低的部门和地区在某种程度上得到改善，或者使得另一些劳动生产率较高的部门和地区在某个时期内可以得到较快的发展，从而提高它们在整个国民经济中的作用。但由此取得的后果很可能被上述这些难以解决的、阻碍劳动生产率提高的因素的后果所抵消。一个十分突出的例子是 1978 年年末到 1979 年年初，英国因劳资纠纷而造成的劳动生产率方面的损失。这只是许多例子中的一个，但它清楚地说明了要提高英国的投资经济效果，需要对问题有一个统筹的解决方式。而这样的解决方式是目前条件下不可能出现的。那次事件的经过如下：1978 年 8 月，在通货膨胀加剧的压力下，工党政府宣布实行第四次限制工资增长的方案，把工资增长的最高限额从 10%下降到 5%。工会不理睬政府的这一决定。它认为，从 1975 年 8 月英国工党开始实行限制工资增长的方案算起，连续四年来工人阶级已经为国家的经济稳定作出了巨大的牺牲，通货膨胀问题至今没有解决，工资增长率又受到一而再、再而三的限制，所以只有通过罢工来作为对第四次限制工资增长的方案的答复。以福特发动机公司工人的罢工为开端，其他工会纷纷响应，各行业交叉进行，引起一系列连锁反应。特别是交通运输业工人的罢工，使 1979 年一开始英国经济就陷于瘫痪状态。这一次，由于铁路工人罢工，燃料供应不足，迫使一千多所中、小学停课。卡车司机的罢工，使成船的西红柿烂掉，使大批牲畜因缺乏饲料而被就地宰杀。城市里垃圾堆积如山。医院里接送病人的救护车也开不出去。住在大城市郊区的数以百万计的职工,在雪地上步行去上班。英国经济被此起彼伏的罢工浪潮弄得混乱不堪。这是三十年代以来从未有过的经济紊乱现象。所不同的是,当时是物价下跌,失业工人踯躅街头,要求救济;如今是物价上涨,在业工人要求提高工资,而由于原料缺乏引起的工厂停工、赔本、倒闭,则同样给国民经济造成巨大损失。可见,由此造成的低劳动生产率,是任何经济计划的制定者所无法补救和改进的。

第十章　收入政策及其在新形势下的运用

这一章所要考察的，是英国政府近年来所采取的应付通货膨胀与失业并发症的另一个对策，即收入政策。本章共分为五节。第一节“收入政策的演变”从收入政策本身的目标、它对物质刺激原则的利用和它同其他政策之间的关系几个方面来概述英国政府是怎样逐步推行收入政策的。第二节“收入政策与英国劳工市场的变化”，先分析英国劳工市场的某些特点，然后说明收入政策实行后，它将从哪些方面影响劳工市场。第三节“收入政策与英国物价水平的变化”，重点放在收入政策与稳定物价之间的关系上，说明在不同情况下收入政策对于物价波动的不同影响。第四节“收入政策与英国经济效率的变化”，主要谈收入政策的实现所引起的资源配置方面的后果，得出的结论是：收入政策所引起的经济效率的损失是不可忽视的。第五节是本章的小结，标题是：“收入政策的短期效应和长期效应”。这是一个涉及收入政策究竟能在多大程度上达到英国政府预定目标的问题。从收入政策所造成的各种矛盾来看，英国经济是不可能通过这条途径摆脱困境的。

第一节　收入政策的演变

在第六章中，我们在分析英国经济政策指导思想演变时，曾这样概括了收入政策的特点和它在现阶段英国政府的政策体系中的位置：

第一，七十年代英国政府的当务之急是应付失业与通货膨胀并发症，相应地，新的经济政策中最重要的是收入政策。收入政策被用来限制工资和物价增长。它被当成是需求管理的重要补充。

第二，收入政策的理论依据是微观的市场结构学说。微观的市场结构学说的要点是：劳动力市场和产品、劳务市场的不完全性所引起的工资刚性和价格刚性，推动了工资和物价的交替上升，因此，要解决在小于充分就业条件下的物价持续上涨问题，有必要对生产要素的收入增长率进行限制，使之不超过劳动生产率增长率。

第三，由于微观的市场结构学说是对当前失业与通货膨胀并发症原因和过程的曲解，所以以此为理论依据的收入政策无法消除这一并发症，至多只能暂时缓和一下工资和物价的增长率，但物价不可能长期被遏制增长，工会为争取提高工资的斗争不可能被制止，从而工会的斗争不仅在经济上，而且在政治上会使英国资产阶级遭到更大的损害，使“英国病”复杂化。

第四，正如需求管理一样，收入政策的采用使英国政府处于进退两难的境地。如果撤销收入政策，物价上涨率将如脱缰之马，难以控制；如果继续采取收入政策，则问题越积越多，收入政策的暂时收效性也会越来越受到限制。最后，收入政策不可避免地沦于与需求管理相似的命运：英国经济的管理，既离不开它，又无法依靠它，它给英国经济带来的麻烦和困难，则越来越使英国政府头痛。

以上是我们在第六章中对收入政策在英国的实施情况所作的理论上的简单概括。现在，当我们进一步考察英国经济的出路问题时，我们有必要从上述概括出发，进一步分析一下收入政策的各项措施及其演变的趋势，看一看收入政策是否有可能在其演变之后适应于新的经济形势，从而起到比较符合英国政府意图的作用。

这里所说的演变，主要是指以下三方面的变化。一是政策目标的变化，即不仅以限制物价增长作为政策目标，而且以公平分配作为政策目标，也就是所谓照顾收入分配方面的平等，缓和低收入阶层的不满，使低收入阶层不至于在通货膨胀下受到损害的目标。[①] 二是政策措施的变化，即如何在收入政策中更多地考虑市场的作用，利用价格和收入的刺激来达到限制物价增长和达到公平分配双重目标。三是收入政策与其他政策的协调问题，即不仅从收入政策本身的实施及其效应出发来制定具体的政策措施，而且要把收入政策的实施和效应同其他政策结合起来考虑。这三方面的变化，也就是当前英国政府所要重新安排的收入政策的动向。

---

① 加伦森编：《收入政策：我们能从欧洲学习到什么?》，序言，纽约州伊塔加，1973年，第Ⅸ—Ⅹ页。

1. 收入政策的目标

六十年代初，保守党政府在开始实行收入政策时，确实只是把它作为一项临时的应急措施来对待的。当时采取的工资冻结措施，旨在应付英镑的危机，因为按照财政大臣塞尔温·劳埃德的意图，似乎一旦停止增加工资，英国商品就有可能加强国际竞争能力，扩大出口。同时，工资的暂停增加有可能制止国内物价上涨，使得进口额不会增大。工会抵制了这种做法。这一临时性的措施不得不在实行一年零一个月后收场。在那个阶段，公平分配根本未被考虑作为收入政策的一项目标。

1964 年，工党政府为了防止物价上涨和保持国际收支平衡，也步保守党政府之后尘，采取了收入政策。经济事务大臣乔治·布朗鉴于保守党政府期间采取的冻结工资措施曾引起工会组织的抵制，所以实行的是自愿限制收入增长的措施，即提出增长工资的百分比（3%—3.5%）的路标，希望企业与工会双方自愿执行。这种自愿限制收入增长的做法尽管不像硬性冻结工资那样难以实施，但却很容易任其自流。物价未能被遏制上涨，工会提出的增加工资的要求也就突破了自愿限制的框框。这种情况一直维持了两年左右。但这时的收入政策也不把公平分配当作所要达到的目标。

1966 年夏天，英国的国际收支问题日益尖锐。工党政府不得不放弃自愿限制收入增长的收入政策，宣布工资和物价冻结六个月。幸而工会支持了这次以法律形式宣告的冻结措施，使得六个月之后的通货膨胀率得以稳定在较低的水平上。而与此相适应的是国际收支稍有好转。但1967年夏天起，由于国际市场动荡的加剧和英国对外贸易遇到挫折，英国国际收支再度尖锐，以至于1967年11月英镑被迫贬值。这意味着六个月冻结工资和物价，以便缓和国际收支危机的做法最后还是失败了。1968—1969年间，英国政府不打算再度恢复硬性冻结收入的办法，一直到工党下台为止。而1970年间上台的保守党，则干脆取消了工党时期建立的物价和收入管理局，听任工资和物价增长。英国政府的这一反复表明，以限制物价上涨、从而以缓和国际收支危机为目标的收入政策，即使可以暂时收到某种效果，但最终仍不免因失败而告取消。

直到1972年11月间，保守党政府为了应付通货膨胀日益加剧的局面，才又开始采取用硬性规定的方式来限制收入增长。收入政策的实行分三个阶段进行。第一阶段(1972年11月—1973年4月)采取的是冻结工资六个月的做法。第二阶段(1973年4—11月)规定工资增长的限额。具体限额是：每周可增加1英镑另加4%，但每人每年增加的工资最多不超过250英镑。物价也有增长的限额，但增长幅度小于工资增长幅度。第三阶段(1973年11月以后)，放宽工资增长的限额，规定工资或者可以每周增加2.25英镑，或者可以增加7%。但每人每年最多只能增加350英镑。同时还规定了若干例外情况，例如低工资工人或矿工可以略高于上述规定的增长率；又如，在零售价格显著上涨后，工资率可以按比例增长等等。尽管保守党政府的收入政策在实施过程中，遇到了1973年10月中东战争这一特殊事件的严重影响，石油价格上涨和世界市场价格的普遍上涨使得英国政府的这套限制工资和物价上升的做法最终仍以无效而告一段落，但这个时期的收入政策在目标上与前一时期相比，已经显示出区别。这就是：在这时期第二阶段特别是第三阶段所实行的措施，除了主要用于抑制物价上涨而外，还具有缩小收入分配差距的意义。它们使得低工资者的工资率有较大的增长余地，而对高工资者的工资率增长则有较大的限制。

1974 年 7 月以后，工党政府又改变了保守党政府的管制做法，采取自愿的社会契约措施。工资不再受到增长的限制，但物价却继续受到管制，只有工资上涨额的一半可以作为"可允许的"成本而转移到价格上去。这样，引起企业利润下降，失业人数增多，所以到 11 月间，对物价的限制也放松了。这种容许工资增长、限制物价上涨的做法，虽然持续的时间不久，但它证实了英国政府实行收入政策不仅仅为了限制物价上涨，而且兼有缩小低收入者收入与平均收入之间差距的目的。①

收入政策目标的变化是七十年代以来的收入政策与六十年代的收入政策的一个重要区别。但在 1979 年以前，即在卡拉汉的工党政府卸任以前，收入政策的双重目标中还是有轻有重的。收入政策的着重点仍放在抑制物价上涨方面，相对而言，收入的公平分配总是被放在次要的地位。② 这是因为历届政府都是为了应付尖

---

① 白拉卡贝："收入政策"，载白拉卡贝编：《英国经济政策，1960—1974》，剑桥大学出版社，1978 年，第 385 页。

② 同上书，第 385—386 页。

锐的国际收支危机和增强英国商品的出口竞争能力而想到有必要稳定国内物价的，而要稳定国内物价（或降低物价上涨率），则需要对工资收入的增长率进行限制。这是英国收入政策的目标的重点，或者说，是英国收入政策的首要目标。但收入政策一旦实行，则可以比较灵活地运用具体的措施来促进低工资收入者的收入有较快增长，限制高工资收入者的收入同比例增长，或促进整个工资水平有较大的增长，而不让物价有同比例的上涨。这就是收入政策的公平分配目标。它实际上是一种附带的、次要的目标，是在抑制物价上涨的目标之外才被提出的。此外，人们还提到英国收入政策的另一个目标，即通过限制工资和物价增长率来促进劳动生产率增长，从而促进经济增长。[①] 不过，相形之下，对英国政府实行收入政策而言，这将是一个更有附带性的、更为次要的目标。

2. 收入政策措施中对物质刺激原则的利用

根据英国六十年代以来所实行的收入政策措施来看，它在较大程度上是一种旧式的限制收入增长的做法，这就是或者采取硬性的冻结办法，或者采取自愿协议以限制收入增长的做法。前一种做法依靠的是法律，后一种做法依靠的是道义上的约束力或所谓社会责任感。这两种做法都被认为是有局限性的，因为它们不

---

① 克莱格（H. A. Clegg）：《变动中的英国工业关系体制》，牛津，1979 年，第 357—358 页。

可能调动人们自觉地遵守政府规定的收入增长限界或收入增长路标的积极性。对于法律的规定，人们是被迫接受的，反感不可避免，只是无可奈何地把反感抑制住，而一旦时机成熟，就会推翻这些限制。至于道义上的约束力，则是空洞的、没有实际意义的，因为在资本主义环境中，道义上的力量最终必须在经济利益的天平上受到衡量。自愿协议的任何一方都有可能根据自身的经济利益来推卸自己应负的社会责任。这就是一切自愿协议不可能取得真正成效的基本原因。

资产阶级经济学界和英国政府从实际生活中逐渐认识到，这种旧式的限制收入增长的做法的缺点在于未能利用人们自身利益这个杠杆。这里所说的人们自身利益是指与收入增长限制相联系的直接收入的增减，而不是指空泛的社会受益（尽管个人是社会的一分子）。具体地说，尽管政府在实行收入政策时曾经一再声称，如果人们遵照政府的规定或指导去做，英国的经济就会好转，但对于企业或各种收入获得者说来，这番话并不起作用，因为社会受益是抽象的、难以捉摸的，所以他们并不热衷于遵照政府的规定或指导。反之，如果政府把收入政策同人们的自身利益联系起来，推行一种新式的收入政策措施，比如说，如果人们按照政府的规定或指导去做，立即可以得到某种现实的经济利益（津贴或免税），不按照政府的规定或指导去做，立即会在经济方面受到某种实际的损失（罚金、加税，或者政府减少订货），那就比空泛的社会受益的吸引力大得多。这种新式的收入政策措施的特点就是利用物质刺激原则，即利用人们对自身经济利益的关心来贯彻政府的限制收入增长的意图。[1]

这样一来,在经济生活中出现了这样一种奇怪的现象,企业愿意答应工会提出的工资增长的要求,给工人加工资,但它必须背着政府这样做,不让政府知道;或者它采取变相加工资的做法,使政府得不到处罚的借口。

在英国,卡拉汉政府所实行的限制工资增长的社会契约,就在一定程度上利用了这种物质刺激原则的作用。由劳方、资方、政府三方面协商制定的社会契约,规定工资增长的最高限额,要求工人自愿遵守,作为交换条件,政府同意给工人以一定的社会福利补助。而在经济学界,则认为这种做法还不够,因为单有社会福利补助的刺激不足以使工人同意工资增长的最高限额,应当有必要实行进一步的物质刺激方式,例如用纳税负担的加重或减轻来保证收入增长限制的实行。经济学界的这种呼声,代表了收入政策措施变化的一种新的动向。

3. 收入政策与其他政策的协调

在六十年代初,财政大臣劳埃德是把收入政策当作一项应付英镑危机的临时应急措施看待的。当时对工资的暂时冻结(1961年7月起)并不意味着英国准备通过收入政策来解决公平分配问

---

① 一个具体的例子是对福特公司的制裁,因为福特公司为了使罢工九周的工人复工,给67 000工人以17%的幅度提高工资,超过指导线12%。撒切尔夫人认为制裁是不公正的,因为只制裁资方,未制裁职工(《新闻周刊》,1978年12月11日,第71页)。

题,也不意味着英国想把它作为一项持久的政策。1966 年 7 月威尔逊政府的冻结工资和物价六个月的措施,情况也和六十年代初相似。因此,英国政府并不曾认为需要在实行收入政策时考虑这一政策同其他政策之间的协调问题。临时的应急措施着重的是单一目标,这是政府不考虑收入政策与其他政策之间协调问题的原因之一。临时的应急措施只可能具有短期的性质,而在达到政府既定目的之后,也就失去继续维持的依据,这是政府不考虑收入政策与其他政策之间协调问题的另一个原因。

七十年代以后的情况与此有所不同。收入政策不仅以抑制物价上涨作为目标,而且兼顾收入分配目标。收入政策的措施中也不再只限于短期的冻结工资和物价的做法,而且包括在较长时期内实行的限制收入增长率的做法。特别是收入政策措施中除了有依靠法律或者依靠道义上的约束力的性质而外,还具有依靠物质刺激原则的作用这一特点。这样,收入政策的实行就有必要同政府的其他政策保持协调,否则收入政策既不能发挥政府预期的效应,也不能长期维持下去。

首先遇到的问题是收入政策同经常性的需求管理的协调。需求管理被认为不足以应付成本推进的通货膨胀,不足以解决收入的再分配问题,这一点已在前面提到过。现在的问题是:既然收入政策的目标在于抑制由于生产要素收入增长而引起的通货膨胀,那么至少在需求管理中需要做到的是不要用刺激总需求的方式来消除经济的停滞状态和减少失业人数,因为如果那样,成本推进的通货膨胀被抑制了(假定收入政策收到成效的话),而由于需求过大所引起的通货膨胀却发生了,结果物价继续上涨,国际收支危机依然得不到缓和。再说，既然收入政策的目标也在于以国家调节收入增长率的方式来达到收入重新分配，那么至少在需求管理中需要做到的，是不要用紧缩总需求的方式来增加社会上的失业人数，因为如果那样，低收入者的收入有可能得到照顾而有较大增长（假定收入政策收到成效的话），而总需求的紧缩所引起的失业率增大却使得收入分配的格局依然不利于低收入者，使社会上有较多的人继续处于低收入水平。这就是作为非临时应急性的收入政策在实行时所要考虑的问题。

另一个问题是收入政策同计划化的协调。我们在上一章已经指出，计划化是作为需求管理的扩展而出现的一项措施。计划化的特点在于通过国家的直接投资和财政—货币调节，使英国经济得以在较长时期内，在需求和供给两方面互相适应。因此，如果收入政策只是临时应急性的措施，那么与计划化所希望达到的需求与供给互相适应的打算不会发生较大的不协调。但是，如果收入政策作为一项长期的措施来执行，那么至少在三方面同计划化的打算发生冲突。一是生产要素的供给是否会因生产要素收入增长受到限制而发生变化。二是劳动生产率是否会因工资收入增长受到限制而停止增长，甚至下降。三是投资在各个不同的生产部门之间的配置是否会因为利润增长受到限制（或利润率下降）而难以符合政府的计划化的意图。这是收入政策长期化之后不可避免地会发生的问题，所以如果不使收入政策同计划化相协调，收入政策和计划化二者的效果被认为都要受到巨大的影响。

那么，究竟怎样使收入政策同计划化协调呢？关于这个问题，我们将在下面几节中，在涉及与此有关的问题予以分析。这里只需说明两点。第一，对于英国经济来说，这是几乎不可能解决的问题，因为收入政策无非是国家垄断资本主义在收入分配领域内进行干预的一种手段，它不能解决资本主义制度下收入分配中的矛盾，而计划化主要是国家垄断资本主义在生产领域内进行干预的一种手段，它不能解决资本主义制度下生产领域内的矛盾。收入政策与计划化的矛盾很大程度上是资本主义分配与生产之间的矛盾的反映，这种矛盾是对抗性的，在资本主义制度下是无法解决的。第二，在这一矛盾无法解决的前提下，英国政府在收入政策和计划化之间的协调方面采取的主要做法，将是根据经济中通货膨胀率的严重程度和经济停滞情况来决定经济稳定与经济增长两个目标的轻重缓急。这就是说，在通货膨胀率过高，经济稳定成为首要目标时，就强调收入政策；而在通货膨胀率稍低一些，经济停滞成为当务之急时，就强调计划化。这是英国政府在这种情况可能采取的妥协做法。

第二节　收入政策与英国劳工市场的变化

以抑制物价上涨和实现公平分配为目标的收入政策，一旦以持久性的政策的姿态出现（即不再以临时的应急的措施出现），必然会对英国经济发生一系列重要的影响。在分析收入政策作为医治英国经济病症的一种处方是否有效之前，我们有必要先考察一下收入政策的执行对英国经济的影响问题。我们准备分三节来考察这种影响。本节考察的是劳工市场的变化。下一节考察物价水平的变化。再下一节考察经济效率的变化。这三节放在一起，就是通常所说的收入政策经济学。

先考察劳工市场的变化。

不论收入政策以何种形式表现，它主要是政府对劳工市场的干预。收入政策，顾名思义，是对一切收入的增长率进行限制。但限制工资是主要的，这被认为是控制通货膨胀所必需的手段。而控制其他收入（股息、租金）的增长率，则是为了政治方面的原因和经济方面的其他原因。[①]

在十九世纪的英国，劳工市场是一个竞争性的市场，雇主之间为雇佣合适的工人而进行竞争，雇工之间为出卖劳动力而进行竞争，而雇主与雇工之间关于工资率和劳动条件的议定则通过劳工市场上供给与需求状况来调节。如果不把济贫法考虑进去的话，可以说，政府对劳工市场是不进行干预的。二十世纪以来，在英国，劳工市场上确实出现了新的情况，这就是大公司成为经济中的垄断力量，它们表现为劳工市场上的强大的买主。但另一方面，工会的力量也不断壮大，特别是像煤矿工人工会这样的组织，它在大罢工中所显示出的力量，表明雇主一方已不可能再像过去那样为所欲为。到了第二次世界大战结束以后，垄断组织的发展和工会力量的壮大几乎是人所共知的事实。这是分析战后英国劳工市场时所必须注意的事实。

当然，资产阶级经济学家所说的在现代资本主义经济中业已形成两大对抗的垄断力量——大企业和工会——以及由此发生工资成本推进物价的情况，是不符合实际的。不能认为工会是与大

---

① “欧洲的收入政策”，载《经济学家》，1978年2月14日，第100页。

企业相似的垄断组织，也不能认为工会提出的增加工资的要求是推动物价上涨的基本原因。这是对现实生活的曲解。但应当承认的是，由于工会的力量的壮大和工会领导下的罢工斗争给资方造成了严重损失，迫使资方在许多场合不得不有所顾忌，从而在议定货币工资率和劳动条件时，必须权衡轻重，宁肯答允工会的某些要求，以免引起罢工而使自己受到较大的损失。只有在企业认为货币工资率的增长有可能使企业受到的损失更为严重时，它们才不再作出让步。这就是当前所说的劳工市场不完全竞争性质的一种表现，也就是英国劳工市场在失业率相当高的时候，即在缺少对劳动力的额外需求压力的时候，工资率仍然有较大增长的一个原因。[①] 当然，在谈到这个问题时，我们也决不要忘记马克思关于资本主义制度下工资的本质的论述。马克思写道："工资按其本性来说，要求工人不断地提供一定数量的无酬劳动。即使完全撇开工资提高而劳动价格同时下降等情况不说，工资的增大至多也不过说明工人必须提供的无酬劳动量的减少。这种减少永远也不会达到威胁制度本身的程度。"[②]由竞争性的劳工市场转向具有不完全竞争性质的劳工市场这一事实本身，丝毫不意味着英国的工资性质的变化或雇佣关系的变化。

劳工市场具有不完全竞争性质仅仅是现阶段英国劳工市场的一个特点。在英国，劳工市场至少还表现出以下两个特点。一是

---

① 尼科拉斯·卡尔多："世界经济中的通货膨胀和衰退"，载《经济学杂志》，1976年12月。

② 马克思：《资本论》第1卷，人民出版社，1975年，第679页。

国营经济已在整个国民经济中占据一定的比重，特别是像煤矿、电力、铁路等重要部门已经国有化，这样，在这些部门中，企业与工会的关系实际上反映的是作为雇主的国营企业与工人之间的关系。同工会打交道的是国营部门，而不再是个别私人企业主及其代理人。另一个特点是，由于英国工会力量是强大的，而在英国的加工工业尤其是服务业中，中小企业的比重还比较大，与强大的工会打交道的，是分散的中小私人企业主。工会的力量显得比较大，这在劳资议价中对劳方是比较有利的。这些分散的中小私人企业与大型私人企业不同，它们还不可能形成一个统一的垄断势力。英国劳工市场上的这样两个特点，对英国经济发生的影响是不一样的。从这种影响来分析，英国经济中的下述现象可以从中得到解释：英国的一些规模巨大的罢工斗争，不是出现于私人企业占主要地位的部门，而往往是出现于国有化企业或国营经济占重要地位的部门（如煤矿、铁路运输以及钢铁工业等部门），因为这些企业在同工会交涉时，其态度较硬，不会轻易地同意工会提出的增加货币工资率的要求；而在存在着大量中小私人企业的部门，资方对工会提出的提高工资的要求可能作出让步，然后以按本定价的方式使物价上升，否则利润率就受到影响。

考虑到英国劳工市场的上述各种特点和由此产生的新情况，现在让我们考察一下收入政策作为持久性措施被推行后，英国劳工市场究竟会发生什么样的变化。

首先应当指出的是：政府规定最低工资率是否增加社会上的失业的问题。收入政策中包括了最低工资率的规定，即企业雇佣工人不得低于规定的最低工资率。这是收入政策的一个组成部分，它是同限制工资收入增长率结合在一起的，因为如果把这两者结合起来，工会比较容易接受政府的收入政策。收入政策的这两部分的结合，恰恰反映了抑制物价上涨和实现公平分配双重目标的兼顾。但雇主是否会依照政府的规定，承认并接受最低工资率呢？对于私营经济部分，特别是中小私营企业占重要地位的那些部门，私营企业主必须根据自己的利益来对待有关最低工资率的规定，在他们认为对自己不利的情况下，他们宁肯解雇最低工资的工人（因为使用这些工人被认为是不合算的），或者拒绝雇佣市场上的最低工资工人。因此，劳工市场上的需求将会减少，供给将会增大。供求关系的这种变化与政府在推行收入政策前所设想的公平分配是冲突的。

值得指出的另一点是：政府在规定工资收入增长率限额时，不可能不使劳工市场上的行业之间的差异扩大。要知道，由于历史遗留下来的原因以及由于各行业在生产和技术条件上的不同，各行业之间的工资率差异是一个既成事实。① 但是，如果工资收入增长率的限额要因各行业的劳动生产率变动情况而异，那么各行业工资率之间的差异将会进一步扩大，劳动力在行业之间的转移是不可避免的；如果采取硬性规定的办法，各行业的工资收入增长率的限额的规定与劳动生产率情况无关，那么这对于某些行业的私营企业而言，则有强行收缩产量和就业量以适应政府的收入政

---

① 按每小时工资计算，1965 年工资率最高的行业是汽车工业，最低的是成衣业，两个行业的工资率之比是 2:1；1975 年工资率最高的行业是造船工业，最低的仍是成衣业，两个行业的工资率之比是 1.9:1（《经济学家》，1978 年 3 月 11 日，第 103 页）。

策的问题，或者情况恰恰相反，某些行业的私营企业也可能乘机扩大产量，从而扩大就业量。这些都会造成劳工市场上的供求正常秩序被打乱，使得一段时期内的供求失调现象更为突出。从较长时期来看，伴随而来的资本转移将使政府原来的计划化措施失去作用。

还应当指出的是：如前所述，在英国经济中，有以下三种不同的情况：第一，在国营部门（包括国营企业和公共服务部门）中，雇主与政府实际是结合的，与工会打交道的是强大的公方雇主。在这里，雇主力量不会轻易向工会让步；第二，在私营大企业占重要地位的某些私营经济部门中，雇主与工会双方是势均力敌的，雇主形成强大的劳动力购买者，工会代表着有组织的劳动力出卖者，双方往往相持不下；第三，在私营中小企业占重要地位的某些私营经济部门中，特别是服务部门中，有时工会力量是强大的，而私营企业主的力量是较弱的，而且是分散的，工会相对地在议价中处于优势。由于存在着这三种不同的情况，因此当英国政府推行收入政策，限制工资收入增长时，劳工市场将因上述三种不同的情况而有不同的反应。在国营部门中，雇工（包括雇员）在力量上本来就处于不很有利的地位，现在工资收入增长又受到了限制，这样，或者将引起雇工（包括雇员）对收入政策的强烈反对，而以罢工斗争的高涨作为对付雇主和对付收入政策的手段，或者雇工（包括雇员）将转移到雇主力量较弱的部门去。特别是在国营部门中工作的有专业技能的雇员，更有条件实现这种转移，因为在英国，有专业技能的人才仍是不足的，是受欢迎的。这种转移也不仅限于国内，而且包括向国外的转移。在私营大企业占重要地位的部门，雇工和雇主双方的力量本来是不相上下的。在实行收入政策以前，物价与工资的交替增长本来是劳资双方取得妥协的一种方式。这种交替增长在形式上表现为：物价上涨在先，工会进行斗争，达成协议，工资（当然是货币工资）跟着增长，然后大企业按本加成，又开始下一轮的物价上涨。这种交替增长并不像资产阶级经济学家所说的那样，即并非由于工会的“好斗性”和工资起着最初的推动作用，而是物价上涨在先，工资的增长是适应性的。但交替增长仍是存在的。而在政府推行收入政策之后，工资收入增长受到了限制。如果这时物价不上涨，那么在大企业与工会势力相当的情况下，工会有可能接受收入政策，劳工市场的供求不至于发生变化。然而价格构成中工资成本只占总成本的一部分，即使利润不变，价格构成中非工资成本要素的变动（其中有些受到供给的影响，有些受到世界市场价格的影响），也会促使物价上涨。这样，在实行收入政策之后，同样会发生与国营部门中相似的变化，或者工会以组织罢工作为反抗手段，或者以劳动力的转移作为对抗手段。在劳动力转移方面，有专业技能的人才的转移（包括外流）将是主要的和难以遏制的。最后，在私营中小企业占重要地位的部门中，如果是统一的、强大的工会同分散的、力量较弱的雇主打交道，工会在议价中占据着优势。在实行收入政策之前，工资增长是比较容易的，只要物价有所上涨，或者只要其他部门的工资增长，这些部门的工资也就有可能增长。而在实行收入政策，使工资收入的增长受到限制之后，除非是硬性的冻结措施，否则这些部门的工会并不会轻易地接受自愿的限制措施，而这些部门的雇主或者面临着罢工而使自己遭受更大损失的威胁，或者宁肯压缩利润而容许工资的增长，或者就收缩生产和关厂。如果这些部门的雇主容许工资有所增长，使自愿的限制协议实际上失去效力，那么将引起劳动力向这些部门转移；如果这些部门的雇主考虑到工资增长后自己受到的经济损失更大，而不得不拒绝工资增长，并以收缩生产和关厂作为答复，这些部门将会产生较多的失业。总之，无论会发生什么变化，在实行收入政策之后，劳工市场会出现供求正常秩序的破坏，出现紊乱现象。

以上就是根据英国劳工市场的具体情况而对收入政策实行后劳工市场的各种变化的分析。总的结论将是这样的：收入政策作为政府对收入分配的一种干预，必然打乱了原来在英国劳工市场上影响劳动力供求的价格机制（生产要素收益的调节作用）。战后英国劳工市场上，价格机制本来就已受到很大的限制，这样一来，情况变得更加复杂了。劳工市场上价格机制进一步遭到破坏的影响是深远的，它直接关系到收入政策的有效性问题。关于这一点，留待本章第五节中再进行考察。

第三节　收入政策与英国物价水平的变化

收入政策是政府调节各种生产要素收入的政策，它不仅包括了对工资收入的调节，也包括了对价格的调节，而价格水平是直接影响利润收入的因素，所以政府对价格的调节必然对投资收益起着有力的作用。它可能促进投资的积极性，也可能挫伤投资的积极性。

十九世纪，在经济中起支配作用的是自由竞争原则。对价格水平起作用的是市场上的供求比例。市场供求比例影响价格波动,并通过价格波动和利润率的变化影响投资。二十世纪以后,由于经济中出现了垄断组织,市场自由竞争原则的作用受到了限制。但垄断并不排除竞争,而是加剧竞争。在战后英国经济中,与劳工市场相类似的是,市场上存在着三种情况。一是在某些部门中存在着国家的垄断,这就是那些已经国有化的部门。二是在某些部门中存在着私营大公司的垄断,这就是那些由少数私营大公司控制着大多数产品生产和销售的部门。三是由私营中小企业占据重要地位的部门,在这里,市场机制依然起着主要的调节作用,少数私营企业不可能控制价格。因此,从整个国民经济看,垄断与竞争是并存的,而且可以说,国家垄断、私人垄断、市场竞争是并存的。具体到不同的部门而言,那么在每一个部门究竟是国家垄断为主、私人垄断为主,还是市场竞争为主,必须个别地进行分析,不可一概而论。联系到价格制定问题,也就相应地分为国家垄断价格、私人垄断价格(控制价格)和竞争价格。另一方面,由于私人垄断之间的竞争以及跨部门的、代用品之间的竞争的存在,即使是私人垄断价格,甚至是国家垄断价格也不能不考虑到市场的作用。

在政府实行收入政策,对物价进行管制之前,英国的物价就是在上述垄断与竞争格局中制定和波动的。一旦实行收入政策,物价的波动受到限制之后,物价水平会发生什么样的变化呢?国家垄断、私人垄断、市场竞争这三种情况下的价格波动会受到什么影响呢?

首先,如果政府确实是想通过收入政策的实施来抑制物价的上涨,而不是以限制物价上涨为名,想借此压工会接受工资增长的限额，那么在短期内工资和价格的增长是可以被抑制住的。但这仅仅是短期而已。[①] 影响价格的因素是多方面的，产品和劳务成本中，工资成本只占一部分。即使工资不增长，其他成本由于受到进出口的影响和供求因素的影响，仍可能上涨。于是就会产生利润率下降的问题。如果那样，国营部门可能以亏损增大来应付这种变化，而私营企业或者以收缩产量和资本转移来应付物价管制，或者以黑市交易或变相的涨价来弥补可能遭受的亏损。至于那些产品成本不受影响，从而不因物价管制而亏损的私营部门，则可能成为资本流入的部门。这就是物价上涨确实受到限制之后所发生的一种情况。

但是，政府是否能够抑制物价上涨，这一点并不取决于政府的主观意愿，而取决于受到管制的商品和劳务的性质。商品价格和劳务价格是不同的。在商品价格中，大宗的、规格和质量比较划一的商品本身具有特点。例如，像燃料、棉纱、木材、有色金属和钢铁之类的大宗商品，其价格的管制相对说来就要容易些，而像各种食品和家庭日用品的价格的管制就要困难得多。[②] 在劳务的价格中，有些劳务是由国营部门提供的，如铁路运输和电力就是如此，这些劳务的价格是容易管制的。但大多数劳务是由私人经济部门提供的，其价格不容易管制。政府不可能真正有效地控制各种商品和劳务的价格，即使它确实打算这样做，也难以收到成效。这样

---

① 白拉卡贝：“收入政策”，载白拉卡贝编：《英国经济政策，1960—1974》，剑桥大学出版社，1978 年，第 390 页。

② 亨特：“英国收入政策失败的某些教训”，载加伦森编：《收入政策：我们能从欧洲学习到什么？》，纽约州伊塔加，1973 年，第 26—27 页。

就给工会拒绝接受收入政策中有关限制工资收入增长的条款以理由，因为工会提出的条件是，只有在政府确实对物价上涨进行了管制的前提下，工会才能同意工资增长受到限制。

问题还不止于此。商品价格的管制和劳务价格的管制的一个重要区别在于：商品的单位成本是比较容易计算的，生产商品的劳动生产率的变动也比较容易测量，为了降低商品的单位成本，生产者有各种可能提高劳动生产率；然而劳务的单位成本却不容易计算，生产劳务的劳动生产率的变动难以测量；为了降低劳务的单位成本，生产者提高劳动生产率的可能性相形之下则小得多。由于商品价格和单位成本同劳务价格和单位成本之间存在着这种显著的区别，所以在政府实行收入政策，对价格进行管制时，管制商品价格（不管它们是什么样的企业生产出来的）要容易些，管制劳务价格（特别是私人经济提供的劳务）则要困难些。同时，在普遍的价格管制之下，劳务的生产者将有较大的可能性逃避这种管制或以变相涨价的方式来应付这种管制，因为要对服务部门特别是私人服务部门的定价进行全面的监督，不是一件容易的事情。在这样的情形下，一方面会引起资本从商品生产部门向服务部门的转移，另一方面由于劳务与商品之间互为成本，生产商品的某些部门会感到劳务成本的增加而处于不利地位，从而进一步收缩生产量，减少就业量。结果，生产商品的部门为了维持自己的生存，不得不起来反对收入政策，使收入政策的继续推行受到阻碍。

从工会这方面来说，工会之所以能接受限制工资收入增长的措施，是以政府同时采取措施限制物价上涨为条件。但这还只是表面的条件。由于限制物价与限制公司利润收入不是一回事，限制公司利润收入与限制股票利润收入也不是一回事，所以工会真正关心的，不只是物价的上涨是否受到了限制，而且是股票利润收入是否受到了限制。物价上涨与否，这涉及货币工资的购买力问题。物价不变，一定量的货币工资的购买力也不变。工会当然要关心这一点。但即使物价不变，公司利润收入也可能有所增长，每个股票持有人凭股票取到的利润收入同样可能增长。因此工会会感到工资收入增长受限制是吃亏的，工资收入与利润收入的相对份额的变动显示出对工资收入者的不利。如果发生这种情况，工会就要求政府通过收入政策进而控制公司利润收入，控制分红率。

前面已经提到，政府要控制物价是不容易的，而控制公司利润收入和控制股票持有人的股票利润收入（分红），则更加困难。[①]对于前者，可以通过规定限价来做到，但限价不一定能成为事实。对于公司利润收入，用规定限额的做法是不够的，而必须再通过税收来控制，使纳税后的公司利润收入符合于政府的要求。对于股票持有人的股票利润收入（分红），虽然可以用规定的限额来控制，但同样需要有税收作为控制手段。这样，仅仅靠收入政策是不容易控制利润收入的，要控制利润收入，必须利用税收。然而，一涉及税收问题，无论是增加公司所得税还是增加个人所得税，都不是简单的事情，如果政府不可能利用税收来控制利润收入，那么工会就有理由不接受工资收入的限制，如果政府真的利用税收来控制利润收入，那么又会进一步引起资本的转移、某些部门和企业的生

① 白拉卡贝：“收入政策”，载白拉卡贝编：《英国经济政策，1960—1974》，剑桥大学出版社，1978年，第400页。

产的收缩、就业的收缩，从而引起经济的动荡。所以，总的说来，收入政策对物价的控制要比对利润收入的控制容易些，但只有对物价的控制是不可能使工会感到满意的。这个矛盾在英国现实条件下不可能得到解决。

最后，姑且不谈通过收入政策来控制利润收入的问题，仅就通过收入政策控制物价上涨这一点而言，任何自愿的限制物价上涨的协议都是终归无效的，而任何强制性的限制物价上涨的做法都只可能暂时收到效果，但必须为此付出投资积极性受挫折、生产和就业收缩、资本转移以及黑市盛行等作为代价，于是硬性措施不可能长期维持。那么，能不能有一种介于自愿协议和硬性限制二者之间的、有节制的限制物价上涨的收入政策措施呢？1973 年 4 月至 11 月间希思政府实行的限制物价的做法，就是一种比较折中的方式。政府规定，如果工资增加，价格也能上升，但价格的上升仅限于不可避免的成本增加额。这就是说，价格不能任意上涨，只能按照工资成本的增加程度而上涨，它仍然处于政府的控制之中。但即使这样，实际的物价变动并不会仅限于政府所规定的范围，因为工资成本这个概念是不明确的。任何一个企业在生产商品时，要耗费原料、机器设备和劳动力。工资成本只是指付给本企业的劳动力的报酬。付给本企业劳动力的报酬增加了，工资成本就上升，于是企业就有理由按照工资成本的增加额而提高价格。[①] 但各个企业的产品和劳务都是互为成本的，本企业耗费的原料和机器设备是其他企业的产品，是其他企业的劳动力生产出来的。因

① 卡根(P. Cagan):《九头怪物》,1974 年,第 55 页。

此，工资成本的增加不仅使本企业增加了产品的成本，而且也间接地使其他企业增加了产品的成本。在整个社会上由此引起的连锁反应，必然使所有产品的成本有不同程度的上涨。如果只注意到本企业的工资增加，不注意原料和机器设备价格因生产单位工资成本的增加而上升，那么企业在经济上要受到损失，因为耗费掉的原料和机器设备再也不能按原价买进了。这样，又会出现在硬性管制价格时将会出现的两种可能性：企业或者以收缩产量和就业量、资本转移的方式来应付对物价上涨的限制（尽管只是部分的、有节制的限制），或者以黑市交易和变相涨价的方式作为应付。如果政府也注意到价格和成本问题的复杂性，而不像物价冻结时期那样认真和苛求，那么一旦在物价限制问题上松了手，就会引起整个收入政策的失败；物价上涨成为工资增加的理由，工资增加又成为物价上涨的借口，如此反复进行，无论物价或工资都不再受政府的控制，收入政策也就形同虚设了。

以上就是收入政策实行之后的物价水平可能发生的各种变化的基本情况。可以看出，这种情况正如劳工市场可能发生的变化一样，都远远不是英国政府所能掌握和控制的。任何夸大英国政府的干预在现实经济生活中的作用的论点，都是不符合英国实际情况的。

第四节　收入政策与英国经济效率的变化

在资本主义经济中，经济效率是同生产者个人工作的积极性、生产者个人的文化技术水平和熟练程度、生产资料的质量和对生产资料的使用状况、对劳动力的使用状况，以及对资本的使用状况分不开的。换言之，经济效率与资源配置有关，因为上面提到的各种因素无非是人力资源和物质资源本身的状况和对它们的使用的状况，这些都属于资源配置范围之内。资源越是得到有效的配置，经济效率就越高。资源的有效配置受到破坏或失调，经济效率就会受到损失。

资源有效配置用简单的说法来表述，就是“人尽其才，物尽其用”。在资本主义经济中，这是通过自由市场的价格机制来调节的。商品和劳务价格以及各个生产要素的收入，影响着各个生产要素的占有者对生产要素的供给，也影响着生产者对各个生产要素的需求以及生产要素在实际生产中形成的比例的变化（在假定生产要素之间存在着可替代性的前提下）。十九世纪的英国经济，基本上就是听任自由市场价格机制来调节资源配置的经济。进入二十世纪以后，特别是在第二次世界大战结束后，垄断——私人垄断和国家垄断——的形成在某种程度上削弱了自由市场价格机制的作用，而工会的力量越来越壮大，则使得雇主一方不可能完全像十九世纪那样对待雇佣劳动者，这也使劳工市场上的价格机制的作用受到一定的限制。私人垄断在某些经济部门中占据重要地位，从而在这些部门中，资本的运用是不灵活的。新加入者很难打入这些部门。如果这些部门中原来的垄断生产者企图通过控制价格来使得本部门的资源配置状况符合自己的意图（例如只利用一部分资源，而让另一部分资源闲置，或者，只利用已经落后的生产技术，而拒绝新的生产技术），那么即使他们不能长期坚持做到这一点，但至少在短期内可以这样做。这就是私人垄断对资源配置设下的障碍。国家垄断在这方面有同私人垄断相似之处。但除此以外，国家垄断还有用计划化来调节资源配置的用意，这表现于政府关于人力资源计划、投资及其在部门与地区间分配比例的计划的制定上。国家垄断既有给市场调节的资源配置设下障碍的一面，又有试图消除市场调节的资源配置的不协调性的另一面，只不过它不能顺利地实现后面这一点，因为国营经济主要局限于某些部门中，而政府本身又缺乏足以控制整个国民经济的力量和代替私人投资的足够的资金。工会力量的壮大给市场调节下的资源配置造成的障碍，主要表现于工资水平的议定和劳动力的流动性方面，它对英国经济的影响程度因各个不同部门中雇主与雇工双方力量对比状况而有所差异。

那么，在政府实行收入政策、对工资和物价二者进行管制之后，资源配置状况究竟会发生什么样的变化？从而经济效率究竟会发生什么样的变化？对这些变化的分析，必须从各个生产要素的供求的变化着手。

在实行收入政策之前的英国经济中，资源的有效配置只是经济学家们的一种设想，因为即使在自由市场机制充分起作用的时候，由于资本主义基本矛盾的存在和经济危机的不可避免性，一方面出现开工不足、失业、生产设备闲置、资本相对过剩等经常性的现象，另一方面又存在着某些部门投资不足、企业缺乏熟练劳动力、若干必需的原料或设备供给不足等情况，资源配置不是协调的。上述这两种情形都意味着经济效率的损失。垄断的形成和发展加剧了资本主义基本矛盾，从而使得资源配置的不协调现象日益严重。计划化也无法扭转这种资源配置恶化的趋势。

实行收入政策，对工资和物价进行管制后，情况不是好转，而是更严重了。正如我们在本章第一节中已经提到的，对工资和物价的管制可能以硬性措施（冻结）、自愿措施（社会契约）、有节制的限制（在政府允许的限度内调整）、运用物质刺激原则的控制（以给予公共福利作为接受管制的条件）等形式出现。现在我们分别考察一下各种形式下的生产要素供求变化对经济效率的影响。

在冻结工资和物价的场合，资源配置受到破坏的程度最大，因为在这种场合，资本主义经济中借以调节生产要素供求及其在各部门之间分配的价格机制，在公开的情况下已失去作用。工资和物价的冻结意味着在市场上维持着固定不变的投资收益和劳动报酬，无论投资者或劳动者的个人积极性（投资积极性和工作积极性）都得不到刺激。[①] 原来遗留下来的资源配置不当和利用不充分或某些资源的缺乏等现象，不可能得到解决，因为不存在改变这些现象而增加经济利益的动力。但这还只是开始冻结时的情况。如前所述，在生产者认为对物价的限制不利于自己的地方，他们或者以收缩生产量和就业量，或者以黑市交易和变相涨价的方式来应付困境。如果是前一种情况，经济中将出现某些产品供给的减少和劳动力供给的增多。产品供给的减少会使得资源的利用情况恶化，其具体表现为原料燃料不足，零件部件供应不足，生产设备不足，从而经济效率降低。劳动力供给的增多表明人力的过剩，因为在冻结的情形下，对劳动力的需求不可能同比例地增大。社会

---

① 白拉卡贝："收入政策"，载白拉卡贝编：《英国经济政策，1960—1974》，剑桥大学出版社，1978年，第395页。

上失业者的增加是资源配置失调、经济效率降低的又一个证明。如果是后一种情况，即出现黑市交易和变相涨价的情况，那么产品成本将因原料、燃料、设备价格的上涨而增加。但由于市场上的价格仍处于被冻结状态，成本的增加对生产者是不利的，所以他们或者也被迫以黑市交易和变相涨价来抵销成本的增加，或者就收缩生产量和就业量，结果造成的资源配置失调和经济效率降低与前一种情况一样。①

在自愿限制物价的场合，资源配置情况不像冻结物价时那样严重。原因很简单：自愿限制物价的措施往往失效，从而生产要素的供求及其在各部门之间的分配实际上仍同实行收入政策之前一样地受市场机制的影响。至于介于自愿限制和硬性管制措施之间的有节制的限制或运用物质刺激原则的控制对资源配置和经济效率的影响，主要取决于这些措施的有效程度。如果这些措施能够有效地实行，起着政府所预定的限制工资和物价增长的作用，那么资源配置就不能不发生失调的现象，经济效率也就必然下降。反之，如果这些措施是无效的，即由于政府监督不严或企业采取对策，使物价不受政府的控制，那么资源配置的失调状况就要改善些，经济效率也不会比实行收入政策前有较大的下降。

实行收入政策所引起的经济效率的变化，事实上反映了资本主义经济中一个基本问题，即生产要素收入的多少依赖于市场对于生产要素重要性和稀缺性的评价，依赖于生产要素占有者对市

---

① 威廉·密契尔等编：《宏观经济学文选：当前政策问题》，第八章"工资与物价管制"导言，纽约，1974 年，第 338 页。

场的控制程度(包括对供给的控制和对需求的控制)的大小,而经济效率的高低则依赖于生产要素在生产中发挥其作用的程度的大小,依赖于生产要素占有者对所占有的生产要素的使用状况。因此,经济效率的高低同生产要素收入是不可分割的;限制生产要素的收入及其增长率,人为地干预生产要素收入的分配,必然进一步破坏资本主义经济中向来用以调节资源配置的市场机制的作用,使经济效率下降。如果说在实行收入政策之前的英国,国家垄断和私人垄断的存在和发展本来就已经使市场机制的调节作用受到了破坏,那么收入政策的实行则使得这种调节作用受到更大的破坏。收入政策对工资和物价的管制越是有效,这种破坏性就越大。

值得注意的是,国家垄断和私人垄断对于资本主义经济中的资源配置的破坏性是不同于收入政策对资源配置的破坏性的。这可以从以下三方面来说明:

第一,私人垄断对价格控制不是绝对的,纯私人垄断并不存在,私人垄断之间的竞争、私人垄断与非垄断企业之间的竞争、商品和劳务的互相替代性以及生产代用品的生产者之间的竞争,使得私人垄断在控制价格时必须考虑到市场机制的作用。而国营企业作为商品生产者而言,其情况与私人垄断相似,它在制定价格时也不能不注意到客观存在的竞争和市场机制的作用。然而政府在实行冻结物价的硬性措施时,却把市场的作用和竞争的影响排除在外。尽管这种措施往往是暂时的(例如有效期为六个月),但这段时间内,形成的是一种超级的国家垄断,其破坏资源配置的程度大大超过一般的私人垄断和国营企业的垄断。

第二,就控制价格的范围来说,私人垄断对价格的控制只是局限在私人垄断占重要地位的某些部门中，国营企业的垄断对价格的控制也只是局限于已经国有化的那些部门内。而收入政策则不同，无论是硬性的措施还是有节制的限制或自愿限制，一旦实行，是在整个国民经济中起作用的。政府实行收入政策来控制价格，不同于任何企业对价格的控制，因为政府是从抑制物价上涨和改善国际收支状况的角度出发来控制价格的，企业则是从保证自身赢利、防止新加入者参预本行业的竞争、打击竞争对手的角度出发来控制价格的，因此政府通过收入政策对价格的控制必然要求全面的控制，而企业只需要、并且也只可能在本企业生产的产品价格上进行某种程度的控制。

第三，由于工会的力量日趋壮大，工会对工资水平的影响在英国经济的任何一个部门中都是不可忽视的。无论是私人垄断或国营企业的垄断都只是对本企业的价格进行某种程度的控制，而不可能控制工资水平。只控制价格而不控制工资，这样的控制是不完全的，因为工资成本构成价格的组成部分，工资水平的波动直接影响本企业的产品价格，并通过后者间接影响其他企业的产品价格。但政府实行的收入政策则不同，它既控制工资收入的增长率，又控制物价，甚至也控制其他生产要素的收入增长率。这样，收入政策比任何企业垄断都更具有垄断性。

从上述特点可以看出，收入政策实行后，资源配置的进一步失调以及由此造成的经济效率的下降，是不可避免的。其破坏资源配置的作用大于任何私人企业的垄断和国有化部门的垄断。

第五节　收入政策的短期效应和长期效应

在需求管理被认为只能应付由于过度需求所引起的通货膨胀，而无法抑制成本推进（主要是工资推进）通货膨胀的情况下，收入政策作为需求管理的重要补充而出现。而收入政策被执行后，它在担负抑制物价上涨这一主要政策目标之外，还兼有干预收入分配和再分配，力求实现公平分配的目标。因此，收入政策被称为六十年代和七十年代的重要的经济政策，在当前英国经济政策体系中占据着重要地位。

这样一种政策究竟能否医治当前英国经济的病症？在它被用作医治英国经济病症的手段时，它究竟是减轻了这一病症，还是使英国经济病症更加复杂化？要知道，收入政策即使得到运用，通常也只被认为是使英国经济令人比较满意地运行的必要条件，而不是充足条件。[①] 我们在本章一开始，在概述收入政策的特点时，已经指出了我们的基本观点，即利用收入政策至多只能暂时缓和一下物价上涨率，但却使得"英国病"进一步复杂化。在前面几节，我们已经分析了收入政策所引起的劳工市场的变化、物价水平的变化和经济效率的变化。这些分析从不同的角度谈到收入政策的效应。现在，我们根据上面几节分析的结果，对六十年代以来英国收入政策的效应问题，作进一步的较深入考察。

问题首先涉及的是短期效应和长期效应的比较。同时，问题

---

① 斯图尔特：《1964 年以来的英国政治和经济政策》，牛津，1978 年，第 242 页。

也与单一政策目标和多种政策目标之间的矛盾有关。

在这里,重要的问题是区别两种不同的工资上涨,一种是赶上去(catch-up)的上涨,另一种是预计的上涨。[①] 前一种上涨是指经济生活中物价已经上升,工资相对落后了,这时工会为了使实际工资不至于过分下降,便要求使工资赶上去。后一种上涨是指工会估计到未来的物价可能上涨,便在议价时把未来的情况估计进去。不仅工会有这些考虑,而且就产品价格互为成本这一点而言,企业也有这两种不同的提价考虑。当然,实际经济生活中,要区分这两种上涨是很难的。[②] 但如果有可能区分的话,那么收入政策对后一种上涨的抑制多少还能起作用,而对前一种上涨,是很不容易收效的。

1. 收入政策的短期效应

从英国收入政策的实施历史来看,应当承认,只就短期效应而言,不能认为收入政策从未取得成效。不管是硬性的管制、有节制的限制,还是按物质刺激原则进行的限制,只要政府坚决执行,用行政、法律或经济刺激作为手段,那么工资增长率和物价上涨率有可能暂时被抑制下来。1966 年 7 月,威尔逊宣布工资和物价冻结六个月;1972 年 11 月,希思也仿效威尔逊,先冻结工资六个月。这两次并不是没有成效的,因为两次冻结时期内,物价上涨率确实

---

① 卡根:《九头怪物》,1974 年,第 57 页。
② 同上。

是下降了。这两次都是采取冻结措施。在有节制限制和按物质刺激原则进行限制的场合，短期内也可能取得某种成效，1973年4月起开始实行的这种办法，暂时也是有成效的。这表明，要使收入政策短期内有些成效，政府必须坚决行事。这意味着政府必须牺牲资源配置方面的效率，牺牲经济效率，才能换取收入政策的短期收效。而且，即使这种短期的收效，也只是就单一政策目标而言。这里所说的单一政策目标，就是指抑制物价上涨，因为根据英国历次实行收入政策的目的性来看，抑制物价上涨，改善国际收支状况，是政府首先考虑的事情。公平分配虽然也作为政策目标之一，但它与抑制物价上涨目标不同。一方面，它不是政府在实行收入政策时主要关心的政策目标；另一方面，它的成效如何，不是短期内所能测量出来的。在利润和工资的相对份额的变化中，对利润收入增长率进行较多的限制，或者在工资中，对高工资收入增长率进行较多的限制，如果能够收到成效，那无疑是在走向收入均等化的道路上前进了一步，但这必须从较长时期的考察才能予以判断。短期的工资和物价限制，即使多少有助于公平分配，但效果往往是微不足道的，对整个分配格局不会有多大的影响。因此，短期内反映出成效的，只是抑制物价上涨这一个政策目标；而且为实行收入政策而采取的控制不能稍稍放松，一旦放松，物价上涨就控制不住了。[①]

当然，在某些情况下，即使政府加强了对工资和物价的控制，收入政策的短期成效也无法取得。1973年10月份以后一段时期

① 《经济学家》，1978年8月19日，第74页。

和1978年8月份以后一段时期，英国实行的收入政策的失败就是明显的例子。这两段时期内实行的都不是自愿的、以道义上的约束力为基础的限制（如果那样，收入政策的失败还是容易理解的），而是有节制的限制和以物质刺激原则来控制的限制。它们之所以失败，也并非由于英国政府的态度不够果断或没有决心。英国政府在这两次都是竭力想用限制工资收入增长的做法来缓和国内的物价上涨和国际收支困境的。它们之所以失败，基本原因在于收入政策对于因货币流通量过大和英镑地位不稳所引起的物价上涨是无能为力的。[①] 收入政策通过对成本增长率的限制（主要是对工资成本增长率的限制）来抑制物价上涨。但导致物价上涨的原因很多，工资成本的上升可以成为物价上涨的借口，其他成本要素（原材料、燃料、机器设备等）价格的上升同样可以成为物价上涨的理由。市场供求的变化可以在成本不变的情况下促使物价上涨。如果硬性规定商品不能提价，企业就降低产品的质量；如果只限制工资水平上升，那么工会也可能要求增加非工资津贴，结果成本依然增大。[②] 尤其重要的是，物价水平反映的是商品与货币二者的交换比率，货币本身的贬值同样可以引起物价的上涨。在英国，由于需求管理和福利国家支出的费用浩大，财政赤字只有靠增发货币来弥补，因此，英镑的贬值是近年来英国持续性物价上涨的重要原因。收入政策能够有助于抑制物价上涨的，至多只是推迟价格

① 萨缪尔·布列坦（Samuel Brittan）："英国收入政策的失败"，载《挑战》，1979年5—6月，第5页。

② "欧洲的收入政策"，载《经济学家》，1978年2月14日，第100页。

增长，而且仅限于对工资成本的限制。[①] 它对于除此以外的其他各项导致物价上涨的因素，或者是完全不起作用（如因财政赤字和扩大货币流通量引起的物价上涨或外界供求变化引起的物价上涨），或者只起很小的作用（如因工资成本以外的其他成本要素价格上升而引起的物价上涨）。这就是在某些场合下，收入政策连短期成效都不可能取得的基本原因。因为工会总是坚持必须先有物价的控制，才能接受政府关于限制工资收入增长率的条件，一旦物价的上涨超出收入政策所能控制的范围之外，工会就必然掀起罢工斗争，反对再对工资收入增长率进行限制。1973 年 10 月份以后和 1978 年 8 月份以后英国收入政策的失败，关键就在于此。

以上，我们分析了收入政策的短期效应问题。现在，让我们进而进行有关收入政策的长期效应分析。

2. 收入政策的长期效应

前面已经提到，如果说收入政策的实行在短时期内存在着有效或无效两种可能性（这取决于物价上涨究竟与什么因素直接有关），那么在长时期内只存在着一种可能性，即收入政策无法抑制物价上涨的趋势，无法解决“英国病”的任何一个“症状”——通货膨胀与失业的并发、国际收支危机、经济增长率缓慢、经济效率低下、地方分权主义日益严重的倾向。不仅如此，与实行收入政策之前的情况相比，收入政策实行后，“英国病”反而更加复杂了。下面

① 卡根：《九头怪物》，1974 年，第 56 页。

分四个方面来考察这个问题。

第一，收入政策与需求管理的矛盾。

收入政策原是作为需求管理的重要补充而出现的。它被用来解决需求管理所无法解决的成本推进通货膨胀，而成本推进通货膨胀则被认为是同失业交织在一起的、与总需求增减没有直接联系的一种新型的通货膨胀。然而在实施过程中，收入政策却不仅不是需求管理的重要补充，甚至它本身就同需求管理处于十分尖锐的冲突中。[①] 要知道，收入政策旨在抑制物价上涨，要使收入政策取得抑制物价上涨的效果，政府在进行经常性的需求管理时，应当以紧的财政政策和货币政策相配合，否则收入政策的效应将与财政—货币政策的效应互相抵消。这就是说，只要客观上存在着失业，公众又一直担心着失业，任何严格的控制通货膨胀的措施都是不可能的。[②] 所以，即使政府在短期内可以采取紧缩政策，但要政府长期这样做，却是困难的，因为从英国经济的具体情况来看，财政赤字不可能在短期内消失，政府刺激需求的做法不可能被取消。这样，收入政策同刺激总需求的财政—货币政策在长期内必然发生矛盾。如前所述，需求管理尽管暴露出各种矛盾，但英国政府仍然要维持它，作为管理经济的基本手段，而收入政策尽管重要，但如果在长期内会同需求管理相抵触，其结果必然是收入政策降调或暂时中止执行，而不是把需求管理撇在一边，把收入政策坚持到底。换句话说，虽然英国政府想使收入政策有效，但由于需求

---

① 布列坦和利莱(P. Lilley)：《收入政策的幻觉》，1977 年，第 69 页。

② 卡根：《九头怪物》，1974 年，第 58 页。

管理与收入政策之间矛盾的存在，这种打算难以实现，因为要使收入政策获得成功，紧缩货币供应量的政策是不可缺少的。[①]

第二，收入政策与英国经济增长问题。

经济增长是一个长期经济目标。实行收入政策主要是为了抑制物价上涨，而并未把提高经济增长率当作自己的政策目标。表面上看，似乎二者并不会发生冲突，因为按照资产阶级经济学家们的说法，稳定中求增长或者增长中求稳定都是可以实现的。然而事实上，收入政策的实行却是阻碍长期经济增长的。主要原因在于收入政策将使得资源配置进一步失调，使得各个生产要素的供给不适应于长期经济增长的需要。包括英国在内的所有资本主义国家的经济增长都说明，长期的经济增长即所谓经济持续增长的关键不仅仅在于有没有需求的刺激，而且在于生产要素的供给是否协调。而收入政策的实行对于需求的扩大一般不起刺激作用。管制中的生产要素收入增长率和受限制的物价上涨率有可能使需求总量保持不变，从而从需求方面看，它对经济增长将是中性的。然而从供给方面看，却不是这样。收入政策的实行有可能使某些部门的生产量收缩，使投资者从某些部门抽走资本，使熟练劳动者从某些部门转移出去，结果，收入政策阻碍了生产要素的正常供给，使供给不适应经济增长。生产要素供求的失调也许在收入政策实行后的较短时间内还表现得不明显，但从长期趋势来看，只要收入政策生效，供给方面的“瓶颈”现象必然会发生，而且其严重程

---

① “英国经济：七十年代后期的问题和政策”，载《密德兰银行评论》，1977年2月，第7页。

度与收入政策的有效性成正比。

这样一来，摆在英国政府面前的将是两难境地：为了长期经济增长，不得不取消对工资收入增长率和对物价水平（包括对利润率）的控制；或者，为了继续执行收入政策，而不得不放弃经济增长目标。从长期分析，放弃经济增长目标被认为是不适宜的，因为由此将引起社会、政治、经济等方面的消极后果。于是英国政府很可能中止收入政策长期化的打算。

第三，收入政策、经济效率与国际收支差额变化之间的关系。

在英国这样一种开放经济型的国家中，世界经济对它的影响是深刻的，通货膨胀和经济衰退国际间传递的渠道是多种多样的。世界市场上的价格波动，在英国很快引起反响。但是，世界经济中发生的许多变化，却不是英国自身所能预见和控制的。这种不确定性不可忽视。[①] 并且，由于英国经济的特点，物价上涨总是与国际收支逆差扩大紧密联系在一起的。所以英国政府实行收入政策时，总是力图通过对工资收入增长率的限制来抑制物价上涨率，从而阻止进口扩大和出口减少的现象，改善国际收支状况。这一点在短期内是有可能做到的（只要工资收入增长率和物价上涨率确实被控制住的话）。但从长期来分析，问题远远比这复杂得多。

前面已经提到，如果收入政策被政府坚决地执行，那么在抑制了工资收入增长率和物价上涨率的同时，资源配置将会变得更糟，经济效率将会降低。英国要加强本国商品在国际竞争中的地位，

---

① 格拉罕（A. W. M. Graham）：“目标与手段”，载莫里斯（D. Morris）编：《英国经济体系》，牛津大学出版社，1977 年，第 248 页。

要改变国际收支不利的处境，从长期来看，关键在于提高经济效率，降低生产成本，使本国的商品不断有所创新。因此，收入政策实际上不是一种改善英国国际收支状况的政策，而恰恰是不利于英国国际收支的政策，是使“英国病”复杂化的政策。

问题还不仅限于此。从长期看，如果收入政策在被政府坚决执行后，除了实现了抑制物价上涨这一目标而外，还兼顾了公平分配目标，即多多少少使得工资和利润分配的比例朝着有利于工资的方向变动，使得低工资和高工资在工资分配格局中的比例朝着有利于低工资收入者的方向变动，那么还会进一步引起经济效率的下降。这主要表现于：投资者的投资积极性会遭到挫伤，资本有可能向国外转移；有专业技能和熟练程度较高的高工资收入者的工作积极性会遭到挫伤，专业人才有可能向国外转移。兼顾了公平分配目标的收入政策在这些方面的效应将类似于福利国家支出的效应。这里反映的就是通常所说的资本主义经济中平等与效率的交替关系。英国政府无法回避这种交替，它也找不到可以妥善地解决这一矛盾的对策。如果出现这种情况——当然，必须从长期效应分析才能看到这一点——英国的国际收支状况将比实行收入政策之前变得更坏。

收入政策原是为了缓和英国国际收支危机而实行的，但从长期看，它却加剧了国际收支危机。结果，英国政府又势必处于两难境地，为了公平分配目标而放弃国际收支平衡目标，或者为了国际收支平衡而放弃收入政策的推行。由于国际收支问题对于英国经济具有特别重要的意义，从长期来看，由于收入政策与国际收支平衡目标有抵触，所以较为可能的是，英国政府在遇到这种抵触时不得不把收入政策丢在一边。

第四，收入政策与各地区的平衡发展问题。

在本书上编第五章中，我们曾分析了英国的地方分权主义倾向。这种离心的倾向不仅有民族、文化和历史方向的根源，而且与现实经济中地区经济发展的不平衡性直接有关。为了消除这种不利于英国政治和社会稳定的离心倾向，英国政府力求通过计划化来协调地区经济发展问题，并力求用投资比例的不同来缩小发达地区和不发达地区的收入差距。

但在英国这样的资本主义经济中，尽管国营经济已经占有一定比重，私人资本主义经济仍然是经济的基础。计划化的实行，要同私人经济的活动结合起来，并在很大程度上要通过私人经济活动来实现。而私人经济主要考虑预期投资赢利性的大小，然后才决定自己的投资。在若干由私人大公司占重要地位的部门中，预期投资赢利性的大小固然与这些大公司对产品销售的控制程度有关，但在那些并未由少数私人大公司把持本行业的部门中，市场价格波动是决定预期利润率的基本因素。何况，即使在若干由私人大公司占重要地位的部门中，竞争依然存在，市场价格仍是重要的。这样，如果实行收入政策，控制了物价水平，那就必然影响一些部门的利润率，影响投资者在这些部门投资的积极性，从而影响各部门之间的投资比例，并进而影响各地区之间的投资比例。

问题在于：收入政策究竟考虑不考虑地区发展的不平衡性和地区经济差别？如果它不考虑这种不平衡性和差别，在控制收入增长率（包括工资、租金、利润收入的增长率）和物价水平时，采取"一刀切"的做法，这就会影响那些本来就比较落后、投资者不愿投资，熟练工人和专业人员不安心工作而竭力想外出的地区的发展，从而加剧国内经济发展的不平衡性和地方离心倾向。如果它考虑到这种不平衡性和差别，实行有地区差别的收入政策，制定不同地区的不同的收入增长限额和价格上涨限额，那么这就无异于设置一种变相的国内关税或者变相的地区差别所得税率，其影响将是深远的。这种做法既有可能把统一的国内市场划分为分裂的保护贸易区，从而破坏国内资本、商品和劳动力的自由移动，又有可能造成投机狂热，使某些地区过分扩张，另一些地区受到打击。结果，经济扩张地区的繁荣缺乏牢固的基础，其商品的竞争能力仍然是薄弱的，投机者把希望寄托在人为的保护政策之上，而一旦失去了政策上的保护，马上会陷入一场空前的衰退之中；那些受到打击的地区则一蹶不振，即使撤销了有差别的收入政策，也不会很快地复原。因此有地区差别的收入政策不可能改变地区发展的不平衡现象，而只会引起新的灾难。

以上从四个方面分析了收入政策的长期效应。问题十分清楚：不管是保守党执政还是工党执政，谁要是想把“医治”英国经济病症的希望放在长期推行收入政策上面，那就一定会自食苦果。收入政策本身的局限性和它所引起的种种矛盾都表明：这一政策不会为陷于困境的英国经济提供出路。

第十一章　工会、企业界、政府三者之间关系的分析

这一章所讨论的是英国政府的工业关系政策，即协调工会、企业界和政府三者之间的关系的政策。它共分六节。第一节和第二节先对英国的工会状况进行分析；第一节"英国工会的经济主义传统"，从英国工人运动的历史特点谈到工人队伍中早就存在的经济主义思潮，以及与此密切有关的工会运动中的阶级调和主义倾向。第二节"十字路口的英国工会"，着重考察的是当前英国工会在政治上的困难处境，即它必须一方面争取工人群众的更多的物质利益，以赢得工人群众的支持；另一方面争取实现英国经济的稳定和好转，支持政府的某些经济政策措施；要做到这一点，是很不容易的。第三节转而分析英国企业界的动向，指出企业界从自己的亲身经验和利益考虑出发，对于工会和政府二者都抱着不信任的态度，而总是想依靠技术的改造和创新来使自己度过当前经济动荡的难关。第四节的标题是："作为特殊的'平衡力量'的政府"。在这一节中将说明政府在协调工会和企业界关系中能够起到的有限作用，并分析其作用之所以有限的原因。第五节"新的'三伙伴关系'的设想"，主要分析英国政府已经采取的和可能采取的调整国内工业关系的政策的效应，根据这些效应的分析，不可避免地会导

致这样一个结论：在当前英国的政治、经济和社会条件下，要建立一种新的"三伙伴关系"，那是不现实的。本章最后一节讨论当前英国社会上一个普遍关心的问题：所谓工会权力的过度膨胀问题。在这里，在工会、企业界和政府三方关系之外，又引入了第四个因素——公众。因此，实际上英国的工业关系已经不仅仅取决于工会、企业界、政府三方力量的对比和制约，而是这三方再加上公众的四方关系了。公众的力量是不可忽视的，在英国，它是唯一可以对工会的活动产生牵制作用的因素。只有弄清楚这一点，才能对英国经济的衰落不至于陷于不可收拾的原因有较深入的理解。

第一节 英国工会的经济主义传统

上一章在谈到收入政策的短期效应时，我们曾指出，要使收入政策在英国取得成效，主要看英国政府是否真的下决心想把物价抑制住，因为在这里，英国工会的态度是一个关键，工会可以接受政府规定的工资收入增长限额，但必须以物价受到控制为条件，否则，工会就会起来反对收入政策，并会最终导致收入政策失去作用。因此，在这一章，我们准备进一步考察当前英国工会、企业界和政府三者之间的关系，以及英国政府的工业关系政策，看一看这三者是否有可能在医治英国经济病症方面互相配合，同舟共济，使收入政策生效，使英国至少在短期内能够抑制物价上涨率，缓和国际收支危机。而在综合考察三者之间的"伙伴关系"之前，有必要先分别研究一下工会、企业界和政府对待"英国病"的基本态度；这里首先对英国工会的基本态度进行分析。

英国是无产阶级和资产阶级之间的阶级斗争开展得最早的国家，也是工人运动中机会主义思潮发展得较早的国家，是阶级调和主义和资产阶级改良主义较早传播并对工人阶级的斗争产生严重消极影响的国家。原因究竟何在？福利国家在英国是二十世纪四十年代后期才出现的，显然不能用这一点来解释十九世纪后半期和二十世纪初期的英国历史。对于这个问题，通常都是用资产阶级对工人阶级上层分子的收买来加以说明，而英国资产阶级之所以能够收买工人阶级上层分子，则又用英国资产阶级凭借自己的工业垄断和殖民垄断所获得的超额利润来解释。这就是说，由于英国资产阶级通过对外贸易的优势地位和资本输出的庞大数额，从海外攫取到了超额利润，从而有可能从这些利润中拿出一小部分，培植了一个听命于自己的、生活标准大大超出一般工人群众的工人贵族阶层，甚至还能从利润中拿出一小部分使工人群众也分沾到一些好处，这样就使得工人运动中的机会主义、阶级调和主义滋长起来。这种解释是有一定根据的。但如果仅仅用这一点来说明工人运动中机会主义、阶级调和主义的发展，那还很不够。

我们知道，资本主义国家的工人运动中的机会主义、阶级调和主义不仅有其经济根源，而且有其社会的和意识形态方面的根源。并且，即使从经济根源来分析，也不能只把它归结为资产阶级利用超额利润对工人阶级的收买。在十九世纪，英国资产阶级确实从海外攫取到大量的利润，有可能让工人阶级的一小部分上层分子分沾到较多的利益，使广大工人群众也分沾到某种好处。但问题是，机会主义、阶级调和主义并不仅仅是收买、贿赂或施加小恩小惠的产物。十九世纪，英国政府给予工人群众的福利是微不足道的，因为那时还是以济贫法为主，谈不上有什么社会保障制度；英国资本主义企业主给予工人的福利也很有限，他们所给予工人的主要是较多的就业机会和略高于同时代其他资本主义国家的工人的货币工资率。英国工人阶级的上层分子在十九世纪所得到的物质利益，虽然要比工人阶级的广大群众多一些，但远没有像后来那样悬殊。如果从整个英国工人阶级状况的历史来考察，那么可以这样说：英国工人从政府那里得到社会保障，从资本主义企业主那里得到较多的福利，英国工人阶级的上层分子与广大群众之间物质生活状况的差别的扩大，不是在英国资产阶级从海外获得利润最多的时候，而是在它从海外获得的利润大大减少了的时候，不是在英国工人的货币工资收入相对说来高于其他资本主义国家工人的货币工资收入的时候，而是在低于它们的时候。由此可见，英国资产阶级获得的海外利润的多少、英国资产阶级给予工人的福利或物质利益的多少、英国工人运动中的机会主义和阶级调和主义的发展这三者之间，虽有联系，但不能简单地得出这样的结论，即认为英国工人运动中的机会主义和阶级调和主义的发展的原因，只是由于英国资产阶级能够利用其海外利润对工人阶级进行拉拢、收买、腐蚀。

从历史上考察，英国工人团体最早是在各行业内部的结社的基础上发展起来的。英国在开始产业革命之前，各行业的工场手工业工人和手工工人就已组织了工会或互助会。它们既有同行业工人互相接济和帮助的性质，又有共同对付雇主，争取较高的工资率的作用。它们实际上是由中世纪行会帮工的团体演变而来的，从而不可避免地受到后者的很大影响。从狭隘的本行业手工工人的利益出发，浓厚的小团体意识和关门主义、较严格的纪律性，这些特征都保留下来了。产业革命进行过程中，有些手工工人团体曾展开反对使用机器的斗争，其出发点就是察觉到机器的使用将会使靠手工技艺为生的工人失业。产业革命中新出现的行业和旧行业中经历了技术变革的那些行业，后来相继产生了产业工人的工会，有些是新建立的，有些则是过去的手工工人团体发展而成的。即使是新建立的工会，仍保存着过去的手工工人团体的特征，因为产业工人中不少人就是过去的手工工人。

十九世纪三十至四十年代，英国工人在工会组织的领导下展开的争取民主权利的斗争，是一次广泛的群众性政治斗争，其意义是重大的，影响是深远的。但也正是在十九世纪三十至四十年代，英国工会组织中就已出现寄希望于职工自助以改善生活状况和劳动条件的经济主义思潮，例如希望通过消费合作社、职工救济基金等形式来实现工人生活的改善等等。这种经济主义思潮与英国手工工人团体中长期存在的狭隘的行帮意识、小团体意识有关，因为过去在手工业生产的基础上，手工工人当中就存在着互相接济和帮助的习惯。加之手工作坊的业主中许多人是学徒、帮工出身，他们与手工工人之间的关系虽然已变为雇佣与被雇佣的关系，但另一方面也往往与雇工之间保持着师徒关系或其他社会联系。在手工作坊内部，家长制统治的痕迹仍长期保持着。因此手工工人中经济主义的思想是有社会根源的。经济主义的影响使手工工人对雇主的斗争一般只限于雇佣条件的重新商订和雇佣报酬的争议，并且使手工工人把希望主要寄托在雇工自己的彼此互助共济上，寄托在幻想雇主作为家长、师傅、同行而承诺一定的照顾义务之上。中世纪遗留下来的手工工人团体中的经济主义，很自然地具有一种阶级调和主义的倾向。这是前资本主义社会的工业组织形式的历史特点所造成的。

英国的工人运动长时期内是地方性的。小城镇的环境使工人们更多关心的是个人、家庭和邻居的日常生活。工人们较少考虑全国性的或国际性的经济问题。[①] 工人运动的这种地方性又同工人队伍中的行帮意识结合在一起。这是因为，英国近代产业工人阶级的一个重要来源就是本地区过去的手工工人。近代产业工人的工会组织不仅在按行业组织的形式上受到过去手工工人团体的影响，而且保存了过去手工工人团体中的狭隘行帮意识、小团体意识以及经济主义的传统。[②] 因此，在资本主义工业化进行过程中，英国近代产业工人的工会组织所领导和开展的对工厂主的斗争，一方面具有资本主义社会中典型的无产阶级对资产阶级的斗争的性质，另一方面也很早表现出经济主义的思想影响，即主要关心本行业的工人的经济利益，希望通过职工自助的形式或取得雇主在经济方面的适当让步而改善物质生活状况。要知道，在十九世纪中期，英国的绝大多数企业都是小企业。例如在当时英格兰和威尔士的工业中，雇佣五十人左右的轻工业企业就算是大企业了，大多数轻工业企业的雇工只有几个人或二三十人。雇佣一百人左右的重工业企业就算是大企业了，大多数重工业企业的雇工也只有

---

① 海尔赛：《英国社会的变化》，牛津大学出版社，1978 年，第 57 页。

② 尽管经常使用英国工会“运动”这种说法，实际上直至今日，在大多数场合，英国工会是一个个单独地进行活动的，工会彼此之间并不关心。（《经济学家》，1979 年 5 月 5 日，第 132 页。）

四五十人或稍多一些。由于雇工多半分散在小企业里，而工会又是按行业组织的，所以以追求本行业工人狭隘物质利益为目标的经济主义在十九世纪中期的英国就有赖以存在和滋长的条件。十九世纪英国经济的繁荣和与此有关的工人的较多的就业机会、较多的货币工资收入，更有助于经济主义的发展。因此，英国工会史研究者们得出的所谓英国工会是“高度个人主义的组织”，它“只关心自己会员的经济状况”，“很少考虑整个国家的情况”等的说法[①]，是有一定历史依据的。

工人队伍中的经济主义思潮往往与阶级调和主义倾向联系在一起。这种阶级调和主义倾向与英国工会的所谓“好斗性”其实并不矛盾。“好斗”是从小集团狭隘利益出发的。“好斗”不仅表现于同雇主之间争取工资率增长的斗争，也可以反映于各个工会之间的冲突中。[②] 当工会组织领导工人进行单纯争取改善本行业工人的生活状况和劳动条件的斗争时，斗争的矛头不是针对资本主义制度本身和资产阶级的政治统治，而主要针对具体的资本主义企业主的剥削收入的数额。这个数额在资产阶级看来，随着客观政治经济状况的变化，可以有某种伸缩，但是它无论怎样伸缩，也不会动摇这个制度的基础。这样，在斗争达到某种限界，而资产阶级决定以放弃一部分剥削收入来满足工人的要求时，它与工人间的矛盾将会缓和下来。在有着经济主义思想的工会领导人看来，这

---

① 《经济学家》，1979年5月5日，第132页。

② 萨穆尔·布里坦：“英国民主的经济压力”，载小蒂瑞尔：《前途渺茫：英国社会民主主义的失败》，纽约州花园城，1977年，第132页。

意味着已经达到部分目的，于是他们产生这样一种想法：雇佣劳动者与雇主之间的冲突不是不能在资本主义制度基础上得到解决；雇主和雇工的利益虽然是对立的，但只要雇主放弃一部分剥削收入，以满足工人的要求，那么二者的利益就可以调和。

经济主义传统和与之有联系的阶级调和主义倾向在二十世纪的英国继续对工会运动发生有力的影响。第一次世界大战前后，随着英国自由党衰落和解体，其中一部分知识分子转入了工党，使工党此后长期保持一种倾向，即在某种程度上不是从工人阶级内部，而是跨越阶级界限去寻求支持。工会领导人和有自由主义倾向的知识分子结合，即成为工党领导阶层的特色，又对英国工人运动中的经济主义和阶级调和主义起了推波助澜的作用。

在英国经济的病态逐渐暴露出来的二十至三十年代，工党（无论它执政还是在野）为了防止阶级矛盾尖锐化，不断地加紧鼓吹劳资合作；工会领导中不少人也认为，要实现工人生活状况和劳动条件的改善，有必要依赖资产阶级政府的立法和福利措施。于是英国工人运动中的经济主义传统又与英国社会上的福利国家思想结合起来。到第二次世界大战结束后，资产阶级的福利国家思想终于被英国社会各阶层所接受。统治阶级把实行福利国家当作维护资本主义制度的一种手段，工人群众中的许多人则由于不了解福利国家的实质，错误地把它看成是清除了资本主义的不人道方面的社会制度。英国工人运动中固有的经济主义和阶级调和主义传统，必然使得英国工党与保守党在基本政治态度上不可能发生重大的根本性的分歧。这种倾向早在二十年代英国工党执政时就表现出来了。丘吉尔曾这样描述过二十至三十年代的麦克唐纳和鲍德温。他写道：“在名义上，他们代表互相反对的两个政党，代表两种不同的理论和互相敌对的利益，但实际上他们气味相投，见解一致，方法相同……拉姆齐·麦克唐纳抱有古老的托利党的许多看法，而斯坦利·鲍德温除了工业家那种根深蒂固的拥护保护关税这一点之外，在性格上比起工党内的许多人来，却是一个温和的社会主义的更为真诚的代表。”①当然，两党在基本政治态度上的相近，不能只用领导人的个人性格来说明，而应当用英国工人运动中的经济主义传统和阶级调和主义传统来说明。战后丘吉尔执政期间，他也基本上承袭了艾德礼政府的某些做法，从而两党领导人都可以成为福利国家的支持者，使福利国家在英国一经出现，就变成不可逆转的事件。这一切的原因在于：无论是工党还是保守党，都必须估计到英国工人的情绪，在福利国家的道路上只能前进，不能后退。同时，也正因为如此，保守党得到的选票中，有相当大的一部分（例如1970年保守党得到的选票中有45%）是来自体力劳动者的。②

第二节　十字路口的英国工会

了解了英国工会的经济主义传统之后，我们再进而分析自从六十年代后期“英国病”激化以来英国工会的政治态度及其同政府与工人群众之间的关系。

---

① 丘吉尔：《第二次世界大战回忆录》第一卷，伦敦，1967年，第20页。

② 海尔赛：《英国社会的变化》，牛津大学出版社，1978年，第73页。

总的说来，英国的工会目前正处于十字路口。一条路是为了维护工会会员的利益，同资方（包括作为雇主的英国政府和国营企业）展开提高工资率和改善劳动条件的斗争，并不惜以罢工作为威慑手段。另一条路是迁就资方和政府的要求，同意限制工资收入增长率和其他压缩福利的措施，以求得国民经济的稳定。这两条路是可供选择的。但由于所引起的结果不同，所以选择并非容易。

如果工会选择的是前一条路，那就可能有两种结果。一是通过斗争，必要时通过罢工，迫使资方让步，答允工会关于提高工资率和改善劳动条件的要求，于是工人的生活有所改善，福利有所提高，但资方中的某些大垄断企业却乘机提高物价，以便利润率不致下降，而工人在工资增长中所得到的，又在物价上升中失去。另一种结果是：尽管工会通过斗争，甚至通过以罢工形式出现的长期斗争，但资方拒不让步，政府也不准备改变既定的限制工资收入增长率的政策，劳资双方相持不下，企业最后以关闭工厂作为手段来回答工会的要求。在这种情况下，通过一段时期的社会和政治动荡，工会的斗争不得不以妥协而告结束。[①] 这样，不仅工会未能达到原来提出的增加工资率和改善劳动条件的目的，而且整个英国经济的状况会变得更坏。

如果工会选择的是后一条路，即迁就资方和政府的要求，为求得英国经济的稳定而同意限制工资收入增长和减少福利的措施，其结果将是工会受到会员群众的强大压力，工会的决定不一定能

---

① 通常所说的英国工会“强大，但无力量”（strong，but not powerful）就是指上述这两种情况而言的（《新政治家》，1979 年 8 月 31 日，第 298—299 页）。

行得通，年轻一代的工会会员和非工会会员将抵制工会领导的决定，工会的影响将下降，工会领导的形象要受到损害。[①] 特别是，即使工会迁就了资方和政府的要求，从较长时期来考察，英国经济也未必能获得稳定和增长，因为这种稳定和增长要依赖于多种因素，仅仅靠政府的收入政策措施，仍是无济于事的。[②] 何况，从长期效应分析，收入政策不仅不是维持经济稳定和增长的手段，而且是使“英国病”复杂化的手段。

这样，英国工会处于很难作出选择的境地。它以维护英国工人群众的经济利益为标榜，但无论它作出什么样的选择，都很难保持自己的维护工人利益的完整形象。从表面上看，似乎只要选择前一条路，即坚持提高工资率的要求，并通过斗争确实取得了胜利，就可以维护英国工人的经济利益了，但实际情况远远要比此复杂得多。从七十年代英国历次劳资谈判和罢工斗争的经验来分析，工会要突破收入政策给工资收入增长规定的限制，谈判是一个漫长的过程，罢工斗争也只有达到一定的规模，持续较长一段时间之后，才能迫使资方同意或部分同意工会的条件，也才能敦促政府改变或部分修订有关限制工资收入增长的规定。在这一过程中，工人实际上已经遭受了相当大的损失。如果说斗争终于取得了一定的胜利，工资率提高了，福利增加了，但物价的继续上涨和某些企业对生产量和就业量的缩减，以及整个英国经济将因出口竞争能力的削弱而发生的国际收支逆差增大，必然使得通货膨胀一失

---

① 《新政治家》，1978 年 5 月 5 日，第 613 页。

② 参看第十章第五节。

业并发症与国际收支危机相交织的情况更加严重，工人作为消费者、纳税人、受雇佣的劳动力，在三个不同的方面要受到损害。工会领导不得不估计到这一点。这就是英国工会不可能或不愿意经常把坚持长期罢工当作迫使资方提高工资率和迫使政府放弃限制工资收入增长措施的手段的一个很重要的理由。

从英国广大工人群众这方面来看，他们在经济上的要求是很明确的。他们的要求主要是四样东西：第一，他们要求提高实际工资率，即要求货币工资率的增长率大于物价上涨率；第二，他们要求增加福利；第三，他们要求就业有保障；第四，他们要求工业民主化，即要求工人代表有更多的参加工业和企业决策的权利。如果把第一点要求和第二点要求合并，那就是要求增加个人的实际收入。但在当前英国经济中，要同时满足工人增加个人实际收入和保证就业的要求，绝非容易的事情。政府在经济政策目标中，遇到了充分就业和价格稳定这两者之间的矛盾。在具体管理经济的过程中，政府还发现扩大福利支出与财政收支平衡有尖锐的冲突，扩大福利支出的后果将是增加财政赤字，从而加剧通货膨胀，引起物价上涨。这些矛盾在英国工人群众所要求的增加个人实际收入和保证就业方面明显地反映出来。在工会的坚持斗争中，货币工资率可能上升，但物价水平不能被控制住，实际工资水平也就不可能上升。同时，经过工会的斗争，就业可能得到某种保障，但失业率不会消除，只可能稍稍有所减少，即使如此，物价水平的上涨也是可以预料的，个人的实际收入的增加仍是一个疑问。英国经济本身存在的这些难以解决的问题，对于处在十字路口的英国工会组织说来，既是一个打击，又是一场考验。

它们之所以是给予英国工会组织的一个打击，这是因为：工会在历史上向来是以维护工人利益而赢得工人的支持的，尽管英国工会很早就出现经济主义、改良主义、工联主义的趋向，并且很早就把改善工人生活的主要希望寄托在政府的经济立法和福利措施上，但由于工会毕竟能反映工人关于提高工资率和增加福利的部分要求，能领导工人进行反对资方漠视工人利益的行为的斗争，所以得到工人的支持。然而到了最近这些年，英国经济病症的复杂化和英国政府本身在经济政策目标上的左右为难，使得工会领导也难以在目标上作出使工人群众满意的决策。工人提出的增加个人实际收入和保障就业的要求，至多只能有一方面得到满足，而另一方面则要被牺牲，工人对此不可能满意，就会认为工会不维护自己的利益。在某些情况下，例如在通货膨胀与失业并发症加剧和经济停滞的情况下，甚至两方面的要求都得不到满足，工人更会谴责工会，埋怨工会领导无能为力。工会受到来自内部的巨大压力，为了重新挽回它在工人中的影响，重建工会领导的威信，它不得不把对资方的态度变硬一些，对政府的收入政策的抵制加强起来。[①]即使如此，也只能争取得到货币工资率的提高，而无法满足工人提出的增加实际收入的要求。工会领导的威信仍会下降。这一切都迫使工会领导不可能脱离工会会员，轻易地答应政府的限制工资的要求。[②]

① 艾略特(R. Elliott)：“工业关系和人力政策”，载白拉卡贝编：《英国经济政策，1960—1974》，剑桥大学出版社，1978年，第567—568页。

② “欧洲的收入政策”，载《经济学家》，1978年2月14日，第100页。

“英国病”的发作对英国工会组织也是一场考验。比如说，提高货币工资率和扩大就业这两者之间是存在一定的矛盾的。提高货币工资率，这是在业工人最关心的事情。而对于失业者来说，他们更关心的是扩大就业，以便使自己得到一个可以有固定工资收入的职业。在就业之后，他们再争取提高货币工资率。因此，工会也不得不在提高货币工资率和缓和失业率这两个目标之间作出轻重缓急的选择，或保持二者之间的平衡，以争取在业工人与失业工人共同对自己的支持。

但实际上，工会要作出这种选择，并不是很容易的，因为这涉及它对英国政府的现行经济政策的态度，对整个英国经济的变动趋势的态度。如果政府的政策容许货币工资率可以随物价上涨而上升，物价又可以因工资成本的增加而上涨，并且工会支持这样的政策，那么失业的劳动者就会抱怨政府和工会，因为他们认为得不到实际的好处，反而会受到损失。反之，如果政府采取刺激总需求来增加就业机会的政策，特别是采取扩大财政支出来发展公共部门、容纳失业者的政策，并且工会支持这样的政策，那么这就会加剧财政收支不平衡，导致物价上涨，使实际工资率下降，于是在业工人以及未能被吸收到公共部门去就业的失业者，就会抱怨政府和工会，因为他们会认为自己实际上受到了损失。所以，无论政府实行的是什么样的政策，如果说它们只能使一部分工人得到某种利益，而其余部分的工人得不到实际的好处，或者甚至会受到损失时，那么在这样一种情况下，工会究竟应当对政府的政策表明什么态度，它往往难以作出决定。工会向来以维护工人利益相标榜，但在实际问题上，却处于一种为难境地，因为得到部分经济利益的人对工会的好感和信任不会增加很多，而未得到经济利益的人和经济利益反而有所损失的人，对工会的反感和不信任却会大大滋长。工会所得到的好感、信任或支持，同它所得到的反感、不信任或不支持相比，是不对称的。

对于工会来说，这是一场真正考验。这就是说，对于收入政策和需求管理的基本态度，对于如何医治英国经济病症的政府处方的基本态度，决定着工会在今后英国政治生活中的地位和力量的变化。工人队伍中的年轻的一代是第二次世界大战结束以后出生，在英国经济从战争创伤中恢复过来并取得一定增长的年代参加工作的。在他们的记忆中，不存在三十年经济危机和第二次世界大战期间的艰苦生活的经历，甚至也不存在战后初期勒紧裤带以换取国民经济恢复的经历。他们是在耐用消费品的供给不断充裕，福利国家支出使每一个公民的最起码的生活要求得以满足，社会消费水平越来越高，旅游事业成为公民们深感兴趣的情况下，离开校门和家庭，走上工作岗位的。他们不会把自己的收入、生活状况和工作条件同父辈或祖父辈的收入、生活状况和工作条件相比较，而会经常把这些同六十至七十年代美国、北欧、西德、法国、加拿大等国工人的收入、生活状况和工作条件相比较。当他们有职业，有福利可享受，或者货币工资率有所增长的时候，他们既不感激政府，也不会感激工会，他们认为这都是公民权利的表现。他们这时甚至还会埋怨政府和工会，因为政府未能控制物价，工会未能为自己争得更多的待遇。其中一部分工人还指责工会软弱无能，骂工会领导人是妥协分子。如果他们失了业，或者货币工资率不能提高，或者英国的生活水平与美国、北欧、西德等国的差距变得更显著了，他们对政府和工会的埋怨会演变为愤慨和憎恶。一般说来，他们要比年纪较大的工人“好斗”。他们之中，有相当一部分人不听从工会的命令，也不相信政府的经济稳定政策有什么“为国为民”的好心。六十年代中期英国非正式罢工的盛行表明，这些较年轻的工人是英国工会运动中一股难以捉摸的潜在力量。[①] 在工会领导人看来，这些较年轻的工人是不容易应付的，有朝一日，他们可能完全令人出乎意料地行动，以至于打乱英国政府、企业界和工会三方协商调整英国经济的部署。工会掌握不了青年人，工党也掌握不了他们。他们是一支不稳定力量。[②] 工会如果不估计到这种力量，不设法取得这些人的信任和支持，那么工会在英国社会政治和经济生活中可能发挥的作用将受到影响。

但工会要取得这种信任和支持并不容易。“英国病”继续未已，政府各个政策目标之间的矛盾仍然存在，工人群众要求增加实际收入和保证就业的要求或者只能满足一项，或者连一项都不能满足。在这种形势下，工会还能做些什么呢？正如英国政府只能在多种经济目标之间按照轻重缓急选择一项目标为当务之急一样，工会也只能这样做。如果这样，它就不可能得到工人的信任和支持。

恶性循环由此开始。工会越是得不到工人的信任和支持，它在同资方的斗争中的地位就越弱，从而它就更加无法满足工人提出的要求，也就更加得不到工人的信任和支持。要打破这种恶性循环是困难的，因为政策目标之间的矛盾及其难于兼顾和选择，使

---

① 《新政治家》，1978 年 5 月 5 日，第 613 页。

② 《今日马克思主义》，1979 年 7 月，第 227 页。

得工会领导与政府当局一样苦恼。换言之，复杂的、根子很深的"英国病"，既折磨着政府的官员，也折磨着工会的领导人。

第三节　企业界的努力：创新和技术改造

英国企业界对待"英国病"的基本态度可以用三句话来概括，这就是：它支持但并不依赖英国政府所采取的对策；它依靠自己的努力但并不寄予很大的希望；它对于前景是非乐观的，但并不沮丧和绝望。这种基本态度的形成是与英国资产阶级的整个政治倾向以及它对战后经验的总结分不开的。

作为单个资本主义企业的所有者和经营者，英国企业主对待"英国病"的态度很可能与作为资产阶级总代表的英国政府的态度不一致，因为对整个资产阶级有利的，不一定对每一个资本主义企业有利。但就企业界，即由企业主们构成的一个集团来说，它是支持英国政府采取的需求管理，计划化和收入政策的，它把政府的这些对策看成是保证英国经济稳定和促进英国经济增长的一种手段。三十年代经济危机前的教训，至今仍被英国企业界所记住。因此，从单个资本主义企业的立场来看，政府的措施可能限制某些企业的经济活动，但从整个企业界来看，它需要有一个比较稳定的政治经济环境，而这种环境要靠政府的干预和调节来促成。同时，企业界从政府采取的某些对策中也可看出，需求管理不仅有收缩经济的一面，还有扩张经济的一面，使企业能得到政府购买、低利贷款、减免税收等好处；计划化不仅有进出口调节、原材料供给调节的一面，还有部门优先增长、投资计划化的一面，使企业能在政府计划指引下得到发展；收入政策则不仅有限制物价水平，从而限制利润收入增长率的一面，还有限制工资收入增长率的一面，并且企业往往以对工资水平的控制作为接受对物价控制的条件，正如工会往往以对物价水平的控制作为接受对工资控制的条件一样。

企业界支持政府的对策，但它并不依赖于政府的对策，这一点是由战后长时期的经验总结出来的。英国的企业界从自身的经验中感觉到政府的经济政策是多变的、缺乏连续性的。[①] 同时，它还感到无论政府制定了什么样的经济政策，采取了什么样的具体措施，政策措施的效果从来不是像政府预期的那样：扩张的政策不一定给企业界带来预期的繁荣，收入政策也不一定能抑制生产成本的增加。一个时期国有化，下一个时期非国有化，再下一个时期又重新国有化，政策多变，自然就减弱了企业界对政府的政策的信赖。

以税收易变来说，沃尔斯维克在1977年曾这样写道："政府政策改变之所以会造成损害，并不在于提高或降低税率，而在于经常修改税收结构：取消和以后恢复已分配和未分配利润之间的差别待遇；先用补助金来代替投资减税优待，后者又恢复投资减税优待，以代替补助金；用差别雇佣税来补充购买税，以后二者又被合并，而采用增加价值税。"[②]这当然会引起企业界对投资的顾虑。

---

① 白拉卡贝："总的评价"，载白拉卡贝编：《英国经济政策，1960—1974》，剑桥大学出版社，1978年，第652页。

② 沃尔斯维克："需求管理终结了吗?"，载《劳埃德银行评论》，1977年1月。

沃尔斯维克还指出:“对工业实行国有化,非国有化,而后又重新国有化。促进投资的机构先被建立,后被取消,以后又在新的名义下重建。尤其重要的是,有一些打着不断变换名称的旗号的角色在舞台上异乎寻常地表演着,它们有时出现在舞台的左方,有时又出现在舞台的右方;这些旗号曾有过下述名称:物价、生产率和收入委员会;国民收入委员会;物价和收入局;物价委员会和工教局;皇家收入分配委员会。”①政府的举棋不定迫使企业界保持将信将疑的观望态度和采取近视的实用主义的做法,这就是,乘政府的某项有利于企业发展的措施还能生效的时候,赶紧利用这一措施,不要等到政策变了的时候再后悔错过了机会。②

企业界看出了政府的各种政策措施的局限性及其效力的有限性,那么它将怎样应付英国经济病症造成的各种复杂局面和困难呢?怎样才能使自己度过这种种困难而得到发展呢?它依赖着下面这两点:一是依赖企业合并,二是依赖技术创新。

五十至六十年代开始的企业合并高潮也可以看成是英国企业界的一种适应新形势的做法。这一趋势仍在继续发展。按一百家最大的工业企业净产值在全国工业净产值中的比重来看,1949年——21%,1953年——26%,1958年——33%,1963年——38%,

---

① 沃尔斯维克:“需求管理终结了吗?”,载《劳埃德银行评论》,1977年1月。

② 卡梅茨基认为英国的计划化之所以不如法国的计划化那样有效,一个重要原因是英国企业界不是采取与政府合作的态度,而是不相信政府。所以他认为在英国推行计划化是一个结构性问题。参看卡梅茨基:“六十年代英国经济政策的弱点”,载E. S. 基尔森编:《经济政策比较:西方和东方》第二卷,阿姆斯特丹,1975年,第53页。

1968年——42%。[①] 据估计，到1973—1974年，这一比重已占到50%左右。[②]

英国加工工业中的小企业在加工工业企业总数中所占比重、净产值和就业人数所占的比重

（单位：%）

年　份	企业数	净产值	就业人数
1935	97	35	38
1958	94	20	24
1963	94	16	20

从小企业在英国加工工业中所占的百分比来看，从三十年代到六十年代也是不断下降的：[③]

从六十年代末和七十年代初起，小企业的数目、净产值和就业人数在英国加工工业的企业数、净产值和就业人数中所占比重是否已经稳定下来，由于没有可比的统计材料，所以无从作出判断。[④] 但考虑到整个英国经济状况的恶化和通货膨胀率的增大，以及小企业在市场中的不利地位，继续下降不是没有可能的。总之，第二次世界大战结束后，英国工业集中的速度大大超过了战前的任何时候。

企业合并对旧企业的技术改造和新技术的采用都有一定的好处。英国企业界认为改善企业处境到头来还得依靠自己的努力，

---

① S.J.普雷斯："工业集中程度发展的新看法"，载《牛津经济文汇》，1974年7月，第283页。

② 同上书，第284页。

③ 彼得·约翰逊(Peter Johnson)："对小企业的政策：是慎重对待的时候了吗?"，载《劳埃德银行评论》，1978年7月，第3页。

④ 同上书，第3、4、10页。

即靠企业的创新和技术改造。当然，创新也好，技术改造也好，都不能脱离政府为企业提供的政治经济环境，不能不受到政府的政策措施的影响。在英国，政府注意技术创新和改造开始于三十年代，但那时主要是针对与国防有关的工业技术。1959年，两党才共同注意到要发展民用工业的技术和培养适合于新技术条件的工程人才。六十年代政府对机器制造业、计算机工业等部门的帮助和重视，是政府新时期技术政策中的重要内容。[①] 尽管如此，在企业界看来，创新和技术改造仍主要依靠企业界本身。

企业界认为，不管有没有政府对科学研究的支持，对出口的扶植和对进口的限制，加强英国商品在国际上的竞争能力的关键毕竟在于提高劳动生产率，而提高劳动生产率主要依靠创新和技术改造。如果没有充裕的资本和外汇，没有足够的技术力量，创新和技术改造都是不可能的，然而这些又不可能完全依靠企业界自身来实现。开发北海油田和发展电子工业的经验表明，同外国资本的合作是重要的、有效的。这样，英国企业界在创新和技术改造方面能够采取的两个具有决定性意义的决策将是：第一，欢迎跨国公司在英国扩大投资和经营，同英国资本密切合作，以便利用外国资本和技术，发展英国的最新工业部门和最先进技术；第二，加紧对国内原有工业部门的技术改造，以自筹资金和借款的方式来提供必需的经费，利用国内某些比较有利的条件（例如英国某些自然资源较丰富，英国工人在某些生产领域内的技术水平较高，英国在某

---

① 莫特希德（P. Mottershead）：“工业政策”，载白拉卡贝编：《英国经济政策，1960—1974》，剑桥大学出版社，1978年，第440、442页。

些技术方面比较先进等),使原有的工业部门发挥出较大的潜力。就技术改造和技术创新对英国企业界的迫切感而言,实际上是和美国一样的。英国有较高的人均国民收入水平,工资相对水平较高,熟练劳动力也是相对充足的,并且企业的规模也适合于采用较复杂的技术。这就使英国必须转入以高度技术水平和高度熟练劳动为特色的产品出口的途径。[①] 如果英国新工业部门的发展和原有工业部门的技术改造取得成绩,那么英国商品就可以增强竞争能力,英国企业的赢利可望增加,英国的经济停滞和国际收支危机也可望缓和或消除。

英国企业界技术改造的可能性还是较大的,并且技术改造与企业规模调整可以结合在一起。在企业规模的改进方面,英国工业中也有较大的发展余地。据里斯对1954—1968年间英国工业中三十个部门的研究,发现在就业人数或净产值方面处于最优规模范围以外的比例数很大。这表明英国工业内部的结构改进很有潜力。[②] 例如1968年在农业机械工业中,最优规模范围(optimum size range)在就业人数上是25—499人,这一范围以外的工厂就业人数所占的比例为47.2%,这些工厂的净产值所占比例为40.5%。又如在陶瓷工业中,最优规模范围在就业人数上是400—749人,这一范围以外的工厂就业人数所占的比例为67.5%,净产值所占比例为68.8%。而在造纸和板材工业,最优

① 斯奈德:《国际经济学导论》第6版,伊利诺伊州霍姆沃德,1975年,第103页。

② 里斯(R. D. Rees):"英国工业的最优工厂规模",载《经济学报》,1973年11月,第397、400页。

规模范围在就业人数上是1 000—1 499人，这一范围以外的工厂就业人数所占的比例竟高达81.2%，净产值所占比例高达79.5%。①

尽管英国企业界认识到创新和技术改造是使企业界自身摆脱困境，渡过难关，并能有助于国家经济好转的主要途径，但它却并不对之寄以很大的希望。这主要是由下面两种情况造成的。第一，英国经济仍然是一个垄断与竞争并存，垄断的存在使竞争更为激烈的经济。企业界的努力往往被激烈的竞争所抵消。这是因为，在现代科学技术的条件下，技术上的保密越来越困难，保密也越来越不容易持久，企业花费巨大的资本和力量去创新，但创新的成果却比较容易地被模仿者所利用或被模仿者进一步改良。模仿和改良的成本要比创新的成本小得多。企业宁肯做模仿者和改良者，而不愿花巨大投资和冒巨大风险去做创新者。除非是那些肯定会得到长期垄断利润而又不易于被竞争对手所模仿的创新，否则，创新将多半是一句空话，或者仅限于意义不大的小型创新上。第二，在现代科学技术条件下，一个起步已经比较晚的经济要赶上世界先进水平是不容易的，各种条件限制了这种追赶，而且先进国家的技术并不是停步不前，它们同样在发展，在前进。除非是不吝惜原来的较落后的工业部门，把它们撇在一边，另起炉灶，同时又有充裕的资本和外汇，足够的技术力量可以利用，或者拥有特别有利的资源条件（例如极其低廉的工资成本或能源等），否则追赶世

① 里斯：“英国工业的最优工厂规模”，载《经济学报》，1973年11月，第398—399页。

界先进水平是不容易的，即使追赶，也不是短期内就能奏效。然而从英国企业界的具体情况来分析，它不具备任何一项特别有利的条件：它既不可能把原来的工业部门撇在一边，另起炉灶，它又缺乏充裕的资本和外汇；它既没有低廉的劳动力可利用，又没有低廉的能源。这样，英国的企业界可以依靠自己的努力进行创新和技术改造，但要想借此挽回英国经济的颓势，希望并不大。英国企业界并不是不了解这一点。

最后，看一看英国企业界对英国经济的前景的态度。前面已经提到，它对此并不乐观，但又不至于沮丧和绝望。为什么会这样？这又是同英国的政治经济环境分不开的。问题很清楚，姑且不谈"英国病"的深刻的历史根源和治疗"英国病"的困难，就以缓和一下英国经济病症，使英国经济稍稍有所改善来说，这也决不是单靠企业界自身的努力就能够取得成效的。任何一点成效，都必须有工会、企业界、政府三方面的配合，必须有英国同国际经济力量与国际经济形势的适应作为前提。如果没有工会和政府的配合，企业界增加英国商品出口竞争能力的努力将会失去作用。譬如说，英国的企业界总感到英国工会的权力太大了。尼古拉斯·亨德逊在对比英、法、西德的企业状况时指出："与英国不一样，在法国，工会车间代表对生产没有支配权。如果为了提高工作效率需要改变人们的职务和工作时间的话，没有一位法国经理会对此感到犹豫。……在法、德两国，对生产所负的责任都没有从经理手里转到工会代表的手里。"[①]《经济学家》还这样写道："操作一部特

① "英国的衰落，其原因和后果"，载《经济学家》，1979 年 6 月 2 日。

定的机器的一个英国制造工人，他最初所生产的东西可能同一个装备相似的德国制造工人（这种工人常常是安纳托利亚农民）或者一个美国制造工人（这种人常常是一个被疏远的城市黑人或者是一个很少讲英文的蓝领人员）生产的东西几乎一样多。但是，在以后的几个月和几年中，在德国和美国的工厂内，生产率有了显著的提高。在日本的工厂中，生产率提高的幅度更大，因为那些工厂的工人通过每天的工作经验发现了使用设备和作为班组进行活动的更好的办法。在英国，生产率并没有随着知识水平的提高而提高，因为，首先要同工会谈判确定一些死板的工作条例，然后才能使用新的设备，而且工作方式在这以后就冻结死了。在微处理机和电子计算机时代，由于英国各种工业除了保证永远从某些特定的技能工会雇用某些人员来操作机器以外，它们是无法引进什么新技术的，所以，这些工业肯定会遭到破产，使大批大批的人失业。”①因此，如果企业要降低生产成本，提高经济效率，而工会则要求一再增加工资，并以罢工作为手段，那么企业的计划就会落空。如果政府抽紧银根，利息率上升，或政府紧缩开支，减少订货，那么企业要实现创新和技术改造，也是不可能顺利的。这是影响英国私人工业投资信心的重要因素。②

工会和政府是否会同企业界进行合作，企业界对此没有把握。这里取决于一系列因素，其中包括纯粹政治性的因素，不是企业界能够控制或预计到的。英国经济是否同国际经济相适应的问题，

① “英国运转不灵了”，载《经济学家》，1980年8月2日。

② 利文斯顿：《英国经济：理论与实践》，1974年，第68、157页。

亦复如此:政治性的因素起着很大的作用。所以,英国企业界根据战后这些年的经验,很自然地得出了下述看法:为了改善英国企业界的经济状况,企业界本身固然可以尽力而为,但变幻无常的国内和国际政治形势,很可能使企业界的努力无济于事。1956 年,英国企业界力求在恢复国内经济的同时发展与海外殖民地半殖民地国家的经济联系,结果发生了苏伊士运河事件。1963 年,英国企业界为了改善自己的处境而力图密切与西欧大陆国家的经济联系,不料戴高乐坚持反对英国进入共同市场,英国企业界不得不重新考虑自己的发展方向。1973 年 10 月的中东战争以及随之而来的石油价格猛涨,1978 年年底到 1979 年年初的英国大罢工,也都是非英国企业界所能掌握和预料的事件。"英国病"的缓和和减轻,不仅需要包括企业界在内的英国社会各方面努力,而且需要一个安定的国内国际环境。后面这一点难以实现,英国经济的前景就无从令人乐观。

整个英国经济的兴衰,与英国企业界的盈亏虽有联系,但还不是一回事。国家经济衰退时,企业界可能亏损,也可能不亏损;反之,国家经济高涨时,企业界可能赢利,也可能不赢利。这同政府对待私人企业的政策、企业自身的经营情况、经济高涨和衰退时期的部门结构变动等都是有关的。在这一点上,企业界与工人的处境有不同的地方:一般地说,国家经济高涨时,工人的状况多半是好转的,因为就业扩大了,货币工资率上升了;而国家经济衰退时,工人的状况则肯定是恶化的,因为失业人数增加了,货币工资率即使不下降,但上升的可能性减少了。因此,企业界与工会相比,工会对国家经济的衰退和繁荣的关心,可能大于企业界对国家经济的衰退和繁荣的关心。企业界主要关心的是利润率。国家经济衰退但企业利润率不下降，企业界就不会那么焦急。英国企业界对于英国经济前景的态度，同它的这种情绪是联系在一起的。

在英国企业界看来，不管国家经济状况有什么变化，反正英国不可能不发展本国的工业，不可能听任本国的私人企业全被外国资本挤垮，不可能容许本国的私人资本被大量抽走。这是一个关系到英国政治的大问题。如果有一天英国企业界感到再也维持不下去了，全要破产了，那么英国也就不能立足于世界了。英国企业界的这种想法变成一种信念，一种使自己在不乐观的经济前景中多少有些安慰而不至于沮丧、绝望的精神力量。它认为，尽管工会可能提出这种或那种使企业界利益受到损失的要求，但如果问题涉及会使企业界受到过分的“剥夺”，使企业界完全无利可得，那么不仅政府会采取强有力的干预，甚至工会本身也会分裂，因为一部分工会组织肯定是不愿意出现这种局面的。它也认为，尽管政府可能制定某些限制私人经济活动的措施或限制私人投资利润率的措施，但如果问题严重到影响私人经济的存在，使私人投资裹足不前，那时国会就会对政府的行动进行干预，或者政府本身就会自行改变政策，因为这种做法是不符合现存制度结构下的英国国家利益的。英国企业界持有这样的信念，所以即使它对英国经济的前景不抱乐观的念头，但还不至于绝望。它觉得形势的演变不可能达到使自己难以维持的地步。

在这里还需要说明的是这样一点，即英国今日的企业界人士，无论从受教育程度上看还是从对于国际经济事务的实践经验方面看，不仅已不同于十九世纪的工厂主和大商人，而且也与二十世纪二十至三十年代的公司头头们有较大的区别。他们对国内国外政治经济问题的了解，对本企业生产和销售业务的熟悉程度，以及对本行业经济和技术的一般动向的知识，都大大超过他们的前人。作为大公司的董事长或总经理，他们多少是个内行。这是英国全民族科学文化水平普遍提高的结果之一。因此，当他们竭力设法通过自身的努力来使英国的企业经济摆脱当前所处的困境时，他们虽然不那么乐观，但还不会陷于绝望的地步。从英国经济总的趋势来考察，停滞之中仍不断出现技术创新和对世界最新技术的模仿，相对落后于其他西方资本主义国家的劳动生产率并不意味着英国不可能在某些生产领域内有较大的进展。信任危机主要出现于企业界对政府的政策的态度上，以及企业界对劳资关系的变动方面，而不是产生于企业界对私营企业经营制度本身。企业界对这一制度及其力量的信心，还是不可忽视的。我们在分析“英国病”时，不要忘记这一点。

第四节 作为特殊的平衡力量的政府

工资和利润的对立表现为英国工会和英国企业界的对立；工资和利润在经济增长过程中同时增长（尽管二者增长幅度不一样），却又反映了英国工会和英国企业界在某些情况下妥协的可能性。然而在“英国病”深入发展和复杂化的过程中，工资和利润同时增长的可能性是很小的，较为可能的是，工资的增长或不变要以利润的减少为条件，或者利润的增长或不变要以工资的减少为条件。工资和利润的对立尖锐起来，工会和企业界的冲突加剧了。至于英国政府，它在本质上是作为英国资产阶级的总代表而出现的。作为资产阶级总代表的英国政府，首先关心的是资本主义制度的生存，这与企业界首先关心利润率多少这一点是不同的。由于政府关心制度的生存，所以它有必要在工资和利润的对立中，在工会和企业界的冲突中，以调整双方关系和避免冲突激化的第三者的形式出现。形式上的第三者身份与本质上的资产阶级总代表身份并不矛盾，不过前者更容易迷惑人而已。

作为第三者的英国政府，在工会和企业界的冲突中表现为一种特殊的平衡力量。有了政府加入，工会、企业界、政府三支力量形成了三足鼎立的新形势。如果工会要求过高，工会力量过大，政府就同企业界公开地站到一起，同工会的力量相抗衡。如果企业要求过高，企业力量过大，政府就出来抑制一下企业界，以免企业界与工会的矛盾过于尖锐，这样，政府又表现为同工会相呼应，与企业界相抗衡的第三势力。

但从另一方面看，工人和企业主作为纳税人，又同政府发生一定的矛盾。政府为了稳定经济和维持政治统治的机构，它需要庞大的财政收入，才能应付各项开支，而财政收入的主要来源是税收。稳定经济，这是工人和企业主都同意的。但纳税，却是任何一个纳税人所不乐意的，特别是在纳税人认为税收负担过重或征税原则不公平的情况下，更是如此。工人总想使自己少纳税，而让企业主多纳税；企业主想方设法把税收负担转嫁出去，而对于那些实在无法转嫁的税收负担，则希望逃避它们，甚至不惜采取抽走资本和资本转移到国外的手段。在纳税问题上，工人和企业主之间有矛盾，二者一起同政府之间也存在尖锐的矛盾。与美国不同，英国政府在征税方面的权限要比美国政府大一些，它受议会的牵制要比美国政府小一些。结果，工人因税重而不满于政府。此外，英国企业界对政府课税过重的反感，从六十年代中期以后，也表现得十分明显。因为尽管从五十年代开始，英国企业的纳税前利润率是下降的，但在六十年代中期以前，税后利润率却是稳定的；而六十年代中期以后，不仅纳税前利润率下降，纳税后利润率也下降了。[①] 而且不论采取什么概念和方法来计算，纳税后利润率下降的趋势都是明显的。

下面列举三种对英国税后利润率的计算。

1. 以历史成本为基础，计算加工工业所使用的资本的税后利润率，这是潘尼奇(M. Panic)和克洛斯(R. E. Close)在“英国加工工业的盈利性”(载《劳埃德银行评论》，1973 年 7 月)中使用的概念和方法。

2. 以历史成本为基础，计算加工工业、建筑业、交通运输和销售业净资产的营业收入税后利润率，这是格林(A. G1yn)和舒特克赖夫(R. B. Sutcliffe)在《英国资本主义、工人和利润收入》(1972 年版)中使用的概念和方法。

3. 以重置成本为基础，计算全部公司净资本存量的税后利润率，这是布格斯和韦伯在“英国工业的利润”(载《劳埃德银行评论》，1974 年 4 月)中使用的概念和方法。

---

① 布格斯(G. J. Burgess)和韦伯(A. J. Webb)：“英国工业的利润”，载《劳埃德银行评论》，1974 年 4 月，第 18 页。

英国纳税后利润率三种算法的比较[①]

年　份	第一种算法	第二种算法	第三种算法
1951	13.2%	8.4%	—
1953	10.9%	6.8%	—
1955	12.3%	8.2%	—
1957	10.5%	7.1%	12.6%
1959	11.5%	8.1%	14.7%
1961	9.5%	7.4%	13.6%
1963	9.2%	7.2%	13.7%
1965	9.1%	8.6%	14.6%
1967	7.3%	6.5%	12.4%
1969	7.8%	6.5%	10.4%
1971	—	—	9.8%

这三种算法中的任何一种，都说明纳税后利润率下降了。甚至根据墨尔文·金(Mervyn A. King)基本上否定英国存在“利润危机”的观点的论述，他也只是否认税后利润在英国国民收入中所占比例的长期下降趋势，而并未涉及税后利润率的变动问题。[②]同时他仍然认为公司的实际税收负担是影响利润份额的有力因素，并把这作为1969年至1971年的利润份额下降的重要原因。[③]

工人和企业对英国政府增税的反感，以及增税本身不符合刺

① 参看布格斯和韦伯：“英国工业的利润”，载《劳埃德银行评论》，1974年4月，第16页。

② 墨尔文·金：“英国的利润危机：神话还是现实？”，载《经济学杂志》，1975年3月，第34、47页。

③ 同上书，第42、47页。

激经济扩张的要求，使得政府有必要加紧采取增加国债和通货膨胀的方式来弥补财政赤字，而这又会导致持续的物价上涨。但在持续物价上涨而税收不增加的条件下，政府同工人、企业主二者之间的矛盾不显著了，因为工人与企业主之间的矛盾被提到了突出的地位。工人反对物价上涨，要求提高工资；企业不愿提高工资，除非劳动生产率增长。工人与企业主之间的争执，使政府暂时得以摆脱在增税时受到工人与企业主共同反对的处境，而又以调停者和平衡力量的姿态出现。

这就是英国政府较长时期以来一种自鸣得意的巧妙做法。它既可以达到弥补财政收支差额的目的，又不至于把自己摆在受工会或企业界主要攻击的地位。

然而在英国政治经济的现实生活中，政府要在工会和企业界两端之间玩弄平衡术，已经越来越不容易了。持续的物价上涨不是发生在经济繁荣和经济增长时期，而是同经济衰退、经济停滞结合在一起的。工人既受经济衰退和停滞所造成的大量失业之苦，又受持续物价上涨之害；企业界既因经济衰退和停滞而抱怨，又因原材料和燃料价格剧增，成本上升而烦恼。被视为经济稳定力量的政府，至今还没有找到可以有效地制止通货膨胀—失业并发症的手段。它可以使失业率降低些，但物价上涨率却降不下来；或者它可以使物价上涨率缓和一些，但失业人数很难同时减少。这样，当工会与企业界争执不下的时候，政府即使以第三者的身份支持工会的某些主张，抑制一下企业界，它也很难使工人满意，因为工人的要求并未得到满足。同样的道理，当企业界因工会压力过大而不得不要求政府出面支持企业界，抑制一下工会时，即使政府这样做了，企业界也不会感到满意，因为企业界的要求也没有得到满足。“英国病”越是深入发展，越是复杂化，英国政府对之越是无能为力，那么政府作为调停者或平衡力量而在工资与利润的对立、工会与企业界的冲突中所起的作用就越是减弱。工会、企业界、政府三足鼎立的均势就越不容易保持。工党内阁时期实行的社会契约的失败，就是一个典型的例证。

工会和企业界之间的对立在工资和利润的相对份额的关系中表现得比较清楚。除此以外，工会和企业界之间的对立也反映于收入均等化和资源有效配置的矛盾，即所谓平等与效率的矛盾中。在谈到英国工业中的效率问题时，普拉坦曾把英国、西德、瑞典作过比较。他说：与瑞典和西德的情况不同，一般说来，英国工人并不那么紧张地干活，因为在瑞典和西德，给工人的报酬主要反映工人技术水平的高低，而不是反映工会谈判力量的强弱。在那里，雇主有确定新机器的人员编制的权力，但在英国，工人常常要求有权谈判新机器的人员配备，并要求在操纵新机器时增加报酬。此外，英国工厂中的管理和质量控制都不如瑞典和西德，而间接工作者对直接工作者的比率却比较高。[①]

尽管英国工业的效率比大陆国家低，但企业界始终是着重经济效率的，因为在市场竞争中，没有经济效率就意味着没有利润，

---

① 普拉坦(C. F. Pratten)：“英国工业的效率”，载《劳埃德银行评论》，1977年1月，第24—25页。当然，这是代表英国资产阶级的看法。瑞典资产阶级经济学家(如伦德堡)在谈到瑞典劳资关系时，也认为瑞典工会力量过于强大，以至于使资方难以应付。但根据西欧资本主义国家的资料可以看出，相对而言，英国工业的经济效率较低是比较明显的。

经济效率越高则获得利润的可能性越大。而工会着重的是工资收入增长率及其在国民收入中的份额的增大。这就是说，如果收入均等化专指国民收入分配朝着有利于工资收入变化而言，工会对此是赞同的。至于在工资等级差别或工资收入者的收入分配格局中，低工资收入是否应该与高工资收入均等化，那么这并不一定是工会坚持的东西，而且即使工会的理论家有过平等的主张，那仍是停留于理想主义的阶段，而并非工会的政策。至于企业界，它为了提高经济效率，总是反对把按高工资付酬同按低工资付酬等同起来，因为它从实际经验中感觉到，高低工资拉平的做法不利于提高经济效率。企业界是愿意按照劳动生产率的高低来付给劳动报酬的。

政府在这方面的立场和态度十分值得注意。经济效率是政府追求的经济政策目标之一，收入均等化是政府追求的另一个经济政策目标。它希望同时达到这两个目标。为了达到经济效率目标，它鼓励和支持企业界加紧技术改造和创新的活动，帮助企业界发展可以大量节省劳动、以资本替代劳动的新技术，以熟练劳动者代替非熟练劳动者。

事实上，到六十年代中期，英国工业中的技术密集程度已经相当高了。英国的企业一直试图用工程技术人员和熟练工人代替非熟练工人，规模较小的企业尤其注意这一点。因此，规模较小的企业中的技术密集程度，除化学、石油工业外，都略高于大企业的技术密集程度。技术密集程度可以用熟练劳动者/半熟练工人与非熟练工人之和来表示，据 1965 年材料，英国工业中的技术密集程度如下表所示。①

工业部门	五百人以上的大企业	不足五百人的小企业	全部企业
运输工具,包括飞机制造	0.69	1.28	0.76
机械设备与电气产品	0.54	1.06	0.71
化学、石油与有关部门	0.43	0.34	0.42
橡胶与塑料制品	0.34	0.35	0.34
玻璃、陶瓷、建筑材料	0.51	0.57	0.56
金属加工	0.65	0.72	0.43
衣服、靴鞋、皮革	1.62	2.55	2.50
纸张、印刷、出版	1.18	3.36	2.21
食品、饮料、烟草	0.22	0.31	0.27
纺织	0.38	0.46	0.56
木材与家具	1.01	1.56	1.49

六十年代中期,英国工业中的技术密集已经达到这样的程度,以每一千就业人员中的科学家、工程师和技术员的人数作为指标,英国在化学、造纸、纺织、木材等部门中大约已相当于美国同行业的80%,在运输机械、石油、精炼、电气设备制造、橡胶等部门中大约相当于美国的90%,而在一般机械工业中,则超过了美国。②

这一替代非熟练工人和半熟练工人的趋势,在英国是不可逆转的。其结果,企业必然同缺乏技术的工人发生冲突,同工会发生

① 卡特拉克(H. Katrak):“英美出口中的人力技术、研究与发展、规模经济”,载《牛津经济文汇》,1973年11月,第351、358页。

② 同上书,第357页。

矛盾，因为工会是抵制企业界用新技术来排挤工人的措施的。但为了达到收入均等化的目标，它采取限制利润收入增长、防止家庭财产越积越多、不让富人的后代继承大宗遗产的办法，从而同收入高的人主要是企业界人士发生矛盾。不仅如此，在政府看来，收入均等化不限于向利润征收税金，而且还包括向高工资收入者征收税收，政府关于财产税、遗产税的措施也不限于对企业界人士的财产和所继承或留下的遗产有效，而且也对工资收入者的财产和所继承或留下的遗产（如果它们超过起征点的话）有效。政府把对贫民的救济和失业者的补助看成是使英国社会稳定的一项必不可少的政策，这样，在收入均等化方面，政府走得比工会要远得多。在收入均等化方面，政府同企业界之间的矛盾，不仅不比工会同企业界之间的矛盾小些，甚至比它还要大。

工会、企业界和政府三者在平等和效率之间矛盾上，实际上存在着十分错综复杂的关系。政府既以特殊的平衡力量，或第三者的身份出现，在工会和企业界因平等和效率之间的矛盾激化的场合起着调和或折中的作用，又以比工会显得更加坚决的收入均等化主张的鼓吹者和执行者的姿态出现，同企业界处于对立的状态中。这就使得政府的处境非常为难。尽管政府实质上是英国资产阶级的总代表，是资本主义制度从而是整个英国资产阶级的利益的维护者，但企业主们关心的是自己的利润率、企业的经济效率，它感到政府所维护的是遥远的东西，是自己仅仅享受到其中一部分利益的东西，而为之付出的代价却太大了。政府并不能为此经常从企业主们那里获得支持的力量。

在这里值得注意的是英国政府近年来对小企业的态度的变

化。长期以来,英国政府关心的是大企业,是企业的合并,因为这被看成是增加英国经济效率的措施,但近年来却注意到对小企业的扶植,要改善小企业的处境。"小的就是美好的",这也适用于企业经营方面。这不仅因为小企业的发展已被看成是缓和英国当前较高失业率的特别有用的手段(小企业的每个工作岗位的投资额较少,可以吸收较多的人就业,而且小企业有较大的灵活性来适应市场的变动),而且因为小企业的分散性和工会化程度较低,从而在政治上可能给政府带来的威胁较少。① 看来,英国政府不仅要在企业界和工会之间玩弄平衡术,而且还要在企业界内部,即大企业和小企业之间玩弄平衡术。这种平衡术并不容易掌握,其中一个重要原因是:英国的商业银行不愿同政府步调一致。鲁滨·马里斯在分析当前英国经济问题时指出:尽管中小企业有经济增长的前景,但恪守传统信贷原则的英国银行界却不愿贷款给那些前途美妙的中小企业。② 这就是说,即使英国政府想要扶植小企业,但小企业由于缺乏银行信贷的支持,仍难以与大企业相抗衡。

从工会这方面来看,工会始终感到政府只关心企业界,不注意自己的利益。要工会成为政府的忠实支持者,是不可能的。至于工会所无法庇护的贫民和失业者,尽管他们在政府的收入均等化措施之下得到了一定的好处,但他们认为这些好处是点点滴滴的,与别人从政府那里得到的利益相比是微不足道的,所以他们同样

---

① 彼得·约翰逊:"对小企业的政策:是慎重对待的时候了吗?",载《劳埃德银行评论》,1978 年 7 月,第 1—2 页。

② 《经济学家》,1978 年 4 月 22 日,第 27 页。

不会把政府当作“自己的”政府，而竭尽全力支持它。政府从任何一方面都得不到支持，它不能不经常改变一下措施以换取这一方或另一方的某种支持，否则政局就会动荡不宁，政府就会时常处于危机之中。英国政府的国内政策措施的来回摆动，反复无常，原因之一正在于此。这种政策上的摆动固然在一定时间内使政府得到某一方的较大好感或支持，却又在客观上造成了政策多变善变的社会印象，使社会各界感到政策的持久性难以信任。

这又是一个恶性循环：政府的政策越是多变善变，它就越得不到社会各方面的信任和支持，而它越得不到信任和支持，它就越想再调整一下政策来换取社会上某一方的信任和支持。如此循环下去，政府作为特殊的平衡力量所起的作用就会不断减弱。

因此，重建信任被认为是一切使英国经济得到恢复的计划中的根本性的问题。①

第五节　新的“三伙伴关系”的设想

在英国，能不能建立政府、工会，企业界三者之间的新的“三伙伴关系”呢？可以先对政府、工会和企业界三方的目标和手段进行分析。假定现在有三个目标：Q，X＝M，$\overline{W}/\overline{P}$。Q 表示实际国内总产值的增长。它是政府的目标。X＝M 表示英镑汇价的稳定。它也是政府的目标。其中，X 表示出口的增长，M 表示进口的增长，

① “英国经济：七十年代后期的问题和政策”，载《密德兰银行评论》，1977 年 2 月，第 5 页。

X=M 表示出口增长等于进口增长。这是英镑汇价稳定的必要条件。$\overline{W}/\overline{P}$ 表示收入分配目标。政府、工会和企业界三方都关心这个目标。政府希望收入分配协调。工会和企业界各自希望自己的收入量增加和在总收入中所占比重增大。其中，$\overline{W}$ 表示货币工资总额的增长，$\overline{P}$ 表示利润的货币价值的增长。如果 $\overline{W}/\overline{P}=1$，表示收入分配关系不变。

政府、工会和企业界三方各自拥有达到预定目标的手段。政府运用的手段，主要是它的财政支出的增加。工会运用的手段，是指工会用来促使平均每个被雇佣者的货币收入增长的手段。企业界运用的手段，是指企业界用来使成本增加转为价格增加的按本加价方式。[①]

可以看出，上述三个目标中，除国内总产值增长这个目标而外，其他两个目标（英镑汇价稳定和国内收入与分配协调）也要在政府、工会和企业界三方面合作的条件下才能达到。这就是说，政府要运用需求管理来增加实际国内总产值和就业人数。工会要设法使平均每个被雇佣者的货币收入增长。企业界要设法使价格根据成本而变动，从而使利润增长。只有通过政府和工会的合作才能使货币工资总额增长和单位产品国内成本下降；也只有通过政府、工会和企业界三方面的合作，才能使单位产品的国内价格增长保持一定的比率，即既可促使进出口平衡，维持英镑汇价的稳定，又可增加实际消费，扩大私人领域的总需求。而总需求的扩大，又反过来可以增加利润，并通过利润增加再促进投资，进一步扩大总

① 莫里斯编：《英国经济体制》，牛津大学出版社，1977 年，第 433 页。

需求。

那么,矛盾在哪里呢?一方面,矛盾在于进出口总值的增长难以相等。要知道,X=M是由单位产品国内价格增长率决定的,国内价格越高,出口越难,进口额的增加越多。而国内价格增长率又取决于企业界的按本加价方式、工会对平均每个被雇佣者的货币收入增长的要求,及其和劳动生产率共同决定的国内成本的增长率。没有三方面的合作,这个目标显然是达不到的。

另一个矛盾在于货币工资增长与利润增长之比(即 $\overline{W}/\overline{P}$)无法使三方保持满意。这是收入分配方面难以解决的问题。由于企业界采取按本加价的做法来增加利润的货币价值,而就业人数变动率和平均每个被雇佣者的货币收入变动率又决定着货币工资总额的变动率,于是三方之间的矛盾就是难以协调的了。

当然,我们还可以作下述假定,即假定政府能限制企业界按本加价的做法,不使利润增长率超过为实现X=M所要求的程度,并使 $\overline{W}/\overline{P}$ 处于协调的地步,并假定政府能使货币工资增长率与劳动生产率增长率相适应,使国内成本增长率保持在某种限度之内。这样,政府实际上就起到了平衡力量的作用,使政府—工会—企业界三者处于三足鼎立的地位了。但正如上一章在分析收入政策时所指出,这远不是容易做到的。

总之,工会、企业界,政府在英国经济病症日益深刻化和复杂化的过程中,各自怀有自己的打算,并想通过各种手段来达到目的。工会和企业界之间有矛盾,企业界和政府之间有矛盾,政府和工会之间也有矛盾。根据最近这些年的实际经验,三者之中的任何一方都感觉到,要使彼此之间的关系好转,不能依赖需求管理、计划化或收入政策之类的经济手段，而要靠非经济的、制度—文化的方式。这也就是把英国的通货膨胀首先看成是政治问题，从而要求从政治上予以解决的人们的一种看法。[①] 非经济的解决方式中的一个重要办法就是所谓适应。

适应的意义十分广泛。它通常是指如何使主体与客体协调一致，如何使客体感到自己与主体是不可分的，并使主体感到自己与客体是不可分的。这种视为一体就是充分的、完整意义上的适应。反之，如果不适应，那就是指主体与客体之间的不协调，即客体感到自己是与主体格格不入的、异己的东西，或主体感到自己是与客体格格不入的、异己的东西。不适应反映了英国现实生活中存在的工会、企业界和政府三者之间的错综复杂的矛盾。

企业界认为，要改善自己与工会之间的关系，应当力求使受雇佣的劳动者与企业相适应，也就是使工人感到自身与企业是一体，而不是对立的双方。这被看成是调动工人工作的积极性和减少劳资之间摩擦、纠纷的最有效手段。在企业看来，单纯靠行政命令来使工人服从企业的指挥，使工人“驯服”，那是一种过时的办法。依靠单纯的经济刺激或物质奖惩的办法来使工人服从，那也是不够的，因为任何程度的工资率增长和任何数量的福利津贴，都无法使受雇佣的劳动者感到自己已经得到公平的劳动报酬，甚至利润已下降为零也不能使工人产生这种感觉。企业认为，受雇佣的劳动者有一种与企业领导人不协调的心理，他们总是把企业看成是雇佣自己、从而剥削自己的客体，所以这种不适应不能单纯依靠物质

① 梅纳德和里凯根姆：《通货膨胀的世界》，伦敦，1976年，第256页。

利益来改变，还应当从心理上着手，使工人感到自己与企业是同一的主体，企业的利益就是工人的利益，企业的困难就是工人的困难，企业与工人一起，共同享受经济繁荣和企业兴旺的好处，共同承受经济衰退和企业衰败的厄运。这就是适应。一旦工人与企业之间存在着上述适应性，那么工人将会产生一种新的动力，即把企业看成是自己的企业，自己以能够作为企业的一个成员而感到自豪和荣誉，工人不会掀起长期的罢工，不会提出被企业认为难以接受的工资增长率，甚至不会因其他企业的较高工资待遇而更换工作。企业认为这种劳资关系将是最理想的，或者说，它已经不再表现为劳资关系，而是表现为伙伴关系。

那么怎样实现工人与企业之间的适应呢？怎样才能使工人把企业视为一体呢？改变公司董事会的组成，采取工人代表参加管理的做法，以及使工人获得企业的股票并参加分享企业利润的方式，被认为是西欧大陆某些资本主义国家近年来已经行之有效的经验。英国政界和企业界中有人希望实行这样一些办法，即工业民主办法。① 所谓改变公司董事会的构成，就是说让公司董事会中不仅有代表股东的董事，也有代表工人的董事，这两类董事共同对公司的大政方针进行决策。所谓工人代表参加管理，是指除了董事会中有工人的董事而外，工会还参加公司各级主管部门的经营管理工作，使工会有权在企业的经营管理方面同企业经理人员一起作出重大的决定，并使工会能够了解企业的实际情况。所谓工人分享股权和利润，是指企业以各种方式把股票交给工人，使工

① “工人作为老板”，载《新闻周刊》，1978 年 6 月 5 日，第 19 页。

人至少在所有权上能成为企业的一分子，与其他股东处于相似的地位，如出席股东大会，参加选举董事会，凭股票获得股息等等。据说，如果做到了这样几点，企业和工人就适应了，企业经济状况就会改善，而企业经济状况的改善又能成为英国经济状况改善的基础。如果那样，需求管理和计划化也好，收入政策也好，就能起到它们应有的作用，而不至于因为工人的罢工斗争和企业经济状况的恶化而产生对于政府的经济政策的抵消力，使得需求管理、计划化和收入政策失效。

但工业民主的做法在英国也未必行得通。政界中有人赞成，有人反对；企业界中也有人支持，有人抵制。英国与西欧大陆的情况不同，反对者之中，有些人正是看到了英国工会势力的强大，担心这样一来反而会更加扩大工会的权力，使企业状况变得更糟。例如，当卡拉汉建议采用西欧大陆上实行过的工人参预制，规定英国雇用500名职工以上的公司建立劳资联席代表委员会，有权处理投资计划、合并、闭厂等大事；凡雇用2 000名职工以上的公司，三年内职工应占有董事会三分之一席位时，英国企业界却发出一片反对之声，有些人就认为这表明了政府仍然想扩大工会权力，这样做的结果只会引起董事会会议室中的冲突，而不能互相配合。至于工党左派，则认为那是模糊阶级界线，把工人引入资本家体系之中。[①] 既然在现存条件下还难以通过企业与工人之间的适应来改善双方的关系，那么另一条适应途径是：指望通过政府同企业界与工会二者之间的适应来改善三方的关系，使企业界与工会都能

① 《新闻周刊》，1978年6月5日，第19页。

把国家视为一体，体谅国家的困难处境，从而达到使英国的物价不再急剧上涨，商品出口能力增加，国际收支状况得以好转。如果能够有这种适应，工会不会一再号召罢工，组织斗争，企业界不会一再提高物价，甚至不会把资本转移到国外去。政府的这些想法，反映了它作为英国资本主义制度的维护者的根本立场。政府认为，企业界同政府之间的适应虽然也不是很容易实现的，但同工会与政府之间的适应的实现相比，却要容易些。因此，三方之间的适应以及通过这些适应而建立的三者之间的"新伙伴关系"，其重点在于工会同政府之间的适应上。

怎样建立三者之间的这种被政府认为理想的所谓"新伙伴关系"呢？特别是，怎样建立工会与政府之间的适应呢？政府认为，这也不是单纯靠行政命令或经济政策所能达到的。例如，国有化早在战后初期就已经着手进行，当初，英国政府的确是对国有化措施抱有很大的希望的，它本以为通过国有化，可以使国有化部门中的劳动者们感到自己是在为国家工作，从而产生与企业一体的思想，产生新的工作动力。但经过这些年的国有化的试验，正如我们在第七章已经谈到的，国有化并未造成上述奇迹。在国有化的部门中，工人同雇主的斗争从未止息，工人在那里没有自己已成为企业主人的感觉，当然也就不会为了企业而宁愿接受较少的工资的想法。又如需求管理、计划化和收入政策，同样不能使得企业界与工会二者同政府相适应。企业界对于政府实行的低利率政策、扩大订货的措施和减少公司所得税或其他税收优惠的做法，无疑是欢迎的。在这些场合，它也许有可能把政府看成是为自己的政府。但在政府实行紧缩的财政—货币政策，企业界认为不利于自己扩大营业和追加投资时，企业界同样有可能把政府看成是客观存在的外部力量，而不会视政府为一体。如果政府限制工资增长率不力，而限制利润增长率和限制物价上涨率较为严格的话，那么企业界更有可能把政府看成是异己的力量，不仅不能同政府适应，甚至会采取各种办法来反对现存的政府。可见，诸如需求管理、计划化和收入政策之类，不可能起到使企业界与政府适应的作用。既然如此，那就更不必说工会与政府之间可以通过这些政策而达到相互适应的地步了。很可能出现的情况是：这一类政策会使英国各派政治力量、各个利益集团之间的冲突变得更不可调和，而且渗透到社会生活各个领域中去。[①]

通过近些年的实际经验和体会，英国政府中有些人逐渐认识到，使工会和企业界二者同政府相适应是必要的，而达到这种适应的途径既不是国有化，也不是需求管理、计划化和收入政策，而只能是社会学、心理学的解决方式，即通过工会、企业界和政府三者的谅解、信任和协商来消除彼此的隔阂，缩短彼此在心理上的差距，建立共同的信念，具有一致的社会责任感。这样，工会、企业界和政府三者之间的“新伙伴关系”就能够建立。[②]

---

① 萨缪尔·布列坦：“英国收入政策的失败”，载《挑战》，1979年5—6月，第13页。

② 费恩斯坦和雷达威虽然认为通过财政调节（减税）是当前活跃英国经济的重要措施，但他们仍承认英国的主要问题是通货膨胀，而通货膨胀又来自劳资集体议价中工资要求太高。他们认为，这个问题主要是政治和社会学问题，政府只能作为雇主（对政府雇员的雇佣和对国有化部门职工的雇佣）以及通过自己与英国职工大会（TUC）、英国工业联合会（CBI）的政治联系而对此施加有限的影响。参看费恩斯坦和雷达威：“石油输出国组织盈余、世界性衰退和英国经济”，载《密德兰银行评论》1978年春季号，第17页。

无论是企业界要求实现的企业与工人之间的适应，还是政府希望建立的工会、企业界和政府三者之间的“新伙伴关系”，所遇到的一个共同的障碍，就是工会迄今为止仍然采取不合作的态度。本章一开始曾经指出，当前的英国工会好比处于十字路口；它或者同资方和政府妥协，接受资方和政府提出的限制工资增长率以求得经济稳定的主张，但这样一来，它就会受到工会内部的增大了的压力，工会的威信和影响就要下降，工会领导本身的地位也会不稳；它或者拒绝同资方和政府妥协，以总罢工作为威慑手段来迫使资方和政府接受工会提出的增加收入的要求，从而赢得工会内部对自己的支持，但这样一来，却给企业界提高价格以理由，通货膨胀—失业并发症不可能稍稍缓和下来，而由此造成的英国经济病症的加剧又会给工人生活带来新的困难，同样会引起部分工人特别是失业者对工会领导的不满。工会处于进退两难的位置上，但无论选择哪一条道路，工会都不可能表现为如政府或企业界所想象的那种“新伙伴”。工会不打算失去来自工人队伍的支持。例如它最近提出用缩短平均周工时、延长休假期限、提早退休等办法，作为直接失业的对策。这种“有饭大家吃，有活大家做”的主张，就是以既使得在业工人满意，又使得失业者高兴的思想作为指导的。[①] 但这种建议看来也会遇到阻力，因为企业的单位成本提高了，企业界不乐意这样做；总工时减少后，总产量也会减少，经济可能停滞，政府也不满意；加之，企业成本的上升和经济的停滞又会使得企业减少雇工人数，反过来又对工人不利。所以，要使工会、

---

① 《新政治家》，1980年5月30日，第813页。

企业界、政府三方都满意，同时要使在业工人和失业工人都满意的减少失业的处方，确实是难产的。

再说，工会为了得到工人队伍的支持，它也可以同资方和政府坐下来谈判，并且在工资收入和劳动条件方面与资方和政府达成暂时的协议，但它不可能达到同企业和政府相适应的地步，如果那样，工会自己就失去了来自工人的支持，也就失去了政府和企业对它的器重，工会的作用就会大大减弱，甚至会被政府和资方看成是可有可无的东西，而不再被当作一个伙伴。

这是一个值得注意的现象：工会越是采取不合作的态度，企业界和政府就越是器重它，越是想争取工会的合作，把它当作一个伙伴，共商大计，使企业改善经营，使国家经济好转；反之，工会越是愿意同资方和政府合作，同企业界和政府相适应，它在企业界和政府心目中的价值就越小，企业界和政府就越不把它看成是有力量的伙伴。工会领导是认识到这一点的，所以它认为必须善于利用三者之间的这种错综复杂的关系，摆出一种似合作又不合作的态度；对资方和政府，它显得自己是有力量的，得到工人支持的，从而可以提出更高的要求；对工人，它显得又是维护工人利益的，不肯向资方和政府轻易妥协的，以便博得工人的好感和信任。工会的这种态度必然使企业界和政府试图与工会相适应的指望落空。因此，三方之间的“新伙伴关系”始终只是英国政府的单方面的愿望，政府既不能依靠经济政策（国有化、需求管理、计划化、收入政策等等）来使之实现，又无法利用所谓社会—心理上的协调来使之形成。

“新伙伴关系”曾经被英国企业界和英国政府指望为改善英国

经济状况的一条有效的出路。但事实表明，这种“新伙伴关系”是不现实的。单纯从统计数字上看，英国工党似乎能够左右英国各个工会的活动，因为大多数工会会员是属于英国职工大会所属各工会的，一半以上的工会会员是参加英国工党的。但实际上，英国工会的活动有很大的独立性，它不受工党的节制。工会不可能成为企业界的“新伙伴”甚至不可能成为工党政府的“新伙伴”。[①] 维尔在“英国人得了什么病?”中说道：英国工党自称它能够制服工会，但实际上是用“喂食”的方法来使工会听话，其办法犹如当年张伯伦迁就希特勒一样。他把这称作英国的“国内绥靖主义”，认为它同四十多年前的“国外绥靖主义”十分相似。[②] 维尔把英国工会比作纳粹一样好斗、有侵略性，这当然是十分荒谬的。不管怎么说，英国工会的斗争仍然反映了它坚持扩大工会会员经济利益的事实。然而维尔的说法多少从另一个角度说明：即使是工党当政，工会也不会同政府结成“新伙伴关系”。

退一步说，如果工会真的成了“新伙伴”，那么工会就不一定能代表广大工人的意愿，工人与工会就会产生比如今大得多的隔阂，成为“新伙伴”的工会不能得到工人的支持。这样的“新伙伴”对于企业界和政府说来就失去了意义。企业界为了改善经营状况，又要设法绕开工会去直接争取不听话的工人同企业的适应，政府为了使国家经济好转，也要设法绕开工会去直接争取不受工会约束的工人同政府的适应。适应的目的一天达不到，真正的“伙伴关

---

① 《新闻周刊》，1979年2月5日，第92页。

② 同上。

系”就一天建立不起来。只有了解了这样一种微妙的关系，我们才能懂得英国政府和企业界迄今为止所采取过的种种企图改善与工会之间关系的做法失败的原因。

《经济学家》1978 年 6 月 3 日所载“国有化：不再搞了？”一文中，提到了一种新的设想，即希望用发展生产合作事业来协调企业之间的关系，其论点是：正如自有房屋的主人总是愿意好好照管其房屋一样，发展生产合作事业后，工人将拥有自己的企业，于是也将对自己的职务负责。[①] 不能说在现阶段的英国不可能出现这样一种类型的生产合作企业，但第一，即使出现，那也只是点缀式的，无补于整个英国经济的大局；第二，在现代技术和市场条件下，如果生产合作企业要取得经济效率，那就必定要达到一定规模，在那样的规模条件下，生产合作企业的成员都会感到自己是主人吗？都全像照管自己住宅一样地关心企业和对职务负责吗？

在英国报刊和书籍中时常遇到的一种形象化的说法：英国今天仍然是：“一国中的两国”。[②] 这就是说，今日的英国虽然是一个统一的国家，但实质上却是两个国家的组合，即“企业界的英国”和“工会的英国”的组合。“企业界的英国”的想法和利害关系与“工会的英国”的想法和利害关系，总的说来是不一样的。它们把对方看成仇敌，认为一方的所得必定是另一方的所失。正是根据这种哲学，它们谁也不相让。[③] 这“两个英国”组合在一起，构成了“统

---

① 《经济学家》，1978 年 6 月 3 日，第 22 页。

② 斯图尔特：《1964 年以来的英国政治和经济政策》，牛津，1978 年，第 235 页。

③ 同上。

一的"英国。"统一"是一种表面现象，貌合神离则是无法消除的。普拉坦在对比英国与瑞典的情况时曾指出：在瑞典，雇主与雇工之间的纠纷靠协商解决，在英国则靠冲突来解决。在英国，经理、公司职员、工人常常在彼此分开的餐室中就餐，他认为这就是明显的差别、一种分裂的象征。[①] 正因为如此，所以企业界和政府那种想使工会把企业界和政府视为一体的打算，注定不可能成功。

"一国中的两国"的比喻不是没有道理的。说得更确切些，应该说这是英国现阶段两大阶级对立的反映。这是资产阶级和无产阶级组合而成的社会。资产阶级是资本的体现，无产阶级代表的是雇佣劳动。资本与雇佣劳动、利润与工资之间的对立，并未因二十世纪以来英国的重大政治经济动荡而有所改变。如果说十九世纪的英国被公认为存在着古典式的资本主义关系的国家，那么经过了一百年，这种古典式的资本主义关系难道就不再存在于英国了么？把经理阶层的出现、福利国家的产生、政府对经济的调节、劳资集体议价方式的流行看成是古典式资本关系已不再存在于英国的，大有人在。当然，这一切确实是二十世纪的英国尤其是第二次世界大战结束后的英国的新现象。否认它们的出现，无疑是不对的。然而这些新现象的出现并不等于说古典式的资本主义关系已不再存在于今天的英国了。什么是古典式的资本主义关系？不就是资本和雇佣劳动的对立么？资本和雇佣劳动的对立是上述关系中最基本的东西，其他现象则是非基本的。最基本的东西依旧未变，非基本的现象是在这一前提之下出现的。英国企业界和工

---

① 普拉坦："英国工业的效率"，载《劳埃德银行评论》，1977年1月，第25—26页。

会之间的关系恰恰反映了资本和雇佣劳动之间的对立。企业和工人之间之所以不能协调、适应，工会、企业界和政府之间之所以不能建立"新伙伴关系"，完全可以用资本和雇佣劳动之间对立的继续存在来说明。

第六节　所谓工会权力的过度膨胀问题

事实上，英国政府今天面临的严重课题已经不是力求建立工会、企业界和政府三者之间"新伙伴关系"的问题，而是力求建立法律和秩序，以稳定社会上三方面力量之间的均势的问题。[①]"新伙伴关系"作为政府的一种理想，是政府争取实现的三方关系，但它是不现实的。现实中存在的，是工会同企业界、政府之间的关系的紧张化，是英国社会上历来受到尊重的法律和秩序的破坏，是所谓工会的"越轨行为"引起了企业界和政府的种种不安，是社会舆论对于破坏法律和秩序的人们的谴责。这样，在当前，对于英国政府说来，更为重要的就是维护社会的稳定，使英国的传统的法律和秩序得到恢复和保障。

一个重要的问题是所谓限制工会权力的过度膨胀，也就是资产阶级政治活动家和经济学家经常提出的"谁统治英国？是政府

---

① 当前英国工会权力的过度膨胀只是通常所谈论的法律和秩序问题中的一项。与地区离心趋势有关的恐怖分子的活动、移入英国的有色人种及其引起的社会冲突、城市犯罪率上升等，也是为建立法律和秩序而必须应付的问题。在这里，我们只对工会权力问题进行分析（参看海尔赛：《英国社会的变化》，牛津大学出版社，1978 年，第 60—63、158 页）。

还是工会?”的问题。[①] 问题与近年来英国工人罢工斗争的高涨有着直接关系。收入政策的失效、物价的持续上涨,激起了英国工人的声势浩大的罢工斗争。工人组织了纠察队,建立纠察线,禁止工人上工。当工人纠察队禁止工会会员上工时,矛盾还不至于尖锐到企业界和政府不能容忍的程度。但工会认为这样一种禁令收效还不够显著,它给予资方的压力还不够大。于是纠察线扩大到禁止非工会会员上工,甚至禁止工人进入与本企业有业务上联系的其他企业中去工作。工会权力的这种膨胀引起了企业界和政府的焦急,它们认为这是违背法律的“越轨行动”,是对公民权利的侵犯。非工会会员和一些并不支持工会领导的罢工斗争的工人,也认为工会权力的这种膨胀已经超过了法律容许的限度,侵犯了公民的利益。[②] 此外,由于纠察线的一再扩大和罢工影响范围的广泛使城市居民增添了许多生活上的不便,造成交通、通信、公共服务等方面的停顿和阻塞,还引起了城市居民对工会罢工斗争的不满,特别是对长期罢工的不满,而要求立法部门采取有效措施,以恢复法制,整顿社会秩序。1974 年的一次民意测验表明,回答者有 65%的人认为英国的民主已遇到了威胁,而“工会力量”也被看成是这种威胁英国民主的因素之一。[③] 英国历次收入政策的失败,往往被看作政府无力应付工会力量的威胁的证明。[④]

---

① “英国的工会不听工党的话”,载《新闻周刊》,1975 年 7 月 14 日,第 11 页。

② 《经济学家》社论,1979 年 4 月 14 日,第 12 页。

③ 萨缪尔·布里坦:“英国民主的经济压力”,载小蒂瑞尔:《前途渺茫:英国社会民主主义的失败》,纽约州花园城,1977 年,第 128 页。

④ 同上书,第 134 页。

这样一来，在工会、企业界和政府三者之间本来就已复杂的关系中，又加入了一个新的力量，即社会上的公众。公众当然不成为一个阶级。它包括英国社会上一些不同阶级的成员。在工会、企业界和政府三者的冲突中，公众是以公民的身份发言和提出要求的。公众并不介入劳资之间的纠纷以及孰是孰非的判断，也不介入政府关于收入政策措施的执行而与企业界、工会的争议。公众关心的是正常的社会秩序，是英国法律所载明的对公民权利和公民利益的保障，是个人和家庭生活和工作的安定的环境和条件。在这种情绪支配下，尽管工会领导的罢工斗争是在资方和政府的压迫之下逼出来的，是为了争取工人的生活状况的改善而不得不采取的自卫性措施，但公众并不过问其间的是非曲直，不问究竟是物价上涨在先，提高工资率的斗争开展在后，还是工会提出了过分的“奢求”，不问政府规定的工资收入增长限额是否合理。公众把工会领导的罢工斗争、设置的纠察线、因罢工而引起的种种生活上的不便都看成是破坏法律和秩序的行为，从而减少了对本来应当给予同情的罢工者的同情，更不必说支持罢工者了。罗宾逊夫人曾这样写道：这种情况在英国，使得工会会员“已经感到他们正脱离所有的其他居民群众，包括他们自己的妻子”。[①] 这种说法还是有根据的。

于是工会、企业界和政府三角关系中的均势被破坏了，砝码加到了政府一边，公众提出了尊重法律的呼声。

政党开始以国家利益作为笼络人心的手段，即使工党也不可

---

① 琼·罗宾逊：“经济增长的年代”，载《挑战》，1976年5—6月。

能不这样。[①] 在这样一种情绪之下,新组成的政府在同工会打交道时,态度就硬一些,也似乎理直气壮一些。它对于工会权力的过分膨胀,有时就采取抑制的行动,例如是否通过法律形式来规定工会的权力范围,限制设置纠察线,以及在某些同公众生活有密切关系的公用事业部门限制罢工。其中,尤其应当提到的是公务人员的罢工权利问题。公务人员作为受雇佣者,与工会会员中的职员一样,是固定的工薪收入者,同样受到物价上涨的损害,因此他们有权利为改善自己的生活而展开斗争。但公务人员作为政府部门的工作人员,他们的罢工直接影响政府的行政管理和效率,影响政治上的统治。政府认为,为了维护法律和秩序,也有必要对公务人员的罢工权利进行某种限制。政府的这些打算和措施,并不一定是在公众的压力下才出现的,因为即使没有公众的压力,政府为了平衡工会、企业界与政府三者之间的关系,就已准备在工会权力过度膨胀时这样做了,现在有了公众对于长期罢工、公用事业职工罢工、公务人员罢工、扩大纠察线范围等等的不满情绪,有了公众对政府和立法机关提出的呼吁和要求干预的压力,政府自然而然地把抑制工会权力和限制罢工等打算和措施提到了重要的位置上,仿佛它的一切主张和行动都是有公众给予支持的。

工会、企业界和政府的三角关系中加进了公众这个角色,使英国当前的政治经济形势更加复杂化。与工会、企业界、政府这三个方面不同,公众并不构成一个独特的力量,因为它与工会、企业界、

① 海尔赛:《英国社会的变化》,牛津大学出版社,1978年,第78页。

政府三者有着重叠的、交叉的关系。非工会会员的工人当然是公众的组成部分，但工会会员也是公众的组成部分。企业的股东和经理，政府的官员，议员，所有这些人的家庭成员，以及社会上的闲散人员、养老金领取者、独立经营户等等，都包括在公众这个范围之内。从收入的来源看，公众中的各种人物从各自特定的来源取得收入，他们不可能有一致的看法。但从生活方面看，公众的看法是可以比较一致的。他们作为公用事业的服务对象，作为公共设施的享受者，作为消费者，作为一定的社会环境中的居住者和生活者，他们要求有正常的社会秩序，要求公共服务部门正常地运转，要求生活和财产权有法律的保障。正是在这个意义上，他们向政府和立法机关发出了维护法律和秩序的呼声。这样，对于公众中的许多人来说，具有双重的身份，例如参加罢工斗争的工人，既以固定的工资收入者的身份出现，要求提高工资率，又以公民的一分子出现，希望维护法律和秩序，使自己的生活不受其他工会的罢工斗争的影响，使自己有一个正常的工作和生活条件。公务人员也是如此。他们既表现为固定的工薪收入者，要求增加收入，又以公民的一分子和政府部门工作人员的一分子的身份出现，希望社会安定，个人的工作和生活环境安定。这些人，当自己参加罢工斗争时，总希望罢工斗争能取得显著的成果，因此不惜把罢工的声势、规模弄得越大越好，行动不厌其激烈，措施不厌其强硬，但如果自己这一行业不举行罢工，或者自己本人未参加罢工，这时就反对其他行业的罢工或其他工人的罢工对社会环境的影响，反对他们采取的过激行动。公众的这种态度实际上在英国的罢工斗争中加进了一种无形的缓和剂，而其影响将是深远的。这是因为：由于公众要求限制工会权力的过度膨胀,要求制止工会在罢工斗争中任意扩大纠察线的行为,要求规定公共服务部门中罢工的限制,从而给予工会一种较含蓄的告诫:适可而止,不要激怒公众。工会是否顾忌这一点呢?这要看工会领导人是否认识到自己在这种与1926年不同的新形势中的处境,以及是否感到有必要争取舆论的同情和公众的支持。一种可能出现的结果是:英国工会"现在愿意讨论限制工资的可能性,而要求(资方或政府)有其他方面的让步作为报答"[①]。如果他们确实有此感觉,那就会在一定程度上阻止罢工斗争影响范围的不断扩大,使得工会同企业界、政府的紧张关系有所缓和,并促进它们实现新的妥协。

看来,不管英国国会是否在限制工会权力和建立社会秩序方面通过正式的法律,也不管英国政府是否采取行政手段来维护公民权利和法律,公众中已经出现的对工会权力过度膨胀的不满,是现阶段英国政治经济条件下有可能稍稍抑制工会行动的因素。

公众中类似的情绪在上一个十年也曾表现过。不过那时主要不是针对工会而来,而是就环境污染问题,针对英国企业界而来。环境污染的严重性也构成了法律和秩序问题,因为河流、土壤和空气的污染威胁到居民的工作和生活,被认为也是对公民权利和利益的侵犯。尽管公众的不满情绪和采取的抗议行动在表现方式上与目前不同,但公众确实也发出了要求政府干预的呼声,并迫使政府采取行动对企业界不顾公众利益的行为进行抑制。企业界在这

① 琼·罗宾逊:"经济增长的年代",载《挑战》,1976年5—6月。

种形势之下，不得不注意到公众的情绪，也不得不受到有关法律的制约。这是公众显示力量的一个例证。而如今，却轮到公众对工会的行为表示意见了。公众的情绪究竟能起到多大的作用，现在还很难作出判断，但可以肯定的是：公众这个砝码加到哪一边，对方是不能不考虑这个分量的。这就是英国现实生活中的一个值得引起注意的情况。

在环境污染问题上，公众对企业界显示过自己的力量，公众利益在一定程度上得到了企业界的尊重。在罢工斗争的影响范围上，公众正在对工会显示着自己的力量，要求政府维护法律和秩序，要求工会尊重公众的利益和公民权利。那么，公众在什么情况下还会对政府显示自己的力量呢？在过去这段时间内，它是否对政府显示过自己的力量，要求政府也尊重法律和秩序呢？其实，这方面的情况是很清楚的、尽人皆知的。如果社会上出现过高的失业率和通货膨胀率而政府迟迟不采取措施，或者虽然采取对策但长期毫无成效，那么公众会认为这届政府是无能的，政府就会失去信任和支持，就会改组政府或更换政府。公众成了英国社会中一种牵制政府、约束政府的力量。

由此可见，工会、企业界和政府三者实际上都受到公众的力量的牵制。政府作为调节工会和企业界之间冲突的特殊的平衡力量，有声有色地发挥着作用。公众作为工会、企业界、政府三者之间复杂关系的无形的牵制力量，悄悄地发挥着作用。在法律和秩序的名义下，公众既牵制政府，又抑制企业界，还限制着工会权力的过度膨胀。有了公众这个砝码，工会、企业界和政府三者之中的任何一方，都不可能变成不受约束的超级的力量。

任何一方，除了有另外两方的力量的抗衡而外，还要受到来自三者以外的公众这个力量的制约，从而不可能不在其本身权力的使用上有所收敛。

这一点对于我们研究当前的“英国病”有什么意义？一方面，我们由此可以了解到，要靠工会、企业界、政府中的任何一方的努力来解决英国经济问题，那是极端困难的，谁都缺少足以驾驭全局或扭转局势的力量；另一方面，我们也可以从中了解到，要靠三方面的合作来解决英国经济问题，同样是极端困难的，因为不仅三者之间的固有矛盾始终存在，不可调和，而且客观上还存在着公众这个牵制力量，它不容许任何一方的力量扩张到足以逼迫另外两方采取合作的地步。

英国公众之所以能显示这种“超级的”平衡力量，这又同英国全民族较高的科学文化水平和英国社会上较浓厚的资产阶级民主意识联系在一起，而后面这一点还有英国的资产阶级民主的政治制度作为基础。我们说，英国当前虽然在经济方面遇到不少困境，但它不至于直线式地下降到不可收拾的地步。英国社会上存在着阻碍经济崩溃的有力因素。对于政府—工会—企业界—公众四方关系的分析，将有助于弄清楚这一点。

第十二章　继续调整对外经济关系的各种尝试

第十二章是本书最后一章，它主要考察英国的对外经济政策及其效应问题。本章共分为六节。第一节“是开放型经济造成的困难吗?”想从理论上说明这样一个问题:英国在开放经济方面所遇到的首要问题，并不在于经济开放本身，而在于开放部门的劳动生产率增长率低;正是这个问题给英国经济造成了困难。第二节“英国和西欧共同市场之间关系的发展趋势”，着重从经济方面分析英国与西欧共同市场的矛盾和利益的某种一致性，并准备从“英国病”的对策的角度来探讨这种关系今后演变的趋势，以及英国国内不同政治派别对这一关系的发展的态度。第三节“英国经济还会在多大程度上依靠美国?”，是以分析英美之间的经济关系作为对象的。本节得出的主要结论是，英美之间的政治与经济不可能再像战后初期那样紧密地结合在一起，主权原则对英国说来越来越重要。第四节“英国和英联邦国家之间经济联系的双重作用”，分析英国与英联邦国家之间经济关系发展的有利条件和不利条件，并讨论这种关系的发展究竟能在何种程度上减轻英国经济的病症。第五节“英联邦成员国以外的发展中国家能成为英国工业品的巨大市场吗?”，实际上讨论了英国商品当前在世界范围内的竞争能力及其变化趋势问题。这一节可以看成是第一节和第四节的补充。第六节“国内经济的症结与对外经济关系问题的交织:调整对外经济政策能有多大的效果?”是本章的小结。在这一节中,问题又从英国对外经济关系的分析转回到国内问题上来。对国内外经济之间的相互制约性的考察,有助于说明新的对外经济政策的实施在当前的英国不是一帆风顺的。“英国病”不可能因为调整了对外经济关系而得到医治。

第一节 是开放型经济造成的困难吗?

前面曾经多次提到,在英国,物价持续上涨和国际收支逆差增大问题是紧密联系在一起的,而国际收支逆差的增大又动摇着英镑的地位,影响到英国在资本主义国际经济体系中的地位和作用。因此,要消除或缓和英国经济的病症,不仅需要采取适当的国内经济政策(如国有化、需求管理、计划化、收入政策)或调整国内的社会经济关系(如设法使工会、企业界和政府三者之间适应),而且也需要实行有效的对外经济政策,或在英国的对外经济关系方面进行调整。这就是英国政府和资产阶级经济学界在考虑当前英国经济出路时所关心的另一个方面。特别是在国内经济政策已经被认为效果不大和国内社会经济关系的调整已经被认为困难重重的时候,从国际经济的角度来改善英国经济状况的想法,更占有重要的位置。

关于英国经济中存在的困难,一种经常遇到的解释是:英国与美国、法国甚至西德不同,它的经济是过于开放了,它的进出口贸易在国民生产总值中所占的比重过大了，所以它变得异常脆弱，经不起国际市场上的波动和打击。按照这种看法，要扭转英国经济的颓势，似乎就应当减少英国经济的这种开放性，使它今后朝着比较封闭的方向发展。英国对外经济政策的制定和对外经济关系的调整，似乎都应当循着这条道路努力去做。按照这种看法，英国经济一旦减少了同世界市场的联系，转向以国内市场为主的生产结构，那么需求管理就会变得有效起来，对收入政策的作用也不会强调到如今这种重要的地步，而一旦不像如今这样依靠对物价水平的控制和对工资收入增长率的限制，工会、企业界和政府三者的关系也就自然而然地转向缓和，它们之间的适应也有较大的可能得到实现。总之，当前英国经济的困难可能是由英国经济较大的开放性造成的，或者至少是由这种较大的开放性加剧的。适当地减少英国经济的开放性，似乎是英国经济的一条出路。①

这种看法并不是毫无道理的。英国由于历史上形成的各种原因，对世界市场的依赖程度相对说来大于西方某些主要资本主义国家，从而受世界市场进出口贸易总额的增减、价格的升降和贸易结构的变化的影响也比较大。如果英国能够改变这种处境，比如说，像如今这样在石油方面能够达到自给自足的地步，或者如计划中所表明的那样，在畜产品方面能够提高自给率，减少对世界市场的依赖，那当然是有利于英国经济的稳定和加强英国在国际经济

① 减少英国经济的开放性的含义比较广泛，其中包括减少对世界市场的依赖性，立足于国内市场，加强进口管制等等。加强进口管制被认为可以减少国内失业率，所以不仅新剑桥经济学家们主张实行，甚至工会也有此要求。参看《新政治家》，1980 年 5 月 9 日，第 696 页。

中的地位的。但总的说来，上述那种希望通过减少英国经济的开放性以便使英国经济摆脱困境的设想，不仅是不现实的，难以达到目的的，而且即使做到了这一点，仍不能使"英国病"消失。

英国在开放经济方面所遇到的首要问题，并不在于经济开放性本身，而在于开放部门的劳动生产率增长率低。以 1954—1968 年这段时间来说，英国开放经济部门的劳动生产率虽有增长，但其增长率在发达的资本主义国家中却是最慢的，尤其是大大落后于经济开放程度高的日本。

开放经济部门劳动生产率增长率

(1954—1968 年平均数)①

日本	12.9%	荷兰	5.2%	丹麦	3.9%
意大利	7.3%	瑞典 (1956—1968)	5.1%	挪威	3.9%
法国	6.4%	比利时	4.1%	美国	3.1%
西德	6.2%	加拿大	4.1%	英国	3.0%

然而同一时期，英国开放经济部门的货币工资增长率却与该部门劳动生产率增长率不相称。例如，这一时期，日本的开放经济部门货币工资增长率平均为 7.7%（劳动生产率增长率为 12.9%），意大利为 5.5%（劳动生产率增长率为 7.3%）。这两个国家的劳动生产率增长率都大于货币工资增长率。②

而在英国、美国、西德、法国、加拿大五个货币工资增长率都大

① 梅纳德(Geoffrey Maynard)和里凯根姆(W. Van Ryckeghem)：《通货膨胀的世界》，伦敦，1976 年，第 168 页。

② 同上书，第 176 页。

于劳动生产率增长率的资本主义工业大国中，以英国货币工资增长率超过劳动生产率增长率的比率最高。①

英、美、西德、法、加五国开放经济部门劳动生产率增长率与货币工资增长率之比

（1954　1968年平均数）

	劳动生产率增长率(%)(1)	货币工资增长率(%)(2)	$\frac{(2)}{(1)}$
英国	3.0%	4.5%	$\frac{4.5}{3.0}=150\%$
美国	3.1%	3.7%	$\frac{3.7}{3.1}=119\%$
西德	6.2%	7.4%	$\frac{7.4}{6.2}=119\%$
法国	6.4%	8.2%	$\frac{8.2}{6.4}=128\%$
加拿大	4.1%	4.4%	$\frac{4.4}{4.1}=107\%$

英国经济同世界市场保持密切的联系，这是历史原因造成的。前面已经分析过，英国作为“世界工厂”的经历和英国成为头号殖民帝国的业绩都给它留下了依赖于世界市场的遗产。这种依赖性对于英国近代和现代的生产结构与贸易结构有着重要的影响。二十世纪三十年代以来，英国曾努力改变国内生产结构，并试图用加强新兴工业部门的方式来改变传统的贸易结构。它在这些方面有一些进展，但基本的结构形式仍与过去相似。可以这么说，英国的

① 梅纳德和里凯根姆：《通货膨胀的世界》，伦敦，1976年，第168页。

国际收支逆差在很大程度上是一种结构性的问题。

由于结构方面的原因，英国是一个同世界市场密切不可分的国家。假定现在要使英国改变经济的开放性，必然涉及整个国民经济结构的变革，其震动面之广泛和由此引起的国内就业、税收、价格水平变动的剧烈，是可想而知的。而且一旦变动，就不会在短期内结束，它将持续较长的时期，至少需要一代人的时间。在这个漫长但又相当剧烈的变动过程中，一些部门衰落，另一些部门兴起，一些部门的衰落将与某些利益集团的既得利益的丧失联系在一起。结构变动将引起社会上的动荡，从而给本来已经动荡的英国社会增添不安定的因素。一些部门的兴起将与足够的投资额和技术供给联系在一起，投资来自何处？技术由谁供给？这又是悬而未决的问题。如果要筹集足以改变国内生产结构、建立拥有先进技术水平的一系列重要生产部门，那么在实现这一任务之前，可能英国的国际收支危机已发展到使国民经济解体的危险地步了。因此，无论从国内政治方面还是从国内经济方面来看，要改变现实生活中经济的较大开放性，即变更国内生产结构和贸易结构，都是困难的。点滴的改变、局部的调整，还是有可能的，但那样无济于事。整个英国经济的形势不会因结构的点滴改变和局部调整而有实质上的变化。

在谈到英国经济的开放性质时，还应当注意一个问题，即国外有竞争性的产品价格究竟在多大程度上影响英国国内市场的价格？1978 年，考茨、高德莱、诺德豪斯在合著《英国工业的定价》一书中对这个问题进行了研究。对 1957—1973 年四个部门（化学工业、纺织工业、木材工业和造纸工业）、1963—1973 年三个部门(机械工业、电机工业、服装工业)资料分析的结果表明，即使这些部门的工业品进口额占国内销售额比率较高，但进口品价格对国内产品价格的影响是很小的。[①] 另一方面，即使世界市场上对这些产品的需求有变化，这种变化对国内价格变动也不大。[②] 考茨、高德莱和诺德豪斯在这方面得出的结论是：在所考察的这段时期内的英国，不能夸大世界市场价格上升对英国国内物价的推动作用。[③] 这就是说，英国工业品的定价的依据主要是英国工业品的生产成本和工业企业的利润率。如果说世界市场价格对英国工业品定价有影响，那么这种影响将是间接性的，即影响工业生产成本，再影响工业品价格，而不是像某些北欧国家那样，开放部门的国内工业品价格直接随着世界市场价格的波动而波动。

关于这一点，尼科拉斯·卡尔多的分析也与此相似。他曾写道："开放经济"条件下通货膨胀的"结构理论"，即北欧学派或瑞典学派理论，"是否适用于英国这样的经济是很可怀疑的；在英国，工业品的国内价格很少(像北欧国家那样)受世界价格的影响；这一理论更不适用于美国，因为美国的对外贸易和国内贸易相比是小的。"[④]北欧国家的商品价格比英国商品价格较易于受到世界市场价格的影响这一点，表明英国经济的开放性程度虽然较高，但英国

① 肯尼思·考茨(Kenneth Coutts)、怀恩·高德莱(Wynne Godley)和威廉·诺德豪斯(William Nordhaus)：《英国工业的定价》，剑桥大学出版社，1978年，第131页。

② 同上书，第135页。

③ 同上书，第137页。

④ 卡尔多："世界经济中的通货膨胀和衰退"，载《经济学杂志》，1976年12月。

工业品的市场主要在国内,国内需求和国内工资变动的特点对工业品定价起的作用更大。

再进一步分析。假定经过巨大的、难以想象的努力,英国果真实现了生产结构和贸易结构的改变,并且不曾达到财政上和国际收支上破产的程度,难道英国经济的症状就消失了吗?假定真的发生了这样的奇迹,立刻又会产生两个新问题:第一,假定英国经济变得同美国经济相似,进出口在国民生产总值中不占重要的地位,那么国内市场能否同新的生产能力相适应?能否避免生产的相对过剩?假定在结构剧烈变更的过程中,失业问题并不严重,衰落的部门的劳动力能够在新兴的部门中容纳,那么在完成结构变更之后,在国内市场与生产能力不相适应,生产过剩难以避免的情况下,能够不发生失业吗?基本上属于非开放型经济的美国既然无法避免生产过剩和失业,当英国从开放型经济转变为非开放型经济之后,难道就能避免吗?可以肯定,即使那样,失业问题将仍然是英国面临的难题。第二,假定英国经济变得同美国经济相似,成为某种基本上非开放型的经济,而生产过剩和失业现象又不可能消失,政府仍然需要运用财政政策和货币政策来刺激国内总需求,赤字财政和通货膨胀将不可避免。这两个问题——失业和通货膨胀——并不因英国经济的开放性的减少而不出现。英国经济病症即使不像结构改变之前那样错综复杂,但基本症状还是存在的。英国经济的开放性减少了,但它仍会像那些基本上属于非开放性的主要资本主义国家一样,发生失业和通货膨胀。

在这里,必然会遇到一个重要的经济理论问题,即世界性的通货膨胀和失业是通过什么方式传递到英国的?这是一个十分复杂的问题，应当说，传递的方式是多种多样的，国际经济中的一些变动可以通过国际商品流动、资本流动和人力流动等方式来进行，并由这些渠道传播其影响。此外，还可以通过无形的示范作用的方式来传递。必须根据各个不同国家的具体情况来具体分析。以英国来说，通过国际资本流动渠道进行的传递看来比通过国际商品流动渠道进行的传递更加重要。当然，在北海油田丰产石油之前，英国所需要的石油及石油产品要依赖中东等地，因此通过世界市场上油价的波动会很快把世界经济的影响传递到英国来。今天，如果世界市场上某些有色金属、橡胶的需求和供给发生较大幅度的变动，或者世界粮食价格的大幅度变动，仍会给英国经济一定的影响（不管是直接影响还是间接影响）。但正如上面已经提到的，英国毕竟不同于北欧国家。不能过高地估计世界市场上价格波动对英国工业品定价的影响。然而，就国际间资本流动而言，英国所处的情况多少有些特殊。国际金融波动对英国经济来说是比较敏感的，这一点与英国一直在国际资本市场上占着重要地位有关。在世界各国通货膨胀率不一致的条件下，国际资本的流入和国内资本的流出会导致本国货币供给量的摆动，从而造成国内信用的摆动，使国内通货膨胀率最终与世界通货膨胀率相适应。在这个过程中，英国经济将受到国际经济波动的较大影响。然而，难以避免的正是这种影响，因为伦敦仍是国际金融中心之一，只要它的这个特殊地位还保存着，国际资本流动对英国的冲击就是意料之中的事情。

由此可见，单纯改变英国的生产结构和贸易结构并不能免除英国经济受到世界经济波动的冲击。何况，英国要实行根本性的结构变更是困难的，所以讨论这种变更之后英国经济中可能出现的问题，并无实际意义。但至少可以由此了解到，英国经济的症结并不在于它在贸易上是开放型的还是非开放型的。进出口贸易在英国国民生产总值中所占比重的大小对英国经济固然重要，但不是唯一的。因此，解决英国经济问题的关键也不在于把英国经济从开放型转变为非开放型。

再以英国的对外贸易关系来说，一个同世界市场保持密切联系、进出口总值在国民生产总值中占比重较大的国家，也可能是一个长期保持国际收支顺差、有着稳定的货币的国家。经济效率高低、商品在国际上竞争能力的大小、技术领域中的领先地位、非贸易项目的收支情况，这些因素比单纯的经济开放程度要重要得多。对英国说来，国际收支危机与其说是由英国经济同世界市场的密切联系或由英国对进出口贸易的巨大依赖性所造成的，还不如说是由英国经济效率较低、商品的竞争能力较弱所引起的；而经济效率较低和商品竞争能力较弱，除了有生产技术上的原因而外，也有非生产技术性的原因。投资者投资积极性减退和劳动者工作积极性不高就属于非生产技术性原因之列，它们不是单纯进行技术改造和引进先进技术就能改变的。

在英国实行根本性的生产结构和贸易结构的变更既然是不现实的，所以资产阶级经济学界在研究英国经济的出路时，更多地是从现存条件出发，把现存生产结构和贸易结构作为既定的事实，探讨如何在开放型经济的前提下调整英国对外经济政策和对外经济关系，使得英国的开放型经济能够建立在比较有利于国际收支的基础上。也就是说，要使英国经济能在现存结构条件下适应国际经济的变动，最迫切的是：第一，通过生产率增长和汇率调整使英国商品相对价格的变动对英国有利；第二，减少贸易逆差（当前主要靠北海油田的生产）；第三，资本净输入。这些被认为是影响七十年代和八十年代英国对外经济地位的三个主要因素。[①] 英国政府正是这样考虑问题的。七十年代被认为是英国对外经济关系开始发生重大调整的年代，除了加紧开发北海油田，吸引外国资本流入而外，对外经济关系方面调整的重点是把英国的开放型经济较紧密地同西欧大陆国家相结合，适当地照顾英美之间、英联邦国家之间的传统关系，并且强调汇率政策这一手段的作用，以便在开放型经济的格局内争取国际收支状况的好转。

七十年代以来，英国通过吸收来自国外的直接投资而逐渐改变着自己的生产结构。这方面的变化是值得注意的。在制造业方面，外国对英国的直接投资主要在技术装备程度较高的部门。请看下面的统计表：[②]

外国对英国加工工业直接投资的部门分配情况　（单位：%）

	1971	1972—1976
技术装备程度较低的部门	31.1	32.1
技术装备程度较高的部门	68.9	67.9

① 费恩斯坦和雷达威：“石油输出国组织盈余、世界性衰退和英国经济”，载《密德兰银行评论》1978年春季号，第13页。

② 约翰·邓宁：“七十年代中期英国在国际直接投资中的地位”，载《劳埃德银行评论》，1979年4月，第9—10页。

续表

		1971	1972—1976
其中：	化学工业	14.5	18.1
	机器设备制造业	21.5	33.9
	电机工业	14.7	9.0
	汽车工业	12.1	4.4
	橡胶工业	6.1	2.6
总　计		100.0	100.0

在技术装备程度较高的部门中，尤以化学工业和机器设备制造业吸收的外国直接投资最多，这就是英国在开放型经济格局内争取实现国内结构变更的一个尝试。[①] 当前，新剑桥学派的经济学家比较重视这一点。他们认为，如果要从对外经济关系方面着手来改善英国经济的地位的话，那么比较有效的办法就是从经济结构上采取措施，即国内资本和来自外国的资本应该投入对改变英国对外贸易格局有关键作用的部门中。这种看法有一定道理。即使这不可能是根本扭转英国经济形势的办法，但对于长期内缓和英国国际收支问题还是有好处的。

① 相形之下，英国对外直接投资主要是在技术装备程度较低的部门，1971 年英国对外直接投资的 28.1%(1972—1976 年英国对外直接投资的 28.9%)是投入食品、饮料和烟草工业部门。这一点仍然反映了英国作为老牌殖民主义国家的对外直接投资的特色。参看上引约翰·邓宁的论文，第 9—10 页。

第二节　英国和西欧共同市场之间关系的发展趋势

当前，在英国所要调整的对外经济关系中，最重要的是发展它同西欧共同市场之间的关系。

1975 年 6 月 5 日，英国就是否继续留在欧洲经济共同体内的问题举行了全国公民投票。投票结果表明，大多数英国人赞成英国继续留在欧洲经济共同体内。从那时以来，又经历了好几年。英国继续留在共同市场内，这是否有助于缓和“英国病”和减少英国经济的困难呢？这是否达到了当初希思力主英国加入共同市场时所寄予的希望呢？这是否符合于大多数英国人在投票赞成英国留在共同市场之内时所提出的要求呢？这是比较复杂的问题。要想弄清楚当前英国经济的可供选择的出路，有必要先对英国加入共同市场之后的处境作一些分析。

我们在前面已经提到，第一次世界大战结束以后，由于英帝国的逐渐解体，欧洲对英国经济的重要性不断增加起来，这就促成了英国终于成为共同市场的成员国之一。英国争取加入共同市场，当然有其政治上的考虑，因为一个政治上的西欧联盟在多元的世界政治上所起的作用，大大超过各个西欧国家单独行动时所起的作用的总和。把西欧作为一个整体来看待，政治和经济是不可分的。在经济上，英国主要想从两个方面来改善自己的处境：一是希望为英国的工业品找到出路，二是希望通过与西欧大陆国家的经济和技术合作来促进英国的技术进步，增强英国商品竞争能力。

这两方面都将有利于英国国际收支状况。因此,尽管在预算问题、农业问题、货币问题等方面还存在一些矛盾,但权衡轻重,英国仍是希望成为共同市场的成员国,并希望能借此促进本身的经济稳定和发展。

关于英国加入西欧共同市场后的利弊得失问题,一直是英国政界和经济学界争论不休的一个问题。把政治上的考虑暂时放在一边不谈,即以经济上的考虑来说,账面上的损益也是不足为据的,因为账面上可以看到的只是英国向共同体的缴纳和共同农业政策给英国造成的损失,以及英国工业品进入西欧大陆所能得到的好处。但账面以外的间接损益则是不易估计的。特别是,如果考虑到英国经济最近几十年来的衰落趋势,考虑到七十年代整个资本主义世界的经济波动和危机,以及英国某些工业部门同时还受到其他因素的作用而引起的就业和产量的波动,那么账面上的计算更显得有缺陷。所以把英国加入共同市场前后的经济作简单对比是不妥当的。[①]

要知道,资本主义的国际经济关系错综复杂,它们受到多方面的因素的作用。英国国内反对加入共同市场的势力,甚至在公民投票决定留在共同市场之后仍有一定的影响。工党左派在这里扮演了重要的角色。为什么在经过1975年公民投票的较量之后,这股反对加入共同市场的势力并未就此销声匿迹?这是因为:在共同市场范围内,英国的利益在一些方面受到忽视和限制,英国在加

① 关于这一点,可参看戴夫·库里(Dave Currie)所著"欧洲经济共同体:对英国有用吗或我们能离开吗?",载《今日马克思主义》1979年第4期,第113、116页。

入共同市场后未能照原来所设想的那样，使国内经济状况和国际收支有显著的改善。这主要表现于如下三个方面：

第一，英国工业劳动生产率与西欧共同市场主要工业国家的工业劳动生产率之间原来就存在着差距，而从劳动生产率增长率来看，英国的速度又慢于共同市场主要工业国家。这样，在区域经济一体化和自由贸易条件下，对英国来说，进出口两方面都不能产生预期的有利后果。决定英国工业劳动生产率及其增长率的，除技术因素而外，还有制度因素。英国既然不可能在短期内消除制度方面阻碍工业劳动生产率提高和加速增长的因素的作用，所以它加入共同市场后，必然不可能使工业品的进出口贸易发生显著的变化。英国的某些工业品可能在大陆上增加销路，这与加入共同市场之前相比是一种改进。但这一点不至于影响英国经济的全局，而且这种有利性也被英国另一些工业品与大陆同类产品竞争中的不利性所抵消。因此，共同市场所创造的区域一体化和自由贸易的环境，只有在英国本身克服了由于制度原因造成的劳动生产率低下和劳动生产率增长缓慢等情况之后，才能使英国得到自由贸易的好处，才能通过发展出口贸易来改善国际收支状况。

第二，由于各国经济特点和各国同世界市场联系程度的不同，资本主义各国的通货膨胀率是有差异的。不同的通货膨胀率以物价上涨的不同程度表现出来。在这些国家中，英国的通货膨胀率之高和物价上涨幅度之剧烈，是比较突出的。这对于英国经济状况的改善无疑有着十分不利的影响，同时，也对英国与共同市场其他成员国之间经济联系的发展起着消极的作用。这是因为，在一般情况下，如果英国的通货膨胀率大于共同市场主要成员国的通货膨胀率，而假定汇率不发生变化，那时英国的商品对这些国家的出口将遇到困难，这些国家的商品则比较容易进入英国市场。不仅如此，在英国通货膨胀率较高，物价上涨幅度较大的条件下，英国政府比共同市场其他国家更着重于采取收入政策，以限制工资收入和其他生产要素收入的增长率。由此引起的社会政治动荡姑且不论，只是从经济的角度来看，对收入增长率的限制和劳资关系的紧张也不利于英国增进与共同市场其他成员国的经济合作和技术合作，不容易使英国顺利地实现它加入共同市场之前曾设想的靠共同市场来加速英国经济增长的目的。

第三，英国在加入共同市场之前，曾经考虑到农产品价格问题。由于英国主要农产品价格要比共同市场其他国家低，所以当高价的西欧大陆农产品输入低价的英国时，可能提高英国的农产品价格，从而给英国的消费者增加负担，这又会间接地影响英国的工业生产成本和工业品价格，影响英国工业品的出口竞争能力。尽管在英国加入共同市场时，西欧共同市场对于这个问题有过安排，即在一定时间内对英联邦国家的某些农产品输入英国的情形给以照顾，以免英国农产品价格有较大幅度的上升。按照原来的设想，英国加入共同市场后，国内农产品价格的上涨是不可避免的。但以较小的牺牲换取英国工业品出口的较大好处，英国认为还是值得的。结果，事实却表明，世界市场上价格的波动，特别是由于英国在处理自己同英联邦国家经济关系方面所引起的英联邦国家的不满，使英国感觉到，一方面，农产品价格的上涨率要比原来设想的更大，另一方面，减少同英联邦国家的经济联系而换取的加入共同市场的好处要比原来设想的小。这也使得反对英国加入共同市场的势力获得了又一个借口。

总之,根据以上所述,可以得出这样的初步结论:英国加入共同市场后,由于英国本身的经济问题和国内外经济形势的变动,英国并没有得到预期的加入共同市场的好处。这并不是说加入共同市场的行动反而把英国的经济变得更糟了。但这至少说明:加入共同市场的行动并没有、也不可能使英国经济出现奇迹(当然,如果不加入西欧共同市场,英国的经济也许会比现在更无起色),不会为英国经济提供真正的出路。"英国病"的根子太深了,任何一种有助于改善英国经济状况的措施,都会遇到一些起着牵制、抵消作用的因素,而且其中有许多不是英国自己能够掌握、调节的。关于英国煤在西欧共同市场上的销售情况,可以作为一个例子。英国原来以为,加入共同市场后,可以为滞销的英国煤打开销路,但结果未能如愿。西欧共同市场的对外经济联系是多方面的。廉价的波兰煤是英国煤的劲敌。英国煤很难同波兰煤展开有效的竞争,不扩大西欧的保护主义,英国煤就打不进大陆市场。[①] 这也不是英国当初预料到的。

但共同市场本身并不是静止不变的。形势在变化,共同市场也在发展。加入了共同市场的英国,就像是一个跟不上行列的落伍的士兵,一步慢了,步步吃紧,费了很大的劲还是落在队伍的后边。英国尽管是共同市场中的一个大国,但在共同市场其他成员国看来,它始终好像是一个半个身子放在门里,半个身子留在门外的三心二意的伙伴。英国与共同市场其他成员国之间的关系,也

---

① 《经济学家》,1978 年 8 月 12 日,第 12—13 页。

许是政治上比经济上更有可能接近，理论和思想上比实际行动和步骤上更容易取得一致。英国自己的“私事”太多，它既要照顾共同市场一方的各种关系，又要顾自己这一头。弄得不好，两头都紧张。但要把两头的关系都处理好，又谈何容易？共同市场国家关于欧洲货币体系的协议及其实现，是共同市场在经济领域内的重要成就之一。但正是在这个问题上，英国的步骤显得与共同市场其他成员国的步调如此不适应，英国在安排、处理自己与共同市场之间的关系方面显得如此为难。通过这个例子，英国与共同市场之间的关系今后可能朝着哪个方面发展、演变的问题，也就更加清楚。

建立经济和货币同盟，有步骤地统一共同市场各成员国的经济政策和货币政策，最终实现货币一体化，这是早在六十年代初共同市场就已经作出的计划。这一工作当然会遇到来自共同市场成员国内部和来自资本主义世界经济形势的许多障碍。来自共同市场成员国内部的障碍主要是彼此货币制度不同、货币的稳定程度和在国际市场上的地位不同，以及货币统一对各国经济的影响不同。来自资本主义世界经济的障碍，主要是六十年代后期起，由于美元危机和英镑危机的发展，西方金融市场动荡不定，货币投机风潮盛行，西欧共同市场成员国的货币一再受到猛烈冲击，以至于货币一体化的计划不可能得到实现。当时英国还不曾加入共同市场，它对于共同市场的这种打算持有反感，认为这可能是给予已经处于极度动荡之中的英镑又一个打击。

1969 年 12 月在荷兰海牙会议上，共同市场六国首脑决定建立一个西欧货币稳定区，谋求较稳定的、统一的货币，以推动经济增长和减少美元危机的冲击。1970年10月和1971年2月，共同市场六国又作出具体的决议，即准备在十年左右的时间内实现六国的货币一体化，并且决定统一财政和货币政策，逐步缩小各成员国之间的汇率波动幅度，以协调彼此的经济增长。协议还规定经济和货币同盟的货币一体化目标在十年内分三个阶段实现。英国是在1971年6月同共同市场达成了英国加入共同市场的协议的。尽管货币一体化在共同市场的原计划中还是较遥远的十年以后的事情，但在英国与共同市场谈判过程中，货币问题与农业问题一样，也是英国关心的重点。问题的焦点不在于英国究竟准备在何种程度上维持原来的英镑区的利益（因为在共同市场坚持英国必须放弃英镑在国际金融领域中的特殊地位的要求之下，英国考虑到英镑区实际上已经名存实亡，英镑区的一些国家不再把本国货币依附于英镑，英国也不能再像过去那样控制它们的货币了），而是在于：如果未来——比如说十年之后——真的按照共同市场的既定计划去做，共同市场各个成员国之间实行了统一的货币政策，采取统一的汇率波动限界，并且让共同市场的储备总库发挥日益巨大的作用，那时英国将何以自处？这里所涉及的问题是英国是否在共同市场中处于特殊的地位，不使英国本身的经济利益因共同市场的统一货币政策而受到损害。由于货币问题同关税问题、农业问题不一样，它不是立即遇到的现实问题，至少也是十年之后才能实现的问题，所以在英国与共同市场谈判时，并未成为阻止英国加入共同市场的重大障碍。而在英国正式成为共同市场成员国之后不久，恰好发生了1973—1975年战后西方最严重的一次经济危机，共同市场国家顾不上协议中的经济和货币同盟的实行，货币一体化计划就被耽搁了。

隔了好几年，直到1977年年底和1978年年初，随着共同市场国家通货膨胀情况和国际收支状况分别有所好转，美元对西欧货币市场的冲击的可能性及其影响范围已不像七十年代前期那样猛烈，特别是共同市场国家除英国、意大利等少数国家而外，都感到汇率的继续大幅度摆动和货币不稳定将不利于共同市场内部各国的贸易和投资，不利于消除七十年代中期以来存在的经常性失业问题，因此搁置已久的经济和货币同盟的计划又被重新提出。而在1979年3月13日，欧洲货币体系正式建立。

欧洲货币体系的建立标志着共同市场在一体化方面前进了一大步。这个欧洲货币体系的基本内容，包括以下几点。一是扩大原有的西欧国家货币共同浮动制，实行了货币汇率波动幅度一般为上下各2.25％的中心汇率制，实际上是一种半固定汇率制。二是设立欧洲货币基金，集中成员国的部分黄金外汇储备，用以干预外汇市场，打击货币投机，维持西欧的货币稳定，支持中心汇率制，同时，这也是可以提供贷款，以帮助国际收支中遇到困难的成员国的一笔信贷基金。三是建立欧洲货币单位，使之具有共同市场货币的职能，既作为成员国之间清算的手段，又作为成员国的外汇储备。它起着类似国际货币基金的特别提款权之类的作用。面对着共同市场的这一发展和由此出现的新形势，英国究竟采取什么态度呢？英国并未完全加入，而是采取半加入的做法。它的步调同共同市场其余成员国不完全一致。对于欧洲货币基金，英国是参加的，目的在于换取西欧共同市场其他国家在预算问题上的让步；而对汇率问题的不同态度，则是决定英国适当地坚持独特行动的关键。[1] 这是因为，汇率调整关系到英国的国际收支差额、经济增长率和就业水平。在工资和物价螺旋形上升的条件下，除非英国政府实行了确实有效的工资和物价管制，从而减少了要求汇率调整的迫切性，否则就只有以汇率政策作为主要手段了。[2]

这里，让我们先简单回顾一下战后英镑汇率的变动过程。第二次世界大战结束后，英镑地位不断低落。1949 年 9 月 18 日，英镑正式贬值 30.5%，对美元的比价以 1 英镑比 4.03 美元降为 1 比 2.80 美元。1967 年 11 月 18 日英镑再度正式贬值 14.3%，对美元的比价降为 1 比 2.40 美元。1972 年 6 月 23 日，英国宣布英镑自由浮动。英镑实行自由浮动，就是取消固定汇率在国际货币基金组织规定的幅度之内波动的限制，听任英镑汇率随供求关系的变动而自由升降，英格兰银行不予维持限界。1972 年的英镑自由浮动，实际上是等于变相贬值，因为它是向下浮动，希望通过供求关系的调节，在自由升降中寻找一个比较切合实际的汇率水平，以便今后重新确定比价、一个低于现在官方汇率的新比价。英镑自由浮动本是不得已的事情，一方面，这显然受到 1971 年美元贬值的冲击，因为美元贬值削弱了英国商品在国际贸易中的地位，使英国国际贸易和国际收支状况受到不利的影响；另一方面，这也与 1972 年 6 月中旬市场上传闻英镑即将贬值，大量抛售英镑的风潮直接有关。当时英国为了维持英镑汇率，曾动用了巨额黄金外汇

---

① 《经济学家》，1979 年 5 月 19 日，第 17 页。

② 戴维·沃尔斯维克：“需求管理终结了吗?”，载《劳埃德银行评论》，1977 年 1 月。

储备来挽救英镑的危机。但英国本身经济实力的削弱和国际收支状况的不利使得固定汇率不可能长此维持下去，所以实行自由浮动被认为是一种应付困难的办法。一旦采取了自由浮动汇率政策之后，尽管英国国内的重重矛盾并不会就此消失，英国与西方其他主要资本主义国家在货币和贸易领域内的斗争也不会就此缓和，但汇率的自由浮动毕竟给予英国喘息之机，使英国有可能用转嫁困难给竞争对手的方式来暂时缓和一下英镑的危急状态。权衡利弊，英国宁肯采取自由浮动汇率政策，而不愿实行可能引起国内外重大震荡的正式贬值方式，更不愿选择那种势必会耗尽英国黄金外汇储备的、徒劳无功的维持固定汇率的做法。也就是说，英国更不愿继续奉行以美元为中心的布雷顿体系下的固定汇率制度。

在欧洲经济和货币联盟问题上，英国之所以至今不肯采取与共同市场其余成员国步调完全一致的行动，其想法正与它在 1972 年 6 月 23 日宣布实行英镑自由浮动时的基本考虑相似。① 这些基本考虑是：

第一，欧洲货币体系扩大联合浮动和减少汇率波动的做法，实际上是恢复或建立一种半固定汇率制。不过它与战后长期实行过的固定汇率制之间有一个重要的区别：过去是以美元为中心，现在是以西欧货币——实际上是以西德马克——为中心。英国对于资本主义国际货币关系中的中心货币的体制，向来是持有异议的。

---

① 值得注意的是，英国的三个主要经济研究机构（全国社会经济研究所、剑桥应用经济学系、伦敦商业学院）都反对英国立即加入欧洲货币体系，其理由是英国不能放弃货币贬值的自由。参看斯达特勒(J. Statler)："欧洲货币体系：从构思到诞生"，载《国际事务》1979 年第 4 期，第 217 页。

在英镑地位稳定、英国经济力量强大的年代里，英镑事实上是世界的中心货币，只不过当时是金本位制，没有形式上的中心货币名义。第二次世界大战结束时，在协议战后国际货币体系时，只是由于英国力量的衰落，它才不得不承认以美元为中心的固定汇率制的确定。1971 年以后，美元霸权地位的消失和布雷顿体系的瓦解，对英镑来说，无异是一种解放。1972 年 6 月 23 日起，英国实行英镑自由浮动制，也是表明它决定要摆脱以美元为中心的固定汇率制的束缚。英国显然不愿意在西欧货币一体化的过程中再给自己套上一个以西德马克为中心的半固定汇率制的羁绊。英国始终认为，尽管英镑今非昔比，但英镑毕竟是在国际经济中有过重要作用，并且仍然受到重视的世界货币，不能让它在欧洲货币体系中充当一个注定不受重视的配角。更为重要的是，英镑自由浮动被认为是国家自主权的体现。英国可以通过自由汇率来表明自己在行动上是自由的，不应受到其他强国的货币的牵制。这样，英国不加入欧洲货币体系，反映了英国对于共同市场所显示的相对独立性，尽管它将因此失去受共同市场贷款支持，以及享受利息率优待等好处。①

第二，共同市场其余成员国之所以希望建立一种自己的半固定汇率的货币制度，既有在政治和经济上进一步同美元相抗衡的意图，又有通过较稳定的货币比价以发展贸易、促进投资、加速经济增长的意图。这就是说，在当前情况下，共同市场其余成员国把欧洲货币体系看成是有利的东西。英国则不然。如果说在货币上

---

① “英国与欧洲货币体系”，载《密德兰银行评论》1979 年冬季号，第 20 页。

能同美元相抗衡，对英国而言，这未尝不是一件好事，但英国感到这并不是那么急需的、刻不容缓的事情，因为英国在整个力量上是不相称的，它没有同美国相抗衡的资本，单单在货币上同美元相抗衡，当然不会有什么明显的成效。如果说要同美元抗衡的话，那么英国必须作为共同市场的一分子，才能起到这种作用，也才能由此得到利益。但另一方面，英国国内经济状况与共同市场中起主要作用的大陆国家不同，它当前急需解决的迫切经济问题是扭转国际贸易中的不利局面，而它又不像共同市场其余成员国那样，对外贸易总额的一半左右是共同市场范围内的贸易。这样，英国对货币问题就必然产生了自己的独立看法：即使半固定汇率制多少也会有助于英国得到贸易、投资和经济增长方面的好处，但利弊得失一衡量，英国还是把不参加欧洲货币体系，自行掌握汇率，并听任汇率的自由浮动来减少英国当前对外贸易中的困难，看得更重要些。从纯经济的角度来考虑，半固定汇率制和自由浮动制各有优劣。但处于目前经济形势下的英国，自由浮动汇率也许比半固定汇率更有助于发展英国的对外贸易。在世界市场上需求量不增加，供给量不减少的情况下，如果采取浮动汇率，国外的通货膨胀率对英国进口品价格的影响，从而对英国国内通货膨胀率的影响，将会得到缓冲。这样，英国就可以减少或避免国外输入通货膨胀了。[①]

这里还要提到的是英国和西欧共同市场其他各国之间曾经存在的预算问题上的矛盾。英国为共同市场负担的经费相对说来是

---

① 莱维林："英国进口品价格的决定因素"，载《经济学杂志》，1974 年 3 月，第 26—27 页。

偏高的，而它得自共同市场的收益则比较少（其中，地区基金数额不大，农业收入数额很少）。这样，英国就认为自己在共同市场上遭到了不公正的待遇。西欧共同市场其他国家感觉到，如果不在预算问题上向英国作出一些让步，可能会给英国国内反对加入共同市场的人以借口，从而对共同市场本身也不利。但它们希望英国在其他方面也作出相应的让步。这一争执虽然在 1980 年年中以妥协的方法基本得到了解决，但问题的性质表明，英国在它对待共同市场的政策方面始终考虑成本与收益的比较。它原是抱着能从共同市场得到较多的收益的目的来加入共同市场的。

根据上述分析可以看出，英国加入共同市场后，并没有得到它预期的那些利益，并且在若干问题上（尤其是建立欧洲货币体系问题上）公然采取了不完全一致的步调。那么再进一步研究一下，共同市场继续走向一体化，英国将怎么办？英国和共同市场之间的关系今后将朝着什么方向发展？

英国原是把加入共同市场当作使自己摆脱经济困境的一条可供选择的出路的。英国关于决定是否继续留在共同市场内的公民投票的结果，也说明了英国仍然把参加共同市场看成是对自己得大于失、利多于弊的对外关系的调整。从西欧共同市场的角度来分析，它们对英国基本上采取的是“拉”的态度，它们希望有一个包括英国在内的强大的、统一的西欧，不愿意英国离开共同市场，因此同意在农业和货币问题上给予英国调整国内经济与国际经济关系的缓冲时间，而不急于一定要使英国的步调与自己一样，这正如在意大利参加欧洲货币体系时给予 6%的上下波动限界一样。但共同市场也处处向英国表明：没有英国，共同市场一样能够发展和壮大，它不准备为了英国独自的利益而牺牲共同市场的一体化目标。这种对英国既“拉”又不迁就的态度，无疑对英国今后的行动有着重要的影响。共同市场是一种利益的结合，参加者都从利益的大小与代价的多少的对比中总结出自己的行动规范。英国显然不是例外。

英国国内的左翼力量、包括工党中的左派，在英国与共同市场的关系方面仍会与过去一样，大唱反调。看来这在最近还不至于影响政府的既定决策。这些左派力量反对英国留在共同市场里面的一个曾经迷惑过人们的理由是：英国是“社会主义”国家，共同市场是“资本主义”性质的，二者不能相容。如果英国成了共同市场成员国，它就会丧失其“社会主义”性质。七十年代中期以后，英国人似乎对这种论调并不感兴趣。他们感觉到，如果说福利措施和国有化是“社会主义”的标志的话，那么西欧大陆国家的福利措施并不比英国少，那里的国有化程度与英国的差别并不显著，如果说“资本主义”的共同市场能够给西欧大陆国家的公民带来较快的经济增长率和较稳定的通货，并且同样能使公民们享受到作为福利国家成员可以享受到的各种福利待遇，那么这样的“资本主义”并不见得比英国的“社会主义”更不可取；如果说以劳资关系的比较缓和或适应作为“社会主义”的标志的话，那么西德的工人参预管理制度就会比英国的企业内部关系更加“社会主义化”，因为像英国这样广泛、持久，激烈的罢工事件，在西德并不多见。因此，六十年代流行过的英国“左派”力量的上述看法，在“英国病”大发作以及英国与共同市场各国之间经济增长率差距增大后，其吸引力已经减弱。反对英国继续留在共同市场内的另一种论调，即认为英国得不偿失的论调，仍然有着市场。但正如前面已经谈到的，这与英国加入共同市场后未能获得预期的利益有关。失望带来了某种程度的埋怨甚至后悔。不过这种情绪还只是在一部分英国人中间得到传播，特别是在那些同英联邦国家或同美国有着较密切利益关系的英国人中间得到传播。占支配地位的想法则是：不加入共同市场，英国的经济状况一定会比现在更坏些；英国之所以未能获得加入共同市场的预期的利益，这并非加入共同市场这一行动本身的过错，而是由于 1973 年以后世界经济形势的变化和英国国内经济问题的严重性所造成的结果。所以总的说来，英国退出共同市场，返回六十年代老路上去的可能性是很小的。今后，正如共同市场其余成员国对英国的基本态度是既“拉”又不迁就一样，英国对共同市场的基本态度也将是既“不退出”又要保持某种行动的独立性。同时，在经济利益和独立自主权二者发生冲突时，英国有较大可能作出的选择，将是后者，而不是前者。①

从现阶段的英国和共同市场其余成员国的情况来看，英国与共同市场之间的关系将按照上述这种格局维持一段时候。这种关系的重大的变化，看来不可能出现。目前的格局对英国仍是比较有利的，因为它的面前展现了一个自由的西欧大陆市场，而在西欧货币一体化问题上，它还保留了被容许的自身利益或一定的自由行动权。目前的格局对共同市场其余成员国而言，也并无明显的不利之处。既然它们认为英国留在共同市场内是西欧力量壮大和发展的一个标志，那就可以暂时照顾一下英国的特殊情况，不必事

---

① 《经济学家》，1979 年 3 月 3 日，社论，第 12 页。

事强求一律。过去戴高乐总是把英国看成是美国的最亲密伙伴，把英国加入共同市场看成是美国安放在共同市场中的一个代理人，现在的法国和西德领导人不再坚持这种看法了。当然，在这里还要考虑的一个情况就是苏联势力在中东、非洲的扩张，英国和西欧国家感到只有自己在政治上步调一致，才能在这种复杂的世界政治环境中保护自己的利益。英国保守党尤其看重这一点。[①] 这就决定了共同市场同英国的关系不会发生大的变动。现状将维持下去。

这种关系的细小的、局部的调整仍是可能的。既然共同市场是西欧国家的利益的组合，英国和共同市场其余成员国之间的关系，将会随着客观形势的变化而在一些具体问题上进行调整，这也是英国所希望实现的。例如，共同市场各国在技术方面的合作将会加强，这种合作将促进各成员国发展新兴工业部门、改造旧工业部门、改造环境、合理利用能源和开发能源等等。[②] 英国既希望利用西欧大陆国家的某些新技术成果，也希望在资本供给和市场方面同大陆国家合作。又如，在西欧共同市场同第三世界国家的贸易和技术合作关系方面，英国也会采取一致的行动，同整个共同市

① 《欧洲共同体公报》1979 年第 3 期，第 12—13 页。

② 《经济学家》在分析英国能源政策时，曾作了这样的论述。它指出，今后不管是否英国保守党执政，都应在协调与西欧共同市场关系方面做到三件事：

第一，尽可能在西欧共同市场上销售英国煤；

第二，通过长期供应合同，保证英国北海油田的石油在西欧共同市场上的销售量和价格；

第三，加强欧洲原子能委员会，扩大其研究经费（《经济学家》，1978 年 8 月 12 日，第 12—13 页）。这种分析是符合实际情况的。

场的安排相配合。英国希望扩大自己在第三世界国家中的影响，但如果不采取与共同市场一致的行动，这个愿望是较难实现的，因为这里涉及的是西欧同美国、日本的角逐问题。西欧唯有联合，才能取得成就。再如，为了增强自己同苏联、东欧国家的贸易和技术谈判中的地位，英国同样感到有必要与共同市场其余成员国采取统一的步骤。而在航运、渔业、反倾销等矛盾比较尖锐的问题上，西欧共同市场必须联合起来，共同商量对策。英国也持有同样的看法。但所有这些都不至于影响英国与共同市场之间的上述基本关系。而且，所有这些调整都会对英国的对外贸易和国内技术改造状况产生有利的影响，但它们究竟能够影响到多大的程度，能给英国经济带来多大的实际好处，这还必须根据英国本身经济和政治的发展以及共同市场本身的发展情况而定。英国可能获得的好处也会随着共同市场的范围和联系面的扩大而减少。关于这一点，举出下面这些情形就可以说明。例如，正如卡布尔所指出的，英国在把共同市场作为自己的工业品市场时，凭借着自己工资水平较低这一有利条件。但随着共同市场的扩大和南欧国家的加入，英国的这一有利条件就削弱了，南欧国家很可能在英国市场工业品销售方面成为英国的有力竞争者。此外，像西德这样的国家正在积极发展同第三世界中工业已有一定程度发展的国家的贸易，后者的工资水平更低，所以西德未必愿意进口英国工业品来代替从第三世界进口的工业品。[①]

---

① 卡布尔(V. Cable)：“英国，‘新保护主义’与同新工业化国家的贸易”，载《国际事务》1979 年第 1 期，第 13 页。

总之,英国在调整它同西欧共同市场的关系方面,既会遇到困难、波折,也可能得到一些成就。但即使这些调整取得了成就,它们也不等于为困境中的英国经济找到了一条出路,因为它们可能取得的成就与英国经济的病症比起来,毕竟是微小的。

第三节　英国经济还会在多大程度上依靠美国?

当前,在英国的对外经济关系中,它与共同市场的关系是重点,它与美国的关系相形之下已居于次要地位。但由于历史的原因和英美两国现实经济中的某些特点,英美之间的经济联系仍是密切的。英国政府在为停滞的经济寻找出路时,仍然把调整与美国之间的经济关系作为一个不可忽视的方面。

英国要继续调整同美国之间的经济关系。但这并不是说要恢复战后初期的那种英美特殊关系。美国本身力量和影响的下降以及共同市场对英国的限制,从外界阻止了这种特殊关系的恢复。英国不管今天在经济上还存在多大的困难,但同第二次世界大战结束时的情况相比,毕竟已经不一样,英国也没有必要再像战后初期那样有求于马歇尔计划。这又从内部阻止了英国恢复与美国的特殊关系。英国是把继续调整同美国之间的经济关系看作从资本和技术两个方面促进自己经济稳定和增长的手段,而不是把它当成是建立经济联盟关系的途径。

英国目前迫切需要的是资本和技术,而资本和技术又是结合在一起的、密切不可分的。为了加强英国商品的国际竞争能力,英国需要引进新技术,改造原有的工业部门,建立新兴工业部门。这就需要资本和技术。为了实现国内的部门结构和地区经济结构的转变,加速国内经济较不发达地区的发展,对某些地区增加投资,这也需要资本和技术。在英国实行中、长期计划的过程中,资本和技术都是不足的。资本的不足固然可以动员国内的来源,资本和技术还可以向共同市场其余成员国伸手,取得它们的帮助,或采取协作、合营的形式;[①]但对英国来说,要取得这些方面的较大成果,特别是利用最先进的技术方面,美国的合作和帮助仍是必要的。北海油田开发和电子工业的发展,已经证实了这种必要。下面这些数字表明美国在资本供给方面对英国的重要性。从 1962 年到 1974 年,在外国对英国的直接投资中,尽管西欧所占的比重有所增加(从 1962 年的 20.9%增加到 1974 年的 28.1%),北美所占的比重有所下降(从 1962 年的 75.9%下降到 1974 年的 62.1%),但北美仍大大超过西欧。北美地区包括了加拿大在内,但其中主要是美国的投资。[②] 因此,这是英国不可能不加强同美国经济联系的主要原因。

英美之间经济关系的调整,大体上将循着以下三种途径进行。一是跨国公司在英国设立子公司的形式,二是英美合作经营和研制某些行业和产品生产的形式,三是利用信贷方式从美国取得资金,并从进口设备中获取先进的技术。这三方面都不是新颖的,而

① 《国际事务》1979 年第 4 期,第 208 页。

② 约翰·邓宁:"七十年代中期英国在国际直接投资中的地位",载《劳埃德银行评论》,1979 年 4 月,第 5 页。

是多年以来两国一直采取的、行之有效的方式。但由于英国国际收支和国内经济的变动，这三种途径中，被认为最适合当前英国利益的，仍是第一种，即以跨国公司设立子公司方式进行的对英国的资本和技术援助。

那么，这是不是意味着英国经济又回到像战后初期那样仰赖于美国的地位呢？返回去，是不可能的。英美之间经济关系的调整和发展，在目前的条件下，很可能按照以下的原则进行：

第一，政治和经济是分开的，而不会像战后初期那样，政治和经济紧紧结合在一起。从政治上说，即使是英国工党组阁，它仍然考虑要同美国的立场一致，特别是在处理东西方关系时同美国采取一致的行动。保守党组阁时的态度就更不待言了。[①] 英国在这一点上，与共同市场其余成员国尤其是与西德和法国是不相同的。另一方面，尽管政治与经济之间有着密切的关系，但二者也可以分开来对待。英国也准备分开来对待它同美国的政治关系和经济关系：政治上仍然同美国采取一致的立场，这是出于"安全"或防务的需要，出于对西方的整体政治利益的需要，而在经济上，则由于英国有它自己的利益和自己的特殊问题，以及由于它在加入共同市场后，更多地考虑工业品在西欧大陆的销售问题，所以不可能在贸易和金融方面采取迁就美国的态度。英国需要依靠美国的，是资本和技术，但在一般工业品和农产品的贸易方面，以及在美元汇率方面，英国是不准备作出让步的。这种情况表明，英国并不打算在调整与美国的关系时奉行政治与经济一揽子交易的方针，

---

① 《经济学家》，1979 年 4 月 14 日，第 14 页。

而是把政治与经济分开,在经济中又把资本和技术援助、合作同一般的贸易和金融问题分开。英美在政治上的继续保持密切的关系,并不意味着两国在经济关系方面的立场同样地接近;英美在资本和技术上的合作,也不意味着贸易战和货币战会就此停顿下来。

第二,主权原则对英国而言仍然重要。第二次世界大战以前,这个问题实际上是不存在的。英国以自己在世界政治和经济中的大国的姿态出现,它从不在涉及主权的问题上作出任何被认为有损于“帝国尊严”的让步。第二次世界大战期间,情况有所变化。在战争的严重打击下,英国的力量大为削弱,它必须仰赖美国的军需支持。美国乘机得到了英国的一些军事基地和海外权益,使英国的主权受到了某种程度的损害。但正如英国事后所说的,这种主权的出让是不得已的,并且在当时也是必要的。战后初期,虽然英国尽量避免再出现“租借法”实施时那种在主权上向美国让步的情况的重演,但在英美力量悬殊,英国无法在原有的海外殖民地维护既得利益而不得不有求于美国的条件下,英国政治上是听命于美国的。今天的国际形势不同了,英国国内的情绪也不同了。如果说英国在加入共同市场时坚持把今后能否自由行动当作一项至关紧要的原则问题来对待,在加入共同市场后,甚至在货币一体化这样的问题上还一再强调自己的利益而不愿受制于法国与西德的话,那么它今天更没有理由在调整英美关系时,放弃主权原则,一切听从美国,它也更没有理由为了取得美国的资本和技术援助,而以贸易和金融方面放弃自主权作为代价。英国至今仍认为,在坚持主权原则的条件下，它不是不能在今日的世界事务中发挥重大的作用的。[1]

应当看到，由于历史和社会原因，英国不像美国那样主要是两个“非社会主义”政党——民主党和共和党——之间争夺组织政府的权力，而是由一个“非社会主义”政党（保守党）同另一个以“社会主义”为标榜的政党（工党）来竞争。这样，在英国，即使是保守党组阁，它对于工党政府期间实行的激进措施也不可能轻易地予以废弃，甚至它还有可能采取一些同样激进的措施。高额的所得税累进制、若干重要部门的国有化、政府为了维持福利国家的存在而增添的巨大财政负担，就属于这种激进措施之列。英国政治的这一特点肯定会对美国同英国之间经济关系的发展发生着重要的影响。英国希望美国的私营大公司投资和提供技术援助，而美国的垄断资本集团则考虑到，对这样一个经济效率不高，国家财政状况不良，工会势力壮大，而政府的某些措施又是如此激进的国家进行投资，其可靠性究竟如何，赢利的把握究竟有多大？如果把同样的资本和技术用在其他可供投放的地区——比如说西德或加拿大，是否会比投放于英国更加有利？战后初期，这个问题还不是那么突出的，因为当时英国刚开始把福利国家作为施政的目标，有些措施刚开始执行，其后果如何还有待经济的变化来说明。然而，到了七十年代，越来越多的人察觉到英国所发生的是一种不值得羡慕的“戏剧性变化”，“英国病”越来越厉害，任何一届英国政府都感到头痛。英国经济摆脱

---

① 《经济学家》，1978年1月24日，第24页。

各种症状的希望，看来还是渺茫的。在这样的形势下，英国指望美国用资本和技术来改善英国经济状况的打算，究竟能够引起美国私营大公司多大的兴趣，也是值得考虑的。在这样的形势下，再加上上面提到的英国在调整对美国的经济关系时所遵循的两个原则（政治和经济分别对待，保持英国的主权），除非美国垄断资本集团感到对英国投资和技术合作是特别有利可图的，否则它们不愿意下这种本钱，承担比在其他发达资本主义国家进行投资时可能引起的更大的风险。

这一点说明，英美之间的经济关系的调整余地或进一步加强合作的现实性并不大。这里不存在可以使英国经济大为好转的出路，更谈不到有什么可以消除“英国病”的验方。

第四节 英国和英联邦国家之间经济联系的双重作用

前面已经指出，英联邦的建立和扩大是衰落中的英国用以维持过去的殖民体系的一种新方式。英国强大时，用不着英联邦这种形式；“英国病”深刻化和复杂化的过程，就是英联邦产生和发展的过程。但英联邦究竟是朝什么方向发展呢？是越来越形成一个具有政治和经济意义的、以英国为核心的联盟性的组织呢，还是越来越变为一个象征性的、徒具形式的东西？当然，英联邦成立后，它是面临着上述两种可能性的。它可能朝前一个方向发展，但那要有两个条件，一是英国迅速恢复了自己的经济实力和军事实力，确实表现出有力量充当这个组织的名符其实的核心，二是英联邦其余各个成员国感觉到同英国紧紧地结合在一起，组成一个联盟性的组织，确实能够给自己带来经济上的利益。这两个条件实际上并不存在。英联邦形成后的很长一段时间内，英国的实力是下降的，在国际事务中的作用是减弱的，英国本身还必须依靠美国，而英联邦其余成员国同美国之间的联系则日益密切，美国资本大量渗入这些国家，这些国家也愿意从美国那里得到资本、技术、粮食、武器和耐用消费品，因为这些或者是英国无法提供的，或者是英国虽能提供，但数量、质量和价格不如美国的。既然这两个条件都不具备，英联邦也就不能朝着前一个方向发展。

把现在的英联邦看成是象征性的、松散的组织，这并不违背事实。但需要弄清楚的是，英联邦本身徒具形式与英国同英联邦各国之间在某些方面发展贸易和经济联系，还不是一回事。英国同英联邦各国之间，由于存在着历史原因和其他原因，贸易和经济交往一直保持着和发展着。这与英联邦这个政治上的形式没有必然的联系。英联邦成员国中某一个国家同英国在贸易和经济中的比较密切的联系，或者由历史原因所造成，或者由于现实生活中双方在经济利益上有此必要所促成，英联邦形式实际上并不起什么作用。英联邦不是经济一体化的组织，也不是贸易和经济合作集团。

1955—1973 年英国的进出口贸易及其变动

（按国别和地区划分）①

		英联邦（%）	西欧共同市场六国（%）	小自由贸易区（%）	美 国（%）	其他地区（%）
进 口						
实 际：	1955	39.8	12.6	11.5	10.9	25.2
	1971	22.3	21.4	15.9	11.1	29.3
	1972	19.3	24.5	17.5	10.5	28.2
	1973	17.2	26.4	17.9	10.2	28.3
变 化：	1955—1959	－4.2	＋1.4	＋0.3	－1.6	＋4.1
	1959—1963	－3.9	＋2.1	＋0.7	＋1.1	—
	1963—1967	－6.7	＋3.7	＋2.4	＋2.3	－1.7
	1967—1971	－2.5	＋1.8	＋1.3	－1.4	＋0.8
	1971—1972	－3.0	＋3.1	＋1.6	－0.6	－1.1
	1972—1973	－2.1	＋1.9	＋0.4	－0.3	＋0.1
出口与再出口						
实际：	1955	40.6	14.1	11.8	6.6	26.9
	1971	21.9	21.0	15.0	118	30.3
	1972	18.9	22.9	16.1	12.4	29.7
	1973	16.6	24.7	16.6	12.1	30.0
变化：	1955—1959	－4.2	＋0.7	－0.3	＋4.4	－0.6
	1959—1963	－7.2	＋5.9	＋2.0	－2.5	＋1.8
	1963—1967	－4.3	－1.5	＋1.8	＋3.0	＋1.0
	1967—1971	－1.9	＋1.0	—	－0.4	＋1.3
	1971—1972	－3.0	＋1.9	＋1.1	＋0.6	－0.6
	1972—1973	－2.3	＋1.8	＋0.5	－0.3	＋0.3

说明：英联邦一栏，不包括南非；1966 年以后不包括罗得西亚。进出口变动数字中，1961 年的数字包括钻石贸易额；以前的年份则不包括钻石贸易额。

① 摩根（A. D. Morgan）：“商业政策”，载白拉卡贝编：《英国经济政策，1960—1974》，剑桥大学出版社，1978 年，第 555 页。

根据五十年代中期到1973年这段时间内的英国对外贸易的国别和地区结构来看，英联邦国家在英国进出口中所占的比例都是下降的。这一趋势表明，在英国经济的现阶段，它已经不像过去那样把英联邦国家当作自己进出口的主要区域了。

英国进口商品结构①

	1950	1960	1970	1975
各类商品占进口总额的比重(%)				
食品、饮料、烟草	39.4	33.8	23.8	18.7
原料	34.9	23.4	14.0	8.5
燃料	7.6	10.6	10.5	17.8
制成品	17.6	31.8	50.6	51.9
其中:一般机器、电器设备、运输设备	2.7	7.6	16.6	18.7

英国出口商品结构②

	1950	1960	1970	1975
各类商品占出口总额的比重(%)				
食品、饮料、烟草	6.1	5.6	6.5	7.3
原料	4.1	3.4	3.3	2.7
燃料	3.6	3.7	2.6	4.1
制成品	84.1	84.4	84.4	82.6
其中:纺织品(不包括服装)	16.6	7.3	4.9	3.5

① 英国《每年统计摘要》，1956年，1963年，1975年。《每月统计摘要》，1976年4月。

② 同上。

为什么会出现这种趋势？这是与英国对外贸易的产品结构有关的。以1950年、1960年，1970年、1975年的数字作比较，可以看出英国的进口商品和出口商品的结构已发生很大变化。

英国过去从英联邦国家进口的主要商品，如食品和原料，在进口商品总额中所占的比重是不断减少的；英国过去从英联邦以外国家进口的主要商品，如制成品，在进口商品总额中所占的比重则是增加的。因此，英国进口商品结构的变化反映了英联邦国家在英国进口贸易中相对地位的变化。英国出口商品结构的变化虽然不是很显著，但至少可以看到，作为英国向英联邦国家主要传统出口品的纺织品，在英国出口总额中的比重也下降了。

上述这种趋势近期内会有大的变化吗？在近期内，英国进出口商品的结构，除石油及石油产品可能有较大的变化外，上述趋势基本上还会继续存在，因而英国和英联邦国家在贸易上的关系也不会有较大的反复，七十年代的关系会维持下来。

即使如此，由于英联邦国家仍是英国的重要贸易伙伴，所以英国在调整对外经济关系中，也不肯忽略自己同英联邦国家的贸易关系的巩固和加强。在目前情况下，英国和英联邦国家之间发展贸易和经济关系既有一些比较有利的条件，也会遇到一些障碍。这些比较有利的条件包括：第一，从历史上看，英联邦国家过去是英帝国的殖民地，英国在那里的多年经营，英国资本的输入，英国与它们之间的长期贸易往来，这些都对英国本身和英联邦国家的生产和贸易结构发生了深刻的影响。任何一方要想在短时期内改变这些结构，都是不容易的。在生产和贸易结构短期内不易改变的条件下，双方就只有通过发展贸易和经济关系来使彼此适应。

当然，第三者可以加入这场竞争，它可以作为进口国，取代原来双方中的某一国，或者作为出口国，取代原来双方中的某一国，但这个竞争者必须具备作为出口国或作为进口国的更有利的条件（价格、品种、质量等）。第二，除现存生产和贸易结构之外，英国和英联邦国家之间还由于历史的原因而形成了一套有利于发展贸易和经济联系的金融机构，即以英国的各个大银行为主的、遍设于英联邦主要成员国的银行分支机构和其他信贷机构，它们又同英联邦国家的金融机构有着密切的联系。这套金融机构对于双方的贸易、信贷和技术合作的发展起着促进作用。

以上这两点，特别是其中第一点，就是英国——即使在它加入共同市场以及联邦特惠制最终将取消的情况下——发展自己同英联邦国家之间经济关系的比较有利的条件。但这种关系发展中的障碍仍是存在的：

第一个障碍是，英国政府作为英国资产阶级的总代表，总是从英国资本主义制度和英国资产阶级整体利益角度来安排贸易和经济联系的。英国既要考虑某些英联邦国家的产品（如农产品）比较便宜，又要考虑自己的某些工业品在英联邦以外范围内的销路，它是在权衡轻重后作出最有利于自己的安排的。当初英国答允最终取消同英联邦国家之间的特惠关系而加入共同市场，就是出于这种考虑。这种考虑仍将决定英国今后同英联邦国家之间贸易和经济关系的发展。只要英联邦国家还不能像西欧大陆国家那样成为英国某些重要工业品的大市场，即使英联邦国家的农产品便宜些，也不可能像过去那样顺利地进入英国市场。

第二个障碍是，英国在发展自己同英联邦国家的贸易和经济关系时,还面临着一些有力的竞争对手。英联邦国家中,有一些本来就同美国资本保持着较密切的关系,美国资本在那些地区排挤着英国资本;另一些地区又有苏联政治、经济的影响,苏联以合营、技术援助或其他方式来巩固自己的势力,以排挤美国和英国。此外,日本资本的扩张也是不可轻视的。英国在资本和技术方面不如美国,在商品竞争能力上不如日本,而苏联的经济渗透往往是同它的政治渗透紧密结合的。这样,尽管英国有调整和发展自己同英联邦国家贸易和经济关系的愿望,但它在这些地区所遇到的有力的竞争对手,很可能使这种愿望难以圆满地实现。

第三个障碍是,英联邦国家中,除了像加拿大、澳大利亚、新西兰这样一些发达的资本主义国家而外,其余都是发展中国家。在这些发展中国家中,有些国家的工业已经具备一定的基础,有些国家的工业化还刚刚开始或者甚至处于工业化以前的阶段。英国对这样一些发展中国家出口的工业品,在那些已经具备一定工业基础的英联邦国家的市场上,还遇到来自这些国家的民族工业的产品的竞争。随着发展中国家的经济的增长,它们的能同英国工业品竞争的产品必然越来越多。而且,英联邦国家中一些已具备工业基础的发展中国家,其加工产品(如鞋、服装、电子工业生产的消费品、纺织品等)因成本低廉,还不断打入英国国内市场,以至于英国工会和企业界双方都要求加强进口管制,保护国内受到威胁的工业部门。[①] 在工会和企业界双重压力下,英国政府不是没有可

① 卡布尔:"英国,'新保护主义'与同新工业化国家的贸易",载《国际事务》1979年第1期,第11页。

能采取保护本国工业的措施的。工党和保守党两党都察觉到这一问题的严重性。“新保护主义”看来是一个不可避免的结论。[①] 英国同英联邦国家的贸易和经济关系的发展必然会受到这一因素的影响。

由此可见,英国如果把调整和加强自己同英联邦国家的贸易和经济关系作为使英国经济摆脱困境的一条出路,希望并不大。这种关系的调整和加强也许能够缓和一下英国的出口不振状况,或者使英国的某些部门的经济情况有所改善,但这还需要根据整个资本主义世界和英联邦国家本身的经济的变化为转移。

英国和英联邦国家之间贸易和经济关系的调整和加强,在资本主义世界经济不发生重大震荡和英联邦国家本身政治经济比较稳定的条件下,对英国还是有利的。“英国病”即使不会因此消除,但症状可能减轻一些,因为出口可以增加,国内的生产量和就业量可以扩大,国际收支可以改善。然而必须同时注意到另外一种情况,这就是:英国和英联邦国家之间扩大贸易和经济关系,在一定条件下还有加重英国经济病症的作用。这是一般在分析英国经济时很容易被忽略的。

要了解这个问题,应当首先从英联邦的建立和扩大是“英国病”深入发展的反映谈起。

在英帝国极盛时期,英国的殖民地就表现出不可遏制的离心趋势。英国当时是依靠军事实力和经济实力的强大来维持其向心

---

① 卡布尔:“英国,‘新保护主义’与同新工业化国家的贸易”,载《国际事务》1979年第1期,第11—12页。

趋势的。英国力量的衰落使得英帝国终于解体，代之而建立的是英联邦这样一种新的形式。英联邦刚建立时，“英国病”虽然已经暴露出它的主要症状，但远不像后来这样严重。英国为了要维持自己作为英联邦的“首脑”的威望和作用，不让这种离心力发展到使英联邦在形式上都维持不下去的程度，不得不在某些方面作出一些牺牲，包括给其中一些国家以援助或优待。这些援助和优待，在“英国病”还不十分严重时，对英国的影响是不大的，所以英国当时认为这是可行的措施。英国政府认为，即使经济上有些牺牲，但政治上的“收获”要比这大一些，得失相比也是可取的。

到了“英国病”大发作之后，情况发生了显著的变化。英国为了摆脱自己的经济困境，在加入西欧共同市场时，同意以后同英联邦国家之间不再保持特殊的关系，也就是不再坚持英联邦国家贸易的特惠，同意在经历一定时间的过渡阶段后予以放弃。于是英联邦国家之间的关系更形松散，英国在政治上能对英联邦国家起到的作用也更加微小了。但英国所承担的给予某些英联邦国家的援助和优待，有些还必须维持着。英国在维护英联邦这个象征性的组织形式方面，仍要负担一定的费用。这对于英国来说，实际上已经成为一种负担，一种为了“荣誉”而必须承受的负担。[①]

英联邦国家同英国之间，除了存在着上述对英国并无多大“实惠”，但却增加英国财政负担的关系而外，在“英国病”逐渐深刻化的过程中，还可看到这样一种现象：英国的居民连同他们的资本不

---

① 蒂尤：“旨在改善国际收支的政策”，载白拉卡贝：《英国经济政策，1960—1974》，剑桥大学出版社，1978年，第321—322页。

断向一些发达的英联邦国家(加拿大、澳大利亚、新西兰)转移,一些经济上较落后的英联邦国家的居民则不断移入英国本土。亚洲的、西印度群岛的英联邦国家的专业人员和独立经营者,连年移居于英国,这已经成为英国社会中一个新的种族问题了。对英国来说,无论是本国居民的外流还是亚洲的、西印度群岛居民的移入,都会产生不利于英国经济发展的后果。英国居民迁出国境,意味着资本的转移和人才的外流,即经济效率的损失。居民迁出国境的主要原因,正如我们在前面分析福利国家的负担时已经指出的,就是高额累进税制。英联邦本身不是居民外迁的主要原因,但它却有促进这种外迁的作用,因为那些同英国在历史上保持密切关系的经济发达的英联邦国家,是对外流的英国居民较有吸引力的地方。亚洲的、西印度群岛的居民流入英国,则引起英国社会上一部分人的不安,他们认为这是英国社会上产生种族问题的一个根源;如果这些"有色人种"越来越多,英国迟早也会发生像美国那样的社会纠纷。另一方面,这些来自亚洲、西印度群岛的居民还是英国居民的有力竞争者。①

在居民的迁出和流入方面,似乎也存在着这样一个循环:英国居民越是向外迁移,留下的空位越是吸引着亚洲人、西印度群岛人的迁入。迁入英国的亚洲人、西印度人越多,英国人越感到社会上

① 在这里,值得注意的一个问题是:与美国的情况不同,在英国,大多数外籍工人是常住的居民,他们得到充分的公民权利,包括同样享受福利待遇的权利,而在美国,外籍工人多半是临时工,他们是来短期工作的,如果他们未能找到工作,他们不可能享受福利待遇。因此,在英国,外籍工人的入境不仅影响非熟练劳动力的供给量,而且成为英国财政支出和英国纳税人的一个负担。参看乔治·约翰逊(George E. Johnson):"劳工市场干预理论",载《经济学报》,1980 年 8 月。

的不安定成分在增长，就越是想离开英国这个“是非之地”，搬到比较中意的国外去。迄目前为止，上述现象还不曾发展到十分严重的地步，但这种循环趋势的存在，则是没有疑问的。

最后，英国和英联邦国家之间的经济关系继续发展，容易使英国滋长一种满足于现状的思想。要知道，除加拿大、澳大利亚、新西兰而外，英联邦国家都是在技术上落后于英国的发展中国家。即使是加拿大、澳大利亚、新西兰，其技术水平和其他先进的资本主义国家相比，还存在着差距。如果英国只同这些英联邦国家开展贸易和经济联系，英国实际上同世界其余地区隔绝开来，处于满足于现有技术水平的状态，甚至会产生一种不创新、不改进也可以维持下去的情绪。英国只有发展同美国、西欧共同市场国家之间的经济关系，并在世界市场上同这些国家相竞争，它才有改进和发展自己生产技术的迫切感和机会，因为只有这样，它才会越来越感到自己同世界最先进水平的差距，而感到压力，也只有这样，它才能在同英联邦以外国家的接触过程中学习到自己所不熟悉的东西或了解到自己的不足。而同英联邦国家特别是那些经济上既大大落后于英国的英联邦国家打交道，却会使英国不感到有压力。创新来自竞争，来自对差距的认识。但创新毕竟是一种需要为之付出代价的事情，不是舒舒服服就能实现的。英国利用自己与英联邦国家之间的历史关系而开展同这些国家的贸易和经济关系时，如果很容易就使自己的工业品得到销路，那么从长期的观点看，这恰恰是一件不利于英国的事情。

总之，我们可以得出这样的结论：即使英国把调整与加强同英联邦国家之间的经济关系当作一件多多少少有助于改善自己经济处境的办法，并且假定资本主义世界经济的形势以及这些英联邦国家本身的形势容许这种经济关系得到发展，那么也不应当忽略这种经济关系的发展仍有着不利于英国经济、从而使“英国病”复杂化的一些后果。

第五节　英联邦成员国以外的发展中国家能成为英国工业品的巨大市场吗？

第三世界的许多非英联邦国家，在历史上或在现实经济中也同英国有着一定的联系，它们也有可能成为英国资本的投资场所、英国的原料供应者、英国工业品的销售市场。这些国家中，特别重要的是中东、北非、拉丁美洲和东南亚的一些非英联邦国家。它们的石油、棉花、有色金属、热带生产的某些食品，是这些国家向英国供应的最重要的商品。在英国北海油田达到自给自足的产量以前，来自国外的石油是具有战略意义的物资。但随着英国北海油田产量的日益增长，这方面的重要性已经减少了。至于来自这些地区的棉花、木材、橡胶、有色金属和热带生产的食品等，仍是英国经济生活中不可缺少的。但就它们作为原料供应者向英国销售这些商品而言，在当前的条件下，这并不会使英国得到特殊的利益。这是因为：这些商品的价格是世界市场的价格，很可能是在竞争中形成的。如果说这些产品的价格是被操纵的，但不是由卖主所操纵，而是由买主所操纵的话，那么英国也只是作为买主的发达国家中的一个。英国没有力量操纵它们，从而不可能比其他买主享受更多的、特殊的好处。加之，这些产品在世界市场上的价格是波动的,很难使它们稳定下来。如果要人为地使这些价格稳定,也许付出的代价太大而不值得这样做。[①] 假定这些产品的价格继续波动不定,那么对英国来说,同样不能得到特殊的利益,因为英国由于经济力量的限制,不可能像其他某些发达国家那样能运用雄厚的资金在价格对自己有利的条件下建立巨大的物资储备。

非英联邦成员国的发展中国家作为欢迎外国投资的资本输入国,也不能给英国资本以特殊的地位,因为英国在这里遇到了美国以及其他发达国家的强有力的竞争;英国资本以及英国为资本输出所能提供的技术合作项目并不被认为是最受这些国家欢迎的。加之,英国今天的主要问题不是急于为自己的资本在英联邦范围以外的发展中国家寻找投资场所,因为这里的投资风险较大。对英国说来,有希望得到较大利益的,是把这些国家当作自己的某些工业品的销售市场。英国可以生产出适合于这些地区而又比其他发达国家的商品有较大竞争能力的商品。这一点可以达到增加英国商品出口量,从而增加国内就业量和改善国际收支状况的目的。近年来英国竭力想通过双边协定或其他方式来调整和改善它同南美洲国家的贸易和经济关系,就是一个例子。当然,在这样一些发展中国家扩大英国工业品的市场,不是一件容易的事。英国的公司必须经得起同日本、美国、西欧大陆国家的公司的竞争。要知

① 里特尔:"评哈里·约翰逊的《商品:较不发达国家的需求和发达国家的反应》一文",载巴格瓦蒂(J. N. Bhagwati)编:《国际经济新秩序》,麻省理工学院出版社,1977年,第252页。

道，日本商品以低廉的生产费用而有竞争性，美国商品可能具有某些技术上的特点，西欧大陆国家的商品的竞争能力也是很强的。于是又回到一个老问题上来：英国的工业必须实现改造和创新，提高效率，才能扩大在发展中国家的销路。

此外，要使英国商品扩大在英联邦国家以外的发展中国家的销路，还可能遇到两个阻碍，一是现存国际经济秩序的障碍，另一是这些发展中国家的经济政策的障碍。现存国际经济秩序中，无论就贸易条件还是就初级产品和加工制成品的交换比例来看，这些发展中国家一般是处在不利地位的。即使是石油贸易，原油和利用原油作为原料的加工制成品之间的交换也是这种情况。这样就限制了发展中国家的扩大进口和稳定出口收入的能力。如果上述情况不改变，包括英国在内的发达国家要想为本国的工业品增加在发展中国家的销路，将是困难的。① 另一个障碍，即这些发展中国家为了维护本国工业的利益，保障本国工业品在国内的销路，可能采取高额的关税或其他限制工业品进口的措施；它们也可能形成地区性的区域一体化组织，共同防止外国工业品的倾销，以保护本国的幼稚的工业。此外，发展中国家还可能由于缺乏外汇，不可能购买国外的工业品，而它们的政府则采取向国外借款，把资本输入同商品进口结合起来的做法，这样，英国不仅要在商品销售方面面临着同美国、日本、西欧大陆国家的竞争，而且在信贷方面也面临着这一竞争。英国在后一方面的竞争

---

① 马尔姆格伦（H. B. Malmgren）："今后十年发达国家的贸易政策"，载巴格瓦蒂编：《国际经济新秩序》，麻省理工学院出版社，1977 年，第 233 页。

能力也是不高的。

在这里应当分析一下洛美协定能否使英国在同英联邦国家以外的发展中国家的贸易中得到较大的利益。1975 年 2 月 28 日，欧洲经济共同体同非洲、加勒比海和太平洋地区 46 个国家签订了洛美协定，使得包括英国在内的西欧发达国家同一些发展中国家的经济关系进入了一个新阶段。这 46 个国家中，大约一半是英联邦国家，另一半是英联邦以外的发展中国家。洛美协定规定，这些发展中国家出口的全部工业品和 96%左右的农产品(包括糖)输入西欧共同市场时，可以同共同市场成员国一样得到优待，而这些发展中国家在对待西欧共同市场的技术援助、技术合作和工业投资方面，则给予便利。因此，从协定条文来看，这对于英国私人资本并不是没有鼓舞的。然而实际情况并不乐观。在英联邦国家以外的这些发展中国家中，有许多是原来法国的殖民地，它们在英国加入共同市场之前就同西欧共同市场国家有较密切联系。英国不可能在同这些国家交往时占到什么优势。而签署洛美协定的英联邦国家，尽管它们仍以英国为主要贸易伙伴，①但应当注意到，除尼日利亚外，都是对英国进出口贸易并不十分重要的非洲、加勒比海和太平洋地区的国家。像印度、孟加拉、斯里兰卡、还有巴基斯坦(尽管它离开了英联邦)这样一些原来同英国经济关系密切的国家，则被排斥在外。在洛美协定签订以后，这些国家同西欧的贸易条件相对于洛美协定的国家来说，是比较不利的。② 这种不利性，

① 《经济学家》，1979 年 8 月 4 日，第 33 页。

② 同上书。

从较长时期来考察，可能对英国同这些国家之间贸易关系的发展有消极的影响。因此，如果从英国长期对外经济关系来衡量，洛美协定不可能给英国对外经济关系的发展以巨大的推动。

第六节　国内经济的症结与对外经济关系问题的交织：调整对外经济政策能有多大的效果？

要了解战后英国在对外经济关系中遇到的困难，除了应知道英国同世界各个地区和各种类型的国家的关系中的历史特点和现实中的矛盾而外，还必须再回到英国国内经济问题上来，研究一下国内的经济困难给调整对外经济政策造成了什么样的结果。

我们在分析战后英国经济的时候曾经指出，英国经济的一个主要问题是通货膨胀率较高，而较高的通货膨胀率之所以难以被抑制，既与英国财政上的困难有关，又与政府、工会、企业界之间关系的紧张联系在一起。这个问题看来是不容易解决的。然而，国内的经济问题如果得不到解决，又会影响英国对外经济关系和经济政策的调整。

如前所述，英国商品在国际市场上的竞争能力长期以来是不如其他主要资本主义国家的，战后惨淡经营的年代，在英国并没有出现像西德、日本的奇迹，甚至连法国那样的增长成绩也没有达到。这里除了有历史上的原因而外，财政上的困难和以后通货膨胀率的不断提高也对经济发生了消极的作用。

我们知道，一国要增加自己的商品在国际市场上的竞争能力，主要依靠下述几种方法：(一)技术创新，生产出国际市场欢迎的新产品或生产成本较低的产品；(二)降低工资水平，使产品的生产成本有所减少；(三)国家给予出口津贴。在英国，收入均等化引起的投资积极性下降，阻碍了资本的形成，不利于技术创新，不利于企业的技术改造，而企业所承担的福利支出和为供给政府福利开支所需要的税金，则使得生产成本难以下降。同时，就受雇佣者这方面来说，由于工会力量的强大，企业压低工资的做法是难以实现的，而政府对最低收入标准的维持和最基本生活需要的保证，则使得工人有可能拒绝到压低工资的工作岗位上去就业，从而给压低工资的做法增加了困难。至于国家给予出口津贴的做法，在英国的具体条件下是有限的，因为政府的财政负担已经过重，它没有能力再用增加财政亏空的手段来增加出口津贴。

再看英国对进口商品的需求状况。这同样是一个老问题。自从英国成为最早的资本主义工业国之后，它就成为出口工业品和进口农产品的、密切依靠世界市场的国家。后来在二十世纪初期，由于英国工业生产技术的相对落后和新工业部门发展迟缓，它又逐步变为出口传统工业部门产品、进口农产品和新工业部门产品的国家。英国对进口商品的需求一直在不断增大。第二次世界大战结束后的较长时间内，英国在改造工业部门结构和发展新工业部门方面所作的努力，固然取得了一些成效，然而历史上遗留下来的困难相当大，远不是那么容易就可以克服的。而战后新出现的福利国家以及后来的持续的通货膨胀，却对英国政府和企业界的上述努力起着巨大的抵消作用。政府的福利支出扩大着社会的消费能力。从政府那里得到的各种津贴和补助，或者以实物形式表现，或者以货币形式表现。以实物形式表现的全部是消费品，以货币形式表现的津贴和补助也将转化为对消费品或劳务的购买。因此，政府福利支出的增加必定引起社会对消费品和劳务的购买的增加。在国内的消费品生产量为既定的条件下，对消费品需求的增大将会引起以下三种结果。(一)消费品价格上升，从而整个生活费用上升；(二)一定量的经济资源从生产资料的生产部门转移到消费品的生产部门，从而加剧了生产资料生产部门的投资不足，妨碍了社会的技术创新进程和技术改造进程；(三)为了避免消费品供应不足而造成的困难，有可能增加国外生产的消费品的进口。从战后英国的对外贸易和政府扩大财政支出之间的关系来分析，这三种结果都有所表现，特别是进口消费品的增加更为明显。这里不仅包括了满足居民基本生活需要的食品和服装，而且还包括了适应于居民消费能力增加所需要的耐用消费品等等。①

政府增加福利支出所导致的社会对消费品需求的扩大，也有可能刺激国内消费品生产的发展，增加国内生产的消费品数量，以替代消费品的进口。如果一个国家能够做到这一点，那么撇开由此引起的物价上涨后果不谈，政府财政支出增加倒也是一个有利于经济增长的措施。然而就英国的具体情况来分析，政府财政支出的上述作用则又当别论。英国是一个食品生产不足的国家。它增加食品产量以满足社会对食品需求的潜力是有限的。英国财政支出的增加有较大的可能刺激国内服装和耐用消费品生产的发

① 《新政治家》，1978年4月7日，第450页。

展，但英国的工业原料供应同样是不足的，只有在增加工业原料进口的条件下，这些消费品工业部门的产量才能增长。于是问题又回到了对进口商品需求增加这个焦点之上。这是英国政府无法避免的棘手的问题。[①]

由于财政支出增加和持续的通货膨胀而引起的英国商品在国际市场上竞争能力的进一步削弱和英国对进口商品需求的进一步增大，结果必然引起对外贸易逆差的增加，从而加剧了英国本来就已相当尖锐的国际收支问题。

至于说到英国生产传统出口商品的工业部门的萎缩，那也是不可避免的事情。从历史上看，英国出口商品的工业部门的发展本来是以英国商品具有较大的竞争能力和其他国家对英国商品的需求的日益增长为前提的。以后，尽管英国商品的出口竞争能力逐渐减弱，但有赖于英国所建立的庞大殖民体系以及与这一殖民体系有联系的贸易和金融特殊利益关系（帝国特惠制、英镑区）的作用，有赖于英国的资本输出及其附带来的对商品输出的保证，英国的生产出口商品的工业部门仍有一定的发展余地。战后，由于国际政治经济形势的变化，英国商品在国际市场上的竞争能力继续减弱，而英国作为福利国家出现这一事实，又促使这种情况进一步恶化。英国商品的竞争能力较低和英国对进口商品的需求增加，不可避免地使得生产出口商品的工业部门有必要重新安排自己的生产，调整自己的经营和销售方向，否则就只有缩小生产规模，以勉强维持生存。出口品工业部门的萎缩，反过来又更加不利

① 详见本书第二章结束部分。

于国际贸易收支和国际收支。

由此可见,英国在对外经济关系方面遇到的困难与财政支出扩大是不可分的。如果不从国内经济和社会方面着手调整,单靠调整对外经济关系很难取得预期的效果。当然,这也并不意味着对外经济关系的调整不重要。这至少表明,国内经济状况的继续恶化不断地抵消了在调整对外经济关系上所作的努力。①

以上,我们就英国同西欧共同市场、美国、英联邦国家和其他发展中国家之间的经济关系调整的可能性及其前景分别进行了一些分析。通过这些分析,我们得出以下几点结论:

第一,英国要想通过对外经济关系的调整和加强来使得本国经济得以改善的愿望,必然受到英国的商品竞争能力的制约,而英国的商品竞争能力的高低又与英国的经济效率有关。但在现存的英国生产技术水平和经济效率的条件下,英国不可能指望通过调整其对外经济关系来使自己的经济状况有较大的改善。

第二,在英国的各种对外经济关系中,英国越来越把重点转移到共同市场方面来。英国把自己同共同市场之间的经济关系看成是各种对外经济关系中最重要的。但即使如此,英国仍然不会放弃自己的原来的立场——参加共同市场的目的首先在于使自己的经济困难得以减少或消除,西欧各国的步调一致和一体化应当从属于上述目的。

第三,由于英国把调整对外经济关系当成是使自己在经济上

---

① 斯图尔特:《1964 年以来的英国的政治和经济政策》,牛津,1978 年,第 175 页。

摆脱困难的一种手段，并且由于英国觉察到自己与其他发达资本主义国家之间在技术上存在的差距，所以今后在英国同美国、西德、法国等西方发达的资本主义国家的经济关系中，技术合作将会占据越来越重要的地位。但这种技术合作的发展也并不是没有阻碍的，其中一个值得注意的阻碍就是英国工会对于“合理化”或对于技术改造和创新的态度。这是一个涉及工会会员就业的迫切问题，工会对此是抱有抵触态度的。如果得不到工会的支持，英国与外国的技术合作不可能取得显著的成就。

第四，英国与发展中国家贸易关系的发展，在很大程度上依存于下列条件：资本主义世界的经济形势和各个出口工业品的资本主义国家之间的竞争，发展中国家本身的政治经济状况及其对进口工业品的支付能力，发展中国家本国工业的发展状况以及各个发展中国家的政府采取的保护措施，发展中国家的区域经济一体化的趋势和它们可能采取的对策等等。英国既没有在工业品竞争方面的特别有利的条件（如技术特别先进，生产费用特别低廉，能够附带提供的贸易信贷特别充裕等），又没有在过去曾经起过重要作用的制度措施（如英镑区，帝国特惠制或更早一些时候实行过的、特别有利于英国的贸易条约等），要想在扩大与这些发展中国家的经济关系中取得突出的成果，是一种不切实际的幻想。

第五，减少经济的开放度，对英国说来是困难的。而维持现在的生产结构和贸易结构，却又不可能减少英国经济病症的复杂性。英国确实处于这种困难的境地。尽管如此，英国却无可奈何地非采取扩大和加强对外经济联系的行动不可。这就是说，开放型的英国经济必将继续开放下去，调整只是在这个前提下进行。

英国经济的展望——代结束语

一

至此，我们已经对二十世纪英国经济的症结和对策问题进行了考察。现在是应该为本书说几句结束语的时候了。

现代英国经济所特有的"英国病"，根深蒂固，难以治愈。在现存英国制度结构的条件下，任何一种资产阶级经济学理论也无法对病情作出符合实际情况的诊断，任何一个资产阶级经济学家也无法为这个患者开出药到病除的处方，任何一个资产阶级政党上台也无法改变英国经济停停走走的政策安排，无法扭转停停与走走交替的趋势。还可以补充一句：任何一位了解资本主义国际经济动向的英国私人企业家和工会领导人，也无法建立起英国经济前景美好的信心。

七十年代是幻想破灭的时期，是新的试验与新的成就和失败相交织的时期。对英国资产阶级来说，对遥远的过去的追思固然颓丧，即使对刚刚流逝的战后时期作一番回忆，也是不愉快的、徒增烦恼的。

七十年代是幻想破灭的时期。在战后惨淡经营的二十年结束之后，原来以为经过英镑的贬值、收入政策的推行、加入西欧共同市场、调整与英联邦成员国之间的关系等等，也许七十年代能使英国经济有较大的起色。七十年代的历史事实证明了这只不过是一种幻想。不仅如此，七十年代的历史事实还证明了这种幻想的破灭绝非偶然。英镑贬值了，贬值后的英国出口贸易仍然遇到重重障碍。收入政策推行了，收入政策推行后的英国通货膨胀率仍然没有被控制住。英国加入了共同市场，调整了与某些英联邦成员国之间的关系，也仍然解决不了根本问题。北海油田的开发，给英国的确带来不少好处，但它根治不了“英国病”。

正如琼·罗宾逊所说的，经济中的不确定因素太多了。未来并非像经济增长模型的编制者们所设想的那样按部就班地显现在你的面前。七十年代刚刚揭幕的时候，能料到第四次中东战争会使石油价格猛涨几倍吗？能料到苏格兰、威尔士甚至英格兰北部的地方分权主义会掀起这么大的浪潮吗？能料到最出名的英国演员、运动员、作家、科学家为了躲避重税而一个接一个乔迁到国外去吗？经济学不是占卜。经济学家并非先知。经济学家主要是根据已知的资料、假设的条件去推论未来可能发生的一切。从这个意义上说，人们宁肯相信琼·罗宾逊所说的，而不愿把英国政府编制的中、长期计划看得太认真。

七十年代是新的试验与新的成就和失败相交织的时期。正如我们在本书一开始就谈到的，今天英国的生产力和生产关系还有相适应的一面，所以英国资产阶级仍然有可能使生产力有某种程度的发展。为了使生产关系尽可能适应于生产力的发展，英国资产阶级自三十年代以来就一直着手调整生产关系的某些方面。四十年代、五十年代、六十年代都这样尝试过。七十年代，由于多种病症的爆发，调整生产关系的某些方面以适应生产力发展的企图加强了。希思、威尔逊、卡拉汉直到撒切尔夫人，各人有各人的试验。因此这是“新的试验”的时期。某些试验已被证明是失败的纪录。冻结工资和物价的措施就是一例。社会契约则又是一例。虽然今后仍有可能重新采用类似的做法，再进行若干次试验，但无论如何，失败的纪录是改变不了的。也有的试验总算取得了成就。与外资合作经营某些利用最新科学技术成果的项目，是一个例子。虽然它的长期效果还有待于历史的检验，但迄今为止，毕竟是取得了比较满意的效果。还有一些措施正在继续试验之中。例如，打破国家对电话和电力事业的垄断，在这些领域内允许私人投资和竞争。可以说撒切尔夫人上台后所采取的一系列不同于战后传统的做法，全都属于这种新试验之列。撒切尔夫人当然不可能有回天之力，但某些比较灵活的经济措施，如果施行得当，也未尝不可以使“英国病”的某些症状（绝不是一切症状）稍稍有些缓和，尽管总的说来，英国经济这个患者还得长期带病拖延下去。

在这里，我们感到有必要重新提一提在本书“导论”中谈到过的阻碍英国经济衰落的两个有力因素的问题。其中之一是英国全民族较高的科学文化水平，另一个是英国社会上的资产阶级民主意识。

英国人民具有较高的科学文化水平。这是二百年来英国资本主义大工业发展的成果之一。英国人还没有守成到僵化的程度。虽然在意识形态领域内，英国社会上确实还保留了较多的传统观念和传统评价标准，英国社会各阶层也都保留了一些旧的生活习惯和作风，并且当英国人与世界上其他国家和地区的人们接触时，往往会自然而然地流露出一种因昔日的光荣而产生的自豪和自尊的情绪。但英国这个民族的一个显著特点是讲究实际，注意“功利”。昔日的光荣毕竟是一去不复返了。情绪上的那些流露并不会代替现实感。守成思想的影响正在逐渐削弱。二十世纪后半期加快了步伐的国际交往，更加促进了这一点。英国人民对国际上的新成就——无论是自然科学方面的还是社会科学方面的——是有所接触、有所了解的。他们日益感到自己在一些方面落后了：落后于美国，落后于西德，甚至在某些地方还落后于法国、日本。他们同国际的密切交往也使得他们的眼界变得比较开阔。他们能够接受科学技术上的新东西，即使在这种场合，自尊心要多多少少受点挫折。他们也察觉到本国经济这些年来所处的不利地位和英国社会的“老化”。同时，他们仍有一种不甘心使自己这个民族的相对落后状态长此下去的愿望。因躲避重税而离开英伦三岛的知识分子们，有一种说不出来的矛盾心情。他们不喜欢这个国家吗？不。第二次世界大战的艰苦岁月，他们是在英伦三岛度过的。战后初期那种紧缩消费、勒紧裤带的生活，他们也没有怨言。而七十年代，他们却不再留恋这个所得税率太高的国家而迁居国外。并不是澳大利亚的草坪比英格兰的更绿，只是税收负担相对说来太重了。即使如此，他们仍然希望英国经济好转。用本书第四章提到过的英国著名电影演员凯恩的话来说，只要英国政府改变现行税收政策，他还是要回来的。怀着类似心情离开故土的，当然不止他一个。

英国全民族的科学文化水平作为一项阻碍英国经济滚雪球似

地一垮到底的有力因素，显著地反映于英国向世界先进科学技术成就的学习和再创造方面。为什么某些工业生产领域内英国又开始获得了一定的优势？为什么英国的某些工业产品在经过一番国际市场上的较量之后，居然取得了优胜地位，而进入美国，进入西欧大陆，进入远东？一个愚昧落后的国家是不可能有这种创新和模仿能力的。全民族的科学水平提高是对守成思想的有力冲击。

阻碍英国经济急剧衰落的另一个有力因素是英国的资产阶级民主政治制度以及与之有关的英国社会上的资产阶级民主意识。从阶级实质上说，英国的资产阶级民主政治制度是资产阶级专政的工具，是为资产阶级的根本利益服务的。当英国政府向私人资本家征收重税，以此作为实现福利国家的经费来源之一的时候，当英国政府把私营企业收归国有，以此标榜社会性质已经变化，“社会主义”已经成为现实的时候，当英国政府下决心实行社会保障制度，让国内的低收入阶层多多少少地能改善生活状况的时候，它考虑的是资产阶级的根本利益和前途。它是作为整个资产阶级的代理人，以整个资本主义制度的维护者的身份来从事这一切的。三十年代空前严重的经济危机和大规模失业的经验教训，使它懂得了这样做的必要性。英国政府的阶级性并未因此而改变。但这个政府和这种资产阶级民主政治制度与那些封建专制的政府和法西斯政治制度相比，仍然有其不可忽视的优点。

在英国，两个政党轮流执政，在野党尽量挑剔执政党的所作所为与其竞选纲领不相符合的地方，尽量寻找执政党在管理国民经济方面所犯的错误和弊病。影子内阁中的成员的眼睛总是盯着自己的对应者的政绩。执政党随时提防着来自在野党的指责，警惕着后者的挑战。你滥用权力？影子内阁中的成员比谁都敏锐地察觉到这一点。你凭借特权，胡作非为？在野党控制的报刊对你毫不容情。你作为执政党政府的一名官员，你必须检点，必须自重，必须有所戒心，包括私生活方面。而两大政党之外的其他党派，又以批评和责难两党的施政纲领和执政时的是非功过作为自己竞选的资本。选民中，当然不是任何人都有条件或资格作为候选人参加各级的选举，但他们一般都有投票来进行选择的权利。他们可以选择自己所看中的人。如果谁也不被看中，可以弃权，不去投票。尽管选择的范围仍然是被限制住的，但这种选择也未尝不对执政党形成某种压力。这样，如果任何一个执政的资产阶级政党在它掌权期间使得英国经济情况过于恶化，或者说，在就业、通货膨胀、经济增长速度、国际收支平衡方面不仅毫无建树，甚至比前届政府还要糟糕，那么它就会立即遭到攻击，丧失选民的信任。也许用不着等到下届大选开始，它就会被赶下台来。

不仅如此，在每一个资产阶级政党内部也有不同的派别在进行激烈的争夺。这些派别不是固定不变的，而是随着国内和国际政治经济形势的变化而不断地分化和重新组合。每一个资产阶级政党内部，也总是会出现一些新的出类拔萃人物向原来的领袖挑战。政党领袖的接班人真正是在激烈的政治斗争中崛起的。盖茨克尔代替了艾德礼，威尔逊又代替了盖茨克尔。在另一边，希思代替了霍姆，撒切尔夫人又代替了希思。谁也不可能凭借原来领袖的特殊恩典而成为当然的继承者。作为政治领导人，不仅要有才干，要有魄力，要有知识，而在私人生活和道德品质上，也不应当有引起舆论指责的缺陷，因为二十世纪中期以来的英国选民对资产阶级民主制度的掌握和运用都比战前前进了一步。这一切,使得现阶段的英国资产阶级的政治制度具有一种可以比较灵活地适应于国内和国际政治经济形势变化的能力。尽管这不会改变英国资产阶级政权的性质,也无助于治愈英国经济的病症,但它却能够在一定限度之内使得形势不至于过分恶化,它可能仍然是使经济摇摇摆摆,停停走走,但不至于使经济一泻千里,无法收拾。

当政的资产阶级政党的领导人面对着这种情况,不得不去研究新问题,使自己所制定的政策能够尽量适应新形势。一种僵硬不变的施政方针,一套以不变应万变的统治策略,一个以本政党永远信守不渝的既定方针作为标榜的政治观念或信条,在实际上是行不通的,而且被认为是愚蠢的。战后三十多年的英国历史不正是证明了这一点么?保守党执政期间可以原封不动地继承工党执政期间制定的某些重要政策措施,工党的某些领导人也可以用一种同保守党某些领导人相差无几的口吻发表施政演说。"工党保守得可爱,保守党激进得出奇",这已经是司空见惯了。现阶段英国资产阶级政治制度和政党制度的这种可变性,对于维持英国资产阶级的统治当然是非常有用的。有了它,再加上福利国家、收入均等化之类的改良主义措施,就可以在一定程度上使得国内的各种矛盾尽管存在和加剧,但不容易越过临界点而引起一场巨大的爆炸。在英国资产阶级中的某些人看来,至少在一定程度上,这就心满意足了;这就是说,只要不再重演三十年代大萧条的那一场戏就够了:反正英国经济一下子好不了,但至少还没有像三十年代初期那样令人头痛!即使重演了三十年代大萧条那一幕,在英国资产阶级中的另一些人看来,又有什么大不了呢?三十年代大萧条不也熬过来了么？反正英国不会落到1917年俄国十月革命前夕那样的地步，摧毁资本主义的“最后炮声”还不会轰鸣。这是他们认为可以聊以安慰自己的一个念头。不能说这种想法是没有一点根据的。应当承认，英国现实生活的情况似乎正是这样。

英国人民在资产阶级民主政治环境中生活了将近三百年。旧的传统观念之类的东西至今还保留了不少，但资产阶级民主意识的传统同样扎下了根。这个民族，今天既然有较高的科学文化水平，又有比较浓厚的资产阶级民主意识，他们既能注意到世界科学技术的成就，接受新事物，引进新成果，并时刻察觉到本国与国外的差距，又能够利用资产阶级民主政治所容许的范围之内的形式来公开评论政府的政策，揭露和谴责政府某些官员的丑行和失职，在投票时选择自己所中意的资产阶级政治活动家，这就为阻碍英国经济的衰落和崩溃起了棘轮作用。从某种意义上说，这也是英国选民身上隐藏着的一种不可低估的政治力量、精神力量。

这种精神力量平时可能不大表现出来，或者可以这么说，平时所表现的是对执政党的怨言，对生活的不满，对经济前景的失望，以及对国外某些国家和地区的生活和经济状况的嫉妒或羡慕，因此也就不容易看出这种精神力量在起着阻止英国经济衰落的作用。然而它确实在起作用，不过它是一种潜在的力量，它在悄悄地挽救着英国。可以肯定，如果没有这种精神力量的作用，也就是没有较高的全民族科学文化水平和社会的资产阶级民主意识的作用，那么今天的英国经济就不可能是现在这个样子了，它会比目前的处境困难得多，“英国病”的症状会严重得多。

值得注意的是，这种潜在的精神力量在英国经济中所起的阻止衰落和崩溃的作用，是随着英国经济遭受的困难程度而加速地表现出来。这就是说，如果英国经济遇到的困难不很严重，这种作用也就不很显著；如果英国经济的困难加深了，这种作用的表现就强烈得多；如果英国经济困难到了极点，那么这种作用就会异乎寻常地强烈表现起来，使得英国经济的困难不至于发展到真的要使整个国民经济崩溃、破产的地步。所以，这种潜在的精神力量是一个必要时会自动发挥作用的“制动器”，是一个最终可以提供出路的“安全阀”。通常所说的“约翰牛”的精神，不正表现在这里么？这个民族，它是有克制性的，它有耐性，看起来，它似乎是不那么振作，但一旦到了危急的时候，或者当它被激怒了的时候，它的潜在的力量会迸发出来。了解二十世纪英国历史的人可以领会这一点。二十世纪，至少有过四次这样的经验。

第一次是在三十年代最初几年。经济危机、商品滞销、公司破产、银行倒闭、失业人数猛增、政局动荡不宁，眼看着英国资本主义制度的最后的丧钟就要敲响了。然而正是在这个时刻，发生了英国经济政策方面的转折，发生了企业经济活动中的新趋向，发生了由此开始的现代英国大规模技术改造的第一阵浪潮。尽管这些在当时还不足以带来一个繁荣和高涨，至少危机的最低点就这样度过了。在当时英国的条件下，由于种种原因，不仅不可能爆发社会主义革命，而且也不可能产生二十年代意大利那种由墨索里尼领导的“向罗马进军”或三十年代德国那样的希特勒式的夺取政权。英国毕竟是英国。资产阶级民主政治制度和社会上浓厚的资产阶级民主意识起了制动作用。

第二次是在 1940 年法国投降之后。从性质上说，英国在这一次所遭到的困难不同于前一次。英国资产阶级所面临的威胁不是来自国内失业者的斗争，而是来自国外法西斯主义的入侵。但困难是存在的。从军需物资到日常用品都十分缺乏，国家财政收支紧张，人民生活和安全没有保障。封锁、轰炸、战场的失利、殖民地亲轴心势力的滋长……使德国政府似乎感觉到，英国已经维持不下去了，英国的崩溃指日可待了。又是上述那种潜在的精神力量连同其他因素一起起作用的结果，使英国不仅没有发生实际上的崩溃，甚至连精神上的崩溃也没有发生。这是民族团结，保卫独立和主权的斗争。同时，这也是一个维护传统的资产阶级民主政治，反对法西斯主义的斗争。1940 年冬天和 1941 年春天的最困难日子，也就这样度过了。

第三次是第二次世界大战结束后的最初几年内。大战时期所积累起来的各种问题一一摆到了执政的工党政府的面前。殖民地要独立，要自治，人民要食品，要房子住，要城市公用设施，退伍军人要求安置，资本家要政府在各方面给以扶植，工会要求得到各种权利，总之，问题成堆，困难成堆。社会主义的影响这几年扩大了许多。法国和意大利的共产党一跃而为国内少数几个有影响的政党之一。从性质上说，英国在这一次所遭到的困难与前两次不同。这时英国所面临的问题简直像一堆乱麻。英国经济受到的战争的打击是这样严重，创伤急待医治。它的资金、外汇、技术、人才又是这样不足，恢复谈何容易？从当时整个西欧社会政治思潮来看，国有化、福利国家、充分就业都是时兴的，任何一个资产阶级政党不把这些时髦的东西包括在自己的施政纲领中，就难以争取到选票。英国也是如此，所以英国除了要设法恢复经济而外，还要满足选民的这些要求。英国的殖民地一个个看来是保不住了，事实果然这样。但结果又是如何？英国总算又度过了战后最初几年的困难的时刻。上一世纪末，英国资产阶级中有人也许会想过：没有印度，英国会变成什么样子？没有埃及和苏伊士，英国又会变成什么样子？现在，印度独立了，埃及和苏伊士也摆脱了英国的统治。在亚洲、非洲、加勒比地区，英国丢掉了大片殖民地，但英国资本主义制度没有垮掉，英国经济也没有崩溃。英国经济在资本主义世界的相对地位不断下降；它的国民生产总值、各种主要工业品产量以及平均每人的国民收入等绝对值仍然是增长的。这一点也就说明了要使英国这个国家在困难中一蹶不振，一垮到底，是不容易的。

第四次是七十年代初希思内阁时期。那又是一个混乱的、动荡不定的年代，甚至一周只有三天有工作做，然而这个难关不也度过来了吗？七十年代的动荡不是也没有把英国的前途毁掉吗？

可见，上述阻碍英国经济衰落的因素，越是在英国遭到困难的时期，它们发挥的作用可能越大，而在英国经济显得顺顺当当的时候，它们发挥的作用反而不显著了。

根据以上所分析的，我们认为可以对英国经济的前景作出如下的近期展望：

英国的生产关系在一定程度上仍与生产力的发展相适应，英国经济目前固然困难重重，但它还不会崩溃。它的衰落的总趋势是存在的，但不能把这理解为顺着下坡路一直滑下去。由于阻碍英国经济衰落的因素的客观存在，在目前的条件下，英国经济的恶化还不至于达到不可收拾的地步。至于说英国经济会好起来，那也不符合实际情况。它的特征就是两个字：muddle through（困难，但总还应付得过去）。

历史上有过一些庞大的衰落中的国家经济崩溃的例子。西罗马帝国崩溃了，拜占庭帝国崩溃了，十七世纪以后的西班牙经济一垮而不可收拾，波旁王朝在十八世纪法国大革命中被推翻，罗曼诺夫王朝的俄国在1917年二月革命中垮台了……但英国不会这样。英国资产阶级的统治之所以不同于上述这些垮掉了的剥削阶级统治，这主要因为迄今为止，英国资产阶级还能不断地通过生产关系方面的某些调整或改变以缓和国内的各种矛盾。加之，英国较高的全民族科学文化水平和社会上的资产阶级民主意识也起了阻止英国经济衰落的作用。可以设想，如果它的大多数国民是缺乏科学文化知识的、闭塞的甚至是落后和无知的，如果它的统治阶级采取专制的、法西斯式的统治方式，如果它的政治结构不是像如今这样具有较大灵活性和可变性的资产阶级两党政治结构，那么患上了这样多种病症的英国社会也就不会是今天这种情况了。再重复一句，英国不是罗马，不是拜占庭，不是波旁王朝时代的法国，不是1917年的沙俄。英国就是英国。

二

从英国经济本身来进行分析，我们得出的是这样一个结论：在近期内，"英国病"摆脱不掉，病体康复不了，英国经济不可能有什么起色，但它也不会垮下来，不会崩溃，它会像七十年代那样拖下去。那么这种情况会在社会意识形态领域内引起什么样的反响，产生什么样的变化呢？能不能得出一个类似的看法，即在近期内，社会意识形态领域里也不会有什么变化，一切仍像七十年代那样呢？我们认为，与实际经济变化相比，社会意识形态领域里变化的可能性要更大一些，所发生的动荡也会更加显著一些。思想上的动荡可能发生在实际经济的巨大变动之前。

也许可以这么说，对英国而言，八十年代将是一个怀疑和思想混乱的时期、各种不同的社会思潮激烈交锋的时期、不断探索和在理论上寻找出路的时期。八十年代英国社会意识形态领域里可能发生的变化和动荡，正是严重的“英国病”长期存在而又得不到有效解决，甚至得不到正确诊断的必然结果。

八十年代之所以可能是怀疑和思想混乱的时期，这是因为英国长期处于经济上停停走走的状态，通货膨胀与失业并发症一直不能消除，而在资产阶级政党的各种应付“英国病”的药方差不多一一都被证明无效之后，人们势必会对整个经济政策的理论依据及其实施的理由发生怀疑，甚至会对英国政府长期以来所遵奉的经济政策目标本身发生怀疑。最明显的一点就是：人们将会提出一个问题，即在停停走走、通货膨胀、失业、经济效率下降等通常所说的“英国病”症状的背后，是不是还有更深刻的病根？如果采取比较激进的观点，那么这个更深刻的病根，可能像新剑桥经济学家们所说的那样，在于英国资本主义社会的收入分配失调，在于英国的经济增长道路本身存在着促成收入分配失调的缺陷。如果再激进一些，用英国的新左派或激进政治经济学家们的说法，那么这个更深刻的病根在于至今仍起着巨大作用的市场价格机制，在于最大利润原则的继续存在，或在于垄断资本集团的统治。但关于更深刻的病根问题，也可能从另一个恰恰相反的角度提出答案。如果采取比较保守的观点，那么这个更深刻的病根将被说成是存在于国家干预主义，在于三十年代以来不断加强着的国家对私人经济活动的调节和限制，在于自由市场机制和私人企业经营积极性的遭受破坏。或者，如果再保守一些，这个更深刻的病根可能被说成是一切祸患都是来自政府的权力及其对经济方面发生的作用，来自政府权力本身。各种各样的怀疑都可能出现，而且事实上，其中有些在七十年代就已经出现了，但在八十年代，它们会变得更突出，影响面更大。因此，怀疑造成了思想上的混乱。人们对产生英国经济病症的更深刻的原因的讨论，以及由此而引起的怀疑和思想混乱，最终会导致什么样的后果，如今还很难预料。但有一点是可以肯定的，这就是：在近期内，它还不至于达到影响英国资产阶级统治和资产阶级政治结构的程度。怀疑和混乱是社会思想方面的。如果到了一定程度，它们也许会使政治结构或政局发生重大变化，但那还需要一个过程。近期内看不到这一点。

八十年代之所以可能是一个各种不同的社会思潮激烈交锋的时期，正是和上述对“英国病”的更深刻的病根的各种混乱的解释有关。虽然解释是各式各样的，但归根到底是三种社会思潮在发生冲突。

第一种社会思潮是国家干预主义思潮，即认为英国经济的病症，不管病根是否主要在于收入分配失调，都只有依靠国家进一步干预、调节、计划才能减轻或消除。至于国家采取何种方式进行干预和调节，干预和调节到何种程度，意见的分歧是存在的，不过这是在同意和加强国家干预基础之上的意见分歧。

第二种社会思潮是经济自由主义思潮，即认为英国经济的病症，主要是由国家对经济的干预和调节引起的，国家干预得越多，调节的范围越广，经济失调的现象据说就越严重，只有减少或放弃国家对经济的干预和调节，才能使英国经济从病态中恢复过来。这就是现在所谓的托利哲学（Tory Philosophy）。至于国家的干预和调节应当减少到何种程度，其范围应缩小到何种地步，意见的分歧也是存在的，不过这也是在同意削弱国家干预基础之上的意见分歧。

第三种社会思潮则表现为对于经济增长、工业和技术进步的一种怀疑。它认为无论是加强国家干预还是减少国家干预，都没有触及英国当前面临的社会经济问题的实质。它认为问题的实质在于有关经济增长、工业和技术进步的价值判断标准的重新探讨。进入二十世纪以来，甚至再往前追溯，进入资本主义工业化时期以来，经济增长、工业和技术进步就被认为是一桩理所当然的应予肯定的事情，是社会公认的一个目标。物质产品被认为越丰裕越好，国民生产总值和国民收入被认为越增加越好。经过三十年代经济危机和萧条之后，这一点更被看成不仅是应当争取实现的，而且是非常必要的，否则失业率降不下来，充分就业目标无法实现，国际市场上的竞争就会失利。但随着经济的增长和工业、技术的进步，所谓工业化以后社会的一些问题相继产生了。英国虽然在经济增长、工业和技术进步方面落后于某些最发达的资本主义国家，但工业化以后社会的问题却是相类似的，例如工业化以后带来的混乱的城市生活、环境保护与生态平衡问题、资源供给紧张、追求丰裕物质生活所引起的消费风气、社会道德风尚的败坏等等。工业化以后社会的问题与我们在本书中所考察的“英国病”的症状虽然在某些地方是一致的(例如通货膨胀成为一个难以控制的问题、青少年失业率的增加以及与此有关的就业问题的严重性等),但这两类问题的性质是不一样的。前一类问题,即工业化以后社会的问题(所谓资本主义发展新阶段问题),主要是由于资本主义社会的工业生产技术高度发展之后所造成的社会经济方面的问题;后一类问题,即"英国病"的症状,则主要由英国资本主义社会的特定社会历史条件所造成。因此,第二次世界大战结束以后的这些年内,英国社会经济方面的问题,既有属于一般资本主义经济高度发展后所产生的工业化以后社会的问题,又有为英国社会所特有的症状。而上面提到的那种怀疑经济增长的价值、怀疑工业和技术进步的可取性的社会思潮,正是反映了对工业化以后社会的问题的这样一种看法,即经济增长、工业和技术进步本身不一定是一件值得向往和值得争取的事情,从而要从根本上解决英国社会经济中的许多问题,就不得不从重新评价经济政策目标着手,或从重新评价经济学中的基本行为准则和规范着手,比如说,工业社会究竟在哪一种意义上比起农业社会而言是一种进步,但又在哪一种意义上是不如农业社会的?人们对物质产品的追求在哪些方面可以给人们带来福利,但又在哪些方面给人们带来苦恼和负担?等等。

与三种社会思潮都有联系的,是"小的就是美好的"这种思想。从国家干预主义的角度看,小企业、小型工会组织将使国家的经济政策比较容易贯彻。大企业、大工会是足以与政府抗衡的力量,小企业、小工会除了接受政府的指导和调停而外,能掀起多大风浪呢?从经济自由主义的角度看,小企业是保证市场完全竞争的条件,大企业则破坏完全竞争;小工会有助于实现劳工市场的完全性，大工会造成了工会对劳工市场的控制。而从经济增长怀疑论的角度来看，“小的”更是“美好的”。环境污染可以减少，能源浪费现象可以减少，城市拥挤、交通阻塞状况可以缓和，生产者和消费者之间的联系可以加强，最后，人的价值可以比较受到尊重。

三种社会思潮，从三个不同的角度出发，得出了“小的就是美好的”这一共同的结论，这是非常有意思的。它仿佛告诉我们，“物极必反”这个原则在英国经济中越来越明显地体现出来。集中化、巨型化、垄断化，这些从二十世纪一开始就被人们所追求的东西，如今似乎走到了它的尽头。集中不如分散，大规模和巨型不如小巧玲珑，垄断不如竞争。也许英国经济的真正出路在这里？持有这种看法的人，在八十年代肯定比七十年代多。

三种社会思潮在这个问题上的同一结论，绝不意味着它们之间的冲突的消除。“小的就是美好的”只不过是一种形式而已。这一形式可能有不同的含义。对“小”，有不同的理解；对“美好”，也有不同的评价标准。毫无疑问，“小”和“美好”都有特定的社会含义。

怀疑和思想混乱将是八十年代可能普遍存在于英国的一种社会现象。国家干预主义思潮、经济自由主义思潮、增长价值怀疑论思潮的日益激烈的交锋，将是八十年代在英国思想界显著反映出来的一个特色。但对于英国资产阶级政党及其领导人来说，对于从事经济政策的研究和制定的资产阶级经济学家和政府官员们来说，问题不能停留在怀疑和思想交锋的阶段。因此，英国的八十年代很可能是一个不断探索和在理论上寻找出路的时期。这就是说，如果七十年代是新的试验与新的成就和失败相交织的时期，那么八十年代仍将是这个时期的延续。

在八十年代的序幕刚刚揭开的时刻，以撒切尔夫人为领导人的英国保守党执掌着政权。从经济政策的主导思想来看，固然经济自由主义的趋势在加强，但凯恩斯经济学的一系列调节经济的基本规则却不可能被撇到一边，因为眼下没有可供选择的替代物；而作为英国经济学传统的福利国家理论，尽管与经济自由主义趋势是有矛盾的，但正如我们在本书第四章中已经分析过的，只要福利国家的措施一经实行，任何政党、任何政府都无法再把它们从政策措施体系中勾销，所以福利国家理论仍对政策发生重要影响，有关福利国家的措施还得继续保持和贯彻下去，哪怕硬着头皮，也非这样做不可。八十年代的探索和寻找出路，对英国政府的官员们而言，活动范围毕竟是有限的。探索主要是在国家干预主义和经济自由主义两大思潮的接合部进行。极端的国家干预主义对英国是不现实的，极端的经济自由主义对英国同样没有现实意义。至于对经济增长的怀疑论，以及由此所引起的非工业化、零经济增长、非都市化等政策思想，其现实意义就更小了。八十年代的探索和寻找出路，最大的可能是在国家干预主义和经济自由主义的夹缝之中去探索和寻找。新的试验也不会越出这个范围。那么，这些试验会不会取得成就呢？要知道，总的说来，八十年代的英国经济仍将在已经患病的情况下继续拖下去。但新的试验中的个别项目可能取得一些成就，肯定也有若干项目会以完全失败告终。这些成就和失败的交织不至于影响八十年代英国经济的整个趋向，除非国际政治经济形势在这些年内会发生极大的震荡。

既然英国经济已经陷入如此困难的境地，而展望八十年代，除了怀疑、思想混乱、不同的社会思潮激烈交锋、探索、在理论上寻找出路而外，资产阶级经济学家和政府官员们又都没有办法使英国经济摆脱缠在它身上的病魔，走出重重困境，于是就会在英国社会各阶层面前出现一个尖锐的问题：英国经济的真正出路究竟何在？

在本书“导论”的结尾，我们写下了这样几句话：

“英国全民族的科学文化水平较高，英国社会上资产阶级民主意识较浓，这些正起着阻碍英国经济顺着下坡路一直往下滑的作用。但是，从另一个角度来看，较高的全民族科学水平和社会上较浓的资产阶级民主意识，未尝不是掀起意识形态内一场新的风暴的有利条件。这些阻碍英国经济衰落的因素，很可能同时也成为对当前无法解决‘英国病’问题的资本主义制度和形形色色资产阶级经济学说进行挑战的有力因素。”①

把眼光放得更远些。不仅展望已经开始了的八十年代，而且再往前看，那么可以看到，把英国经济问题的更深刻的病根看成是英国资本主义制度本身的人会越来越多，承认马克思主义把资本主义基本矛盾及其激化视为“英国病”的症结所在的人会越来越多。这些人会毫不犹豫地声称，如果英国的社会经济制度不发生根本性的变革，如果英国的上层建筑特别是它的政治制度不随之发生根本性的变革，那么英国经济的病态将不会消失。

当然，这种认识如今只是少数英国人的认识。即使到八十年代末，有这种认识的人会越来越多，但在英国社会上，他们也仍然是占少数派的地位。如果说在不久的将来，在英国的社会上会掀

---

① 本书，第19页。

起一场反对资本主义制度和资产阶级统治的革命，那是没有充足的根据的。如果说未来在英国的意识形态内会掀起一场向为资本主义辩护的资产阶级正统经济学说和政治学说挑战的新的风暴，那倒并不是没有根据的臆测。意识形态领域内的风暴总是先行的。少数派也能成为有力的发动者，如果他们掌握了真理，而又争取到群众的话。

恩格斯在上一世纪末，曾针对着英国的情况写下这样几句名言。他指出："如果运动的步伐赶不上某些人的急躁要求，那么就请他们不要忘记：正是英国工人阶级保存着英国民族性格的最优秀的品质，在英国，一个进步一经取得，照例以后永不会失去。"① 英国的前途最终将取决于英国工人阶级对本阶级的历史使命的认识和承担，这是没有疑问的。

马克思主义认为：社会主义制度代替资本主义制度是历史的大势所趋，无可抗拒。至于如何代替，则将根据各国具体的历史和现实条件为转移。一成不变的模式过去不存在，今后也不会存在。

对英国而言，这个趋势同样不可避免，尽管在可以预见的将来，我们还只是看到意识形态领域内有产生新的风暴的可能性。但即使是第一声春雷，它也表明大地开始苏醒过来了。

---

① 恩格斯："《社会主义从空想到科学的发展》英文版导言"，载《社会主义从空想到科学的发展》，人民出版社，1974 年，第 34 页。

再版后记

本书是罗志如老师和我合著，1982年由人民出版社出版。出版至今，已经31年了。为保持初版的原貌，所以再版时未作改动。

罗志如老师生于1901年，重庆江津人，在美国哈佛大学获得博士学位后，回国工作。他擅长统计学和当代西方经济理论。1951年我考入北京大学经济系时，他在系里任教授，后担任北京大学经济系经济史经济学说史教研室主任。我在大学三年级时，他主讲"国民经济计划"一课。我当时是课代表，并被同学推举为学生组织的计划经济研究小组组长，课后同罗志如老师的接触较多。有关20世纪30年代西方经济学家兰格与米塞斯、哈耶克关于计划与市场论战中两派的观点，以及彼此的得失，正是罗志如老师最早讲给我们听的，这已经是60年前的事了，至今印象很深。

"文革"后期，我在北京大学经济系资料室编辑《国外经济学动态》这一油印的不定期刊物，每期都有我撰写的文章。为此，我请教过罗志如老师好多次，他总是耐心指点，解答我提出的问题，使我学习到不少东西。

罗志如老师知道我是值得信任的，因此每当我们两人讨论国际形势和西方经济学时，可说是无话不谈，各抒已见，从无顾忌。稍后，我们决定合写一部关于20世纪英国经济的著作，这一想法产生于1978年夏天，即改革开放前夕。全书的框架结构、写作提纲、章节安排，都是两人一起商定的。当时罗志如老师已近80高龄，又患有眼疾，所以委托我执笔。我每写完一章，都交给他过目，他在上面批改，或增或删。我们合作的过程，也是我再一次向老师认真学习的过程。历时三年半(1978年夏季至1981年秋季)，40万字的书稿终于完成，交给人民出版社，1982年5月就出版了。

80年代中期以后，罗志如老师身体越来越衰弱。1990年9月29日，他90大寿，我到他家中向他祝贺，他坐在沙发上，起身已相当困难。我离他很近对他说话，他才听得到。又过了一年多，罗志如老师安然去世。1991年12月20日，在向他遗体告别时，我伤心地哭了。40年师生之情，使我终生难忘。

借本书由商务印书馆再版之际，我写了这份"后记"，特此向罗志如老师致谢。正如周炳琳、陈振汉两位老师当年把我引入经济史研究领域，陈岱孙、赵迺抟两位老师当年把我引入经济学说史研究领域一样，正是罗志如老师把我引进了当代西方经济学研究领域。

厉以宁

2013年2月25日